U0113464

周恩来 与外国首脑及政要会谈录

周恩来在日内瓦会议上发言

1954年8月，周恩来会见艾德礼

1956年周恩来会见苏拉瓦底

周恩来

与外国首脑及政要会谈

周恩来会见富马首相

周恩来宴请印度驻华大使拉·库·尼赫鲁及夫人

万隆会议上的周恩来受到华人的热烈欢迎

周恩来会见梅农

周恩来会见尼赫鲁

周恩来
与外国首脑及政要会谈录

台海出版社

图书在版编目（CIP）数据

周恩来与外国首脑及政要会谈录／《周恩来与外国首脑
及政要会谈录》编辑组编著． －北京：台海出版社，2012.2

ISBN 978 - 7 - 80141 - 928 - 6

Ⅰ．①周… Ⅱ．①周… Ⅲ．①周恩来（1898～1976）
—语录Ⅳ．①K827 = 7

中国版本图书馆 CIP 数据核字（2011）第 282569 号

周恩来与外国首脑及政要会谈录

编　　著：《周恩来与外国首脑及政要会谈录》编辑组

责任编辑：姜　航　　　　　　版式设计：刘　栓

责任印制：蔡　旭

出版发行：台海出版社

地　　址：北京市景山东街 20 号　邮政编码：100009

电　　话：010 - 64041652（发行，邮购）

传　　真：010 - 84045799（总编室）

网　　址：www. taimeng. org. cn/thcbs/default. htm

E - mail：th - cbs@ 163. com

E - mail：thcbs@ 126. com

经　　销：全国各地新华书店

印　　刷：北京柯蓝博泰印务有限公司

本书如有破损、缺页、装订错误，请与本社联系调换

开　　本：787 × 1092　　　1/16

字　　数：350 千字　　　　　印　张：28

版　　次：2012 年 5 月第 1 版　印　次：2012 年 5 月第 1 次印刷

书　　号：ISBN 978 - 7 - 80141 - 928 - 6

定　　价：49. 00 元

前　言

　　周恩来(1898 年~1976 年),字翔宇,曾用名伍豪、少山、冠生等,原籍浙江绍兴,生于江苏淮安。伟大的马克思列宁主义者,中国无产阶级革命家、政治家、军事家、外交家,中国共产党和中华人民共和国的主要领导人,中国人民解放军主要创建人和领导人。他是以毛泽东同志为核心的党的第一代中央领导集体的重要成员,为中国新民主主义革命的胜利和新中国的建立作出了巨大的贡献。新中国成立后,周恩来担任中华人民共和国政务院(后改为国务院)总理,担负起处理党和国家日常事务的繁重任务。为把新中国建设成为强大的社会主义国家,周恩来与毛泽东等党的第一代领导集体成员,为探索符合中国国情的社会主义建设道路,兢兢业业、殚精竭虑。在新中国的政治、经济、文化、外交等领域倾注了大量心血,作出了奠基性的贡献。

　　周恩来为党和国家的外交事业作出了杰出的贡献,取得了举世公认的成就。早在革命战争年代,周恩来就负责了党中央的外事工作。在抗日战争和解放战争时期,为解决国共间的矛盾,周恩来多次与支持蒋介石的美国方面进行谈判,力争国内和平和民主的实现。但由于蒋介石集团背信弃义,中国共产党和中国人民只有用战争的方式推翻了帝国主义、封建主义、官僚资本主义在中国的统治,建立了新中国。新中国建立伊始,周恩来肩负起中华人民共和国外交部长的重任,直接领导了新中国的外交工作。直至 20 世纪 70 年代中期,周恩来一直是新中国外交工作的实际领导人。在新中国建立初期,美帝国主义对新中国实施封锁政策,周恩来不仅积极发展与社会主义阵营国家的友好往来,还倡导了著名的和平共处五项原则,与非社会主义国家进行合作与交往。在亚非会议上,他高举“求同存异、协商一致”的原则,使会议取得圆满成功,为新中国的外交事业打开新局面,突破了以美国为首的资本主义阵营对新中国的封锁。从 1956 年年底到 1964 年年初,周恩来三度出访亚非 28 国,对新中国的外交产生了深远影响。从朝鲜停战到 1965 年,与中国建交的国家由新中国建立初期的 18 个逐步增加到 49 个,中国在国际上的地位大大提高。"文革"时期,周恩来坚决抵制"四人帮"的倒行逆施,极力挽救被破坏的外交工作,使得外交工作在 1968 年起逐渐恢复正常。20 世纪 70 年代初期,根据国际形势的变化,周恩来积极推动中美关系正常化。1972 年,中美上海《联合公报》发表后,世界上掀起了与中国建交的新高潮。到周恩来逝世前,与中国建交的国家由 49 个增加到 107 个。1971 年,新中国在联合国的合法席位也得到了恢复。周恩来为新中国的外交事业呕心沥血,功勋卓著,得到全世界和全中国人民的景仰。

为纪念周恩来为中国外交工作所作出的杰出贡献,本书专门将周恩来与外国首脑及政要的会谈进行了搜集整理。全书大致上按照时间顺序,翔实纪录了周恩来与外国首脑及政要会见的基本内容。由于篇幅所限,本书仅选取了在外交史上较为重要的会谈。通过阅读我们可以欣赏到周恩来的外交风采,更可以感受到周恩来远见卓识的外交智慧。同时看到新中国外交思想的变化过程及外交实践取得的重大成就。至今,中国的外交仍有周恩来的外交思想和实践的痕迹。

目 录

1936 年

12 月 22 日会见英国驻华武官斯卡特——西安事变完全是蒋介石对日本帝国主义采取不抵抗政策而造成的 ………………………………………… 1

1941 年

1 月 14 日同苏联驻华代表武官崔可夫、潘友新等会谈——促进皖南事变的解决 …………………………………………………………………………… 4

1944 年

1944 年 7 月至 10 月多次会见美国军事观察组政治顾问约翰谢伟思——中共将考虑国民党建议 ………………………………………………………… 8

1944 年年末至 1945 年年初多次会见美国总统私人代表赫尔利——第一次调停未果 …………………………………………………………………… 11

1946 年

1 月 5 日会见美国总统特使马歇尔——三人会议工作 ……………… 16

1949 年

10 月会见苏联驻华大使罗申——中苏建交、毛泽东访苏 …………… 20

1950 年

1950 年年初会见苏联党和国家最高领导人斯大林——签订中苏重要条约 …………………………………………………………………………… 24

10 月会见苏联党和国家最高领导人斯大林——联苏抗美………………… 27

1951 年

1 月多次会见印度驻华大使潘尼迦——反对朝鲜战事先停火后谈判,建议
召开七国会议 ………………………………………………………………… 32

1951 年年初会见印度驻华大使潘尼迦——"人民解放军必须进入西藏" … 35

8 月会见印度驻华大使潘尼迦——中印共同反对《旧金山对日和约》…… 39

1952 年

6 月 14 日会见印度驻华大使潘尼迦——中印关于藏印关系的协定 …… 43

8 月会见苏联党和国家最高领导人斯大林——苏联援助中国建设 …… 46

9 月接见蒙古部长会议主席泽登巴尔——签订《中蒙经济文化合作协
议》 …………………………………………………………………………… 50

1953 年

12 月会见印度驻华大使赖嘉文——中印签订通商和交通协定………… 52

1954 年

4 月会见苏共第一书记赫鲁晓夫——为日内瓦会议作准备 ………… 56

4 月会见印度驻华大使赖嘉文——印度支那问题 ………………… 58

5 月多次会见英国外相艾登——印度支那和朝鲜问题 ………………… 61

8 月 24 日会见英国前首相艾德礼——中英关系 ……………… 64

9 月多次会见苏共第一书记赫鲁晓夫——共同发表《关于中苏举行会谈的
公报》 ………………………………………………………………………… 67

10 月会见印度总理尼赫鲁——"互利合作争取持久和平" …………… 70

10 月 11 日接见日本国会议员访华团和日本学术文化访华团——中日关系
的关键是和平共处 ………………………………………………………… 73

12 月会见缅甸吴努——中缅关系开启新局面………………………… 77

1955 年

1 月会见联合国秘书长哈马舍尔德——中国反对美国干涉中国内政 ··· 80

1 月至 2 月会见英国代办杜维廉——批评英国政府对华政策 ·········· 81

2 月会见印度驻华大使赖嘉文——反对两个中国,妥善处理台湾海峡

局势 ··· 85

4 月会见黎巴嫩驻美大使查尔斯·马立克——不要战争不要干预 ····· 88

4 月会见巴基斯坦总理阿里——中巴关系取得重要进展 ·············· 90

5 月会见印度尼西亚总理沙斯特罗阿米佐约——促成中美谈判 ········ 92

7 月会见印度驻华大使赖嘉文——中美大使级会谈的实现 ·········· 95

1956 年

2 月会见泰国经济人党领袖乃贴·触的努七——建立中泰友好关系 ··· 99

2 月会见柬埔寨王国首相西哈努克亲王——中柬建交可以等 ········· 101

3 月至 6 月多次会见印度驻华大使拉·库·尼赫鲁——中国不排斥和美国

谈判 ·· 104

4 月会见苏联部长会议第一副主席米高扬——苏共二十大及苏联援华 ··· 107

6 月 28 日会见日本国营铁道工会等访华代表团——中日两国人民要多多

来往,为两国关系正常化铺平道路 ··· 108

8 月会见老挝首相富马亲王——亚非国家要团结起来 ··············· 111

9 月会见尼泊尔首相阿查里雅——签署中尼联合声明 ··············· 113

10 月会见英国代办欧念儒——严重抗议香港当局未能制止九龙暴乱 ····· 116

10 月四次会见巴基斯坦总理苏拉瓦底——发表中巴两国总理联合

声明 ·· 119

10 月会见缅甸主席吴努——就如何解决中缅边界问题达成统一意见 ····· 122

11 月与越南总理范文同会谈——发表中越联合声明 ·············· 125

1957 年

1 月会见苏联苏共中央第一书记赫鲁晓夫——"教训"赫鲁晓夫,反对大国

沙文主义 ·· 128

1 月 19 日至 22 日会见阿富汗国王查希尔·沙阿、首相达乌德——"亲善四

邻、安定友邦" ………………………………………………… 132

　　1月25日会见尼泊尔首相阿查里雅——重申对万隆原则的支持 …… 135

　　2月1日会见锡兰总理班达拉奈克——和平共处五项原则和万隆会议十项
原则作为指导两国关系的准则 …………………………………… 138

　　4月15日会见日本社会党访华亲善使节团——打破恢复中日邦交的困难
局面 …………………………………………………………… 140

　　5月20日会见印度驻华大使拉·库·尼赫鲁——中美会谈陷入僵局 …… 143

　　9月下旬会见缅甸联邦最高法院首席法官吴敏登——争取和平解决中缅边
界问题 ………………………………………………………… 146

1958 年

　　1月1日会见也门王国副首相巴德尔——签订中也友好合作条约 …… 149

　　2月15日会见朝鲜首相金日成——人民志愿军从朝鲜撤军 ………… 151

　　7月31日至8月3日会见苏共第一书记赫鲁晓夫——拒绝"建立一支共同
潜艇舰队" ……………………………………………………… 154

　　8月会见柬埔寨王国首相西哈努克——大国小国应该平等相待 …… 157

　　10月5日会见苏联驻华临时代办安东诺夫——台海形势和我们的
政策 …………………………………………………………… 160

1959 年

　　10月2日会见苏共中央第一书记赫鲁晓夫——会谈不欢而散,中苏关系裂
缝加深 ………………………………………………………… 164

　　11月8日会见印度驻华大使帕塔萨拉蒂——写信答复尼赫鲁,提出和平解
决中印边界争端的步骤 ………………………………………… 167

1960 年

　　4月17、18日会见缅甸总理吴努——继续巩固中缅在边界问题上的已有
成果 …………………………………………………………… 171

　　4月19日至25日与印度总理尼赫鲁七次会谈——中印边界谈判未果 … 174

　　4月27日会见尼泊尔首相柯伊拉腊——珠穆朗玛峰的归属问题 …… 177

5月25日会见英国元帅蒙哥马利——中国人民支持蒙哥马利元帅为缓和国际紧张局势和为世界和平所作的努力 …………… 180

8月27日会见日本日中贸易促进会专务理事铃木一雄——关于促进中日关系的政治三原则和贸易三原则 ………………… 184

10月2日至5日三次会见阿尔及利亚临时政府总理阿巴斯——反对帝国主义侵略 ……………………………………………… 186

1961 年

2月28日会见由山本熊一率领的日本经济友好访华代表团——中日双方都应该向前看 ……………………………………… 190

4月会见老挝王国政府首相富马亲王——支持老挝人民反对美国干涉内政 ………………………………………………… 192

9月21日会见英国元帅蒙哥马利——支持蒙哥马利元帅关于和缓国际紧张局势的三项原则 ………………………………… 195

10月会见苏共第一书记赫鲁晓夫——最后一次交锋 …………… 199

1962 年

3月、6月、7月会见出席扩大的日内瓦会议的老挝王国政府代表团——争取印度支那和平 ……………………………… 201

9月会见日本自由民主党顾问、众议院议员松村谦三——"中日两国人民应该友好相处,而且应该世世代代友好下去" ………… 203

10月11日至13日会见朝鲜首相金日成——商议中朝边界问题 …… 206

10月29日、11月21日会见缅甸驻华大使叫温——中印边界问题 … 207

10月30日、31日会见英国前工党议员马尔科姆·麦克唐纳——"中国需要一个和平的环境来搞建设" …………………………… 209

12月25日至27日会见蒙古人民共和国部长会议主席泽登巴尔——商议中蒙边界问题 ……………………………………… 210

1963 年

1962年12月31日至1963年1月8日会见锡兰总理西丽玛沃·班达拉奈

克夫人——谈论中印边界争端问题和中锡两国友好关系的发展 ………… 213

2月10日至18日会见柬埔寨国家元首诺罗敦·西哈努克亲王——促进中印和解、推动中印直接谈判 …………………………………………… 218

8月4日至10日会见索马里共和国总理阿卜迪拉希德·阿里·舍马克——我国同友好国家合作的四项原则 ……………………………… 220

10月23日至11月1日会见法国总统戴高乐的代表、前总理埃德加·富尔——为中法建交扫清障碍 ……………………………………… 223

12月14日至20日访问阿拉伯联合共和国——提出中国处理同阿拉伯国家和非洲国家关系的五项原则 ……………………………………… 228

12月21日会见阿尔及利亚民主人民共和国总统本·贝拉——"共同的历史命运很早就把我们两国人民紧密地连结在一起" …………………… 235

12月27日至31日会见摩洛哥国王哈桑——"我们来就是为了了解情况，学习有益的东西" ………………………………………………… 239

1964 年

1月9日会见阿尔巴尼亚劳动党中央第一书记霍查——"我把六亿五千万人民的心带到了这里" …………………………………………… 243

1月9日、10日会见突尼斯总统哈比卜·布尔吉巴——中国和突尼斯建交 ……………………………………………………………………… 247

1月11日至16日会见加纳总统克瓦米·恩克鲁玛——中国政府对外经济技术援助八项原则 ……………………………………………… 250

1月16日至21日会见马里共和国总统莫迪博·凯塔——"独立和自由的亚洲和非洲，一定能够一天一天繁荣和富强起来" ………………… 254

1月21日至27日会见几内亚总统塞古·杜尔——"几内亚是一个没有被打开的百宝箱" …………………………………………………… 255

1月27日至30日会见苏丹武装部队最高委员会主席易卜拉欣·阿布德——中国人民的敌人在苏丹受到惩罚 ………………………………… 258

1月30日、31日会见埃塞俄比亚皇帝海尔·塞拉西一世——"我们不介入非洲各国领土争端" ……………………………………………… 259

2月1日至4日会见索马里总理阿卜迪拉希德·阿里·舍马克——"整个

非洲大陆是一片大好的革命形势" ……………………………………… 261

2月14日至18日、7月10日至12日会见缅甸联邦革命委员会主席奈温
——坚持团结,坚持斗争 ……………………………………………… 263

2月20日会见巴基斯坦总统阿尤布·汗——"中巴友谊绝非权宜之
计" …………………………………………………………………… 266

2月26日至29日会见锡兰总理班达拉奈克夫人——"自己的力量才是最
可靠的力量" ………………………………………………………… 270

11月5日至13日会见苏联领导人——中国不当卫星国 ……………… 272

1965 年

2月4日、8日会见古巴社会主义革命统一党书记埃内斯托·切·格瓦
拉——"不能关起门来搞建设" ……………………………………… 279

2月会见苏联部长会议主席柯西金——"我们需要了解对方的想法" … 280

3月22日至27日会见罗马尼亚新任的工人党第一书记齐奥塞斯库和部长
会议主席毛雷尔等——"只有通过协商,任何意见才能更正确,才可以找到更好
的解决办法" ………………………………………………………… 282

3月27日至4月4日访问阿尔巴尼亚、阿尔及利亚、阿联、巴基斯坦、缅甸
五国——中国人民坚决反对美帝国主义的战争 …………………… 283

6月1日至9日访问巴基斯坦、坦桑尼亚——展望第二次亚非会议 … 287

6月19日至30日会见阿联总统纳赛尔——"亚非各国人民比任何时候都
更加需要加强团结" ………………………………………………… 290

1966 年

4月28日至5月11日会见谢胡为首的阿尔巴尼亚党政代表团——"不断
壮大和发展全世界的马克思列宁主义者的队伍" ………………… 296

1967 年

3月至4月会见越南总理范文同——"越南战争要取得最后胜利" … 299

9月26日至10月14日会见阿尔巴尼亚人民共和国部长会议主席谢
胡——将中阿人民的伟大革命友谊推向了一个新的高峰 ………… 301

1968 年

多次会见胡志明等越南外宾——"越南一定能够取得抗美救国战争的最后胜利" ··· 304

6月18日至22日会见坦桑尼亚联合共和国总统尼雷尔——"一切援助应使得独立国家得到好处" ··· 305

8月5日会见巴基斯坦外交部长阿沙德·侯赛因——进一步加强两国友好合作关系 ··· 308

9月28日至10月7日会见阿尔巴尼亚人民共和国部长会议副主席兼国防部长贝基尔·巴卢库——高度赞扬阿尔巴尼亚宣布退出华沙条约,是一个非常勇敢的革命行动。 ·· 309

1969 年

7月13日至16日会见努尔·汗空军中将率领的巴基斯坦政府友好代表团——"巴中两国之间的友谊是建立在互相尊重和信任的基础上的" ······ 311

9月在机场会见苏联部长会议主席柯西金——缓和边界紧张局势的愿望终未达成 ··· 313

9月4日会见越南党政领导人范文同等——吊唁胡志明 ··············· 317

10月1日接见朝鲜最高人民会议常任委员会委员长崔庸健——巩固和发展用鲜血凝成的战斗友谊 ·································· 319

1970 年

4月5日赴朝鲜会见金日成首相——"我们两国之间没有解决不了的问题" ·· 321

4月19日会见日本松村谦三访华团——"我们是不拿原则作交易的" ······ 323

10月会见日本社会党前委员长佐佐木更三率领的友好访华团——"中日两国人民要团结起来" ····································· 325

10月8日至15日会见法国前总理德姆维尔——传达对戴高乐访华的邀请 ·· 326

11月10日至14日会见巴基斯坦总统叶海亚·汗——启动中美沟通的"巴

基斯坦渠道” ………………………………………………………… 327

　　3 月会见西哈努克亲王——"啊,中国,我亲爱的第二祖国" ………… 330

1971 年

　　1971 年多次会见日本友好协会人士以及其他对华友好人士——民间外交推动中日关系的进步 ………………………………………………… 336

　　3 月 14 日接见法国驻华大使马纳克——商谈印度支那问题 ………… 340

　　4 月 14 日接见美国国家乒乓球队——打开两国人民友好往来的大门 …… 341

　　1971 年两次秘密会见基辛格——揭开中美关系新的一章 ………… 343

　　6 月 1 日至 9 日会见罗马尼亚共产党总书记、国务委员会主席齐奥塞斯库——签订中国罗马尼亚联合公报 ……………………………… 347

　　6 月 28 日会见竹入义胜率领的日本公明党访华团——公明党提出中日关系问题上的五点主张 …………………………………………… 350

　　7 月 2 日会见让－吕克·佩潘为团长的加拿大政府经济代表团——"我们两国可以在和平共处五项原则基础上友好往来" ……………… 350

　　10 月 6 日至 13 日会见埃塞俄比亚皇帝海尔·塞拉西一世——"亚非各国人民应当在万隆会议的旗帜下互相友好,互相团结,互相支持" ……… 351

　　11 月 11 日会见意大利前副总理、前外交部长、终身参议员彼得罗·南尼——"中意两国人民之间的友好往来一定会发展起来" ……………… 352

　　11 月会见越南领导人范文同——"中国政府和人民将一如既往,坚决支持越南人民抗美救国的正义斗争" ……………………………… 353

1972 年

　　1 月 31 日至 2 月 2 日会见巴基斯坦伊斯兰共和国总统佐勒菲卡尔·阿里·布托——"我们要为反对外来侵略,为我们领土的完整,祖国的统一而斗争!" ……………………………………………………………………… 355

　　2 月会见美国总统尼克松——改变世界的几天 ………………… 357

　　6 月 19 日至 23 日会见美国总统国家安全事务助理亨利·基辛格——促进中美关系正常化 ………………………………………………… 362

　　4 月 2 日至 8 日会见马耳他总理多姆·明托夫——大国与小国和平共处的典

范 ……………………………………………………………… 364

6月25日至7月5日会见斯里兰卡总理班达拉奈克夫人——"我们祝愿中斯两国人民之间的友谊世世代代发展下去,万古长青!" ……… 365

7月19日会见联邦德国外交委员会主席格哈德·施罗德——德意志联邦共和国和中华人民共和国之间关系正常化的时机已成熟 ……… 368

8月13日会见联合国秘书长瓦尔德海姆和夫人——欢迎第一位访问中国的联合国秘书长 ……………………………………………… 370

7月接见佐佐木更三、竹入义胜等日本政要——为中日建交作铺垫 … 371

9月25日至30日接见日本首相田中角荣——中日正式建交 ……… 373

11月15日至19日会见尼泊尔王国首相比斯塔——"历史以及互相谅解和合作的精神使我们成为好邻居" …………………………… 379

1973 年

1月31日会见越南劳动党中央政治局委员黎德寿、阮维桢——庆祝《关于在越南结束战争、恢复和平的协定》正式签订 ………………… 382

4月19日至24日会见墨西哥总统路易斯·埃切维里亚·阿尔瓦雷斯——"第三世界国家应该互相发展贸易,并与其他国家建立联系和接触"……… 385

9月11日至17日会见法兰西共和国总统乔治·蓬皮杜——"访问圆满地对加强两国之间的联系和两国人民的友谊作出了贡献"……… 388

10月10日至14日会见加拿大总理皮埃尔·埃利奥特·特鲁多——"为中加两国关系的发展开辟更加广阔的前景" …………………… 393

10月31日至11月4日会见澳大利亚总理惠特拉姆——"为两国关系的进一步发展开辟良好前景" ………………………………… 396

11月10日至14日会见美国国务卿基辛格——中美两国有必要在"具有权威的级别上"加以磋商 …………………………………… 399

12月8会见尼泊尔国王比兰德拉和王后艾什瓦尔雅——"中国政府和中国人民将一如既往地支持尼泊尔政府和人民的正义斗争" ……… 401

10月20日会见日本自民党众议员藤山爱一郎——"中日建交以后开辟了一个新的阶段,这样一个前途是扭不回去了" ………………… 403

1974 年

2 月 21 日至 3 月 2 日会见赞比亚共和国总统肯尼思·戴维·卡翁达——签订《中赞经济技术协定》 …………………………… 406

4 月 22 日会见日本自由民主党前众议员川崎秀二——中日之间要平等互惠地发展经济关系 ……………………… 408

5 月 11 日、12 日会见巴基斯坦总理佐勒菲卡尔·阿里·布托——开启两国关系充满活力的新阶段 ……………………… 409

5 月 24 日至 27 日会见英国前首相、英保守党领袖爱德华·希思——中英关系的坚冰渐渐融化 ……………………… 410

5 月 28 日、29 日会见马来西亚总理拉扎克——最后一次与外国首脑举行正式会谈 …………………………………… 413

9 月 20 日会见菲律宾马科斯总统夫人伊梅尔达·马科斯——启动了菲律宾与中国关系正常化的机器 ……………… 415

10 月 19 日会见丹麦首相保罗·哈特林和夫人——促进中国与欧盟的正式建交 ………………………………………… 416

11 月 10 日会见也门民主人民共和国总统委员会主席萨勒姆·鲁巴伊·阿里——"我们的援助一定要有利于你们的经济独立" ……… 416

1975 年

1 月 7 日会见比利时政府首相廷德曼斯——"历史是很有趣的！" …… 419

1 月 8 日会见泰国、新加坡、菲律宾政要——"中国坚持不称霸的原则，我们非常希望东南亚成为和平区" ………………………… 421

参考资料 ……………………………………………………… 423

后　记 ………………………………………………………… 426

1936 年

12 月 22 日会见英国驻华武官斯卡特——西安事变完全是蒋介石对日本帝国主义采取不抵抗政策而造成的

1936 年 12 月 12 日，国民党爱国将领张学良和杨虎城在西安扣留了蒋介石，囚禁了从南京来的几十名国民党军政官员，迫使蒋介石接受停止内战、联共抗日等八项主张，史称西安事变，又称双十二事变。事变发生后，经过国内各界以及国际各方面的斡旋，最终以蒋介石答应政治条件被释回南京而结束，避免了一场一触即发的武力冲突，也为国共合作抗日铺就了道路。

12 月 12 日凌晨，西安事变的消息传到保安，中共迅速商量应对之策，接连向共产国际发了三封电报。并决定派周恩来等飞赴西安，参加和平解决事变的谈判。1936 年 12 月 17 日，周恩来到达西安，当晚就与张学良、杨虎城两位将军商量解决方案。

周恩来率中共代表团到达西安时，面临的形势极为严峻，各种关系错综复杂。首先，张学良、杨虎城两位将军与蒋介石的矛盾无法协调。张、杨二人发动兵谏后提出了停止内战、一致抗日的八条救国主张，但是蒋介石态度强硬，听不进二人的意见，对张、杨不是斥骂就是耍赖，使谈判无法进行下去。其次，国民党南京政府内部在如何处理西安事变的问题上存在严重分歧，亲日派何应钦想趁此挑起事端，成立讨逆军，轰炸西安，并置蒋介石于死地；而孔祥熙、宋子文、宋美龄等亲英美派则主张和平解决，反对用兵。第三，西安百姓痛恨蒋介石发动内战，欲公审蒋介石，而张、杨二人则主张促蒋抗日。面对如此复杂的局面，稍有不慎，都可能引发更大的事端。周恩来凭借他精湛的公关艺术，促使西安事变实现了和平解决。

首先，周恩来分析当时的形势，坚定了张学良、杨虎城和平解决西安事变的决心。之后，又争取了宋氏兄妹的支持。宋氏兄妹的态度受到英美两国的影响。西安事变发生时，中国是一个半殖民地半封建的社会，西安事变的发生与和平解决同帝国主义各国的利益密切交织在一起。1936年是欧洲北非形势发生剧烈动荡的一年。面对德意日益嚣张的法西斯侵略气焰，英国曾一味迁就退让。但是随着日本在华侵略由北向南的推进和不断摆脱九国公约束缚的努力，英国在华利益受到日益严重的损害，这引起英国方面的强烈反应。西安事变的发生，引起了英国统治集团的忧虑与不安。蒋介石政权是其在中国的代理和工具，蒋介石被扣押，英美在华利益受到影响；其次，事变发动者是为了促蒋抗日，打击日本，对于维护英美在华的既得利益有好处。因此，英美主张双方采取妥协让步的态度以和平解决争端，其原则是既维持蒋介石现有的全国统治地位，又必须接受张、杨提出的停止内战、联合抗日的政治条件。并保证事后张杨个人的生命安全。西安事变后，英国政府采取协调矛盾消除冲突的主要措施，积极主动地沟通南京与西安的对抗状态，设法营救蒋介石。

在英美政策的影响之下，宋氏兄妹与周恩来进行了谈判。周恩来在与宋氏兄妹谈判时，首先说明了西安事变的真相，并表示中共并未参与，"西安赤化"是亲日派造的谣言，中共力主和平解决事变。另外，周恩来还从宋氏的切身利益出发，分析国内外形势，以及走不走抗战道路对他们的利害关系。最后，宋氏兄妹同意了周恩来的主张，并最终达成了和平解决西安事变的六项协议。争取宋氏兄妹的支持是和平解决西安事变的关键。当时只有宋氏兄妹才能做蒋介石的工作，说服蒋改变政策，认清形势，和平解决西安事变。

与宋氏兄妹谈判达成协议后，周恩来会见了蒋介石。在谈话中，周恩来具体解释了共产党的抗日救国方针以及建立抗日民族统一战线等主张。并指出："我们党一贯主张停止内战，一致抗日，主张各党派无论过去有什么旧怨宿仇或不同政见，都应该捐弃前嫌，组成抗日统一战线，共赴国难。我这次来西安，不是来算旧账，而是来商谈今后的救国大计的。"周恩来真诚的态度和高超的谈判技艺，最终说服了蒋介石。蒋介石表示：今后停止剿共，联共抗日；由宋、宋、张全权代表他与周解决一切；他回南京后，周恩来可以直接去谈。最后，在张学良的护送下，蒋介石回到南京，西安事变和平解决。

1936 年 12 月 22 日至 25 日，周恩来会见了英国驻华武官斯卡特，并与之进行了会谈。在回答斯卡特的问题时，周恩来指出：这次事变完全是蒋介石对日本帝国主义采取不抵抗政策而造成的。中国共产党认为西安事变必须和平解决，才能迫使蒋介石联共抗日，否则内战再起，日本帝国主义必将乘机侵占全中国。现在中国人民要求的政府必须是抵抗外侮的、民主的、发展经济减轻人民生活痛苦的。中共已向国民党二中全会宣布赞成全国统一的民主共和国，当民主政府建立时，红色区域可成为其中的组成部分。中共主张信教自由，保护人民的生命财产。

周恩来与斯卡特的这次谈话，揭露了蒋介石的不抵抗政策，也表明了中共愿意与国民党联合抗日的主张和诚意。为了建立抗日民族统一战线，实现联合抗日，中国共产党在西安事变发生后积极参与谈判，促进西安事变的和平解决。在西安事变的和平解决中，周恩来代表中共，高举民族大旗，积极斡旋于各方的谈判之中，为西安事变的和平圆满解决作出了特有的贡献。西安事变也成为建立抗日民族统一战线的关键转折点，为国共两党的再次合作创造了有力条件。

西安事变因蒋介石的消极抗日、积极反共而发生，最终在各方的努力之下和平解决，成为当时扭转时局的关键，使中华民族实现了由内战到抗战的历史转变。

在处理西安事变的日子里，周恩来运用精湛的谈判艺术，和张学良携手合作，处理了许多棘手的问题，促进事情向着和平的方向发展。加拿大学者柯让（罗纳德·C·基思）在《周恩来的外交》一书中认为："1936 年 12 月的西安事变期间，他的个人外交达到了革命现实主义的新的高峰。"

周恩来完满地执行了中共中央交给的政治使命，显示出了他驾驭政治风云、应付突发事变的卓越才能。

1941 年

1 月 14 日同苏联驻华代表武官崔可夫、潘友新等会谈——促进皖南事变的解决

1940 年秋，何应钦、白崇禧以国民政府军事委员会的名义，强令黄河以南的新四军、八路军在一个月内全部撤到黄河以北。中国共产党从维护抗战大局出发，答应将皖南的新四军调离。1941 年 1 月 4 日，新四军军部及所属的支队 9000 多人由安徽泾县云岭出发，移师北上；6 日，行至皖南泾县茂林时，遭到国民党军 8 万多人的包围袭击。新四军奋战七昼夜，弹尽粮绝，除少部分人突围外，大部分被俘或牺牲。军长叶挺与国民党军队谈判时被扣押，副军长项英被叛徒杀害，震惊中外的皖南事变爆发。

皖南事变前后是中国抗日战争时期时局发展的一个关键点。它使抗战期间本已存在的国共矛盾骤然激化，国共关系处于破裂的边缘。国共两党如何处理这一事变，直接关系到抗日民族统一战线的兴衰，关系到中国政局的走向。此时，苏联对于事变的态度成为解决时局的关键因素之一。

1941 年 1 月 14 日，事变发生后不久，周恩来就同叶剑英会见了苏联驻华使馆武官瓦西里·伊万诺维奇·崔可夫。周恩来说："何应钦和白崇禧是这一阴谋的策划者，戴笠也参与其中……但我们清楚，这一阴谋的真正鼓动者是蒋介石。"崔可夫同意这一看法，更为明确地表示："我认为，在你们的政治工作中应当指明，蒋介石是所有这一切事变的祸首。"崔可夫还建议皖南新四军主力"坚持北上"，到江北后如蒋继续逼你们北上，可提出鉴于皖南事变，江苏境内国民党军须全数离境作为安全北上的条件；江南视情况留一小部分干部和武装"埋在民间"。还说国民党如果继续内战，他有权暂停援华军火于途中。周恩来将会谈情况电告毛泽东，并就崔可夫要求将我国内情况特别是

国共关系随时通知一事请示。毛泽东答复可以告知。

皖南事变前后，苏联对中国和中共的态度有一个转折。在皖南事变前，苏联两面受敌：西部有"慕尼黑协定"祸水东引；东部受到日本的威胁。因此，苏联在中国抗战之始便寄希望于中国国民党政府，指望其能有力地"拖住"日本，以保证其东部安全。在事变之前，苏联派崔可夫来华，担任驻国民党政府的武官和蒋介石的总军事顾问，随同崔可夫来华的还有 15 名军事顾问和军事专家。与此同时，苏联还向国民党政府提供了大量军火援助。斯大林在 1940 年 10 月 16 日亲自致电蒋介石说："中国主要任务在于保持及加强中国人民的军队……只须中国人民的军队坚固强壮，则中国必可克服任何困难。"

皖南事变即将发生前，中共已估计到了问题的严重性，多次召开会议，讨论对即将来到的更严重的局面应采取的对策。毛泽东亲自致函苏联和共产国际，指出国民党"近日发动大规模反共活动"，要求苏联给国民党"再加以压力"不要一味亲蒋，并表示：在我取退让态度彼仍坚决进攻之时，我们拟举行自己的反攻，打破其进剿军与封锁线。

针对国民党政府破坏国共合作的行为，在皖南事变前，苏联就已经表示出不满。1940 年 10 月 31 日，潘友新在与白崇禧交换对中国时局和国共合作的看法时，白对中共大加指责，认为错误在中共方面，其"行为举止是不正确的和可耻的"，并企图将责任全推到中共的身上。潘友新否定了白崇禧的说法，并指出白应该站到中立的、公正的立场并合理地分析事实的原因。最后潘友新还提醒白崇禧："中国最终战胜敌人要通过中国各政党的合作。国共合作无疑是伟大的，不应当忘记和低估这一点。"

皖南事变发生后，苏联政府对事变的发生感到颇为震惊。《真理报》很快就事变发生发表了电讯，称皖南事变"已使中国各阶层之爱国人民大为震惊"。事变发生时，正逢国民党驻苏大使邵力子设宴招待苏外长莫洛托夫，苏方托辞，无一人赴宴。苏驻重庆大使潘友新受苏联政府委托于 1 月 25 日向蒋介石表示："袭击新四军削弱了中国人民的军事力量，这对日本强盗有利。"崔可夫也面见了何应钦、白崇禧，对其予以责问，表示自己对于事件"无论如何也无法接受"。

为使国外人士了解皖南事变真相，洞悉国民党顽固派的阴谋，争取国际舆论的同情和支持，周恩来除了组织力量准备材料，动员外国记者分别带往香港、南洋和美国发表外，并安排王炳南、王安娜、龚澎等去访问所认识的外国记者和外交官，告以国民党袭击新四军事件。

1941年1月中旬，周恩来到英国驻华大使阿奇博尔德·克拉克·卡尔寓所，向卡尔揭露国民党顽固派的阴谋。英国政府收到驻华大使报告后，告诉蒋介石，内战只会加强日军的攻击。

1941年2月27日，周恩来会见罗伯特·华伦·巴尼特（当时在陈纳德航空队任职），向他揭露国民党军队袭击新四军等情况。

苏联在皖南事变后，积极的奔走于国民党和共产党之间，试图和平解决皖南事变，维持中国国内合作抗战的状况。崔可夫在其回忆录中写道，当时他"经常关注的是两个问题：蒋介石对抗日问题的态度和日本在1941年的作战计划"。苏联对皖南事变后，中国形势发展判断的一个基本结论就是中日民族矛盾仍然是中国的主要矛盾，中国的主要敌人是日本。1月15日，潘友新与周恩来等会晤时，明确指出："我认为，现在中共的主要敌人仍是日本。"崔可夫当时断言，日本必将向中国发起进攻："局势是严峻的。皖南事变至少表明，国民党政府作了各个击破共产党军队的实际准备。然而，在对日本作战的情况下，蒋介石还不能公开破坏统一战线和公开发动反共内战。"

因此，在皖南事变后，苏联一方面对国民党蒋介石施加压力，促使其尽快恢复国共关系；一方面要求中共避免与蒋介石决裂，积极为中共应对皖南事变出谋划策。据季米特洛夫日记记载，他在得知皖南事变消息后，于1月17日打电话给莫洛托夫，"莫答应把问题向斯大林反映并对蒋介石施加压力"。1月18日，季米特洛夫又亲自给斯大林写信。信中说，假如蒋介石不终止其行动，则不可避免地燃起内战，这只能对日本人有利，而为了避免这样的内战，在苏联方面应"采取可能的措施来影响蒋介石"。苏联方面还在宣传舆论上向国民党、蒋介石施加压力。除此之外，潘友新和崔可夫还直接向国民党政府提出质询和批评，强调内战只是有害于反侵略斗争，崔可夫作为驻华武官甚至暗示内战可能导致苏联方面停止援助。在当时，苏联对国民党的军事援助是非常重要的，这就迫使蒋介石不得不慎重考虑苏联的意见。

在给国民党施加压力的同时，苏联方面还积极为中共出谋划策。1月15日，潘友新与周恩来等会谈时指出："无论如何需要保持合作，但这不是说要使自己受欺负。正如您所说的，你们已经开始反对国民党的政治进攻。因此，你们必须继续这一政治进攻，一方面来恢复自己的名誉，另一方面向广大人民群众指明皖南事变的真正的肇事者。"1月25日，季米特洛夫急电毛泽东，突出强调利用日蒋矛盾的重要性，要求中共集中火力打击国民党亲日派，不可另起炉灶，不要主动破裂与国民党的关系，以免上亲日派的当。

但是，中共对蒋介石的反击策略与苏联是有分歧的。中共认为不仅要在政治上进攻，在军事上也要进攻。在 1 月 15 日与潘友新和崔可夫的会谈中，周恩来就已告知对方："中共中央已向第十八集团军发布命令，准备在十日之内向沈鸿烈、韩德勤部发起进攻。" 1 月 16 日，莫斯科方面收到中共中央书记处的电报。电报报告了皖南事变情况，并说蒋介石在西北集结 30 万军队包围陕甘宁边区，派 20 多个师对江苏、山东、安徽、湖北四省的游击队开展大规模进攻，反革命气焰甚为嚣张，"我们准备在政治上和军事上坚决反击蒋介石实施的这种广泛进攻"。但此时，莫斯科得到蒋介石在 1 月 17 日通过赴苏洽谈军援的张冲传递的消息：蒋希望苏联把皖南事变"应看作地方性的军事事变，不应赋予其政治意义，不应对其作出广泛反响。他保证这一'事变'绝不会影响中央政府和中国共产党之间的关系，而且不会影响他们在抗日战争中的继续合作。新四军的高级将领将被释放"。这一消息强化了苏联不支持中共进行军事反击的考虑。1 月 21 日，季米特洛夫在与斯大林会谈中国问题时，斯大林丝毫没有提及"反击"问题，反倒批评"叶挺是不守纪律的游击队员"。由于缺少苏联的支持和援助，中共主张的军事进攻也搁置了。不久，毛泽东意识到，"只有军事攻势才会妨碍蒋之抗日，才是极错误政策。政治攻势反是，只会迫蒋抗日，不会妨蒋抗日。故军事守势政治攻势八个字是完全正确的，二者相反正是相成"。获悉此消息的季米特洛夫即向莫洛托夫通报，并写信向斯大林报告。

皖南事变后，蒋介石继续抗日，这是国共关系得以缓解的根本前提。

皖南事变给抗战时期的中国造成一次严重的内伤，但最终没有滞缓中华民族团结抗战的步伐，这是与苏联对皖南事变积极的、具有建设性意义的政策和策略分不开的。其中，周恩来在代表中共与苏联、国民党的谈判中发挥了极其重要的作用。

1944 年

1944 年 7 月至 10 月多次会见美国军事观察组政治顾问约翰·谢伟思——中共将考虑国民党建议

太平洋战争爆发后，蒋介石一再的消极抗战，面对美军伤亡的增加，史迪威对蒋介石的表现十分不满。与蒋介石正好相反的是此时中共武装对日军的抵抗，取得了很好的成绩。史迪威开始有意利用中共力量，于是提出派人去延安实地考察。但是，史迪威的延安考察计划遭到蒋介石的反对。1944 年夏，美国副总统华莱士访华。在为华莱士访华准备的备忘录中，谢伟思也提出，美国应给予中国共产党的军队以援助与合作，同时改革蒋介石国民党政府。最后在华莱士和高斯、史迪威的坚持下，蒋介石被迫同意美国方面派人去延安。

1944 年 7 月，美军派遣由驻华使馆武官包瑞德、二等秘书戴维斯、三等秘书谢伟思等组成的"美国军事观察小组"进驻延安。谢伟思被委任为"美国军事观察小组"的"政治顾问"。

22 日，周恩来同叶剑英、杨尚昆等到机场迎接来了解中国敌后战场情况的美军观察组首批成员。之后，周恩来同叶剑英与戴维·包瑞德和约翰·S. 谢伟思进行了会谈，向观察组介绍了中国共产党的一些情况。

约翰·S. 谢伟思（John S. Service）1909 年出生于中国成都美国传教士家庭。1933 年谢伟思在加利福尼亚大学毕业后返华，在美国驻昆明、上海等地领事馆任职。1941 年开始担任驻华大使馆秘书、中缅印战区美军司令部政治顾问等职。1944 年 7 月作为美军迪克西使团成员前往延安。谢伟思是抗战时期的亲共外交官之一，在考察延安之时，谢伟思与毛泽东、周恩来等中共高层领导进行多次谈话，并将中共对中美两国关系的看法、对抗日战争的看法等传递回美国，让外界了解中共。谢伟思还曾向美国政府建议与中共建立建设性的关系。

1944年7月27日，周恩来再次会见谢伟思并与其进行了谈话。在谈到国共谈判问题时，周恩来说，国民党是利用谈判来捞宣传上的好处，主要是为做给美国舆论看的；国民党希望战争结束时能把共产党一举歼灭。周恩来还指出国民党如果长此下去，将会继续不断地衰落。另外周恩来还就美军在太平洋的进展和美国未来对日的战略，以及中国大陆战场的重要性等问题同谢伟思交换了意见。

周恩来对这次美国观察团来访十分重视，认为这是中国共产党外交工作的开始。1944年8月18日，周恩来为中共中央起草了《关于外交工作的指示》。文件对中共对外政策的基本立场、对国际统一战线的内容和同外国交往的具体政策等问题作了原则规定。

周恩来在指示中说这次外国记者和美军人员来边区访问和考察，是对新中国有初步认识后的实际接触的开始。他提出应把这看作是中共国际统一战线的开展，是中国共产党外交工作的开始。周恩来还指出中共的外交政策首先必须站稳民族立场，并阐明国际统一战线的中心内容就是共同抗日与民主合作；中共外交工作的中心应该放在扩大影响和争取国际合作上面。

周恩来起草的这份文件强调指出，中共的外交政策首先必须站稳民族立场。为此，既要加强民族自尊心自信心，又要学习人家的长处，并善于与人家合作；既不是排外，也决不惧外媚外，这就是正确的民族立场。"我们新民主的中国人都应该坚持着这样立场，不致有所偏颇"。

周恩来在指示中还提出对中共目前外交政策的具体步骤，包括"在双方有利的原则下"，"欢迎国际投资与技术合作"，等等。另外，周恩来还强调在开展外交工作时要注意既有原则性，又要极灵活机动，不拘一格，态度应谨慎坦率，招待方法要守时守信，朴素热烈，一方面切忌铺张，另一方面也不可冷淡，等等。周恩来起草的关于外交工作的指示，对中国共产党外交工作的开展产生了重要的指导作用。新中国成立之后，周恩来几十年的外交生活也正体现了指示中的精神。

1944年8月23日，周恩来与毛泽东再次同谢伟思谈话。毛泽东谈到了国共关系，周恩来阐明说，对于美国来说，赢得中国抗日战争的决定性胜利而又避免内战的唯一办法是既支持国民党，又支持共产党。这次会见，周恩来和毛泽东向谢伟思表达了中共关于抗日战争以及民主的看法，在民族危机面前，只有联合抗日才有胜利的希望，如果单纯依靠国民党一方，不支持中共，则对抗日有害无益，中国的民主也无法实现。

1944年8月27日，周恩来再次会见谢伟思，告诉他中共中央政治局正在考虑向国民党提出关于召开某种会议的建议。中共对美军观察组的接待，对宣传中共领导的抗日军民坚持敌后抗战的情况，争取国际的援助，产生了积极影响。

1944年10月12日，周恩来会见了谢伟思。在谈话中，周恩来说蒋介石10月10日的演说标志对中共态度又趋强硬，眼前不存在国共谈判取得成果的希望，也不存在所许诺的改组政府的希望；政府必须全面改组，共产党人将会仔细考虑任何建议，并不一定就是拒绝。周恩来的谈话表明了中共愿意与国民党合作的底线和诚意。只要政府改组，中共就愿意考虑任何的建议。在中共不放弃合作并坚持抗战的时候，国民党则一再地制造出不利于双方谈判的举动，使得国共谈判一再地陷入尴尬境况。

当时，美国对中国的政策已从"援蒋但不反共"转向表面"中立"，实际上支持蒋介石。谢伟思根据在延安的亲身经历，写成报告，提交给美国总部。在报告中他说："美军观察组人员及迫降的美空军人员几乎访问了华北和华中所有重要的中共控制区。他们的所见所闻证实了中共所声称的对敌占区广大农村地区的有效控制。""迄今，对我们证实这点帮助最大的是从这些地区被护送到安全地带的大批美国空军人员（现有70名）。"在此后的报告中，谢伟思还向美国政府提出建议：在援助国民党政府抗战的同时，也给中共以支持。

谢伟思通过与周恩来、刘少奇等人的交谈，还推论说中共将成为中国的执政党。1945 年 2 月中旬，谢伟思在为即将回国的魏德迈将军所写的备忘录中，还首次建议美国政府对中国共产党奉行类似盟国对南斯拉夫的铁托游击队所奉行的政策：即像丘吉尔一样，根据一切党派在和德国人作战中的努力的情况，而不是以他们的意识形态来判断是否提供援助。

谢伟思的报告和推论在现在看来都是有道理的，但是当时遭受赫尔利等人的坚决反对。当时美国政府和苏联已就苏联出兵东北，以及战后分享在华利益以保证苏方和蒋介石合作达成了默契。重病的罗斯福总统已不认为有和中共合作的必要，他在对华政策的辩论中倾向了主张支持蒋的赫尔利。谢伟思回国的时候正逢罗斯福去世，因此他的回国也就无人问津了。

谢伟思在延安考察的期间，周恩来通过与他进行会谈，使其了解了中国共产党对国共关系的态度、对中美关系的看法。周恩来代表中共表达了自己的立场和观点：只有国共合作，召开国民大会，改组国民政府，中国才能真正统一，并对整个远东局势产生有利影响，中共不拒绝与国民党谈判；美国在国共关系中的巨大作用，我们寄希望于美国以防止中国内战。

尽管谢伟思和中共都作出了努力，但是由于种种原因，中共所期待的国民大会没有真正实现，中国内战最后也不可避免的发生了。如果当时美国考虑了中共的因素，并看到中共日益增长的力量以及中共尽力避免同美国发生冲突的努力，那么中美二战后敌对多年的状态就可以避免了。

1944 年年末至 1945 年年初多次会见美国总统私人代表赫尔利 ——第一次调停未果

赫尔利是美国对华政策的一个非常重要的人物。他曾经两次到达延安，主导国共谈判，对二战时期的中国产生了巨大的影响。1944 年赫尔利作为美国总统私人代表来到中国，并于 11 月 7 日正式出任驻华大使。赫尔利来华的主要任务是协调国共关系、协调蒋介石与美军司令的关系，防止蒋介石的国民政府崩溃。因此，在国共谈判上，赫尔利成为关键的调解人，并为之倾注了极大的精力。

1944 年 11 月 7 日，赫尔利到达延安，正式与中共接触。

1944 年是世界反法西斯战争取得重大进展的一年。这一年春天，欧洲战场上苏军开始反攻，美英在积极开辟第二战场。但是中国战场的国民党却出现了"豫湘桂"大溃败，这震惊了美国朝野。为了防止国民党政府"崩溃"后在中国出现"权力真空"，罗斯福政府开始改变其一味承认并援助国民党政府的政策，并派遣军事代表团"美军观察组"分批来到延安。美军观察组成员写回大量报告返回给罗斯福政府，并主张美国在继续支持蒋的同时，也要与中共合作，否则将有陷入中国内战的危险。

1944 年 11 月 8 日上午，周恩来陪同毛泽东以及朱德同赫尔利进行了第一次会谈。赫尔利首先表明了希望国共团结，以利抗日，美国无意干涉中国内部事务的立场。赫尔利说明自己是受罗斯福的委托，作为他的私人代表，来谈判关于中国的事情。这次来延安，还得到蒋介石的同意和批准。然后他提交了一份他和蒋介石共同草拟的题为《为着协定的基础》的文件，内容有五点，主要是要中国共产党的军队遵守并执行国民政府及其军事委员会的命令，要共产党军队的一切军官和士兵接受政府的改组，然后国民党政府才承认共产党的合法地位。

下午 3 时，毛泽东开始同赫尔利进行第二次会谈。毛泽东首先对赫尔利到延安表示欢迎。接着又说：中国需要在民主的基础上团结全国抗日力量。首先希望国民党政府的政策和组织，迅速来一个改变，这是解决问题的起码点。关于改组军队，我以为应该改组的是丧失战斗力、不听命令、腐败不堪、一打就散的军队……在不破坏解放区抗战力量及不妨碍民主的基础上，我们愿意和蒋介石取得妥协……但是要破坏解放区抗战力量和妨碍民主，那就不行了。然后毛泽东对《为着协定的基础》提出具体修改意见，主要是：增加现在的国民党政府改组为包含所有抗日党派及无党派政治人士的代表的联合国民政府、改组统帅部分为包含所有抗日军队代表的联合统帅部的条文；将原条文中的中国共产党的军队要遵守和执行国民党政府及军事委员会的命令，共产党军队的一切军官和士兵要接受国民党政府的改组，修改为一切抗日军队应遵守与执行抗日军队应遵守与执行联合国民政府及其联合统帅部的命令，并应为这个政府及其统帅部所承认；增加保障人民各种自由权利的规定；要求承认中国共产党及一切抗日党派的合法地位。

9 日下午 3 时，毛泽东同赫尔利进行了第三次会谈，讨论经过修改后的协定草案。11 月 10 日上午 10 时，毛泽东与赫尔利进行第四次会谈。将中共中央委员会通过的《中国国民政府、中国国民党与中国共产党协定》交给赫尔利，并决定派周恩来与赫尔利一起同去重庆进行谈判。随后，毛泽东与赫尔利分别在《中国国民政府、中国国民党与中国共产党协定》上签字。当天下午 2 时，赫尔利带着签字后的协定乘机离开延安，周恩来和包瑞德同行。

赫尔利带着与毛泽东签订的"五点建议"回到重庆，认为这是使中共"将他们武装部队的控制权交给国民党政府的唯一文件"。但是遭到了蒋介石的当场拒绝。赫尔利虽然对蒋介石的态度不满，但是也没有做更多的努力，相反提出让国民党方面再提方案。

1944 年 11 月 22 日，蒋介石又提出三点建议，主要内容是：中共派代表参加政府和军事委员会；中共将一切军队交国民党政府和军事委员会管辖，进行整编；承认中共合法。蒋介石反对毛赫五项建议，这使赫尔利很失望，但赫尔利又接纳了蒋介石的三项建议，试图说服中共让步接受蒋介石的三项建议。

1944 年 11 月 21 日，周恩来两次会见赫尔利。赫尔利将国民党 11 月 19 日所提协定草案交周恩来。三点反议案除了在中共参与军事指挥和饷械补给上有所松动之外，关键问题上都没有改变。这与中共提交的议案几乎是完全违背的。周恩来向赫尔利指出：参加政府和军事委员会，只是挂名，毫无实权，说明国民党无改变一党专政的诚意。赫尔利仍劝说中共参加政府，不要改组政府。周恩来说明，参加政府"不过是做客，毫无实权"，改组政府"是一个救中国的问题"，抗战不仅需军事，而且要政治，"政府不改组，就无法挽救目前的时局"。由于赫尔利已背弃他在延安签订的协定，周恩来表示要立刻返回延安。1944 年 12 月 7 日，周恩来返回延安。

1944 年 12 月 8 日，毛泽东和周恩来同美军观察组的包瑞德进行会谈，坚决拒绝蒋介石的三点建议，批评赫尔利背弃与中共签署的五点建议并为蒋介石的三项建议作说客。

1944 年 12 月 9 日，周恩来陪同毛泽东再次同包瑞德进行会谈。毛泽东说蒋介石提出的建议相当于完全的投降，而交换条件是给我们一个没有任何实际作用的全国军事委员会的席位，我们不能接受。美国开始同意我们的条件，后来又要求我们接受国民党的，我们难以理解。我们欢迎美国帮助我们进行军事训练，但不能指望我们付出接受帮助要经蒋介石批准这样的代价。五点建议中我们已经作了全部让步，我们不再作任何进一步的让步。我们将为另外组成一个独立政府作出准备。

面对这样的结果，赫尔利一面电劝周恩来返渝继续商谈，一面劝蒋介石作出更多的让步。蒋介石为了继续获得美国的支援，在维护国民党利益的前提下，同意在中共参政问题上作出一定的让步：（1）设战时内阁，聘请一定的中共和其他民主人士参加；（2）由国、共、美三方各出一人，共同协商中共军队编制和补给的办法，结果报请委员长核准；（3）三方各出一人，建立军事指挥小组，由美方出任总司令。赫尔利将蒋介石的让步告诉延安方面。1945 年 1 月 24 日，周恩来再次赴渝。1 月 26 日，周恩来赴赫尔利寓所继续谈话，2 月 1 日，周恩来再次与赫尔利进行会谈，但是进展不大。2 月 9 日，赫尔利在会谈中将王世杰关于政治咨询会议的意见告诉了周恩来，周恩来将党派会议协定草案文稿交赫尔利看，表示不能同意王的意见。2 月 11 日，赫尔利仍要周恩来起草共同声明，并说将向罗斯福报告国共关系已接近。周恩来说，如果发表声明，就要说明我方的要求和国共双方意见不同之点何在，以明真相。同时还指出应将真相报罗斯福。为避免赫尔利的曲解，周恩来于 2 月中旬写出声明一份交赫尔利，阐明两党的基本分歧。

1945 年 2 月，《雅尔塔协定》签订，国共谈判破裂。2 月中旬，周恩来返回延安，赫尔利回到美国述职，赫尔利的这次调停未果。

赫尔利回国述职后，在重庆的美国代理大使艾切森向国务院发出一份建议援助中国共产党的报告，而且对赫尔利的对华政策提出批评，认为"中国的形势正在向着既不利于将来的统一与和平，又不利于有效地进行这场战争的方向发展"。美国政府就这份报告举行了各种讨论，赫尔利对此持坚决反对的态度。最后罗斯福站到了赫尔利一边：未经蒋介石同意之前，美国不援助中国共产党。对于国民政府，美国则促其改善，并予以支持和合作。

赫尔利从 1944 年 10 月至 1945 年 2 月，为促进国共合作所做的这次调停的努力，曾受到中共领导人毛泽东等人的称赞。但是当其与中共签署的'五点建议"被蒋介石拒绝后，赫尔利也没有做出挽回的措施，反而接受了蒋介石的三点反议案，并试图说服中共。这完全违背了赫尔利与中共的协定，加之蒋介石方面在实质性问题上始终坚持不让步，这场调停历时数月仍没有结果。

1946 年

1 月 5 日会见美国总统特使马歇尔——三人会议工作

1945 年 12 月 15 日，杜鲁门发表对华政策声明，主张中国各政治力量的代表召开全国会议，商讨和平团结的有效办法。一周后，美国五星上将马歇尔作为总统特使来到中国，"调处国共军事冲突"。

1946 年 1 月 1 日，周恩来同马歇尔会谈。马歇尔表示如果中共能接受政府关于三方会商的提议，建议国、共、美三方各出一人组成委员会（后简称三人会议），职责为处理有关停战、恢复交通和受降事宜，取一致协议方式，每方都有否决权。一切决议须送国、共最高当局核准后始生效。三人委员会可在离冲突地区较近的地方设一机构处理有关的一切具体问题。周恩来表示：中共欢迎外来的友谊，但也希望盟国恪守"不干涉中国内政"的诺言。马歇尔提议之后，由国民党代表张群（后改为张治中）、共产党代表周恩来、美国代表马歇尔组成的三人会议成立。

5 日，周恩来会见了马歇尔，与之讨论《关于停止国内军事冲突、恢复交通的命令和声明》的具体条文。周恩来表示：我们承认东北问题的特殊性，因为它关系到政府接收东北的主权，牵连到美国协助中国经海路运兵到东北境内，应由国民政府直接与美苏办理，中共不参与其事。马歇尔表示将可以运兵去东北的内容，从命令和声明的正文中删去而作为"会议记录"单列。

7 日，三人委员会举行首次会议，讨论《关于停止国内军事冲突、恢复交通的命令和声明》的具体内容。针对复交问题，周恩来提出，碉堡和工事理当在拆除之列，并且呼吁全国全面停战。但是周恩来和张群在东北主权问题上发生分歧。张群认为政府要从苏联手中接收主权。周恩来则指出：东北现已为我人民武装接收，主权已经恢复，如果全面停战，东北当属其中。而且赤峰和多伦已经成立了民选政府，无需政府再接管。经过多次会议讨论，双方仍争执不下，马歇尔对此不予讨论。1月9日，周恩来同马歇尔单独会谈，反对国民党以接收主权为名，从中共手中"接收"多伦、赤峰的要求。当天，经马歇尔找蒋介石谈，国民党政府撤回要求。自此晋察冀解放区北部的安全与东北解放区交通的通畅获得保证。

10日，经过马歇尔的斡旋，国共签署了《关于停止国内军事冲突、恢复交通的命令与声明》与《关于停止国内军事冲突的协议》。在同一天，双方最高统帅向各自军队下达了停战令。

31日，政协会议闭幕。同日，周恩来和马歇尔进行了会谈，向马歇尔转达毛泽东对他的谢意，感谢他为促进停止内战所作的努力，希望他再促使东北停战，认为他的态度和方法是公正的，表示中共愿意在这个基础上和美国合作。并说：我们在理论上是主张实现社会主义，但是目前不打算将它付诸实现，所以要学习美国的民主和科学，要使中国能进行农业改革、工业化、使企业自由、发展个性，从而建成一个独立、自由、富强的国家。马歇尔表示他将说服蒋介石解除对中共动机的疑惧。

在马歇尔的努力之下，三人会议初期的工作虽然争执不断，但是仍然签订了一些书面性的文件。2月25日，周恩来、张治中和马歇尔签署了《关于军队整编及统编中共部队为国军之基本方案》。在签字仪式上，周恩来对马歇尔卓有成效的工作，给予了充分的肯定。

2月28日，三人会议就停战和整编工作进行会谈，并一起飞往北平，视察华北和华中各地。

3月1日，国民党方面在花园口开始黄河堵口工程，使黄河重归故道。这样，黄河故道内40万居民将要受到影响，在故道内的解放区也将被淹没。周恩来就此问题与马歇尔进行了通报，并向马歇尔提交了一份备忘录，得到马歇尔的理解。

3月9日，马歇尔表示将于近日返美，由吉伦中将参加三人会议，并提出在国民党二中全会准备接受政协决议时，延安发表社论指责国民党内有法西斯分子活动，使结果恶化。3月10日，周恩来和马歇尔会谈，希望马歇尔在解决东北问题后再回国。同时指出正在召开的国民党二中全会企图推翻政协决议，不愿放弃一党独裁政府，所以延安发表的社论没有错。说明东北问题"责任不在我方"。抗战结束，国民党不承认中共有受降区，中共才向东北发展以谋出路。我们从未拒绝国民党从苏军手中接收主权。但政府军却西开到热河向我们进攻，并源源不断开进东北，还反对我们派执行小组到营口去的意见。

周恩来提出解决东北问题的原则：（一）外交和内政分开，中共不介入外交，内政要协商；（二）军事和政治平行解决。政府军在东北只保留五个军的兵力，实行政治民主，地方自治。马歇尔转达9日蒋介石提出的五项条件：（一）执行小组只管军事不管政治；（二）执行小组随政府军行动；（三）凡中共与政府军有冲突的地区，执行小组都可以去；（四）政府军可占领一切为恢复主权所必须的地方，有权接收沿长春路两侧三十公里内地境的主权，这些地区的中共军应撤出；（五）中共军撤出矿区、铁路。

周恩来指出：蒋的五条，实质是其军队可以接收一切地区，要中共军队从任何地方都撤出。马歇尔表示再协商。3月11日，马歇尔返美述职。12日，国民党军随苏军的撤离进驻沈阳，并以沈阳为基地从东、南、北三方面向东北民主联军进攻，相继占领了新民、彰武、盘山、辽中、法库、辽阳、抚顺、铁岭等地。3月22日，国民党军向东北重镇四平街发起猛烈的进攻。23日，周恩来接待美方哈特·考伊上校，表示广东、第五师问题必须同东北问题同时解决。27日，周恩来同张治中和马歇尔的代表吉伦紧急磋商，确定由军事调停处执行部派遣执行小组，前往东北调处停止冲突。

4月18日，马歇尔回到中国。22日，周恩来同马歇尔会谈，介绍了关于宪草、改组政府、国大、停战、恢复交通、整军复员、东北等问题的商谈情况，表示中共愿执行3月27日的指令，但是国民党违背指令，武力占领了中共的七个城市。国民党进攻，我们便要抵抗，于是战争一直在继续。然而，中共仍然愿意停战的，愿意承认国民党军队的地位。尽管如此，国民党军队依然不断向解放区发动军事进攻。

6月26日，国民党军队大举进攻中原解放区。

6月29日，周恩来同马歇尔会谈，说：能让的我都让了，不知政府是破裂呢？还是一面打一面谈？我们愿意和平，但不能接受蒋的这一套。

7月中旬，国民党军又集中50万军队向华东解放区大举进攻。同时采取恐怖手段镇压民主人士，在昆明暗杀了著名的爱国知识分子李公朴、闻一多。周恩来本月多次与马歇尔会谈，揭露国民党军对解放区的进攻情况，希望蒋介石能够停止进攻。

7月18日至9月中旬，马歇尔八上庐山，劝说蒋介石，不断沟通国共双方。周恩来也多次与马歇尔就国共双方关系进行会谈沟通。

10月11日，国民党军攻占张家口。11月12日，国民党召开"国大"，和谈之门彻底关闭。周恩来专门会见了马歇尔，告诉和谈破裂的真相，并表示中共代表团将择日返回延安。11月19日，马歇尔亲自到机场为周恩来等送行。

在一年中，周恩来与马歇尔进行了多次会谈。在会谈中，周恩来充分展示了中共求和平的诚意和决心，并制定出具体的建议方案。但是由于国民党政府的一再进攻，谈判最终失败。1947年1月，马歇尔回国担任美国国务卿。马歇尔在华期间，为调解国共两党关系，避免内战，做出了很大的努力，值得肯定。

1949 年

10 月会见苏联驻华大使罗申——中苏建交、毛泽东访苏

1949 年 10 月 1 日，中华人民共和国成立。51 岁的周恩来被任命为共和国总理兼外交部部长，肩负起新中国内政外交的重任。

1949 年 10 月 1 日，中华人民共和国刚刚成立，苏联率先承认中华人民共和国，并与中国建交。10 月 2 日清晨，苏联方面通过电台宣布，苏维埃社会主义共和国联盟承认中华人民共和国。苏联外交部副部长葛罗米柯受苏联政府的委托，在 10 月 2 日发给周恩来的电报照会中写道："苏维埃社会主义共和国联盟政府业已收到中国中央人民政府致本政府本年 10 月 1 日之公告，其中建议中华人民共和国政府与苏联建立外交关系。苏联政府在研究了中国中央人民政府的建议后，出于力求与中国人民建立真正友好关系的始终不渝的意愿，并确信中国中央人民政府是绝大多数中国人民意志的代表者，故通知阁下：苏联政府决定与中华人民共和国建立外交关系，并互派大使。"

1949 年 10 月 3 日，周恩来电复苏联外交部副部长葛罗米柯，对苏联政府正式承认中华人民共和国，决定与我建立外交关系并互派大使表示热忱欢迎。全文如下："我代表中华人民共和国中央人民政府很荣幸地收到阁下本年 10 月 2 日来电关于苏联政府决定建立苏联与中华人民共和国之间的外交关系的通知。中华人民共和国中央人民政府深信苏联政府具有对中国人民的深厚友谊，今天又成为承认中华人民共和国的第一个友邦，中国政府和中国人民对此感到无限的欢欣。我现在通知阁下：中华人民共和国中央人民政府热忱欢迎立即建立中华人民共和国与苏联之间的外交关系，并互派大使。"下午 4 时，周恩来接见了原苏联驻北平总领事谢·列·齐赫文斯基（10 月 4 日，苏

联外交部任命齐赫文斯基为苏联驻华大使馆临时代办)。

早在新中国成立前,毛泽东就代表党中央阐述了未来新中国的三条外交方针——"另起炉灶、打扫干净屋子再请客、一边倒"。其中"另起炉灶"指的是同旧中国的屈辱外交彻底决裂,不承认旧中国同其他国家建立的外交关系,要在新的基础上同世界各国建立新的外交关系。"打扫干净屋子再请客",指的是在彻底清除旧中国遗留下来的帝国主义在华特权和残余势力之后,再请客人进来,以免敌对者"钻进来"捣乱。"一边倒",也就是倒向社会主义一边。

中国同苏联等社会主义国家的建交和发展友好关系就是为实施这一战略的重要步骤之一。为了同苏共中央直接交换意见,取得苏联对新中国政治、经济、外交各方面工作的了解和支持,1949年6月底到8月中旬,以刘少奇为首的中共代表团秘密访苏。在中苏关系问题上,斯大林表示:中国政府一成立,苏联立刻承认。

10月1日,毛泽东在《中华人民共和国中央人民政府公告》中宣告,我国同外国的外交关系要建立在平等、互利和互相尊重领土主权的基础上。当天下午,政务院总理兼外交部部长周恩来即以公函形式向各国政府发出了这一公告。

周恩来把公告和信件交给工作人员打印时,兴奋地说:这将是我们新中国的第一个外交文件,是通过使领馆向外国政府发出的第一个照会。

10月2日晚9点45分,苏联副外长葛罗米柯致电周恩来,表示苏联政府决定同中华人民共和国建立外交关系,互派大使。同日,苏联宣布断绝与国民党"广州政府"的外交关系,并从广州召回苏联的外交代表。50年后,前苏联驻北平总领事齐赫文斯基在回忆中苏建交时说:10月1日清晨,我去火车站接苏联文化艺术科学工作者代表团,十分意外地在车站见到了周恩来,他头天晚上刚刚出任总理兼外交部部长。他站在那里,脸色苍白,双目紧闭,身边两个警卫搀扶着他。周恩来的秘书赶忙走过来,请我不要打搅总理,他四天四夜没合眼,一直忙于政治协商会议的工作。当火车出现在站台,周恩来被唤醒,和我们打过招呼后就去迎接苏联代表团。来宾们被邀请参加开国大典……在开国大典上周恩来总理的秘书向我转达口信,请我不要离开总领事馆，他们正在起草一份紧急公文需要交给总领事馆。我回到了总领事馆，周恩来的秘书韩叙很快就来了，他带来了总理的信函。周恩来代表政府通报说，中国中央人民政府已经成立，希望能够得到世界上所有友好国家的承认。我立即向莫斯科发了电报。第二天早上，莫斯科广播电台全文播发了苏联《真理报》和《消息报》刊登的关于成立中国中央人民政府的决定和周恩来的信函……"

10月3日，中苏正式建交。苏联成为第一个承认中华人民共和国的国家。与此同时，中国同其他社会主义国家的友好合作关系也获得全面发展，大大加强了社会主义阵营的力量，对维护远东和世界的和平起到了重要的作用。继苏联之后，社会主义阵营的保加利亚、罗马尼亚、匈牙利、朝鲜、捷克斯洛伐克、波兰、蒙古、阿尔巴尼亚相继来电，庆祝中国人民民主革命的伟大胜利和中华人民共和国成立，表示愿意同中华人民共和国建立外交关系。周恩来分别复电，欢迎立即建立外交关系，并互派大使。从10月4日到11月23日，中国同上述国家先后建立了外交关系。

1949年10月10日，苏联首任驻华大使罗申抵京，周恩来亲自赶赴火车站迎接。13日下午5时30分，周恩来会见苏联驻华大使罗申，商谈递交国书事宜。16日下午5时，罗申向毛泽东正式递交了国书，周恩来陪同毛泽东出席了接受仪式。之后，中国的媒体对罗申大使的到来进行了热情的报道。11日，《人民日报》特意在第1版发表热情洋溢的社论《欢迎罗申大使》。周恩来说："我现在代表中华人民共和国中央人民政府和中国人民热忱欢迎罗申大使的到来。苏联是第一个承认中华人民共和国的友邦，罗申大使是苏联派驻中华人民共和国的第一任大使，而罗申大使本人又是中国人民所熟知的朋友，我相信，中苏两国的邦交，中苏两国人民的深厚友谊，今后经过罗申大使的努力，将会更加发展和巩固起来"；17日的《人民日报》又在第1版发表近七百字的新闻特写《记罗申大使呈递国书》，这在中国历史上是少见的，充分证明了中苏建交对中国的影响以及中国对两国关系的重视。

20日晚，周恩来亲自前往北京火车站为中国首任驻苏联大使王稼祥送行。10月21日，《人民日报》还为王稼祥大使赴任苏联发表社论。这两件事在新中国外交史上都是空前绝后的。

　　新中国一成立，中共中央就开始为毛泽东访苏作具体的准备。经过双方协商，1949 年 12 月毛泽东动身前往莫斯科。这是毛泽东首次对苏联的访问，是由中共中央决定的。此去的主要目的是参加斯大林 70 岁寿辰庆祝活动，并就两党两国之间所关心的问题交换意见以及商谈和签订两国之间的有关条约、协定等。自 1949 年 12 月 6 日至 1950 年 2 月 14 日，毛泽东在苏联与斯大林等苏联领导人进行了会晤和交谈。

　　1950 年年初，周恩来赴苏，就签订新的中苏友好同盟条约及贷款、通商、民航等多项协定与苏方进行商谈。2 月，中苏先后签订了《中苏友好同盟互助条约》、《中苏关于中国长春铁路、旅顺口及大连的协定》等协定，为中苏建立平等关系奠定了基础。

1950 年

1950 年年初会见苏联党和国家最高领导人斯大林——签订中苏重要条约

新中国成立后，与苏联的关系成为中国外交的重中之重。在中共的发展历史上，苏联起着重要的作用。因此，新中国成立伊始，中共就与苏联保持亲近。但是，苏联在 1945 年曾与国民政府签订了《中苏友好同盟条约》，这是《雅尔塔协定》的产物，苏联以此取得了在东北的特殊权益。新中国成立之后，毛泽东提出"打扫干净屋子再请客"的外交方针，取消之前一切不平等的外交条约。这就对中苏关系产生了一定的影响。为了更多的取得苏联的支持，签订新的中苏条约，毛泽东于 1949 年冬亲自赴苏联访问，为斯大林祝寿，并商议两国双边关系等重大问题。

斯大林开始时拒绝谈判和签订新的中苏条约，希望继续维持苏联在中国东北的特殊利益。经过毛泽东等人的一番努力之后，斯大林最终同意签订新的中苏条约。毛泽东 1 月 2 日致电中共中央："希望恩来偕同贸易部长及其他必要助手和必要文件材料，于一月九日从北京动身，坐火车（不是坐飞机）来莫斯科。由董必武同志代理政务院总理。对外不要发表，待周到莫后才发表。"

经过周密的准备，1950 年 1 月 20 日，周恩来一行抵达莫斯科。在雅罗斯拉夫火车站受到苏联部长会议副主席米高扬、外交部长维辛斯基等及各国使节的欢迎，并发表了演说。周恩来说："我这次奉了中华人民共和国中央人民政府毛泽东主席的指示，来到莫斯科，参加关于巩固中苏两大国邦交的会商。"

22 日，周恩来同毛泽东、李富春、王稼祥等同斯大林进行了会谈，讨论了各种原则问题和工作方法，在一些根本问题上，达成一致意见。在本日的会谈中，中苏双方决定委托周恩来与米高扬、维辛斯基进行具体的会谈。在协商《中苏友好同盟互助条约》时，周恩来强调："友好同盟的具体内容自然就包括互助合作在内了，而后者也应该是条约的具体内容。"苏联方面按周恩来的意见，初拟了一个草案交给中方。周恩来看后提出了反对意见，他说："我说的很多，内容没有全包括进去，要修改。"当即把王稼祥、陈伯达召集到一起进行商议，同时也向毛泽东作了汇报。毛泽东示意可以由中国自己重新拟定一份协议草案。于是，周恩来花了整整两天多的时间草拟了条约文本，周恩来对中苏新约的每一条款都进行了缜密的思考，对条约的关键词也作了仔细的推敲。例如，条约中的"缔约国一方一旦受到第三国的侵略，另一方得以援助"一句中的"得以"一词，被周恩来改为"即尽全力"。这反映了周恩来工作的认真负责，也反映了他对国际局势严重性的担忧，说明了当时中国强烈地依靠苏联的心态。条约文本拟定后，由师哲译成俄文交给苏联方面进行修改。因为周恩来的心思缜密，考虑周到，苏方对中方提交的条约文本表示满意，没有过多修改。

1950 年 2 月 14 日，周恩来和苏联外长维辛斯基分别代表本国政府在《中苏友好同盟互助条约》上签字，同时签署了关于中国长春铁路、旅顺口及大连的协定、关于贷款给中华人民共和国的协定。斯大林和毛泽东出席了签字仪式。不久后，中苏两国的报纸刊登了有关的条约和协定的主要内容。

在签字仪式上讲话时周恩来指出，中苏这些条约和协定的意义，对于新兴的中华人民共和国来说，是特别重要的。这些条约和协定，将使中国人民感到自己不是孤立的，将有助于中国经济的恢复和发展。周恩来认为《中苏友好同盟互助条约》的签订，开辟了一个伟大的中苏友好合作的新时代，并指出："拥护我们的条约和协定的将不仅是中苏人民，而且将是全世界的进步人类，而仇视这些条约和协定的，只是那些帝国主义者，那些战争贩子。"签约之后周恩来在政务会议上作报告时，对中苏结盟满怀信心，认为这是"以新的条约把中苏两国的友好与合作关系固定下来，在经济上、军事上、外交上实行密切的合作"。周恩来还表示："在这些协定中，我们的伟大盟邦给了在恢复战争创伤期间的中国以许多慷慨的援助。全中国的人民，由于中苏之间的条约、协定的签订和实施，感到极大的兴奋，对于苏联领袖斯大林大元帅、苏联政府和苏联人民的友谊，表示无限的感谢。"

《中苏友好同盟互助条约》及其附属协定基本上解决了中苏两国之间遗留的历史问题。在附属协定中规定：苏联政府将共同管理的中国长春铁路的一切权利，以及属于该路的全部财产无偿地移交给中国政府（此项移交一俟对日和约缔结后立即实现，但不迟于1952年年末）；一俟对日和约缔结后，但不迟于1952年年末，苏联军队自共同使用的旅顺口海军基地撤退，并将该地区的设备移交中国政府，由中国政府偿付苏联自1945年起对上述设备的恢复建设费用；在对日和约缔结后，必须处理大连港问题。至于大连的行政则完全直属中国政府管辖。大连所有财产，凡为苏联方面临时代管或苏联方面租用者应由中国政府接收。

《中苏友好同盟互助条约》与1945年国民党政府与苏联签订的《中苏友好同盟条约》相比，收回了很多国家主权，显示了中国共产党领导下的新中国在维护国家权益方面的能力与魄力，表明了中国领导人坚持国家独立的坚强决心。新条约的签订提高了新中国领导人的政治威望，给了中国人民一个圆满的答复。在国际上，更有利于废除和处理旧中国同各帝国主义国家订立的不平等条约，有利于执行"打扫干净屋子再请客"的外交策略。

周恩来在签约归来途经东北时，在东北干部会议上的讲话中指出："我们这次把历史上的一些悬案作了一个总的解决。这只有我们人民的中国共产党领导的中国才能和苏联得到这样的解决。"

《中苏友好同盟互助条约》的签订，使中国在外交和防卫方面有了一个坚强的后盾。毛泽东在中央人民政府委员会第六次会议上的讲话中指出，中华人民共和国中央人民政府成立之后，我们的政府做了一件重要的工作，签订了中苏条约。这件工作对于我们国家，有重大的意义。"我们是处在一种什么情况之下来订这个条约的呢？就是说，我们打胜了一个敌人，就是国内的反动派，把国外反动派所扶助的蒋介石反动派打倒了。国外反动派，在我们中国境内，也把他赶出去了，基本上赶出去了。但是世界上还有反动派，就是我们国外的帝国主义。国内呢，还很困难……在这种情况之下，我们需要有朋友……我们同苏联的关系，我们同苏联的友谊，应该在一种法律上，就是说在条约上，把它固定下来，用条约把中苏两国的友谊固定下来，建立同盟关系……帝国主义者如果准备打我们的时候，我们就请好一个帮手。这个条约是爱国主义的条约……这个条约又是国际主义的条约，它是国际主义的。"简而言之，《中苏友好同盟互助条约》及其附属协定的签字，"使中苏两大国家的友谊用法律形式固定下来，使得我们有了一个可靠的同盟国，这样就便利我们放手进行国内的建设工作和共同对付可能的帝国主义侵略，争取世界的和平"。

从经济和外交的角度来看，《中苏友好同盟互助条约》及相关文件的个别条款尽管有不尽如人意之处，苏联保留了一些特权。但从总体上讲还是符合中国的愿望的，中国收回了在 1945 年失去的大部分东西，保护了中国的主权和经济利益，也为新中国废除一切不平等条约开启了大门。

1950 年 2 月 17 日，周恩来陪同毛泽东一起离开苏联回国。

1950 年 9 月 10 日，周恩来和苏联驻华大使罗申互换 2 月 14 日在莫斯科签订，并于 4 月 11 日经中苏两国批准的《中苏友好同盟互助条约》批准书，同时互换了其他三项协定的批准书。

10 月会见苏联党和国家最高领导人斯大林——联苏抗美

1950 年 6 月 25 日，朝鲜战争爆发。6 月 27 日，美国宣布武装援助南朝鲜，直接干涉朝鲜内政。同时，杜鲁门命令美海军第七舰队开入台湾海峡，阻止中国人民解放军解放台湾。9 月 15 日，美军从朝鲜西海岸的仁川港大举登陆，继续北上，将战火推到三八线以北。美军的飞机一再侵犯中国领空，中国东北的安全受到严重威胁。

朝鲜战争爆发时，周恩来不仅是中国政务院总理、外交部部长，还是中央军委主持常务工作的副主席，对于中国人民志愿军的组建和出兵，以及争取苏联的空军力量支持等，周恩来都发挥了巨大的作用。1950 年 10 月 1 日，周恩来在国庆一周年的庆祝大会上，向全世界庄严宣布："中国人民热爱和平，但是为了保卫和平，从不也永不害怕反抗侵略战争。""1950 年 7 月半以后，美帝国主义向南撤退，迅速地把军力集结在朝鲜半岛南方大邱地区，意图引诱朝鲜人民军向其进攻。年轻的朝鲜人民军是勇往直前的，要一直把美国兵赶下海去。当时的形势已表现出战争将长期化。朝鲜民主主义人民共和国是一个新的国家，朝鲜人民军是一支年轻的部队，他们战斗非常英勇，真使我们感动。敌人依仗暂时的强大，有意制造阴谋。现在朝鲜是困难的，但他们英勇地坚持着，在南方打游击，在北方抵抗，斗争仍在继续，只要坚持下去，就可以生长出新的力量来打败敌人。朝鲜地方较小，所依靠的基础是九百万人口，以这样的力量，抵抗这么强大的敌人，下了长期抵抗的决心，是难能可贵的，我们应当赞佩。中国人民决不能容忍外国的侵略，也不能听任帝国主义者对自己的邻人肆行侵略而置之不理。"10 月 3 日凌晨 1 时，周恩来紧急约见印度驻华大使潘尼迦，请印度转告美国："美军如越过三八线，我们要管。"但是美军并没有理睬中国总理的警告，战火不久烧到鸭绿江边的中朝边境。"抗美援朝，保家卫国"成为当时中国的流行口号。

朝鲜战争的爆发，与当时美苏两大阵营对立有关。朝鲜在二战之前被日本占领，在 1943 年 12 月 1 日发表的《开罗宣言》中，罗斯福、丘吉尔和蒋介石宣布："朝鲜将以适当的方式成为独立和自由的国家。"1944 年 5 月，斯大林在同罗斯福的亲信哈里·霍普金斯的会谈中，美苏达成一致意见，认为朝鲜应置于美、苏、英、中四国共同托管之下。日本投降之时，美国和苏联同意以三八线作为接受在朝鲜的日军受降分界线。1946 年后，美国和苏联关于对统一的朝鲜建立四国托管制的谈判未获成果。1947 年 9 月，美国将朝鲜问题提交给联合国大会。至此，美国抛弃了四国托管计划，公开宣称要建立一个独立、统一的朝鲜。1948 年 8 月 15 日，李承晚集团成立了大韩民国，李承晚正式就任大韩民国总统。9 月 9 日，在苏联受降区域，成立了以金日成为首相的朝鲜民主主义人民共和国。自此之后，朝鲜半岛出现了两个社会制度和意识形态各异的敌对政权，这也成为朝鲜战争爆发的原因之一。

鉴于朝鲜战争对中国的重要影响，对于社会主义阵营的特殊意义，中国政府认为援助朝鲜抗美一事还应与苏联进行商议。如果能争取到苏联的支持，那抗美援朝势必有了更大的把握，同时也能考验中苏两国对于《中苏友好同盟互助条约》的态度。

1950 年 10 月 6 日，周恩来主持召开了党政军高级干部会议，研究部署了中国志愿军入朝作战事宜。7 日，美军越过三八线，战火烧到了鸭绿江边。8 日，毛泽东以军委主席的名义发布了组建中国人民志愿军的命令，并电告金日成。

同日，周恩来前往苏联同斯大林商谈中国出兵事宜。周恩来此行的目的有两个：一是向斯大林通报我中央政治局会议讨论出兵朝鲜的情况；二是中国要出兵朝鲜，需要取得苏联的军事支持和援助，尤其是需要斯大林派空军对入朝作战部队实行空中掩护。10 月 11 日，周恩来在布尔加宁（苏联国务和党务活动家，军事家，1946 年起任苏联武装力量部副部长，1947 年 3 月起任苏联部长会议副主席兼苏联武装力量部部长。1949 年 3 月任苏联部长会议主席）的陪同下到达黑海海滨的克里米亚疗养地，同斯大林直接会谈（当时斯大林正在那里休假办公）。

周恩来首先向斯大林说明了中国的立场：在目前情况下，中国要出兵朝鲜，面临许多大的实际困难。原因是中国由于长期战争的创伤，现在许多有关国计民生的问题还没有解决。况且，部队的武器装备也落后。如果中国要出兵，苏联必须提供军事上的援助，尤其是要求苏联空军提供空中掩护。斯大林听完之后答复说：苏联同意向中国援朝军队提供武器和装备。虽然苏联不能出动空军到朝鲜战场，但可以帮助中国防卫沿海的大城市，以避免美军的空袭，还可以为中国提供飞机，训练飞行人员。商谈之后，周恩来立即将情况电告毛泽东。由于斯大林执行了中苏结盟的基本原则，满足了中国大部分要求，所以，毛泽东仍然决定出兵。周恩来后来回忆道："他（指美军）逼近了鸭绿江，我们就下决心，去与斯（大林）讨论。两种意见：或者出兵，或者不出兵，这是斯大林说的。我们问：能否帮空军？他动摇了，说中国既困难，不出兵也可，说北朝鲜丢掉，我们还是社会主义，中国还在。"

以上这段话反映了斯大林不愿与美国直接冲突，却又希望中国迅速出兵的矛盾心态。周恩来了解斯大林的真实想法，力主出兵朝鲜，多次与斯大林协调立场，为中国政府作出正确抉择发挥了巨大作用。

中美两国在朝鲜战场的对抗，意识形态的色彩特别浓。美国视之为"共产主义全球扩张之前奏"。中国则视之为"帝国主义侵略政策和战争政策之表现"。尽管中苏之间存在不同意见，但在整个朝鲜战争中，周恩来一直坚定不移地执行着"联苏抗美"的外交政策，这是不容置疑的。在 10 月 11 日的谈判中，斯大林表示愿意提供 16 个团的喷气式飞机协同人民志愿军作战，但是苏联远东空军还没有准备好作战，要立即出动有困难，需要两个半月才能装备起来。斯大林建议中国志愿军尽快入朝作战，并由中国人民志愿军来组建自己的空军。周恩来知道斯大林是不想苏联直接卷入战争，于是否决了这一主张，引起斯大林的不满。斯大林甚至决定"放弃北朝鲜，让金日成组织流亡政府，撤退到中国东北地区"。

1950 年 10 月 13 日和 14 日，毛泽东在得知斯大林不出兵的意见后，连发三个电报给周恩来，决定中国参战。14 日，周恩来驱车前往克里姆林宫，正式通报斯大林中国人民志愿军即刻入朝作战。之后，斯大林亲自指定周恩来"统一指挥"中、朝、苏航空三方部队的作战。

对于抗美援朝，周恩来的态度始终是坚定的。早在中国人民政治协商会议第一届全国委员会第十八次常务委员会上的报告中他就指出："朝鲜问题对于我们来说，不单是朝鲜问题，连带的是台湾问题，美帝国主义与我为敌，它的国防线放到了台湾海峡，嘴里还说不侵略不干涉。它侵略朝鲜，我们出兵去管，从我国安全来看，从和平阵营的安全来看，我们是有理的，它是无理的。美帝国主义用武力压迫别国人民，我们要使它压不下来，给它以挫折，让它知难而退，然后可以解决问题。我们是有节制的，假如敌人知难而退，就可以在联合国内或联合国外谈判解决问题，因为我们是要和平不要战争的。必须由朝鲜人民自己解决自己的问题，外国军队必须退出朝鲜。如果解决得好，美帝国主义受到挫折，也可以改变台湾海峡的形势和东方的形势。我们力争这种可能，使国内外人民一致起来，动员起来。"

经过五次大的战役较量，在中朝军民的共同努力之下，朝鲜战场在三八线附近形成了僵持的局面，美国被迫坐到了谈判桌边。1953 年 7 月 27 日，朝鲜停战协议在板门店签订。社会主义阵营获得胜利。这场战争，将侵略者赶回到三八线，保证了朝鲜人民共和国的继续存在。苏联的积极支持也是战争取得胜利的重大原因之一，在联苏抗美的努力中，周恩来功不可没。

1951 年

1 月多次会见印度驻华大使潘尼迦——反对朝鲜战事先停火后谈判，建议召开七国会议

由于意识形态的对立，新中国在建国初期实行"一边倒"方针，与苏联结盟。因此，中美之间的谈判和联系，只能间接的通过其他国家来进行，印度就是中美联系的重要国家之一。

1951 年年初，中国和印度等 12 个亚洲和阿拉伯国家，联合向联合国提出了召开"七国会议"的议案。周恩来就此多次与印度驻华大使潘尼迦进行会谈。

1950 年 6 月 25 日朝鲜战争爆发。10 月初，中国政府决定出兵朝鲜，抗美援朝。10 月 3 日，周恩来就会见了印度驻华大使潘尼迦，明确表明了中国政府的态度，并请他及印度政府转告美国当局，他说："美国军队正在企图超越三八线，扩大战争。美国军队果真如此做的话，我们不能坐视不顾，我们要管。"中国参战后，双方进行了激烈的战斗。经过一年多的较量，至 1951 年年初，中国人民志愿军已经取得三次战役的胜利。

1951 年 1 月，中国人民志愿军在第四次战役中遭到援朝战争的第一次挫折，不得不放弃仁川和汉城，撤退到北纬 38°以北。13 日，联大政治委员会通过了解决朝鲜问题的几个原则：在朝鲜安排停火；一切非朝鲜的军队分阶段撤出朝鲜；设立英、美、苏、中四国参加的机构讨论远东问题，其中包括台湾问题和中国在联合国的代表权问题。同一天，联大政委会主席阿伯拉兹将这些原则电告周恩来。

中国政府反对停战后谈判。17 日，周恩来电复联大政治委员会，反对朝

鲜战事先停火后谈判。周恩来表示：现在联合国大会第一委员会在没有中华人民共和国代表参加之下于 1951 年 1 月 13 日通过了有关朝鲜及其他远东诸问题的各项原则，其基本点仍然是先在朝鲜停战，然后才举行有关各国的谈判，而先行停战的目的，只是为美国军队取得喘息时间。因此，不管谈判的议程和内容规定得如何，如果不先行谈判规定好停战条件然后停战，则在停战后再举行谈判，可以无休止地讨论下去，得不到任何问题的解决。除这一基本点外，其他各项原则亦规定得极不明确，而所谓国际义务又未明白指出为开罗宣言及波茨坦公告，这就极利于为美国维持其在朝鲜、台湾和远东各地的侵略地位作辩护。我们很理解联合国中不少国家同意第一委员会在 1951 年 1 月 13 日所通过的各项原则是出于和平愿望。但必须指出：先停战后谈判的原则，只便利于美国维持侵略和扩张侵略，决不能导致真正的和平，因之中华人民共和国中央人民政府不能予以同意。

为了朝鲜问题和亚洲问题能够早日解决，周恩来代表中国政府向联合国提议：

一、在同意从朝鲜撤退一切外国军队及朝鲜内政由朝鲜人民自己解决的基础上举行有关各国的谈判；

二、谈判内容，必须包括美国武装力量从台湾及台湾海峡撤退和远东有关问题；

三、举行谈判的国家，应包括中华人民共和国、苏联、英国、美国、法国、印度和埃及七国，中华人民共和国在联合国的合法地位即从举行七国会议起予以确定；

四、七国会议的地点应选在中国。

当日晚 9 时，周恩来在外交部接见印度驻华大使潘尼迦，将致联大政治委员会的复电交潘尼迦大使，并指出，十几天以来几乎每天都看到你送来的东西，谢谢你为了亚洲和平所作的努力。

27 日下午 3 时 30 分，周恩来接见印度驻华大使潘尼迦。印度大使转告，尼赫鲁总理认为如果中国政府能发表声明，把中国的和平愿望和在符合中国利益的条件下，中国主张和平谈判的意见作一总结性的表示，这不但对一切中立国家，并且对英、法、荷等国的人民的动员上是有用的。周恩来说：中国政府在为争取和平的努力中，曾多次发表过声明。在这一方面，我们在适当的时机是会继续发表意见的。我们主张朝鲜问题的和平解决，这一点大使阁下是很了解的。美国侵略朝鲜同时侵略台湾，这就破坏了和平。美军越过三八线，就更破坏了和平。等到美军逼近鸭绿江，再加上美机轰炸我国人民，美舰炮轰我国商船，这更是破坏了和平。我们要争取和平，就必须去掉这些对和平的威胁。有了中国人民的志愿行动，才使美国政府目前想停战休息，准备再进。事实上，如果没有中国人民这一志愿行动的话，则第二步早已侵略到中国大陆上来了。现在美国政府既然想停一下，那么就该真正停下来，结束朝鲜战争，真正解决远东和平。我们主张外国军队撤出朝鲜，朝鲜内政由朝鲜人民自己解决，美国军队撤离台湾，中国在联合国的合法地位必须确立等，这些问题都是美国政府造成的，因此要解决就应一块儿解决。

我们反对先停战后谈判，因为美国政府想在停战后无休止地谈下去。但我们为了揭露美国这种阴谋，同时更为了照顾联合国内多数国家要求和平的愿望，提出召开七国会议的建议，并主张在七国会议第一次会议上即商定有限期的停火，然后第二步再讨论完全结束朝鲜战争，美军撤出台湾及其他有关远东和平诸问题。这一态度已由印度代表劳氏在联合国中转告，真正要求和平的国家是会了解我们为和平的努力。

中印等国虽然就七国协议进行了很大的努力，但是 1 月 30 日联合国第一委员会的多数国家在美国政府的操纵和劫持下，拒绝了 12 个亚洲和阿拉伯国家所提的召开七国会议的议案及苏联的修正案，并非法通过了美国所提的污蔑中国的议案。

2 月 1 日联合国大会又如法炮制地非法通过了美国的提案。时任中国中央人民政府外交部部长的周恩来就此事发表声明如下：

中华人民共和国中央人民政府是历来主张和平解决朝鲜问题及亚洲重要问题的。远者不论，今年 1 月 17 日我中央人民政府曾就此类问题向联合国大会第一委员会提出四项建议。因此，亚洲和阿拉伯的 12 个国家便提出了召开七国会议以和平解决朝鲜问题及远东其他问题的议案，虽然提案的标题和内容仍有若干需要修正，而且苏联代表亦已提出修正，但 12 国提案本身确表示了真诚的和平愿望。联合国中的多数国家在美国政府的操纵和劫持之下，不顾苏联、波兰、捷克和 12 国提案中印度、埃及等多数国家的代表的努力及世界爱好和平人民的愿望，竟于 1 月 30 日在联合国大会第一委员会中拒绝了 12 国的提案及苏联的修正案，并且通过了美国所提的诬蔑我国为对朝鲜的侵略者以便美国进一步扩大侵略战争的议案，接着，于 2 月 1 日又在联合国大会中如法炮制地通过了美国提案。这就向全世界爱好和平的人民和国家最露骨地证明：美国政府及其帮凶们是要战争不要和平的，而且堵塞了和平解决的途径。

联合国大会及其第一委员会在没有中华人民共和国的合法代表参加、而且在侵越安全理事会的权限的情况之下，竟通过美国诬蔑中国的提案，显然是非法的，诽谤的，无效的，中国人民坚决表示反对。

美国提案中设置了一个所谓"斡旋"机构，是为着企图麻痹一些善良而又天真的爱好和平的人们。这种非法的"斡旋"机构是在诬蔑我国提案之内设置的，不仅是一种赤裸裸的欺骗，更是一种对于中国人民的侮辱，中华人民共和国中央人民政府绝对不予理睬。

周恩来指出："可以断言：联合国中如果美国政府不能行使其操纵和劫持多数的政策，则世界和平局面早就可以奠定了。"

苏联中印等国提交的召开七国会议提案被拒绝了，但是在这一过程中，周恩来多次与潘尼迦进行会谈，不仅增加了中印双方的了解，也通过印度向世界展示了中国爱好和平、维护和平的信心和努力。

1951 年年初会见印度驻华大使潘尼迦——"人民解放军必须进入西藏"

1950 年至 1951 年，中国同周边的缅甸、印度等四个民族主义邻国建立了外交关系。虽然中国与这几个国家在国际政治、经济关系中大致处于相同地位，彼此没有根本的冲突。但是由于意识形态的差异，加之国际因素的影响，中国与周边的这几个国家之间仍存在一些矛盾，其中的中印关系就比较复杂。

由于历史及现实的原因，西藏问题一直是中印关系中最为敏感的问题之一。和平解放西藏就是对中印关系的一个巨大挑战。虽然中印双方在解放西藏问题上发生了一些矛盾和冲突，但是经过双方的沟通，以及当时国际环境的影响，中国人民解放军实现了和平解放西藏的目标。在解放西藏的过程中，印度方面通过驻华大使潘尼迦向中国传达印方意见，中国方面则主要由周恩来负责对印的谈判和声明。

1949 年，中华人民共和国成立。1950 年中国政府就决定进军西藏，完成祖国统一大业。印度对此反应相当强烈，印度驻拉萨代表理查逊还在西藏积极设法唆使西藏当局进行军事部署，抵抗解放军。

1950 年 8 月，印度驻华大使潘尼迦即向中国政府提出所谓的西藏问题。他说印度对西藏没有任何政治上或领土上的野心，但同西藏有宗教上、文化上极为亲密的关系，劝中国不要进军西藏，要同西藏的代表和平解决问题。

1950 年 8 月 21 日，周恩来交给印度驻华大使潘尼迦一份备忘录，在备忘录中，周恩来指出："西藏为中国领土，中华人民共和国中央人民政府及中国人民解放军负有解放西藏领土及西藏人民的神圣责任。

"中华人民共和国中央人民政府赞成并主张以和平友好方式解决西藏问题，但中国国民党反动派在西藏的任何影响必须肃清。

"我们认为西藏代表团是地方性的及民族性的代表团，他们应该到中华人民共和国首都来商谈和平解决西藏问题的办法。中华人民共和国中央人民政府已命令我驻印度大使在接见西藏代表团时欢迎他们前来北京商谈。

"中华人民共和国中央人民政府欢迎印度政府关于他们对西藏从来没有现在也没有任何政治或领土野心的声明，并高兴听到印度政府关于安定中印边境的愿望。我们相信，经过中印两国的保证和努力，不但中印之间可以和平相处，即与中印国境毗连的巴基斯坦、尼泊尔等国与中国之间，一样可以和平相处；印度与中国在西藏的商业贸易关系在平等互利原则下完全可以保持和发展。这如同中国与印度在孟买或加尔各答的商业贸易关系可以保持和发展一样。"

尼赫鲁政府一方面反对中国军队进入西藏，另一方面又阻止西藏当局上北京商谈和平解放问题。印度还向西藏地方武装提供军火，阻止解放军进藏。

1950 年 11 月，中国人民解放军总司令部命令西南军政委员会、西南军区司令部积极准备进军西藏，解放长期遭受英美帝国主义及蒋介石政权压迫的西藏人民，统一祖国。

印度政府于 1950 年 10 月 21 日、10 月 28 日、11 月 1 日，连续向中国政府提出三项照会，干涉中国解放西藏。三个照会的主要内容是：

1. 反对中国军队进入西藏，一旦采取军事行动，将使国际上有借口进行反华宣传；

2. 联合国即将讨论中国参加的问题，此时采取军事行动，将引起严重的后果。印度政府警告中国：以印度为首的一些国家正在设法促使中华人民共和国取代国民党残余分子在联合国的中国席位，中国如果进军西藏，将对此产生极为不利的影响；

3. 对西藏采取军事行动，会引起世界的紧张局势，导致大战；

4. 西藏自治是事实，忠告中国和平解决；

5. 如果中国军队不停止向西藏进推，印度政府不再劝告西藏代表团前往北京；

6. 印度在西藏享有特权，印度希望其派驻在西藏的商务代表及江孜到亚东商路上的邮政电讯机关、小卫队等机构继续存在。

印度的这三个照会，明显地暴露了它对西藏的野心，中国外交部在周恩来的指导下，对其进行了驳斥：

1. 西藏是中国领土不可分割的一部分，西藏问题完全是中国的内政问题，无论西藏地方当局愿否进行和平谈判及谈判得到如何结果，均属中国的内政问题，不容任何外国干预；

2. 中国人民解放军必须进入西藏，解放西藏人民，保卫中国边疆，这是中央人民政府的既定方针；

3. 西藏问题与中国进入联合国问题，是两个完全没有关联的问题，那些以中国在其领土西藏行使主权为借口，阻碍中国进入联合国组织的企图，只能表明这些国家对中国的不友好和敌对态度；

4. 印度政府不顾事实，对中国政府在其领土西藏行使主权的内政问题，认为势将助长"世界可悲的紧张局势"和国际纠纷，中国政府对此表示极大的遗憾。

在复照中，中国政府坚决指出无论西藏地方代表来不来北京谈判，中国人民解放军一定要进军西藏，保卫中国边疆是坚定不移的。

威胁的手段没有发挥作用，印度政府又采取了两面政策：在公开场合，尼赫鲁表示要建立中印友好关系，承认西藏是中国的一部分，放弃在西藏的特权；另一方面，背地里采取手段，阻挠中国人民解放军解放西藏。首先，印度政府在国际上刻意制造舆论，散布反华言论，干扰解放军进入西藏；其次，印度政府还趁新中国成立不久及进行抗美援朝之机，加强中印边境地区兵力，推行"前进政策"；印度政府还怂恿西藏上层少数分子积极策划"西藏独立"，印度政府指使亲英印分子将十七岁的十四世达赖移住到亚东，准备逃往印度；除此之外，印度政府还采取实际行动，支援藏军军火，帮助调动藏军去昌都前线阻止解放军进藏，派人在前线设立电台收集情报，阻止西藏代表来北京。

鉴于印度的种种破坏行为，1951 年 3 月 21 日，周恩来与印度驻华大使潘尼迦针对西藏问题进行了会谈。周恩来指出：如果按照中央人民政府的办法来解决，西藏仍然享受宗教自由；同时，按照人民政协纲领，西藏将来一定成为中国境内的民族自治区域。为了肃清帝国主义的影响以及反动势力，保卫中国边疆，人民解放军必须进入西藏；如果达赖不走，经过谈判解决，那么解放军就可和平进入西藏，达赖地位仍然可以保持。果能如此，中印关系亦可增进一步，因为在那方面，还需要与印度通商。从前的摄政（大扎活佛）正在引诱达赖去印度，达赖去了印度，就在中印关系上造成一种阴影，因为中印在这个问题上的态度，对西藏和平解放是有影响的。

由于周恩来的严肃表态，使得成立不久的印度政府对中印关系不得不加以认真的考虑。印方答复中国外交部：印度不鼓励达赖离开西藏，可劝告他不去印度；如果他决定要去，只按国际惯例，给予避难。

由于当时新中国刚刚成立，全国又在全力支持抗美援朝战争，中国在处理西藏问题上，与印度努力以谈判形式解决矛盾，避免武装冲突。周恩来在双方政府的谈判中，功不可没。

1951 年 2 月，西藏地方派出代表来北京谈判。5 月 23 日中央人民政府全权代表与西藏地方政府全权代表签订了《和平解放西藏办法的协议》（简称"十七条协议"），实现了西藏和平解放。印度及其他敌视国家分裂中国或妄想干涉中国内政的企图都失败了。周恩来在西藏和平解放、处理中印关系、统一祖国大陆等方面作出的巨大努力，我们也不能忘记。

8月会见印度驻华大使潘尼迦——中印共同反对《旧金山对日和约》

二战结束后，美国从全球战略出发，想要使日本尽快重返国际社会。1947 年 7 月，美国在远东委员会 13 国会议中提议，从速审议对日和约草案。由于苏联代表团反对，美国的提议被搁置。朝鲜战争爆发后，世界两大阵营的冷战局面演化成热战。美国考虑到自身的利益，为了将日本变为亚洲反共的桥头堡，积极谋划召开旧金山会议，拟订对日草案。

在对日和约的草拟时期，周恩来兼任中华人民共和国第一任外交部长。针对美国的行为，周恩来根据有关的国际协议，围绕制定对日和约的程序、原则和基础，与美国政府破坏国际协议的行径进行了坚决的斗争。早在 1950 年 12 月 4 日，周恩来发表了关于对日和约的声明，他指出：自 1931 年 9 月 18 日以来，日本武装侵略中国，中国人民经过英勇抗战，取得了抗日战争的胜利，中华人民共和国是代表中国人民的唯一合法政府，它必须参加对日和约的准备、拟制和签订。

1950 年 11 月，杜勒斯向日本提出对日媾和七原则，并在七原则基础上要求日本为了和美军协作的需要组建 35 万的陆军。之后又经过多次会议与反复磋商，至 1951 年 3 月底，杜勒斯提出了对日和约的最初方案，其要点为：凡是参加对日战争之国家，同意媾和者，均得为缔约国；考虑日本加入联合国；日本同意以琉球群岛及小笠原群岛交联合国托管，并以美国为治理国；关于台湾、澎湖列岛，南库页岛及子岛群岛地位，将来由美、苏、中、英四国决定。1951 年 6 月，杜勒斯访问英国，经过磋商，双方最后决议，听任日本在和会后自行选定其认为可以代表中国的政府与之缔约，而签订多边条约的和会不邀请中国代表参加。

英美两国关于不邀请中国代表参加和会的决定刚一公布，就遭到中国人民的坚决反对。

奉行独立外交政策的印度，对美国单方面签订对日和约表示反对，不赞成美国干涉中国内部事务，拒绝出席旧金山和会签署对日和约。

1951年8月2日晚8时30分，周恩来在印度大使官邸与印度驻华大使潘尼迦就美国拟订的对日和约草案交换意见。印度政府对于对日和约草案提出五条意见：

（一）印度政府认为没有中国政府的参加与同意，这个和约是不能满足远东人民的要求的；

（二）和约应该明确说明台湾应归还中国；

（三）和约中关于美军驻留日本的条款，印度政府绝对不能同意；

（四）对于日本的武装，印度政府表示一般性的意见；

（五）印度政府不同意某些前属日本的岛屿，由美国托管。

周恩来总理说，对于美国片面的、独断的对日和约，印度政府所提出的意见很好，和我们两次声明中的意见有许多相符之处。大使阁下提出下一步如何做的问题，这的确是一个迫切的问题。但是讨论这个问题，我们必须先看看美国政府的行动。美国政府所用的办法，和它在朝鲜事件中所用的办法是一样的，那就是用恐吓的辞句来威逼其他国家屈从。假如亚洲人民和国家不屈从，坚决反对美国扩张侵略，那么占世界人口一半以上的亚洲人民的反对，将使美国政府迟疑，并遭遇困难。我们的反对，也许不能即刻抑制美国政府的侵略政策，对日合约由于美国控制投票机器而竟签订，但是我们的反对必然会使美国政府在推行其政策时遭遇困难，因而会迟疑，而如果我们保持亚洲人民在历史上有名的坚决性，美国政府的侵略政策最后一定失败。这就是中国政府遵循的路线。

8月15日，周恩来代表中国政府就美英对日和约草案及旧金山会议发表声明，指出：美英两国政府所提出的对日和约草案是一件破坏国际协定、基本上不能被接受的草案，而将于9月4日由美国政府强制召开、公然将中华人民共和国排斥在外的旧金山会议也是一个背弃国际义务、基本上不能被承认的会议。

同日晚，周恩来在外交部接见印度大使潘尼迦。向其递交关于对日和约草案和旧金山会议的声明，并就印度应否出席旧金山会议交换意见。周恩来总理说，印度是否参加当然由印度自己决定。若参加会议而能坚持原来主张到底，这种做法也是合理的。最重要的是不让美国单独和日媾和的计划获得成功。尼赫鲁总理曾经说过：没有中华人民共和国的参加，远东问题是无法解决的。美英对日和约的目的在于分裂亚洲并威胁亚洲的和平。只要大家一同努力阻碍美国阴谋的实现，美国对亚洲的侵略便无法实现。

1951年9月4日，美国单方面邀请了52个国家，在旧金山举行对日和会，签署了《旧金山和约》。中国没有受到邀请，印度和缅甸没有参加。9月8日举行了签字仪式，苏联、捷克斯洛伐克、波兰没有出席，签约国为49个。

9月18日，周恩来代表中国就美、英等国签订旧金山对日合约发表声明。声明指出，美国政府违反国际协议，排斥中华人民共和国，于1951年9月4日，召开了一手包办的旧金山会议，并于9月8日签订了对日单独和约。我全国人民对此无不表示愤慨和反对。中华人民共和国中央人民政府认为有必要重申1951年8月15日授权本人发表的关于美英对日和约草案及旧金山会议的声明继续有效，同时，授权本人再就此事发表下列声明：

一、美国政府在旧金山会议中强制签订的没有中华人民共和国参加的对日单独和约，不仅不是全面和约，而且完全不是真正和约，这只是一个复活日本军国主义、敌视中苏、威胁亚洲、准备新的侵略战争的条约。

二、由于美国政府在旧金山会议中如此横蛮无理和顽固地拒绝苏联、波兰和捷克斯洛伐克代表关于邀请中华人民共和国参加这次会议的意见，并拒绝苏联根据国际协议的精神而提出的关于对日媾和的各项基本建议，又由于美国政府不顾亚洲国家的意志和希望，拒绝了印度和缅甸的建议。因此，旧金山会议以及这一会议上所签订的对日单独和约不仅不能代表而且违反着中国、苏联和亚洲人民以及全世界人民的意见……中国人民愿意与全世界人民、全亚洲人民，以及任何不赞成旧金山对日和约的国家，首先是亚洲国家政府，共同努力，制止由旧金山对日和约及美日双边安全条约所造成的扩大远东战争的危机，以求亚洲和平和世界和平获得保障。

三、旧金山对日和约以及美日双边安全条约，对于日本也绝不是什么旷达有利的和平条约。而是企图将日本拖入新的侵略战争、陷日本民族于毁灭的战争条约……中国人民是愿意与日本人民和平相处，友好团结，以保障远东和平的。因此，对于日本全国各阶层爱国人民反对旧金山卖国条约的斗争，以及他们争取中日两国迅速结束战争状态和保障和平相处关系的努力，我中国人民表示无限欢迎与同情。

四、中华人民共和国中央人民政府再一次声明：旧金山对日和约由于没有中华人民共和国参加准备、拟制和签订，中央人民政府认为是非法的，无效的，因而是绝对不能承认的。

周恩来代表中国政府以及全国人民表达了对美国不公正待遇的坚决反对，将中国坚定维护祖国尊严与利益的立场展示给世界。在对日和约的过程中，印度对中国的支持也值得肯定。这其中，印度驻华大使潘尼迦及周恩来的积极沟通也是不应该忘记的。

1952 年

6月14日会见印度驻华大使潘尼迦——中印关于藏印关系的协定

1947年到1953年，是尼赫鲁时代中印两国关系的初交阶段。在这段时间里，中国经历了政权的更迭，加之两国关系在社会制度和意识形态上存在着差异，双方之间难免产生摩擦和矛盾。但是在总趋势上，中印关系还是朝着健康友好的方向发展，在一些重大的问题上，也基本上做到了彼此相互谅解，友好合作，共同发展。西藏和平解放后，中国政府对印度政府采取了团结与斗争相结合的方针，争取两国友好相处，同时对于印度继承英帝国主义在西藏的特权和特殊地位以及干涉中国内政的做法进行了斗争。

1951年1月，毛泽东出席了印度大使馆举办的印度国庆招待会，显示了中国对发展中印友好关系的重视。中国政府认为，印度作为民族独立国家，与之发展友好关系是十分需要的。

对于印度在西藏所获得的特权，中国政府原则上主张坚决废除，但鉴于中印两国人民的友好关系，以及中国西藏地方与印度在宗教、商业上的紧密联系，在具体做法上则采取了比较灵活的步骤。

1952年2月，印度政府向中国政府提交了一份《关于印度在西藏利益现状》的备忘，开列了七项权益，即：驻拉萨的使团；驻江孜和亚东的商务代表处；驻噶大克的商务代表处；在商业市场以外地方进行商业活动的权利；在通往江孜的商路上的邮政及电讯机关；驻江孜的军事卫兵；朝圣的权利。印度在备忘录中称，这些权利"是由于惯例和协定而产生的"。

鉴于以上情况，为了维护中国的利益，解决中印历史遗留问题，改善中印关系，1952 年 6 月 14 日，时任中华人民共和国总理兼外交部长的周恩来接见了印度驻华大使潘尼迦，与之就西藏问题进行了会谈。

周恩来在会谈中，就中国处理印度与中国西藏之间关系问题，提出了一个原则和一项具体措施阐明了中国就印度在中国西藏享有特权问题上的原则立场。

周恩来指出：西藏现存的情况是从过去遗留下来的，是英国侵略在中英关系上所留下的痕迹，对于这一切，新的印度政府是没有责任的。英国政府与旧中国签订条约而产生的特权，现在不存在了。新中国与新的印度政府在西藏的关系，要通过协商建立起来。由于解决两国在中国西藏关系的问题需要时间，为了处理目前一些事务，根据这个基本原则，周恩来进一步指出，我们准备先解决一个具体问题，也就是建议把印度过去驻留在拉萨的代表团改为驻拉萨的总领事馆。在西藏，中央人民政府代表之下，有外事联络员。将来印度总领事馆建立以后，就能和他取得正式联系。

除了印度朝圣者可继续来藏朝圣（指朝拜西藏阿里的圣山圣湖）外，其他未决问题可在以后再商谈。为了对等，中国将在印度孟买设立总领事馆。

鉴于当时中国与印度通商的实际需要，中国建议先解决设领问题，同时也希望能解除印度的疑虑。

印度政府同意了这个原则和交换设领的具体措施，但是却仍然无视中国在西藏的主权，企图保持其旧有特权，中印之间发生了一些矛盾。

1952 年冬，中国进藏人员的供应物资按传统仍经印度输送到西藏。但是当中国商人持中国中央人民政府驻藏代表外事帮办处签发的护照去印度时，却遭到印方拒签，表示要按以往的惯例持由印度驻亚东的商务代表直接签发的证件方可。同年，印度派去噶大克的商务代表无视中国主权，仍要携带未经许可不得带入的无线电收发报机进入中国西藏的阿里地区，发报机因此被中国边防部队扣留。同年，印度提出它在驻亚东和江孜一带的武装卫队要换防，由驻锡金甘托克的政治代表前往西藏视察其驻亚东和江孜的商务代表处和驿站（按照英国殖民时期的惯例，英印政府驻锡金的政治代表是驻上述两处商务代表处的上级，可以随时自由地前来视察）。

中印双方就这些"旧例"进行了交涉，中国政府表明了自己的立场：

首先，武装卫队是个关乎中国独立自由和领土主权完整的问题。如果印度政府提出撤退这些武装卫队，中国政府将欢迎它，以作为解决中印在中国西藏地方关系问题的一个步骤；至于换防，中国政府则不便同意。

其次，关于视察驿站的问题，中国可以同意印度驻甘托克的政治代表来藏，但由于驿站问题尚待解决，这次来只能当作一次临时性的措施，绝不是旧例的沿用。

最后，关于印度商队无线电收发报机被扣留一事，按照中国的法令，本应没收。但为照顾两国友好关系，中国边防检查站决定将其封存，待印度商队离境时发还。

1953年7月，《朝鲜停战协定》签订，印度在中国的建议下当了中立国遣返委员会主席，两国关系日趋友好。且由于印度在中国西藏地方有着切身的通商利益，担心中国将西藏地方的通商由印度转向中国内地，对印度不利；加上巴基斯坦成为美国反共联盟的一员，正在接受美国的军事援助，对印度西部和东部边境构成威胁。尼赫鲁认为解决中印西藏地方关系的时机已经到来。9月2日，尼赫鲁致电周恩来，建议两国政府尽早就中印西藏地方的关系进行谈判。

对于印方的建议，中方做出了积极反应，周恩来于10月15日复电尼赫鲁，表示同意谈判，并建议于同年12月在北京开始谈判。

这是中国"首次与非社会主义国家谈判"，中国政府对此非常重视，专门成立了由11人组成的指导谈判的"中印谈判委员会"，成员有外交部长周恩来、外交部官员陈家康和杨公素等、中共西藏工作委员会成员张国华和范明、国家民族事务委员会的平措旺阶、中共中央统战部赵范、达赖喇嘛指定的西藏地方代表噶伦饶噶厦和藏军总司令马基噶章等。

1953年印度派驻拉萨的总领事雁蔼森，9月来拉萨设立印度驻拉萨总领事馆，中央人民政府外交部在拉萨的中央代表下设立外事帮办办公室，任命杨公素为外事帮办，以处理西藏的外事工作。同年11月西藏全体噶伦及僧俗重要官员向中央代表张经武表示，同意中央统一对外，并撤销其原有"外交局"，其负责人柳霞经外交部委任为外事副帮办。至此，和平解放西藏办法的协议中14条的中央统一处理涉外事宜的规定得以实现。

1953 年 12 月 31 日，印度政府派遣的代表团在北京与中国政府就中印两国在西藏地方的关系问题开始谈判。谈判截止到 1954 年 4 月 29 日结束，前后持续了 4 个月。中国代表团团长为外交部副部长章汉夫，代表团成员有亚洲司长陈家康、副司长何英、西藏外事帮办杨公素。印度代表团团长为印度驻华大使赖嘉文（1952 年接任潘尼迦），代表团成员有外交部联合秘书考尔、外交部官员高帕拉查里。两国代表团共举行了 12 次双边会谈，进行了充分协商。

周恩来在谈判的第一天，接见了印度政府代表团成员，首先提出了应按照和平共处五项原则作为处理两国关系的准则，并说明谈判的任务是："解决两国业已成熟的悬而未决的问题。"周恩来指出："我们相信，中印两国的关系会一天一天地好起来。新中国成立后就确立了处理中印两国关系的原则，那就是互相尊重领土主权，互不侵犯、互不干涉内政、平等互利和和平共处的原则。两个大国之间，特别是像中印这样两个接壤的大国之间，一定会有某些问题。只要根据这些原则任何业已成熟的悬而未决的问题都可能拿出来谈。"印度方面也同意这些原则，双方的谈判比较顺利。

经过 4 个月的谈判和协商，1954 年 4 月 29 日，中印两国政府在北京签订了《中华人民共和国和印度共和国关于中国西藏地方和印度之间的通商和交通协定》。

8 月会见苏联党和国家最高领导人斯大林——苏联援助中国建设

1952 年，中共中央鉴于朝鲜战争在短期内不可能完全结束，确定了"边打、边稳、边建"的方针，责成政务院（即现在的国务院）着手进行第一个五年建设计划的编制工作。时任政务院总理的周恩来亲自领导了五年计划的编制工作。8 月，周恩来亲自主持起草了《中国经济状况和五年建设的任务（草案）》。8 月 11 日，周恩来主持起草的文件《中国经济状况和五年建设的任务》脱稿。文件强调，这五年建设的基本任务是：为国家工业化打下基础，以巩固国防，逐步提高人民的物质生活和文化生活，并保证中国经济向社会主义前进。

为了更好地进行社会主义建设，中国决定就第一个五年计划的制订和实施等问题向苏联征询意见，希望苏联能够在有关的方面给我们一些帮助。于是，1952年8月至9月，周恩来总理率中国政府代表团再次访问苏联，同斯大林等苏联领导人就我国第一个五年计划的制定等问题交换意见。斯大林对周恩来代表团的访苏十分热情，派出三架军用飞机和一架民航飞机，专程来接中国政府代表团。

1952年8月17日，周恩来率中国政府代表团抵达莫斯科，苏联部长会议副主席莫洛托夫、米高扬、布尔加宁，苏联外交部长维辛斯基等到机场迎接。周恩来在机场发表讲话，称：中国政府代表团这次来莫斯科，是为了继续加强两国之间的友好合作，并商谈各种有关问题。

1952年8月18日，周恩来接见了苏联外交部长维辛斯基的代表、外交部第一远东司司长费德林，向他表明了此次来莫斯科的两大目的：首先是要向斯大林报告朝鲜战争和谈情况和中国三年来的主要情况以及未来五年的建设方针。其次是要和苏联就旅顺口海军根据地、中苏共管修筑铁路及苏联给予中国援助等问题进行商谈。

8月20日，周恩来与斯大林进行了第一次会谈。陈云、李富春、莫洛托夫和维辛斯基等也出席了会谈。

周恩来先是谈了中共中央对朝鲜战争和国际形势的看法，然后就延长中苏共同使用旅顺口海军基地期限的换文问题、中蒙铁路的修建问题、苏联援助中国种植和割制橡胶的协定问题等与斯大林进行了交谈。

周恩来说：日本只和美国及其他资本主义国家缔结和约，而拒绝和中苏缔结和约。中国考虑到朝鲜战争的现状，希望苏军继续留在旅顺口。斯大林爽快地答应了周恩来的挽留，并说："这个换文发表，将会给敌人很大震动。"关于修筑从中国集宁到蒙古乌兰巴托铁路问题，周恩来说：中国政府考虑到从乌兰巴托至苏联乌兰乌德已有铁路，修筑中蒙铁路可将中、蒙、苏联结起来、比走满洲里要近得多。对此，斯大林也表示：你们既然赞成，我们当然同意。到时中、苏、蒙三方搞个协定。之后，周恩来还简单介绍了中国第一个五年计划的设想。同时周恩来还表示中国希望苏联政府能够协助解决地质勘探、工业设计、工矿装备、器材定货、技术援助（包括专家、留学生、实习生、蓝图等）等方面的问题。接着周恩来就向中国派苏联专家，就苏联培养中国经济、技术、科研等部门所需人才等项，向斯大林提出了请求。他说，以前派往中国的苏联专家做了大量的工作，尤其在培养中国工人干部和专家方面。周恩来请求扩大人才方面的援助。为此目的请求挖掘潜力再向中国派遣800名苏联专家，允许中国政府再派青年前往苏联学校学习，派中国实习生前往苏联工业企业实习。周恩来还请求通过提供技术资料给予中国科技援助。斯大林当即同意了周恩来的请求。

9月3日，周恩来与斯大林进行了第二次会谈。这次会谈几乎都是在讨论中苏两国的经济关系，确切地说，是在讨论中国经济发展和苏联在这一方面给予的援助问题，当然最重要的是即将实施的中国的第一个五年计划。周恩来强调，中国第一个五年计划的实现，"要取决于中国人民的努力和中国期望从苏联那里得到的援助"。周恩来还谈到了中国"一五"计划建设的规模"初步拟定建设151个工厂，而航空工业企业、坦克制造和船舶制造企业除外。现在已将151个工厂压缩为147个工厂。会谈中，斯大林对中国的五年计划发表了三点意见：（一）经过第一个五年计划，中国应当能够制造汽车、飞机、军舰。（二）中国工业发展的速度一定很快，但五年计划规定工业总产值每年递增速度为20%有点过高，应下降为15%为宜。做计划要留有余地，要有后备力量。（三）苏联愿意为中国实现五年建设计划提供所需要的设备、技术、贷款等援助，并派出专家，帮助中国。

对于刚刚建立的新中国来说，苏联的帮助是极为重要的。此后苏联援建的156个重点项目使中国迅速建立了一批前所未有的新兴工业部门，并基本上奠定了中国重工业的基础。从争取这些项目到实施落实，周恩来都做出了不懈的努力，取得了令人瞩目的成果。也正是周恩来对中苏关系的不断努力，才推动了朝鲜战争后，中苏双方在经济领域内的合作向纵深发展。

周恩来在访苏期间，双方交往愉快，周恩来等还多次受到斯大林的宴请。在一次宴请中，周恩来与斯大林谈到朝鲜问题，周恩来说："朝鲜战争推迟了世界大战，毛泽东同志的估计是五年、十年、十五年不可能爆发世界大战。"斯大林回应说："毛泽东的估计是对的。但要说明一点，美国没有本领进行大战，它的英法朋友更不行，人民也不愿打仗。"经过一年多的战斗，美国侵略军在朝鲜战场的失败基本已成定局。斯大林对于中国人民志愿军的赞佩之情大增，也对没有出动志愿空军感到遗憾。

9月10日，周恩来和中国政府代表团的代表抵达斯大林格勒。在机场受到斯大林格勒州和市的负责人的欢迎，并参观了市容，卫国战争的遗迹以及拖拉机厂等。

9月15日，周恩来在克里姆林宫出席了苏联部长会议主席斯大林为以周恩来总理为首的中国政府代表团和以蒙古部长会议主席泽登巴尔为首的蒙古政府代表团举行的宴会。

此后，以周恩来总理为首的中国政府代表团与苏联政府的会谈公报发表，并公布《中苏关于中国长春铁路移交中国政府的公告》和《中国外长与苏联外长关于延长共同使用中国旅顺口海军根据地期限的换文》。

新中国成立之初的这一时期，中苏两国在平等友好的基础之上，在经济、文化、教育等方面往来频繁。中苏在政治、经济、科学文化、军事等各个领域都有很好的合作与发展。中苏双方不仅签订了经济援助协议，还签订了文化协定。中国向苏联派遣了大批留学生。这些留学生在苏联努力学习，成为日后中国科技的骨干。周恩来曾经指出：苏联政府慷慨无私的援助，使我们能够顺利地巩固国防，战胜帝国主义国家的经济封锁，并使中国的经济恢复工作取得迅速的成功。

9月22日，周恩来乘飞机离莫斯科回国。苏联部长会议副主席莫洛托夫、米高扬、布尔加宁，外交部长维辛斯基等以及蒙古部长会议主席泽登巴尔到机场送行。

1953年元旦，《人民日报》发表社论《迎接1953年的伟大任务》，宣布：我国经济恢复时期已经结束，今年将开始执行国家建设的第一个五年计划。这一年年初，在斯大林去世前不久，周恩来又秘密地来到莫斯科，最后一次会见斯大林。就苏联为中国工业化提供广泛援助再次向斯大林发出请求。在叶卡德琳娜宫专门为周恩来举办的一个小型午宴上，斯大林强调：苏联人民在任何时候都不会在中苏关系的发展上袖手旁观。周恩来的再次请求得到了回应，苏联对中国的社会主义建设继续提供帮助。斯大林还答应苏方将继续与李富春为首的中国政府代表团谈判苏联对中国工业化的援助问题。

1953 年 3 月斯大林去世，周恩来率党政代表团专程赴苏吊唁。1953 年年初周恩来与斯大林的会见，成为他们之间的最后一面。

9 月接见蒙古部长会议主席泽登巴尔——签订《中蒙经济文化合作协议》

新中国成立初期，外交工作的首要任务就是与社会主义国家建立和发展友好关系，中蒙关系就是其中重要的一节。中华人民共和国和蒙古人民共和国（现蒙古国）是友好邻邦，两国之间有着长达数千公里的共同边界。1949 年 10 月 6 日，中华人民共和国宣告成立的第六天，蒙古人民共和国就发表声明，表示承认中华人民共和国，并于 10 月 16 日，与中国建立了外交关系。在 20 世纪 50 年代至 60 年代，双方领导人频繁互访，友好合作，双边关系健康发展。

1952 年周恩来访苏时，除了与苏联签订了经济援助协议外，还就中蒙铁路的修建问题与斯大林进行了会谈。关于修筑从中国集宁到蒙古乌兰巴托的铁路问题，周恩来说：从乌兰巴托到苏联境内的乌兰乌德已经有铁路存在，如果以此连接的话，将比走满洲里近得多。斯大林当即表示赞同，但是当时苏蒙合办乌兰巴托铁路股份公司，由此公司承担建设蒙古国境内的铁路段，因此还需由中、蒙、苏三国共同签订协议。为此，蒙古部长会议主席泽登巴尔于 8 月 27 日抵达莫斯科，中、苏、蒙三国签订了《关于组织铁路联运的协定》。

1952 年 9 月 28 日至 10 月 17 日，泽登巴尔率蒙古人民共和国政府代表团来华参加中华人民共和国国庆活动，并就中蒙之间的铁路修建、经济合作等方面与中国领导人进行了会谈。泽登巴尔是新中国建国以来第一个来华访问的国宾级的代表，为此，周恩来率领外交部等人进行了细致周全的外交接待。中蒙两国的经济技术合作协定的谈判也是在周恩来的主持下进行的。

1952 年 9 月 28 日，周总理等多位领导人到机场欢迎泽登巴尔的来访，夹道欢迎的群众从机场一直排列到下榻的宾馆东交民巷 15 号，人数多达数万。

泽登巴尔在飞机场欢迎仪式上发表谈话说："中蒙两国人民之间日益巩固的兄弟般的友谊，是为了我们两国人民的昌盛和幸福，是为了保卫和巩固和平的神圣事业而服务的。"

9月29日，周恩来陪同毛泽东接见了泽登巴尔总理及其率领的政府代表团。受接见的还有蒙古人民共和国副总理兼外交部部长拉姆苏伦、教育部部长锡林迪布及蒙古人民共和国驻中国特命全权大使贾尔卡赛汗等。

在泽登巴尔访华期间，周恩来与其进行了友好的商谈。1952年10月4日，周恩来和泽登巴尔分别代表本国政府在《中蒙经济及文化合作协定》上签字，毛泽东等参加签字仪式。协定中说，建立中华人民共和国与蒙古人民共和国间密切的经济及文化合作完全符合两国人民的利益，并在进一步发展及巩固两国间的友好关系上亦具有重大意义。协定规定："缔约双方同意在经济、文化、教育方面，建立、发展及巩固中华人民共和国与蒙古人民共和国间的合作。"

周恩来总理在签字仪式上说："这个协定不仅加强了中蒙两国的深厚友谊与永久合作，而且也加强了两国人民的共同和平事业"，"因而，这个协定对于保卫和平与民主的事业是一个重大的贡献"。泽登巴尔主席说："中华人民共和国的成立，在蒙古人民和中国人民的关系上已经开辟了新的纪元"，"今天签订的协定，充满了两国人民间的和平与友好的精神，并完全符合中华人民共和国及蒙古人民共和国的愿望和利益"。

1952年10月5日，《人民日报》发表题为《中蒙两国友好关系的新发展》的社论，高度评价中蒙经济及文化合作协定，说："这标志了中蒙两国之间的友好合作关系已进入了新的历史阶段，它对于促进两国的经济与文化建设，加强两国人民之间的友好关系都有着极端重要的意义。"

泽登巴尔在访华期间出席了毛主席国庆三周年宴会和天安门广场的观礼，参观了工矿企业和农村。毛主席还在中南海怀仁堂陪同泽登巴尔观看了著名越剧演员袁雪芬、范瑞娟、傅金香主演的越剧《白蛇传》。

1953 年

12 月会见印度驻华大使赖嘉文——中印签订通商和交通协定

1953 年 9 月，印度驻华大使赖嘉文向周总理转达了尼赫鲁的信，信中提出中印双方商谈两国关系问题，并附一备忘录列举需要商谈的内容。经过双方的协商，确定于 1953 年内进行谈判。

新成立的中华人民共和国中央人民政府非常重视这次谈判，特别设立了中印谈判委员会作为咨询机构，除外交部、外贸部、民委、统战部派人参加外，还邀请达赖喇嘛指定的人员参加。在中印谈判委员会的首次会议上，周恩来说：新中国成立，西藏回到祖国大家庭，印度对中国的态度改为平等相待，但还想在西藏保留一些特权。中国愈强，各民族团结愈巩固，印度的态度就会要改变。中国对印政策应该按五项原则和平共处，争取它反对美国侵略、反对战争。另一方面印度还受英美的影响，有些问题同中国有争议，我们要争取之。这次谈判是解决业已成熟、悬而未决的问题，不成熟的如边界问题，包括麦克马洪线问题，这次作为悬案，待将来选择时机再解决。

1953 年 12 月 31 日，周恩来在中南海西花厅接见了就"中印两国在中国西藏地方的关系问题"进行谈判的中印两国代表团（印度共和国政府派出其驻中国大使赖嘉文为团长的政府代表团，中国政府的代表团是以外交部副部长章汉夫为团长），周总理表示中印两国人民历来是友好的。现在两国独立了，应该在互相尊重领土主权、互不侵犯、互不干涉内政、平等互利、和平共处原则的基础上，发展两国的友好关系。此次两国代表团商谈印度与中国西藏地方关系问题，谋求解决那些业已成熟、悬而未决的问题，也应该按照这些原则进行。这就是现已举世闻名的和平共处五项原则，这也是周恩来第一次在国际会谈中正式提出和平共处五项原则，印度代表团对五项原则表示完全赞同，双方在和平共处五项原则的基础上进行协商。在协商过程中，周恩来多次会见赖嘉文，就中印双方的关系以及西藏问题进行会谈。印度与我国西藏之间需要解决的问题较多，牵扯到的事情也较为复杂，周恩来指示中国代表团先难后易，先谈涉及双方利益较大、讨价还价较多的问题，再解决容易的问题，使双边的会谈始终保持着和谐友好的气氛，避免了僵局的发生。

1953 年年底至 1954 年 4 月，中印两国政府代表举行了多次协商，最终在 1954 年 4 月 29 日达成协议，签订了《中华人民共和国和印度共和国关于中国西藏地方和印度之间的通商和交通协定》。这是中国运用和平共处五项原则解决国与国之间问题的第一个范例。协定的序文中明确指出："中国政府和印度政府为了促进中国西藏地方和印度之间的通商贸易和文化交通并便利两国人民互相朝圣和往来起见"，双方同意根据和平共处五项原则（略）缔结本协定。协定的主要内容有：

第一条缔约双方同意互设商务代理处：

一、印度政府同意中国政府得在新德里、加尔各答、噶伦堡三地设立商务代理处。

二、中国政府同意印度政府得在亚东、江孜、噶大克三地设立商务代理处。

双方商务代理处享有同等地位和同等待遇。双方商务代理在执行职务时享有不受逮捕之权；商务代理本人、依靠其生活的妻子及子女享有不受检查之权。

双方商务代理处并享有信使、邮袋和以密码通讯的权利及豁免。

第二条缔约双方同意凡按习惯专门从事于中国西藏地方和印度之间的贸易的双方商人得在下列地点进行留易：

一、中国政府同意指定（一）亚东、（二）江孜、（三）帕里为贸易市场。印度政府同意按习惯得在印度，包括（一）噶伦堡、（二）西里古里、（三）加尔各答等地进行交易……印度政府同意将来由于中国西藏地方阿里地区与印度之间通商贸易的发展和需要而成为必要时，印度政府在平等互惠基础上准备在印度方面靠近中国西藏地方阿里地区的相应地区考虑指定贸易市场。

第三条关于两国香客朝圣事宜，缔约双方同意按照下列各款的规定办理：

一、凡属印度的喇嘛教徒、印度教徒和佛教徒得按惯例往中国西藏地方的康仁波清（开拉斯山）和马法木错（玛那萨罗瓦湖）朝拜。

二、凡属中国西藏地方的喇嘛教徒和佛教徒得按惯例往印度的贝纳拉斯、鹿野苑、加雅和桑吉四地朝拜。

三、凡按惯例往拉萨朝拜者，仍依照习惯办理之。

第四条双方商人和香客经由下列山口和道路来往：（一）什布奇山口、（二）玛那山口、（三）尼提山口、（四）昆里宾里山口、（五）达玛山口、（六）里普列克山口。同时沿桑格藏布河（印度河）的河谷到扎锡岗的习惯道路，仍可按以往习惯来往。

第五条关于往来过境事宜，缔约双方同意两国外交人员、公务人员以及两国国民往来过境，除本条第一款、第二款、第三款、第四款、另有规定者外，均应持有本国护照并经对方签证。

一、凡按习惯专门从事于中国西藏地方和印度之间的贸易的双方商人、依靠其生活的妻子及子女以及随从人员，仍按习惯在出示本国地方政府或其授权机关发给之证明书并经对方边境检查站查验后，得进入印度和中国西藏地方进行贸易。

二、两国边境地区居民，凡因进行小额贸易或探望亲友而互相过境往来，仍按以往习惯前往对方边境地区而不限于经过前述第四条所指定的山口和道路，并无需护照、签证或许可证。

三、由于运输需要而互相过境往来的背夫和骡夫，只需持有本国地方政府或其授权机关发给之定期的证明书（三月、半年或一年为期限）并在对方检查站登记即可，无需持有本国护照。

四、双方香客均无需携带证明文化，但须在对方边境检查站登记并领取朝圣许可证。

五、虽有本条前述各款之规定，双方政府得拒绝个别人入境。

六、凡按本条前述各款进入对方国境者，在履行对方规定之手续后，始得在对方境内居留。

这个协定的内容是对和平共处五项原则的充分体现，例如：协定中关于设守商务代理处，指定某些地方为贸易市场，两国香客朝圣事宜以及双方商人和香客出入和往来过境事宜等方面的规定，都是对等的，平等互利的；同时两国就协定进行的换文，规定了印度政府将撤退其驻在中国西藏地方亚尔和江孜的全部武装卫队，并将其往西藏的邮政，电报和电话等企业及其设备和驿站全部移交给中国政府，这样印度继承的英帝国主义在西藏的特权就得以废除，这也是互相尊重主权和领土完整的体现。

这次谈判，不仅取消了印度在西藏的特权，还使印度正式承认西藏是中国领土的一部分，中国在西藏拥有完全主权。这个协定的签订也对中国在国际上的地位和形象产生了重要影响。朝鲜战争结束后，美国在国际上制造舆论，诋毁中国形象，散播"中国好战，用武力解决问题"的谣言。中印协定的签订使这些谣言不攻自破，中印协定的和平谈判方式也为以后和平解决国家间问题树立了良好的范例。消除了尼泊尔、缅甸、巴基斯坦、锡兰（今斯里兰卡）等邻国对中国的疑虑。

和平共处五项原则也成为日后中国解决国与国之间问题的普遍准则。1954 年 6 月，周恩来先后到印度和缅甸进行访问，访问期间，中印、中缅都发表了联合声明，表示同意和平共处五项原则作为双边关系的指导原则。两个联合声明的发表，为中国赢得了良好的声誉，受到亚洲和国际舆论界的欢迎。

1954 年

4 月会见苏共第一书记赫鲁晓夫——为日内瓦会议作准备

朝鲜战争结束后，中国开始实施"一五"计划。为了较快的恢复和发展国民经济，并为此创造一个良好的国际环境，周恩来在此时做出了"立足中苏结盟，维持远东地区力量均衡，团结广大亚非国家，区别对待资本主义国家"的外交构想。努力争取一切可以团结的力量。

在当时的情况下，朝鲜问题和印度支那问题成为朝鲜战争结束后影响亚洲和平与安全的最大问题。与此有重大关系的中国如果能够参加这两个问题的解决，势必会给中国乃至亚洲创造一个更加安定的环境。因为中国与这两个问题的直接联系，中国的加入也将更加有利于问题的妥善处理。

苏联在朝鲜停战后不久就于 1953 年 9 月 28 日照会法、英、美三国，提议召开有中华人民共和国参加的五大国外长会议。中国政府赞同这一做法，10 月 8 日，周恩来代表中国政府发表声明："中国政府一贯坚持协商解决一切国际纠纷及与不同制度国家和平共处政策……"1954 年 1 月 9 日，周恩来代表中国政府再次声明，呼吁相关国家通过谈判解决亚洲的迫切问题。1 月 25 日至 28 日，在朝鲜、中国、苏联三国政府的努力下，苏、美、英、法四国外长在柏林举行会议。会议建议由苏联、美国、法国、英国、中国、朝鲜民主主义人民共和国、大韩民国及其他有武装部队参加朝鲜战争的国家于 4 月 26 日在日内瓦举行会议，以期和平解决朝鲜问题，并讨论印度支那和平问题。

日内瓦会议，是中华人民共和国建立以来第一次参加的重大国际性会议，为新中国展开广泛的外交活动提供了一个难得的机会和场所。中共中央对此十分重视，决定派周恩来率代表团前往参加。2 月 27 日，周恩来召集参加日内瓦会议筹备工作的干部会议,指出:(一)日内瓦会议对缓和国际紧张局势具有重要作用,中国应该积极参与;(二)由于美国政府会多方阻挠,和平解决朝鲜问题估计难有大的进展,但我们仍力争解决一些问题。事实证明,周恩来的估计是正确的。周恩来从2月底至3月份,认真阅读了有关的大量文件、电报、资料和情报,以及美国政府致苏联政府的备忘录和苏联政府的复文等,并与李克农等人多次协商,为这次出行,做了非常细致的准备工作。

为了使会议取得进展,周恩来同苏联、朝鲜、越南领导人保持着密切接触,协调立场。

4月初,为了商议和协调中苏两方对日内瓦会议采取的方针、政策,周恩来前往莫斯科进行了短暂的工作性访问,同赫鲁晓夫等进行了多次会谈和协商。参加了有苏联、中国、朝鲜、越南四国领导人参加的日内瓦会议筹备会议,协商参加日内瓦会议的方针政策等。

因为当时中国实行"一边倒"与苏联结盟的政策,所以,与苏联达成一致性是中国当时外交政策的重要一环。周恩来为此多次与赫鲁晓夫见面商谈。双方的会谈是以圆桌会议的形式进行的。

赫鲁晓夫先谈了对日内瓦会议的设想和看法,他指出:这是一次带政治性的国际会议,但对它不必抱过大的希望。不要期望它能解决什么问题,它可能根本解决不了什么问题。将要率代表团出席日内瓦会议的苏联外长莫洛托夫表示同意赫鲁晓夫的意见,但他同时又指出:很难预料会议会出现什么问题。我们事先要有一个大致的设想或意欲达到的目标,但同时必须要有极大的灵活性,以便随机应变。

周恩来代表中国政府从另一个角度谈了对日内瓦会议的一些考虑。他说:中国、朝鲜、越南能够一道出席这次会议,这本身就是一件不同寻常的事,是我们的一个胜利。假如我们能够利用这次机会阐明对各项问题所持的原则立场和对若干有关问题作出解释和澄清性的说明,如果能解决某些问题,就会有更大的收效。

周恩来还一再声明:中国是第一次参加这样的国际会议,缺乏国际斗争的知识与经验,中苏之间必须保持密切联系,随时交换意见,互通情报,统一口径,以便协同行动。而且,中国参加日内瓦会议关系微妙,因为会议要讨论和解决的朝鲜问题和印度支那和平问题与中国有切身关系，但又不是直接属于中国的事情。因此，要特别小心谨慎，认真对待。希望苏联和中国先磋商一下协同行动的原则。

对周恩来的这些要求，赫鲁晓夫等都给予了肯定的答复。双方达成了一致的看法，由苏联方面草拟具体方案。双方对此都非常满意。在周恩来回国向中央报告工作的前一天晚上，赫鲁晓夫设宴招待了周恩来。

1954年4月24日，周恩来率中国政府代表团抵达瑞士日内瓦。在机场，周恩来发表了希望日内瓦会议成功的声明："全世界爱好和平的人民和国家都将密切地注视着日内瓦会议的进展，并热烈地期望着会议的成功。中国人民对于这个会议有着同样的期待。中华人民共和国代表团抱着诚意来参加这个会议。我们相信，参加会议者的共同努力和对于巩固和平的共同愿望，将会提供解决上述亚洲迫切问题的可能。"

1954年4月26日，日内瓦会议正式召开。会议的第一个议题是朝鲜战争，由于各方立场不同，发表的解决方案难以统一，讨论持续了3天，依然陷于"僵局"。经过51天的激烈讨论和白热化的碰撞，朝鲜问题终于在美国阻挠下没有达成任何协议而结束。但是周恩来在会议上向全世界人民证明了苏联、中国和朝鲜民主主义人民共和国寻求以协商方式缓和国际局势，争取民族独立的信息和行动。

1954年4月26日至7月21日，新中国首次以五大国之一的身份参加讨论了和平解决朝鲜问题和恢复印度支那和平问题的日内瓦会议。会议实现了印度支那的停战。日内瓦会议上中华人民共和国政府派了一个大型代表团参加，这是周恩来第一次在西方外交舞台上亮相，他以自己独特的魅力和风范赢得了世界的尊重，也为中国赢得了荣誉。

4月会见印度驻华大使赖嘉文——印度支那问题

随着中美两国在朝鲜的军事冲突的爆发，美国对中国开始实行全面遏制战略。朝鲜战争后，孤立、遏制中国的发展成为美国对中国的一项长期的基本政策。美国利用其在西方国家的影响力，阻挠中国在联合国恢复合法席位。

除此之外，美国竭力对西方盟国和日本施压，继续对中国实施严厉的禁运政策，并在中国周边的有朝鲜、日本、台湾等国家和地区加强军事实力，企图从政治、经济、战略等方面，全面遏制新中国。在日内瓦会议召开期间，美国又多方阻挠，在印度支那问题（1946 年至 1954 年，印度支那半岛的越南、老挝、柬埔寨进行了一场反对法国恢复殖民统治、争取民族独立的解放战争。1950 年 7 月至 8 月间，中国军事顾问团应邀赴越，10 月，掌握了北部战场主动权。1950 年 12 月，法美签订军事协定，美国插手印度支那战争。1954 年 3 月，越军对奠边府的法军发动进攻，5 月取得奠边府战役的胜利）上，一再对中国发难。面对美国的破坏行为，中国与之进行了一场艰难的反遏制斗争。

1954 年 4 月 19 日下午 4 时 50 分，周恩来在中南海西花厅接见了印度驻华大使赖嘉文，应其要求就日内瓦会议、亚洲局势谈了以下看法：日内瓦会议是不应该让它失败的，但是美国显然要阻挠日内瓦会议达成任何协议，特别是要威胁法国，使它不能就印度支那问题达成协议（奠边府战役发动后，法国损失惨重，欲结束战争，与越南签订协议）。

朝鲜既然停了战就应该进一步巩固朝鲜的和平、撤退一切外国军队，用和平的方法使朝鲜得以统一。但是在朝鲜问题上，美国是要造成一个僵局，在日内瓦会议召开之前，它就散布这种说法，说日内瓦会议不会在朝鲜问题上有任何进展。很显然，美国是想作出一个僵局来，以便继续占领台湾，武装日本，和维持远东的紧张局势。但是不管怎样，朝鲜总是一个僵局，要再打起来是不容易的。因此它必须另外找一个有热战的地方，那就是印度支那。

假如印度支那战争能够停火，假如能够恢复印度支那的和平，那么美国再也不能在亚洲找到制造战争借口的地方了。因此，美国的主要目标就是要避免印度支那战争的停火，要阻挠日内瓦会议就此问题达成协议。尼赫鲁总理关于印度支那停火的声明在印度支那各国、东南亚、中国和法国的人民中引起了很大的兴趣。这也正是美国政府所不高兴的地方。因此，美国政府要压法国，杜勒斯的"联合行动"也是针对法国而说的。美国害怕在印度支那的交战双方达成协议，但是在法国，就是议会中，和平的呼声是很强大的。所以，除了杜勒斯以外，尼克松还要出来说话，他说假若法国的军队撤离印度支那，美国的军队就要进去。美国的中心目标是中东和近东，它要利用印度支那问题来挑起更大的阴谋。所谓东南亚和西太平洋的集体防御就是北大西洋公约的再版，美澳新公约的扩大。这些都是侵略性的军事集团，美国要该地区的各国，替美国抬轿子，建立一个统治东南亚、中近东和远东各国人民的殖民帝国。

1954年5月8日，日内瓦会议开始讨论印度支那问题，中国、苏联、英国、法国、美国、越南民主共和国、越南共和国、老挝王国、柬埔寨王国的代表参加了会议。讨论印度支那的日内瓦会议历时两个半月，先后举行了8次全体会议，23次限制性会议，双方军队代表也举行了多次谈判。

在5月8日的第一次会议上，法国外长皮杜尔建议：双方正规军集结于会议指定地区，除维持秩序必须得警察外，其他战斗部队都应复员；立即释放战俘和被拘禁的平民；由国际委员会监督上述条款的执行。他的建议完全没有提到印度支那问题的政治方面，所以无法作为解决问题的基础。

1954年5月12日下午3时，在日内瓦会议就印度支那问题进行一般性辩论时，周恩来代表中国政府发言说：亚洲国家应该互相尊重各国的独立和主权，而不互相干涉内政；应该以和平协商的方法解决各国之间的争端，而不使用武力和威胁；应该在平等互利的基础上建立和发展各国之间的正常的经济和文化关系，而不容许歧视和限制。只有这样，才能使亚洲国家避免新的殖民主义者利用亚洲人打亚洲人的空前灾难而获得和平和安全。

1954年5月23日下午3时，周恩来在接见印度驻联合国大使梅农时，说：日内瓦会议已经开了四个礼拜。有些人想把会议弄得无结果而散，这是我们所忧虑的。我们将尽一切努力来达成协议，但是必须要双方都有这种愿望才行。关于印度支那问题，我同意印度支那问题是更迫切的，因为那里需要停战。如果这一点能做到，就可以使战争集团扩大战争的企图受到挫折。问题的中心是，美国要把越南民主共和国弄得越小越好，以便训练保大的军队，使他日后起而消灭越南民主共和国。只有在这种条件下，美才愿意停。法国政府的一部分人，包括皮杜尔，跟随美国这一政策。

5月27日，在第七次限制级会议上，周恩来提出了一份《关于在印度支那停止敌对行动的建议》，主要内容是：1. 交战双方的一切武装力量在印度支那全境同时实现完全停火；2. 双方就占领地区的适当调整和在进行适当调整时双方军队的转移，以及可能发生的有关问题开始谈判；3. 停火期间停止从境外进入各种新的部队和军事人员；4. 由双方司令部代表组成联合委员会，对停止敌对行动协定各项条款的履行，进行监督；5. 日内瓦会议与会各国负责保证协定的履行；6. 互相释放战俘和被拘的平民。

各国代表在此建议的基础上反复商讨，英国代表艾登提出了关于双方司令部的代表立即在日内瓦会晤，研究在停止敌对行动后的军队部署问题。1954 年 5 月 29 日，在第八次限制级会议上通过了艾登提案。6 月 2 日，越南人民军和法国远征军司令部代表在日内瓦举行了第一次会议，印度支那问题的解决开始了艰难的一步。

5 月多次会见英国外相艾登——印度支那和朝鲜问题

新中国成立之初，由于朝鲜战争的爆发，两极对立格局上升到白热化阶段。西方许多国家追随美国加入"联合国军"，对中国实行封锁和禁运。尽管如此，周恩来和毛泽东仍然坚持"资本主义世界并不是铁板一块，对帝国主义阵营要进行分析，我们应该区别对待"的原则，积极与西方世界沟通。在寻求西方国家结成某种统一战线的考虑中，英国是中国非常重视的国家之一。

新中国成立后，英国是最早承认中华人民共和国的西方国家之一，出于香港问题等实际利益的考虑，英国一直谋求和中国建立外交关系。从 1950 年 3 月 2 日起，英国就开始在北京派驻负责建交谈判的代办。但是朝鲜战争爆发后，英国加入"联合国军"，对中国实行封锁和禁运，双方的建交谈判被迫停止。

日内瓦会议期间，美国与英法在结束印度支那危机问题上产生分歧。周恩来从中看到了解决印度支那问题的希望。5 月 1 日，苏联外长莫洛托夫邀请周恩来与英国外相艾登会面，双方通过交谈透露了交往的想法。艾登说："英国是承认中国的，只是中国不承认我们。"周恩来说："不是中国不承认英国，而是英国在联合国不承认我们。"艾登表示，这次带来了在华驻办杜维廉，以表诚意，并进一步谈判。5 月 3 日，中国欧非司司长宦乡与杜维廉进行了交谈。

在日内瓦会议无法取得进展的时间里，周恩来与艾登进行了多次会谈，为促进印支问题和朝鲜问题的解决起到了促进作用，也为中英关系的改善奠定了一定基础。

1954年5月14日上午10时30分，周恩来在接见英国外交大臣艾登时说：中国同它的亚洲邻邦都愿和平共处。最近，中国同印度签订的关于在中国西藏的通商协定，就足以表明这一点。在它的序言中，中印两国申明互相尊重领土主权、互不侵犯、互不干涉内政、平等互惠、和平共处。在朝鲜问题上，中印双方也提出首先撤退外国军队，包括中国人民志愿军在内。只有这样，才能保证和平与安全。

1954年5月20日上午11时，周恩来往访英国外交大臣艾登，与之讨论了法国殖民战争的问题。谈话时周恩来指出：在印度支那的三个国家中都有同样的一个战争，那就是法国的殖民战争，这是许多人都承认的。把高、寮的问题分开来讨论，就等于是把整个战争问题分割开来。在三国同时停战意味着在三国停战的条件应该是一样的。但是现在有人提出，在高寮两国要撤出两国自己的抵抗军队。艾登回应说，您昨天发表的最后一句话说停战不应先后进行，这句话很对。现在没有人设想先后停战的问题。

5月22日下午3时，周恩来出席日内瓦会议关于朝鲜问题的第十一次全体会议，并在会上又作了一次有重大意义的努力，对南日外务相4月27日的建议提出了一个补充建议。即，为了协助全朝鲜委员会根据全朝鲜选举法在排除外国干涉的自由条件下举行全朝鲜选举，成立中立国监察委员会，对全朝鲜选举进行监察。这个补充建议得到南日外务相的同意，在会场内外引起了巨大的注意。

1954年6月1日下午8时，周恩来应邀出席英国外交大臣艾登的宴会，谈论到了中英关系。关于中英关系，艾登表示，我们应该努力进一步改善中英关系才是。我们有一个人在北京，而你们却没有人在伦敦。我们之间的关系不应该是半截的。您是否也派一个中国的杜维廉来？周总理表示同意。关于中国参加联合国的问题，艾登称，有几件事我是不愿碰的。第一件事就是克什米尔问题。第二件事就是以色列与阿拉伯国家间的纠纷。我真不懂您为何对参加联合国还是那么有兴趣，联合国真是一个找麻烦的地方。在联合国外才逍遥呢！周总理说，你认为我们对于参加联合国是那么有兴趣吗？正如你所说的，我们这几年都没有在里面。

对于加入联合国的问题，周恩来在前一天接见英国工党议员、前贸易大臣威尔逊和英国保守党议员罗布逊－布朗时曾表示：中国在联合国的代表权问题是一个权利问题，而不是一个谈判的问题。中国的这一权利被联合国的大多数会员国，在美国的操纵下所剥夺了。我们的不同看法在于我们认为，英国在这个问题上是可以起一些作用的。当然，我们不期望英国在这个问题上起决定性的作用，因为美国控制着大多数的联合国会员国。但是，英国可以把它与美国不同的意见向世界表明，从而也可以影响美国。

1954 年 6 月 16 日上午 12 时 30 分，周恩来再次往访英国外交大臣艾登时指出：我们对于昨天的结束是不满意的，因为没有表现出一点点和解精神。如果对我们的提案感到有困难，那可以商量嘛！但是连限制性会议都不愿开。我们的感觉是，美国就是要使任何协议都不能达成的，这是它的预定计划，结果果然如此。中国代表团是带着和解的精神来参加这次会议的，但是和解必须来自双方。我们希望印度支那会议不会发生同样的情况。否则，和解之门就关上了。按我们看来，在越、老、柬都有战争。但是三国情况彼此不同，因此在三国的解决办法也会有所不同。然而，三国间的问题是有联系的，这是我们一向的立场。我们愿意看到老、柬成为东南亚型的国家，像印度、缅甸、印尼那样的国家。如果它们成为法国联邦的国家，对法国来说是好的。而对英国和中国来说，也是好的。而首先，我们在东南亚就可以和平共居。另一方面，我们不愿看到老、柬成为美国的军事基地。因为那样将构成使东南亚不能和平的因素，这不仅对越南不利，而且也威胁中国的安全。我们对于这种情况，当然是不能置之不问的。如果我们从这样的一个角度来解决老、柬问题，我想我们是能够得到共同的立场的。我知道，越南民主共和国是愿意尊重老、柬的独立、主权和统一的。在政治上，只要是在老、柬人民能表示意志的基础上，这两个王国的政府也是可以被承认的。但是这两个王国的政府也要用民主的办法来对待两国中的民族解放运动——包括两国的抗战政府在内，取得政治解决。这当然是他们自己的事。在军事方面，应该承认两种现象：第一，两国的确有本国的抵抗部队。但是两国的情况又有所不同。

在柬埔寨，抵抗部队较少，活动的区域也较小。我们应该在那里求得就地停战，然后由双方通过协商取得政治解决。在老挝，本国的抵抗部队较多，活动的地区和占领的地区都较大，因此在那里有军队集结地区的问题，特别是靠近老挝与越南和中国接壤的地方。第二，过去的确有越南志愿军在老、柬作战。有的部队已经撤出，如果现在还有，我们认为应该按照撤退一切外国军队的办法办理。

艾登听后表示：有希望了，很有希望了。我们所要求的也正是这些。我们也不愿意看到老、柬成为任何国家的军事基地，不论是越南的或是美国的。

周恩来在 7 月 19 日晚 7 时，接见英国工党总书记菲利普斯时说，中英两国之间的关系，由于最近双方协议由中华人民共和国政府派遣代办驻在伦敦，已经得到改善。中国政府和人民深愿中英关系能够在现有的基础上获得进一步的增进，并愿与英国政府和人民共同努力，发展相互之间的经济往来和文化交流，使两国人民之间的友好关系得以加强。关于日内瓦会谈，如果没有新的阻挠，日内瓦会议即可达成关于恢复印度支那全境和平的协议。印度支那三国在和平恢复后应该成为自由、民主、统一和独立的国家，而不应该参加任何军事同盟，也不应该容许任何外国在各该国中建立军事基地。日内瓦会议的与会各国应该共同承担义务，集体地保证印度支那三国的和平，使它们不致遭受武力威胁或外来干涉。

在日内瓦会议的后半阶段，周恩来又与艾登进行了多次交谈，促进了印支问题和朝鲜问题的解决。

8 月 24 日会见英国前首相艾德礼——中英关系

1954 年 7 月和 9 月，中英两国互派了临时代办，宦乡作为代办被派往伦敦。互派代办使中英两国关系向前迈进了一步，英国国内的对华舆论也明显转缓。1953 年年底，英国反对党——工党中央执委通过一个决议，要求来华访问。1954 年 5 月，中国以外交学会的名义发出邀请，工党立即接受并决定组成以前首相艾德礼为首的代表团来访。

工党虽是反对党，但它组团访华是得到英国外交部支持的。美国对工党来华很不满意，但英国却对此并不理睬，说明改善中英关系是双方的共同要求，英国对推进中英关系，采取了主动的态度。

周恩来对这次来访非常重视，希望由此推进中英关系，同时也把它看作打开与西方国家关系的一次努力。为了做好接待工作，1954年8月12日周恩来专门就接待之事组织了一次干部会议。在会上，周恩来说到：我们改善同西方的关系将从英国开始，这说明世界上不同制度的国家是可以和平共处的。我们跟西方国家改进关系，在政治上是和平，在经济上是贸易。美国害怕这两点，和平它怕，死抱住扩充军备和紧张局势不放；贸易它也怕，怕别人跟它竞争。我们可以根据这两条跟一些西方国家结成统一战线。我们应当重视英国工党代表团访华。搞好接待工作，对推进中英关系、对世界和平都有利，并且能扩大日内瓦会议的成就。我们应当把这件工作看得很重要，从思想上重视起来。我们要提出解放台湾的任务，各方面进行工作，军事上、外交上、政治上、经济上都要做工作。对于国际共管的主张，我们绝对不能同意。关于恢复中国在联合国的合法席位问题，英国不能在联合国一面承认新中国，一面又投蒋介石的票。我们并不要求英国保证恢复中国在联合国的合法地位，但英应当投我们的票，这是合理和正义的要求。

1954年8月15日，艾德礼率领的英国工党代表团抵华。上午11时，周恩来在中南海西花厅接见了代表团成员，并共进午餐。

8月24日下午4时至晚7时，周恩来在中南海勤政殿陪同毛泽东会见以艾德礼为首的英国工党代表团，并进行了3个小时的会谈。英方参加会见的有：工党领导人比万、萨末斯基尔、菲利普斯等。中方参加会见的有：刘少奇、周恩来、陈云、邓小平、李济深、章伯钧、黄炎培、张奚若等。

在这次会谈中，毛泽东与艾德礼进行了深入的交谈。会谈的话题从中英关系开始，毛泽东说："从第二次世界大战开始以来，中英关系已经根本改变。虽然并不是说我们之间没有争论，没有不同意见，也不是说我们两国的制度没有不同之处。"谈话中，双方对社会主义等问题发生了争论，彼此谈得也都很坦率。工党领导人着力宣传他们的社会主义。中方则以摆事实、讲道理的方式，在一些重大原则问题上毫不含糊地表达了自己的立场。毛泽东表示中国的社会主义可以与工党的社会主义和平共处，并对和平共处做了进一步引申，说：社会主义和非社会主义的事物，像资本主义、帝国主义、封建王朝等也能共处。毛泽东还对美国的亚洲政策及对华政策提出了批评，指出：太平洋不太平，根源主要在美国。他希望英国工党的朋友劝劝美国人："一、把第七舰队拿走，不要管台湾的事，因为台湾是中国的地方；二、不要搞东南亚条约；三、不要武装日本，武装日本的目的是反对中国和苏联，最后会害自己和西南太平洋各国；四、不要武装西德。""希望美国也采取和平共处的政策。美国这样的大国如果不要和平，我们就不得安宁，大家也不得安宁。"

这是毛泽东自新中国成立以来第一次向西方大国的政界要人发表长篇谈话，第一次向西方大国的政界要人详细阐明中国的和平外交政策，阐明中国在重大国际问题上的基本立场。这以后，中英两国的贸易关系得到恢复和加强。中国在走出国门，争取同西方国家和平共处方面，又跨进了一步。两个月后，毛泽东对这次会谈评论道："同英国工党代表团谈谈是好的，意见虽然不同，但是谈开了是有好处的。我们热诚地招待了他们，他们想看的都给他们看了。"

晚 8 时至 11 时，周恩来出席了英国代办杜维廉为招待英国工党代表团而举行的宴会。宴会后，周总理对艾德礼、比万等说：根据毛泽东主席今天下午与英国工党代表团的谈话，有一个问题需要加以澄清。我们应该把思想意识上的分歧和政治上的合作分别开来。我们在思想意识方面的确有许多分歧。在这方面，任何一个党或个人都不能把自己的意志强加于另一个党或个人。但是，思想意识上的分歧不应该妨碍一国与另一国，一国的一个政党与另一国的一个政党在政治上的合作，否则就没有和平共处的可能了。只要我们找到共同点，我们就有政治合作的基础。艾德礼、比万等表示完全同意。

在谈到中国人口问题时，杜维廉说，中国人一般都有"养子防老"的想法，如果国家使老年人的生活有保障，中国人口增加的速度就会减慢些。周总理说，很对，但是，人口增加的速度只能随着经济的建设和文化程度的提高才能渐渐地减慢。目前，城市人口增加的速度就比乡村慢。将来政府还要提倡节制生育的办法。

在两极对立的世界格局中，中英之间的这种接触无疑会引起美国的不满，但是却为中国的外交打开了一个新的局面。通过与英国的联系，中国和平共处五项原则逐渐在西方国家散播开来，正如周恩来所说："思想意识的分歧与政治上的合作分别开来。"

9月多次会见苏共第一书记赫鲁晓夫——共同发表《关于中苏举行会谈的公报》

1954 年 10 月 1 日，是中华人民共和国成立五周年的日子。为举行五周年国庆，中国打算请一系列国家首脑代表团参加此盛世。苏联是中国首先邀请的对象。1954 年 9 月 29 日至 10 月 12 日，苏共中央第一书记赫鲁晓夫在中国政府的邀请下，率领苏联政府代表团参加中华人民共和国建国五周年庆祝活动并进行国事访问。

苏联政府代表团成员有：部长会议第一副主席布尔加宁、副主席米高扬、全苏工会主席什维尔尼克、文化部长亚历山大罗夫、《真理报》总编辑谢皮洛夫、莫斯科市委书记福尔采娃、三军司令以及苏联驻华大使尤金等。当时，赫鲁晓夫虽然已经升任苏共中央第一书记，但苏联领导层"仍是动荡未稳"，需要中共的支持。

从 9 月 29 日至 10 月 12 日，在赫鲁晓夫访华期间，以周恩来总理为首的中国政府代表团和以赫鲁晓夫为首的苏联政府代表团就中苏关系和国际形势举行了会谈，双方于 10 月 12 日，发表了《关于中苏举行会谈的公报》。同时公布了中苏两国关于中苏关系和国际形势等各项问题的联合宣言，关于对日关系问题的联合宣言、关于旅顺海军基地问题的联合公报、关于现有的中苏合办股份公司问题的联合公报、关于修建兰州—乌鲁木齐—阿拉木图铁路的联合公报等，还签订了《中苏科学技术合作协定》、《中苏关于苏联政府给予中华人民共和国政府五亿二千万卢布长期贷款的协定》和《中苏关于苏联帮助中华人民共和国政府新建十五项工业企业和扩大原有协定规定的一百四十一项企业设备的供应范围的议定书》。

至此，苏联援建的 156 个大型工业企业项目，以中苏两国政府间协议的形式最终确立下来。政务院集中主要力量进行以这 156 个项目为中心的工业建设，作为发展国民经济第一个五年计划的中心任务。同日，苏联政府代表团还致函毛泽东主席，代表苏联人民赠给中国人民为组织拥有两万公顷播种面积的国营谷物农场所必需的机器和设备。对此，毛泽东表示了感谢。

赫鲁晓夫访华是苏联最高领导人首次到中国访问，中国政府对此相当重视。周恩来遵照毛泽东主席的指示，对苏联代表团做了极为细致的招待工作。9月29日，赫鲁晓夫率苏联政府代表团到达北京，周恩来亲自到机场迎接。在赫鲁晓夫访华期间，周恩来主要负责了中苏之间的协商和会谈工作，多次与赫鲁晓夫会见商谈。

在10月1日的国庆晚宴上，周恩来致词说："感谢伟大的苏联人民，我们的伟大盟国苏联给了我们慷慨无私的援助，这是我们的事业能取得胜利的重要因素。中国共产党是我们国家的领导核心，把中国建设成为一个没有剥削和贫困的社会主义国家，是摆在我们面前的伟大的任务。在建设社会主义的道路上有许多艰巨复杂的斗争。我们必须牢牢靠团结的力量来战胜敌人和克服困难。"之后，赫鲁晓夫也致词说："苏联政府根据中华人民共和国政府的请求，为实现中国的经济建设计划，给予了广泛的援助。"赫鲁晓夫还宣布在1959年年底以前，苏联将参加中国141个大工业企业的建设和改建工作。

10月3日，周恩来陪同毛泽东在中南海颐年堂举行了中苏两国最高级别会谈。苏方赫鲁晓夫、布尔加宁、米高扬等人参加了会谈。会谈中，赫鲁晓夫介绍了苏联的国内经济建设情况，毛泽东随后也向赫鲁晓夫介绍了中国的建设情况、中心工作、取得的成绩和存在的不足，以及今后的打算，等等。赫鲁晓夫之后主动将话题转到了苏联对华援助上，毛泽东表示：要将以往苏联在双边关系中非正常占有的一些权利归还给中国。在会谈中，赫鲁晓夫还表达了想要从旅顺和大连撤军的想法，毛泽东考虑到一旦苏联撤军，美国可能会利用机会向中国进攻，影响得之不易的局面，于是对赫鲁晓夫的这一提议表示了反对。赫鲁晓夫回答说，朝鲜战争刚刚结束，考虑到现实的需要，美军不会轻易出兵；即使美国出兵，撤退的苏军也会及时支援中国。毛泽东也不再坚持，周恩来此时提出："中国希望苏军在撤退时，不仅将基地的设备留下来，而且把炮兵武器也留下来。"赫鲁晓夫同意将炮兵的重武器留给中国，但是以设备较新为由，坚持让中国有偿购买。周恩来向赫鲁晓夫争取无偿的获得这批设备，但是赫鲁晓夫以苏联国内经济因战争破坏严重为由拒绝了周恩来的请求，最终决定以最低价格出售给中国，周恩来没有再坚持。

撤军的问题谈完后，周恩来又在毛泽东的示意下，向赫鲁晓夫提出了"一个大的真家伙"的要求。赫鲁晓夫认为中国现在经济建设才是最要紧的事儿，社会主义国家有苏联提供保护伞就足矣，不需要中国再搞核武器。为了中苏关系的友好发展，赫鲁晓夫又说："我们可以派出专家，帮助中国和平利用、开发核能，但是要对美国、英国保密。苏联可以促成中国建立起第一个原子能反应堆和回旋加速器，帮助中国培训核技术方面的科研人员，为中国原子能工业基础的建立提供必要的加速发展条件。"

会谈结束后，周恩来陪同毛泽东为赫鲁晓夫等人举行了宴会。在宴会上，中苏双方还表示社会主义国家不论是在对外交往还是对内生产建设上，都要互相帮助，互相协作。

宴会结束之后，周恩来和陈云、彭德怀、邓小平、邓子恢、李富春同苏联政府代表团赫鲁晓夫、布尔加宁、米高扬等，就中苏关系和国际形势问题举行多次会谈。10月5日、6日，周恩来陪同毛泽东再次会见苏联政府代表团。10日，周恩来先后在中共中央政治局会议和最高国务会议上作关于同苏联政府代表团会谈情况的报告。政治局会议批准发表有关宣言和协定。11日，又陪同毛泽东会见苏联政府代表团。晚，双方举行签字仪式。

1954年10月12日，中苏发表《关于中苏举行会谈的公报》。公报中说："两国政府具有一致的愿望，将继续参加一切旨在巩固和平的国际活动，并对有关中苏两国共同利益的问题，彼此进行协商，以便在保卫两国安全和维护远东和世界和平方面，取得行动的一致……两国政府认为，朝鲜至今仍然分裂成为两部分，是违反了朝鲜人民要求建立一个统一的、爱好和平的、民主的朝鲜国家的愿望的。中华人民共和国和苏联坚决谴责东南亚侵略军事集团的建立，这个集团是以其发展帝国主义目的为基础的……两国政府认为有必要声明，中华人民共和国和苏联将继续把它们同亚洲和太平洋区域的各个国家以及其他国家的关系建立在严格遵守互相尊重主权和领土完整、互不侵犯、互不干涉内政、平等互利、和平共处的各项原则的基础之上，为发展有成果的国际合作开辟广泛的可能。"

10 月 12 日，苏联代表团在苏联展览馆（即北京展览馆）举行答谢宴会。宴会前，周恩来拜会了赫鲁晓夫，向赫鲁晓夫介绍了苏联代表团回国时顺路到东北等地参观游览的事宜，并征询了他的意见。10 月 13 日上午 10 时 30 分赫鲁晓夫一行乘飞机离京回国。

赫鲁晓夫首访中国，毛泽东、周恩来与赫鲁晓夫在北京见面会谈，将苏联对中国的援助提升到一个新阶段。此后苏联派出大批专家，在 12 个大的方面全面援助中国建设事业，对促进中国工业化发展和各项社会事业的发展起到了巨大促进作用。

10 月会见印度总理尼赫鲁——"互利合作争取持久和平"

1954 年 6 月，周恩来利用日内瓦会议代表团团长休会的空隙访问了印度，受到印方隆重接待和数十万群众的热烈欢迎。在周恩来访印的前两个月，中印签订了《中印两国关于中国西藏地方与印度之间通商与交通协定》，首次在前言中载入了互相尊重主权和领土完整、互不侵犯、互不干涉内政、平等互利、和平共处的五项原则。6 月，周恩来访印期间多次与尼赫鲁会谈，并共同发表了联合公报，重申"和平共处五项原则"是中印两国发展双边关系的基础，并且声明倡议"不仅在中印关系中，而且在一般国际关系中，都适用和平共处五项原则"。

周恩来访印期间，邀请尼赫鲁访问中国，尼赫鲁接受了邀请。1954 年 10 月 19 日，尼赫鲁总理来华，进行了为其 12 天的正式访问。随行人员有他的女儿英迪拉·甘地夫人，印度驻华大使赖嘉文等十余人。

周恩来对这次访问十分重视，亲自指导了尼赫鲁总理的接待工作。周恩来在尼赫鲁来华前，专门在中南海怀仁堂召开了一次干部会议，凡是同接待工作有关人员悉数请到现场，详细交待了接待方针和注意事项，并派外交部办公室主任王炳南和中国驻印度大使袁仲贤专程前往印度迎接。

10 月 19 日，尼赫鲁一行抵达北京，周恩来亲自前往机场迎接。下午，周恩来为尼赫鲁总理举办了盛大的欢迎酒会。在欢迎词中，周恩来说："尼赫鲁先生很早就对中国人民的独立解放事业抱有同情。在中国人民进行抗日战争时期，尼赫鲁先生对中国的团结抗日非常关切。中华人民共和国成立后，在尼赫鲁总理领导之下，印度迅速地与我国建立了邦交，印度和其他爱好和平的国家一起推动并协助朝鲜的停战。不久以前，印度又同科伦坡会议有关国家一起对印度支那和平的恢复作了重要的贡献。现在，印度还在印度支那同波兰和加拿大一起担任监督停战的任务。印度在国际事务中不断支持中华人民共和国的合法地位，中国人民很高兴在维护和平的共同事业中有印度这样一个友好的邻邦和尼赫鲁总理这样一位卓越的朋友。"

尼赫鲁答谢说："我来这里的访问已成为我们两大国的关系中具有一定重要历史意义的事情。在任何时候，印度和中国的关系都具有重大意义的事情……我赞同周恩来对中印关系的评估——我们两国之间没有冲突的记录，只有友谊、贸易和文化交流的记录。这是两个伟大的邻邦的值得骄傲的传统。"宴会结束后，周恩来和尼赫鲁举行了会谈，再次共同确认和平共处五项原则。双方重申：五项原则不仅适用于中印两国之间，也适用于亚洲不同国家之间，而且也适用于总体的国际关系之中。

1954 年 10 月 20 日，周恩来与尼赫鲁第二次会谈。并在晚上，举行盛大宴会欢迎印度总理尼赫鲁。周恩来总理和尼赫鲁总理在宴会上先后致词。周总理说：中印两国是和平共处五项原则的倡议者，我们两国负有义务在我们的相互关系中贯彻这些原则，用事实来证明这些原则是互利的，而不是互相损害的。我们已经这样做了，我们还将继续这样做。我们相信中印两国的和平共处和友好合作必将有助于促进亚洲和世界其他国家和平共处的逐步实现。

在会谈之中，周恩来与尼赫鲁都确认，中印两国人民的友谊是代代相传、长久不衰的，两国是兄弟，唇齿相依。

10 月 26 日，周恩来陪同毛泽东在中南海勤政殿与尼赫鲁再次会谈。第二天，尼赫鲁将起身去华东、华南参观访问。会谈一开始，就带有惜别的气氛。

尼赫鲁对在座的周恩来："我想周总理一定知道法国的一句话：'离别好像是使人死去一部分一样。'"毛泽东回答说："大约两千多年前，中国的一个诗人屈原曾有两句诗：'悲莫悲兮生离别，乐莫乐兮新相知。'"尼赫鲁："主席刚才引用的两句诗，不仅适用于个人，而且也适用于国与国之间。我们两国经过了很久的时期以后，又相遇了，因此第二句诗特别能适用。""尼赫鲁总理这次来访，一定会看出来，中国是需要朋友的。""我想印度也是需要朋友的。"

由于国家的社会制度不同，中印会谈中也存在着分歧。尼赫鲁就提出了小国对中国恐惧的问题，他说，目前亚洲有些小国存在着害怕中国的心理，或许他们也害怕印度。他们担心中国通过当地国家的共产党来干涉这些国家的内政。对此，周恩来重申了"革命不能输出"的政策，并指出这些小国的担心是多余的。周恩来还谈到美国的扩张政策以及企图欺凌弱小国家并称霸世界的问题，尼赫鲁认为美国人民并不希望战争，因为美国人也担心共产主义入侵。

周恩来还与尼赫鲁谈到台湾问题时，周恩来说：美国侵占我国领土台湾及台湾海峡，眼下正在与蒋介石商讨订立共同防御条约时，但是尼赫鲁并未因此显示出不安。

在这次尼赫鲁访华期间，周恩来灵活的外交方式充分得以展现。对于尼赫鲁所持的不同观点，他表示完全理解。尼赫鲁来访期间，周恩来陪同他游览北京的名胜古迹，观看了中国古典戏剧，欣赏艺术大师梅兰芳出演的《贵妃醉酒》和越剧名家袁雪芬出演的《西厢记》等古装戏。

尼赫鲁在这次访华期间，还受到毛泽东的亲自接见。谈到核战争问题上时，中印发生争论，毛泽东说："朋友之间有时也有分歧，有时也有吵架，甚至吵到面红耳赤。但是这种吵架和我们同杜勒斯的吵架，是本质上的不同的。""我们是一个新中国，虽然号称大国，但是力量还弱。在我们面前站着一个强大的对手，那就是美国。美国只要有机会，总是要整我们，因此我们需要朋友。"

毛泽东对尼赫鲁提出建立和扩大和平区域的建议表示支持。他说："建立和扩大和平区域是个很好的口号，我们赞成，为此目的，就需要去除一些足以引起怀疑、妨碍合作的因素。中印签订了关于西藏的协定，这是有利于消除引起怀疑、妨碍合作的因素的。我们共同宣布了五项原则，这也是很好的。华侨问题也应该适当地解决，免得有些国家说我们要利用华侨捣乱。""凡是足以引起怀疑、妨碍合作的问题，我们都要来解决，这就能达到五项原则中的平等互利。"尼赫鲁表示赞同。

在这一时段，中印两国领导人进行了多次会谈并取得成功。两国之间增进了相互了解，消除了一些不信任，使中印两国的睦邻友好关系在一段时间里发展得比较顺利。这次访问的成功，也影响到和中印两国都有密切关系的缅甸，为缅甸总理吴努访华起了促进作用。尼赫鲁返回新德里不久，就对一位外国记者说，他出访中国留下了毕生难忘的印象。他告诉记者：周恩来是一位杰出的人物，是他见过的最伟大的人物之一，他给人的印象是襟怀坦白。而周恩来说尼赫鲁先生是爱好和平人民的使者，印度的杰出的伟大政治家。

10月11日接见日本国会议员访华团和日本学术文化访华团——中日关系的关键是和平共处

中国和日本是一衣带水的近邻，两国之间有两千年悠久的历史联系和传统友谊。但是，在1894年以后的半个世纪中，日本军国主义者两次发动对中国的武装侵略，使中国人民蒙受巨大灾难。新中国成立后，如何处理同东邻日本的关系，是周恩来倾注精力最多的外交课题之一，"民间先行，以民促官"是周恩来处理中日关系的重要政策之一。

1954年10月，日本超党派国会议员代表团和日本学术文化访问团到中国参加国庆活动。代表团中包括了日本各党派的实力人物和有影响的人士，因此，周恩来对代表团的来访十分重视，亲自指挥领导了对代表团的接待工作。

10月5日，周恩来陪同毛泽东、刘少奇等会见了日本代表团。

10月11日，周恩来两次会见了两个日本代表团，阐述了中日贸易、中国对和平的看法等问题。

在谈到中国强大后是否会对外侵略的问题时，周恩来说：我可以向诸位保证，我们的确是为世界和平而奋斗的。有如安倍能成先生所说的，这不是我们的一般政策，而是基本政策。从中日关系的历史来看，我们两千多年来是和平共处的。你们国家在海上，几千年都是独立的。如果说历史上中国有一个民族侵略过日本，那是元朝的蒙古族上层。但是，他们打了败仗回来了。六十年来，中日关系是不好的，但这已经过去。我们应该让它过去。历史不要再重演。我想这能够做到，因为在中日两国人民中存在着友谊。同几千年的历史比较，六十年算不了什么。不幸的是，我们在座的人就处在这六十年的时期中。但是，我们的子孙后代不应该受这种影响。我们不能受外来的挑拨，彼此间不应该不和睦。我们要从我们自己中间找到真正的"共存共荣"的和平种子。

关于和平的种子，周恩来举例说：1945 年 8 月 15 日以后，日本军队放下了武器。在那一天以前，我们打了十五年的仗，可是，一旦放下武器，日本人就跟中国人友好起来，中国人也把日本人当作朋友，并没有记仇。最大的、最生动的一件事，就发生在东北。当时有许多日军放下武器之后，并没有回国，而是和一部分日本侨民一道参加了中国人民解放军，有的在医院当医生、护士，有的在工厂当工程师，有的在学校当教员。昨天还在打仗，今天就成了朋友。中国人民相信他们，没有记仇。大多数的日本朋友，工作很好，帮助了我们，我们很感谢他们。他们完全是自愿来的，不是我们把他们俘虏了强制他们来的。去年大多数都被送回国了，有两万六千多人。你们不信，可以回去问问他们。曾经打过仗的人，放下武器以后就一起工作，而且互相信任。很多中国人受了伤，请日本医生动手术，病了请日本女护士看护，很信任他们。在工厂中，中国人信任日本工程程师，一同把机器转动起来。在科学院，中国的科学工作者相信日本科学工作者的研究成果。这是友谊，可以说是真正的友谊，可靠的友谊。方才改进党的先生说，我们是"同文同种"。所以，我们要在这种友谊的基础上改善中日关系是完全可能的。所谓"同文同种"也好，"共存共荣"也好，不是为侵略别人，也不排斥别的国家，我们为的是和平共处。这就是我们友好的种子。

日本代表有人提问说：假如中国工业化了，日本也工业化了，两者会不会有冲突？周恩来回答说：事情是会变化的。假如永远是工业日本，农业中国，那么关系是不能搞好的。日本朋友如何对待中国，希望中国永远是一个落后的农业国好，还是希望中国工业化好呢？这里有两条路。第一条路是一条不好的路，是制造战争的路。过去一百年的历史就是这样。不少帝国主义国家为了争夺中国的市场彼此打仗，我们有这种经验。六十年前的中日战争，日本打胜了。结果呢？西方来干涉了，他们也要在中国抢地盘。后来爆发了日俄战争，帝国主义国家为了划分势力范围，就在中国制造内乱，这就使中国人民越来越穷，市场越来越小。这种事，虽然在一个时候对军国主义和军阀有好处，但对人民是没有好处的，何况中国人民今天站了起来，再也不愿过这种日子，决不会让这种受苦的日子再回来。即使日本有极少数人想要复活军国主义，中国人民也决不能让它再来侵犯。

另外一条路，是中国工业化。只有中国工业化和日本工业化，才能和平共处，"共存共荣"。这就要求有一个和平的国际环境，让我们自己建设自己的国家。中国经济发展起来了，市场扩大了，就更需要同外界互通有无，开展贸易，贸易额也就会增加起来。只要中国人民的生活水平提高了，购买力大了，他们就不能只在国内解决问题，这就需要输入，也需要向国外输出。日本是我们的近邻，你们对我们的市场和人民的需要，比任何外国都清楚，你们知道我们有什么东西，也知道什么东西你们最需要。

关于中日之间的贸易交流，周恩来坦诚中日之间在贸易上确实存在障碍，贸易量很小。但是他认为：只要两国关系友好地发展起来，前途一定是广阔的。周恩来还说："中国国土大，人口多，需要量大，生产数量也大。随便举个例子，如日本需要我们的煤，我们多开一点矿，每年即可以增产上千万吨的煤，这个数目是很大的。人民的需要也很大，中国六亿人口，每人多用一点东西，数目就很可观。和平共处，就是平等互利，互通有无'共存共荣'。"

在文化交流方面，中日两国历史上往来就很频繁，近几十年来中国学西方文化，许多是通过日本最早学来的。周恩来表示：中国还活着的老一辈人，现在从事政治活动的，很多都在日本留过学。在座的郭沫若先生，就是留日生的重要代表人物，他曾经在你们的帝国大学学过医。日本文化给了我们这些好处，我们应该感谢。我出国留学也是最先到日本，住过一年半，可是日本话没学好。但是，我在日本生活，对日本的印象很深，日本有非常优美的文化。历史上，我们的文化彼此交流，互相影响。所以，按照正常的来往，中日的文化交流，有很大的发展前途，关键就是要和平共处，谁也不要存别的心思。这就是方才安倍先生提到的问题，即不同的制度、两个阵营是否能和平共处。我们认为完全有这种可能，只要双方有这种愿望。我们和印度就达成了这样一个协议。在历史上，中国和印度从来是和平相处的，中国还受了印度文化的影响，特别是佛教，在座的也有佛教代表。中印两个民族互相信赖。印度虽然在经济上比日本落后，在政治上也是独立不久，但是它有信心，觉得两个大国可以和平共处。中国和印度虽然国家体制、社会制度不同，但两国知道彼此是可以和平共处的。我们倡导了五项原则，就是大家所知道的，互相尊重主权和领土完整、互不侵犯、互不干涉内政、平等互利、和平共处。我们和缅甸也达成了协议，发表了声明。我们认为，这五项原则不应该只限于处理中印和中缅关系，它也可以适用于全亚洲，甚至全世界各国。我想，我们和日本也同样可以根据这五项原则来彼此承担义务。

日本代表山口先生说，中日关系正常化的障碍不在中国方面。周恩来对此表示赞同，他说：诸位都很清楚，旧金山条约不承认中国，而承认台湾，说台湾代表中国。中国人民很伤心。我们承认日本人民的日本，日本人民投吉田先生的票，我们就承认吉田先生代表日本，如果日本人民投铃木先生的票，我们也承认铃木先生代表日本。这决定于日本人民的选择，不决定于中国，日本人民投谁的票，谁得的票多，谁组织政府，我们就承认谁。但是，日本政府却采取了相反的做法，不承认中国人民所选择的政府，中国人民不要蒋介石，日本政府却承认台湾代表中国，中国人民当然感到很伤心。是日本政府不承认我们，对我们采取不友好态度。我也知道困难的根本原因不完全在于日本政府，因为还有个太上皇，就是美国。美国压在日本政府的头上，这是很不幸的，阻碍了中日关系的恢复。

在回答中国威胁说时，周恩来回答说：坦白地说，中国的强大武装是为了自卫，也只能是为了自卫。我们不会侵略别人，我们宪法规定了我们的和平外交方针，中国人民也不允许我们违背这个方针去侵略别人。近百年来，中国人民受罪受够了，我们不愿意把这种痛苦加在别人身上。我们懂得这个痛苦，我们同情别人的苦难。因此，希望亚洲各国能够和平共处，恢复正常关系，这对世界和平是有好处的。美国如果愿意和平共处，我们也欢迎，我们并不排斥美国，我们愿意同它和平合作，是它不愿意同我们合作。所以，我们可以向诸位保证，我们坚持和平共处的五项原则。尽管现在的主要困难不是来自我们方面，但是我们还是愿意尽一切力量，消除这些误会以及可以被美国利用的口实。我们希望诸位回去以后，就像在这里所说的那样，使日本当局也能改变一些自己的看法。

这次来访，虽然只是民间层面的，但是却促进了中日双方的了解。中国方面的负责人之一廖承志与松本治一郎、樱内义雄、园田直、黑田寿男、中曾根康弘、铃木茂三郎等交上了朋友。而松本治一郎、黑田寿男、铃木茂三郎等领导了日本各界推进日中友好的运动；后来，樱内义雄当上了日本众议院议长，园田直当了日本外相，中曾根康弘当了日本首相，都对发展中日关系发挥了重要作用。

12 月会见缅甸吴努——中缅关系开启新局面

中华人民共和国成立后，缅甸是第一个承认新中国的非社会主义国家。但是在建交初期，两国关系较为冷淡。1954 年，两国总理互访，中缅关系取得了突破性的进展。

1954 年 6 月，周恩来访问缅甸，并发表了联合声明。8 月 27 日，周恩来接见了缅甸驻华大使吴拉茂，向他面交我政府正式邀请吴努总理访华公函。12 月，缅甸总理吴努访华。

1954 年 12 月 2 日，周恩来与缅甸总理吴努进行第一次会谈。双方首先就亚非会议的相关问题进行了交谈。吴努总理问，如果中国被邀请参加亚非会议，周恩来总理是亲自去，还是另派代表去？周总理说这将决定于发起国是否邀请各国总理参加。吴努说，五个科伦坡会议国家的总理是一定会参加的，其他的国家如何，还不能肯定，不过希望周总理能亲自参加。周总理说，会议是由你们几位总理发起，我们支持。这一会议使向无来往的亚非国家能够会面，这样就可以增加了解，消除误会和隔阂。

华侨问题是困扰中国与东南亚国家关系的另一个重要问题。在吴努访华时，毛泽东曾向吴努承诺，"我们在华侨中不组织共产党，已有的支部已经解散"，"我们嘱咐缅甸的华侨不要参加缅甸国内的政治活动，只可以参加缅甸政府准许的一些活动"，"不要干涉缅甸内政，服从侨居国法律。不要同反政府武装联系"。毛泽东在华侨问题上的表态，在两国发表的会谈公报中得到确认。此外，公报还提出两国政府将尽快协商解决华侨国籍问题。

关于双重国籍问题，周总理在会谈中说，我们正在同印度尼西亚谈判解决这一问题，两星期后可有结果，最后签字要在雅加达举行。有几条原则是已经同意了的。第一，根据自愿原则，侨民必须决定究竟保留原国籍，或是取得侨居国国籍。第二，根据父亲的血统来确定18岁以下侨民的身份。侨民满18岁时就有自己决定的权利。周总理还说，我们不反对华侨加入侨居国国籍，但是要避免使他们被蒋介石利用。

1954年12月3日，周恩来与吴努总理进行第二次会谈。

1954年12月5日，周恩来与吴努总理进行第三次会谈。在谈到美蒋条约时说，这个条约名为共同防务条约，实际上是为了正式侵占台湾和澎湖列岛。首先，这个条约肯定了国民党的地位，说国民党代表中国；第二，国民党正式以条约的方式承认，美国陆海空军都能在台湾和澎湖列岛建立基地；第三，这个条约规定任何方面不得对台湾和澎湖列岛采取武装行动，这就是说，中华人民共和国不能以武力解放台湾和澎湖列岛；但是，第四，条约的第六款又说，经过协商以后，这个条约也可以适用于台湾和澎湖列岛以外的地区，这就是说，允许国民党以武力向外攻，不受限制，只需同美国协商；第五，杜勒斯在解释这一条约时说，互不承认的国家，如果发生武装冲突，将不叫做战争。这就是说，国民党对大陆的骚扰，不叫战争，如果美国参加这一行动，也不叫战争，美国有自由进行任何侵略行为，而不叫作战争。以上五点就是这一条约的实质，条约中提到和平和联合国宪章的字样，都是空话。从这一条约，可以得出一个结论，那就是中国人民不得解放自己的领土台湾、澎湖列岛和沿海岛屿，国民党可以自由进攻大陆，而美国则对台湾和澎湖列岛进行军事占领，以便将来扩大战争。这种情况很像1931年9月18日日本对东北的占领，当时日本也说不是战争，但是日本有了这一跳板以后，就在1937年扩大战争。这种情况也像慕尼黑，当时德国占领奥国，得到承认，结果使捷克斯洛伐克等国被侵略。美国以东南亚公约来干涉东南亚国家的内政，现在又以这一条约来直接侵略中国。

周总理说，我们反对战争，但是不会被吓倒，我们热望和平，但是不会拿我们的主权和利益去乞求和平。美国却正是想以东南亚公约来吓倒南亚国家，以美蒋条约来吓倒我们，但是我们是吓不倒的。美国还想以土巴协定来威胁阿拉伯国家，想把它们拖进美国的军事体系。美国的意图就是以北大西洋公约、西太平洋公约和中近东公约结成一个半包围圈来对付苏联和中国，但首先受害的将是美国在那里建立军事基地的国家和这些国家的人。

周总理还说，东南亚国家为和平而中立的态度已经引起了广大的同情，我们完全支持缅甸、印度、印度尼西亚三国总理关于扩大和平区域的主张。一旦和平区域扩大，形势就会起变化，战争即可推迟或制止。在日内瓦时和其后，我们曾对老挝、柬埔寨、日本等国说，我们希望它们能变成东南亚型的和平国家，像缅甸、印度、印度尼西亚那样。现在我们大家都在为和平、为扩大和平区域而努力，而美国却在扩大它的军事体系，想把其他国家拖入它的军事基地网。

1954 年 12 月 10 日，周恩来与吴努总理举行了第四次会谈。晚上，在吴努总理举行的临别宴会上，周恩来致词时说：世界上任何对立的国家，如果不霸占人家的领土，不侵犯人家的主权，不干涉人家的内政，都可以成为相互友好的国家。中华人民共和国是坚持这个信念的。

1954 年 12 月 11 日下午 5 时 40 分，周恩来在迎宾馆与吴努总理举行第五次会谈。

1954 年，中国结束了"打扫干净屋子再请客"的方针，开始在周边国家推行睦邻友好外交。中缅关系正是从 1954 年开始，发生了突破性的进展，双边政治、经济、文化交流频繁，进入一个非常良好的时期。和平共处五项原则的确立以及双方围绕共同关心的问题进行的充分沟通，为此后两国解决或淡化未定边界问题、华侨问题、缅北国民党军问题等奠定了良好基础。

1955 年

1月会见联合国秘书长哈马舍尔德——中国反对美国干涉中国内政

新中国成立后，实行与苏联结盟的"一边倒"外交政策，因此在两极对立的世界格局中，中美两国站在了对立方。朝鲜战争使得中美之间的关系更加紧张。口内瓦会议结束后，中美建立了领事级的外交关系。这种领事级的接触，实际上只是日内瓦会议上联络员会议的延续，没有谈判代表也没有安排谈判，双方接触时，只是交换在押人员的情况。

1954 年下半年，第一次台海危机爆发，中美关系剑拔弩张，中美关于人员回国的交涉也暂告中止。9 月和 11 月，中国最高法院对入侵中国的美军战俘进行判决。美国国会反应激烈。11 月，通过英国向中国转达抗议照会。12 月 4 日，美国驻联合国代表向联合国秘书致函，要求将美国间谍案列入九届联大议程。12 月 1 日，九届联大通过决议，要求秘书长代表联合国与中方交涉。1954 年 12 月 10 日，哈马舍尔德致函周恩来，要求来华商谈。17 日周恩来致电哈马舍尔德，就联合国通过关于美国间谍的荒唐决议，申明中国政府的坚决立场，认为中国判处在中国境内捕获的外国间谍的案件，是中国的内政问题。联合国不去谴责美国违反联合国宪章派遣间谍侵入中国进行颠覆活动，反而企图干涉中国判处证据确凿的美国间谍案件，是完全没有道理的。同日，周恩来复电哈马舍尔德，欢迎他来京商谈各项事宜。

1955 年 1 月 6 日至 10 日，与联合国秘书长哈马舍尔德先后进行四次会谈。并发表联合公报。1 月 6 日下午 3 时，周恩来在中南海西花厅同联合国秘书长哈马舍尔德举行第一次会谈。1月7日下午3时，在中南海西花厅同联合国秘书长哈马舍尔德举行第二次会谈。会谈时在座的有：外交部副部长章汉夫，外交部部长助理乔冠华、外交部顾问周鲠生教授、外交部国际司司长董越千。在座的还有：联合国秘书长助理艾哈迈德·斯·鲍哈里，联合国秘书长执行办公室的佩尔·林德，国际法教授汉弗莱·沃尔道克。会谈时周恩来指出：中国热爱和平，但是不会牺牲我们的领土和主权来乞求和平。中国反对战争，但是不会被战争威胁吓倒。过去的事实证明了这一点，今后还会得到证明。我们答应过的话是要兑现的，我们遵守的政策是一定会坚持的。

1月8日下午3时，周恩来在中南海西花厅同哈马舍尔德举行第三次会谈。1月10日下午4时，在中南海西花厅同联合国秘书长哈马舍尔德举行第四次会谈，并发表联合公报。

联合公报中说"在会谈中涉及了有关和缓国际紧张局势的各项问题。我们觉着这些会谈是有益的，我们希望能够继续在这次会晤中所建立的接触"。哈马舍尔德返回美国后，在纽约机场发表声明，称他与周恩来的谈话有益于美军战俘的释放。

在促进中美进行大使级会谈的过程中，哈马舍尔德代表联合国进行了调停。之后还有印度、英国等从中进行调停。谈判双方的目的是促进中美之间有进一步深入的接触和会谈，周恩来代表中国政府在调停中变现了积极的态度，也提出了有益的建议。但是由于美国坚持敌视中国的态度，调停进行了很长时间。

1月至2月会见英国代办杜维廉——批评英国政府对华政策

1955年1月5日，英国代办杜维廉向周恩来转达了一个艾登有关中英一般关系的口信。他说：艾登外交大臣很失望地看到了周总理在外政协的报告中所说的，英国的态度在日内瓦会议之后有所改变。艾登要他来向中国政府保证，英国的态度不但在日内瓦会议之前，而且在日内瓦会议之后，都没有改变，英国的目的仍然是缓和远东局势和改善中英关系。中国报纸指责英国政府不守信义，使艾登大为惊奇。五年来，英国政府只承认中国政府，而同蒋介石没有关系。艾登认为现在不能用战争解决任何问题。英国不是美蒋条约的参加者。在英国看来，如果那个条约对过去的情况有任何改变，那就是引致了约制。因此，英国政府表示欢迎。英国政府了解中国的立场，但是不可能期望美国撤除它对蒋介石的保护，因为美国把蒋介石看作是它的同盟者。艾登相信，和平解决和和缓紧张局势的唯一希望，在于每一个人都根据实际情况来为此而努力。

在稍后的谈话中，周恩来说，中国政府同样欢迎和愿意改进中英关系和和缓远东及国际的紧张局势。改进中英关系当然需要双方的努力。两国的制度不同，想法不同，并不妨碍两国和平共处和改进关系。不过，如果在有关两国中一国的问题上存在着对立的做法，那么无论如何是要影响两国关系的。周恩来还直率地问杜维廉"如果中国对香港采取不同的态度，会不会影响中英关系？"杜维廉表示肯定，于是周恩来说，英国对台湾的态度就是不对的，这不能不影响中英关系。

周恩来又举例说：如果美国帮助北爱尔兰进攻英伦三岛，而又说英国无权打退这种进攻，这行不行呢？杜维廉不同意周总理对英国态度的形容。他说英国不是始终支持一方和反对另一方的。英国是了解中国的态度，英国反对的是加剧紧张局势，支持的是缓和紧张局势。这次转达艾登的口信，中心要点就是要从实际情况出发，而不能期望美国撤除它对蒋介石的保护。英国的态度不是支持一方和敌视另一方，而是真诚地以实际情况为根据。

关于台湾问题，周恩来说：台湾已经归还中国，是属于中国的。这是铁的事实，是不可置疑的。但是，英国政府的代表在议会中却表示怀疑。这是对中国内政的干涉，也是对中国不公正的待遇。而且，英国还参加了开罗宣言、波茨坦公告，并在日本投降条款上签字，这对中国人民的感情伤害得更厉害的，是英国政府称赞美蒋条约，指责中国解放台湾。

英国一方面说，如果中国使用武力去解放台湾，就会引致战争；另一方面，又要中国容忍蒋介石在美国保护下所进行的骚扰性和破坏性的战争。英国外交次官纳丁还在美国公然说，如果中国去解放台湾，英国将同联合国一起行动。这是完全敌视中国的态度，中国政府无法不去管问题的是非。中国政府是不能这么做的。事实上，是非就在英国政府和中国人民之间。这样颠倒是非，是非常伤害中国人民感情的。我在对全国人民代表大会和对政协的报告中提到英国，是非常慎重的，并且是站在希望中英关系改善的立场上提的。

周恩来之后把中国对英国的不满正式通知了杜维廉。关于和缓国际紧张局势的问题，周恩来说首先应该弄清楚紧张局势从哪里来？英国说是从双方来的，甚至说是从中国方面来的。这是不符合事实的。紧张局势是从美国方面来的，中国是致力于和缓紧张局势的。朝鲜停战谈判又拖延了两年，在快要达成协议的时候，美国又强迫扣留了两万七千多名朝鲜被俘人员。但是，我们仍然赞成停战，为的是和缓紧张局势。在印度支那问题上美国也竭力破坏，但是我们仍然赞成停战。艾登外交大臣在伦敦谈到印度支那问题时曾建议缔结亚洲的洛迦诺公约，这是有利于集体和平的。我在新德里时曾对尼赫鲁总理也说过这样的话。

杜维廉对周恩来总理所说到的几点内容，辩解到：关于卡祺亚同宦乡的谈话，似乎有一些误解。英国政府并不是要中国政府不论问题的是非，而是建议按实际情况来寻求解决的办法。每一方对于问题的是非都有自己的看法，而英国的建议却证明了它是不敌视任何一方的。英国所作的积极建议是要求双方约制。这个建议不仅向中国提出，而且也同样向对方提出。周恩来反驳说，台湾的地位是毫无问题的，甚至连美国发的白皮书和杜鲁门发表的声明都承认这一点。当时中国政府的代表陈仪既然接受了日本的投降，台湾就已经归还了中国。这是铁的事实。说台湾还没有归还中国，是对中国人民感情的极大伤害。过去英国政府并没有这样说过，这是最近的一个新论调，是为了替美国开脱，使美国有权侵占台湾。

在谈到关于纳丁在美国的发言，周恩来说：我认为纳丁的意思是，如果中国去解放台湾，英国就要同中国打仗，而且英国目前的舆论已经说明了这个含义。我们可以暂不争论，看看事情的发展。杜维廉说，他不同意这种解释。纳丁的意思只是说，如果对台湾进行攻击，将会引致更广泛的战火，使联合国都被牵涉在内。

周恩来反驳说英国只能被动的承认美国的错误，台湾问题亦是如此。美国懂得英国的弱点，因此，造成了事实以后，就要英国承认，然后英国又要大家承认。

杜维廉开始说英国只是实事求是，之后又说英国要求的不是承认事实，而是考虑事实。然后又重复说，美蒋条约是有约制作用的，而另一方面又不能期望美国撤除它对蒋介石的保护。即使考虑了这个事实以后，仍然可以努力来缓和紧张局势。英国不感到悲观失望，而认为只有考虑了事实才能找到出路。

周恩来最后表示，如果考虑事实的话，那么只有美国撤走武装力量才能和缓紧张局势。如果艾登外交大臣愿意和缓紧张局势，那么只有努力让美国从台湾撤军。并请杜维廉将当日谈话中中国政府的不满转达给艾登。

1月28日，周恩来再次接见英国代办杜维廉。英代办告诉周恩来：新西兰当日将向联合国安理会提出有关中国大陆某些岛屿地区的敌对行动问题的提案，英国支持这一提案。周总理当即据理、据法，给予严正驳斥，重申：讨论我沿海岛屿问题，即干涉中国内政。中国政府坚决反对外国势力干涉中国内政。

2月25日，周恩来第三次接见英国驻华代办杜维廉，交给他一份关于曼谷会议致艾登外交大臣的备忘录，说明曼谷会议的目的同维护东南亚国家的主权独立、和缓国际紧张局势和加强国际友好合作是背道而驰的，请艾登严重注意美国进一步破坏日内瓦协议和以中国为敌对目标的行为。

1955年2月28日，接见英国代办杜维廉。杜维廉传达了艾登致周恩来总理的口信，希望我私下或公开声明，不准备以武力解放台湾，这样就可以找到和平解放沿海岛屿的基础，并提出若我同意上述基础，他准备在香港或边境和周总理会面。

通过这几次谈判，周恩来将中国政府对台湾问题以及中美关系、中英关系的态度明确告诉给英国。向其他国家展示了中国坚决反对他国干涉我国内政的决心。

2月会见印度驻华大使赖嘉文——反对两个中国，妥善处理台湾海峡局势

1954 年下半年，第一次台湾海峡危机爆发，中国与美国的矛盾激化，几乎兵刃相见。中美两国的关系陷入极度僵局之中。1955 年年初，联合国秘书长哈马舍尔德到北京与周恩来就被俘人员的问题进行了会谈，想要和缓中美关系，但是调停没有成功，中美关系仍十分紧张。

国际社会对海峡局势也十分关注，苏联、英国、印度尼西亚、缅甸和印度也分别在中国和美国之间进行斡旋，极力促成两国之间的直接对话。印度政府对台湾海峡也十分关切。1955 年 2 月 6 日下午 3 时，周恩来在中南海西花厅接见了印度驻华大使赖嘉文，就亚洲和台湾海峡局势进行了会谈。赖嘉文说，尼赫鲁总理很担心，认为形势严重，有各种危险的可能性。因此，很想知道，怎样一个跳出目前僵局的出路是可以接受的，这样一个出路能使双方的感情冷静下来，既不妨碍中国的立场，而又避免大规模的冲突。

周恩来总理说，首先一个问题是，一切努力都不能容许落入两个中国的圈套里。现在国际上有一个阴谋，要在台湾地区搞成两个中国的形势。正因为这个原因，所以新西兰的提议是不能同意的，它要联合国来干涉中国同蒋介石之间的内战，它要中国和蒋介石集团到安理会去谈判停火，而在安理会里蒋介石的代表是正式代表，中华人民共和国的代表却是被邀请的。这种形势是绝对不能接受的。第二个问题是，如果要举行国际会议，美国就要直接出面同中国谈。中国是不拒绝同美国在国际会议上直接谈的。因为正是美国在干涉中国的内政，霸占了台湾，最近还派遣了这么多的海空军，陈兵台湾海峡，直逼中国大陆和沿海岛屿，对中国进行战争威胁和战争挑衅。造成紧张局势的正是美国，因此要由美国同中国直接谈，在别国的参加下，在国际会议上谈。现在美国是躲在后面，让蒋介石出来谈，这个阴谋就是一方面搞两个中国，另一方面卸脱美国的责任。

2 月 8 日下午 3 时 30 分，周恩来在中南海西花厅再次接见印度驻华大使

赖嘉文。赖嘉文说：尼赫鲁对苏联提出召开十国会议感到高兴，但美国不会喜欢，最好由苏联或其他国家要求联合国安理会指定苏、英、印或任何一国采取行动，则安理会的行动也受到约束；并称会议前要进行外交接触。周总理当即表示：美国必须站出来谈，绝不容许蒋介石参加任何国际会议，这个会议同联合国无关；不反对召开日内瓦式会议前的不公开的外交接触。

当印度在中美之间进行斡旋的时候，英国也通过驻华代办杜维廉与周恩来进行会谈，试图促进中美之间问题的解决，英国方面希望中国私下或公开声明，不准备以武力解放台湾，以此作为和平解放沿海岛屿的基础。这一建议偏向美国，中国政府认为英国在对待中美问题上是不公正的，这种建议无法采纳。

2月26日下午1时30分，周恩来在中南海西花厅接见印度驻华大使赖嘉文。赖嘉文为英国态度解释，并试探中国对解决目前僵局的意见。

周恩来总理告诉他，最直接、简单的办法是中美之间进行谈判。周总理还告印度大使，昨天交给杜维廉先生一个致艾登外交大臣的备忘录。艾登外交大臣是日内瓦会议的主席之一。但是，英国不仅参加了马尼拉条约，而且艾登外交大臣还参加了曼谷会议。马尼拉条约显然是违反日内瓦协议的，特别是因为它在亚洲形成了一个敌对的军事同盟。现在曼谷会议要更进一步破坏日内瓦协议，特别是干涉印度支那三国的内政，企图把老挝、柬埔寨、保大越南拖进马尼拉条约。曼谷会议的最后一次公报说要成立一个所谓反颠覆活动委员会。这是美国为了干涉别国内政，随时引用的借口。曼谷会议又成立了一个军事委员会，它毫无疑问是为了进行军事活动。这首先是敌视中国的，另一方面是为了破坏印度支那的和平。事实上，美国在法国的同意下，已经在组织、训练和扩大保大的军队，使它近代化。新的军事人员和装备将会秘密地运入南越。这是破坏日内瓦协议的。

周恩来还指出：在柬埔寨，美国准备协助建筑军港。这也是破坏日内瓦协议的。在老挝，除了刚才提到的国民党分子已经混入以外，美国也想插手。因此，在军事方面，我们可以预见，美国要制造事端，破坏印度支那的和平。曼谷会议曾经企图扩大马尼拉条约的成员，首先是通过泰国吸收老挝参加。老挝首相曾经在曼谷会议之前访问泰国，他说马尼拉条约不违反日内瓦协议，也不违反联合国宪章。在这个问题上，如果我们不提出严重的反对，他们就要进一步通过准备的步骤，把印度支那三国拖入马尼拉条约。日内瓦协议恰恰规定印支所有国家都不能参加任何军事同盟。中国方面是遵守日内瓦协议的，但对方，即美、英、法，却企图破坏日内瓦协议。

1955 年 4 月 23 日，周恩来在万隆参加亚非会议期间，发表了 69 字声明："中国人民同美国人民是友好的。中国人民不要同美国打仗。中国政府愿意同美国政府坐下来谈判，讨论和缓远东紧张局势的问题，特别是和缓台湾地区的紧张局势问题。"这一声明用最简洁的语言阐明了中国政府的立场。但是美国方面的态度却没有因此发生较大的变化。

4 月 23 日，美国国务院发表声明说："如果共产党中国是有诚意的话，他可以采取一些明显的步骤，来大大澄清气氛，并且向全世界表明他的善良意图。这些步骤之一可以是使那个地区立即实现停火。他也可以立即释放他不正当地拘留的美国空军人员和其他人员。另一个步骤可以是接受联合国安全理事会邀他参加结束关于台湾地区敌对行动的讨论的仍然有效的邀请。"这一声明没有提到周恩来要求与美国直接谈判的建议，仍是强调由安理会出面调停。至此可以看出，印度等国家对中美之间的斡旋没有发生作用，中美谈判仍无法进行。

美国虽然拒绝同中国谈判，但还是希望利用第三方探听中国的意图，并通过他们转达美方的态度。5 月 12 日至 20 日，印度驻联合国首席代表梅农抵达北京，就台湾问题和中美关系与周恩来进行了多次会谈。周恩来在会谈中阐明了中国政府愿意与蒋介石、与美国会谈的诚意，但是强调两者是不同性质的，而这之间有显然联系，但是必须分开，中国反对美国干涉中国内政。梅农建议中国创造条件改善中美关系，周恩来说中国主动争取谈判就是在创造条件。美国方面非常关注梅农的北京之行，但是梅农结束北京之行访美时，杜勒斯又拒绝了他劝说美国放弃僵硬立场，与中国谈判的建议。

从 4 月下旬周恩来在万隆发出愿意与美国谈判的信息，到 6 月份，虽经多方斡旋调解，中美直接接触的事情仍无进展。经过周恩来的不断努力，到 6 月中旬，中美之间的谈判才有所进展。

4 月会见黎巴嫩驻美大使查尔斯·马立克——不要战争不要干预

1954 年年底，美国同台湾蒋介石集团签订了《共同防御条约》，企图使其侵占台湾合法化。1955 年年初，中国人民解放军一举解放了一江山岛和大陈岛，使得台湾海峡局势更加紧张。这时，美国十分恐慌，积极谋求阻止中国采取进一步行动，甚至要求联合国出面进行"斡旋"。1955 年 4 月，周恩来率中国政府代表团出席在万隆举行的亚非会议，多次向与会各国阐明台湾真相，重申中国愿意与美国谈判的意愿。

1955 年 4 月 25 日下午 6 时 30 分，周恩来在万隆塔曼沙里街十号寓所接见黎巴嫩驻美大使查尔斯·马立克。马立克说，他在美国出任公使、大使达 10 年之久，结识了一些有势力的人。如果对目前的紧张局势能起一些正当作用的话，将感到莫大的高兴。马立克还谈了对台湾海峡形势的看法。周恩来说，你在美国和联合国中呆了这么久，无疑你是从华盛顿和纽约的角度来了解台湾问题的。你不是从我们的角度来了解这问题的。所以让我先从我们的观点来向你讲一讲这件事的背景。这个问题有两方面：内部的和外部的。

内部的方面关系到我们的内战。中国人民起来反对蒋介石，并且推翻了他，蒋介石不得不逃往台湾。而台湾是中国的领土。因此，我们必须解放台湾。这纯粹是我们的内部问题。我们不允许任何人来干涉我们的内政。如果美国人停止保护台湾，我们知道台湾将很容易得到解放。美国人自己也承认台湾是中国的领土。许多国际会议和条约都宣布台湾是中国的。1945 年日本投降将台湾交给了中国过去的蒋介石政权。到 1950 年 1 月，杜鲁门总统还说台湾应归还中国。同年，美国国务院发表了一本白皮书，其中美国承认了中国对台湾的要求和美国对台湾相当地没有兴趣。台湾在旧的蒋政权下面属于中国的事实，并不能使得它在新政权下面不属于中国。这纯粹是内部事务。

外部方面则是美国的干涉。这使得问题复杂化了。朝鲜战争爆发后，美国就占领了台湾。如果美国人那时没有这样做，现在我们就会已经解放了台湾，我们与美国之间就不会由于台湾问题而存在着紧张局势。如果我们现在去解放台湾，我们就要碰到美国的武装力量。并不是我们害怕他们，而是我们认识到这是一个复杂问题。这就是问题的外部方面。我们碰上了美国，这就引起了国际纠纷。我们不能承认美国有任何权利留在那里，干涉我们的内部问题。外部方面纯粹是外加的纠纷。

周总理还说，前几天我作了一个关于美国的友好声明。声明说，我们同美国人民是友好的，我们不要同他们打仗。我们认识到台湾地区我们和美国之间的紧张局势。我们认识到那里存在着复杂的国际形势。那么好吧，让我们在桌子旁会晤来讨论这件事吧。让我们和平地解决它，让我们谈判。我们因此就采取主动，提议举行谈判。现在就是对美国和平诚意的考验。

马立克说，我只是吁请忍耐、善意和时间。我真诚相信美国不要战争。

周总理说，我们也不要战争，如果战争来了我们也不怕。事实上，我们从来没有干涉过美国的事情，但他们不断干涉我们的事情。我们从来没有侵犯他们的利益，但他们不断干预我们的利益。拿朝鲜战争来说吧，起初中国是站在一旁的。但我们通过印度人告诉美国人说，如果他们越过三八线，我们就不能置之不理了。他们起初不相信我们。这样，他们不但越过三八线，而且几乎到达鸭绿江，到达我们的边境了。那时候，中国人民志愿军就出动了。你看，我们并不干涉他们的利益，但是当我们的利益受威胁时，我们就接受挑战，全力以赴。

马立克说，总理先生，我想我可以说，这次会议（指亚非会议）上你赢得了每一场重要的战斗。旁的人犯了错误，例如，尼赫鲁先生有一两次发了脾气，不得不事后道歉。旁的人也许赢得了一点，或者这里那里的一场战斗，但他们没有赢得每一场重要战斗。关于你，我想可以说，在每一场你要参加或者你允许自己参加的重要战斗中，你都获了胜。我们在政治委员会和各小组委员会中同你进行过接连几小时的辩论，我们对你的想法有了一些了解。虽然我们在好些问题上，有些是很重要的问题上有分歧，我们却同你建立起了一种亲密的关系。

你同亚洲和非洲的重要领袖们作了许多愉快的和甚至恐怕是有收获的接

触。我们方面得有机会看看中国共产党人是怎样办事的，而且发现他们看来是和我们旁人一样的人。围绕你们的神秘性部分地消散了。你在会议上获得了成功，是比旁人都大的成功。你并且用你那一天表示愿意同美国谈判分歧的声明，使这一切卓越的表演达到最高峰。这样，整个会议对你说来纯粹是收益。谁也不能要求更多的了。现在，请不要做任何事情来损害这种印象或者减损你的胜利吧。你必须相信我的话是诚实的和诚恳的。

经过中国的大力争取，越来越多的国家也要求美国作出响应。1955 年 7 月 13 日美国政府通过英国向中国提出了中美双方各派一名大使级代表在日内瓦举行会谈的建议。

1955 年 8 月 1 日，中美各派大使级代表在日内瓦会谈，长期努力后的中美大使级会谈终于实现。由于美国的阻挠，中美大使级会谈虽未取得什么实质性的成果，但为中美之间后来的进一步接触开辟了道路。

4 月会见巴基斯坦总理阿里——中巴关系取得重要进展

1955 年，周恩来率领中国代表团在亚非会议上表现出色，获得成功。这使得世界上的友好国家更坚定了与中国发展关系的信心，也使一些原来对社会主义中国存有疑惧或对抗心理的亚非国家开始改变看法，转而对中国采取友好态度。中国睦邻友好的和平外交打开了新局面。

巴基斯坦是第一批与新中国建交的国家，中国十分重视同巴基斯坦的关系。但是由于巴基斯坦与美国结盟，其对华政策受到美国的影响，在恢复中国在联合国的席位以及台湾问题上巴基斯坦采取了支持美国的政策，中巴关系没有进展。但是，中国政府考虑到巴基斯坦是南亚地区的大国，又与中国是邻邦，在地缘政治上具有重要的战略地位，因此中国方面始终保持克制和理解的态度，同巴基斯坦一再地表示理解，认为其加入西方联盟完全是为了自身的生存，不是针对中国。中国政府也没有因之采取过激行为。

1955 年 4 月，万隆会议期间，中巴两国总理第一次接触，双方坦诚地交换了意见。周恩来首先向阿里全面地介绍了中国的和平外交政策，然后向阿里总理坦率地表明，中国对巴基斯坦加入东南亚条约组织、巴格达条约组织以及签订巴美军事协定表示关切和不安，并指出：美国不仅要利用巴基斯坦领土来挑拨巴印关系，也会以巴为基地来包围甚至进攻中国，对中国的安全构成很大威胁。阿里表示，巴基斯坦是反对西方殖民主义的，也怀有同中国发展友好关系的愿望。阿里郑重声明：巴基斯坦参加两个条约组织和签订巴美军事协定是为了防御邻国的侵略，并不针对中国。阿里还保证说如果美国发动侵略战争，巴基斯坦决不参加。巴基斯坦与中国有着良好的关系，中国不是帝国主义，中国从未将其他国家置于它的羽翼之下。

4月23日，周恩来在亚非会议政治委员会议上发言时说：前天中午我曾去拜访巴基斯坦总理。他对我说，巴基斯坦参加马尼拉条约并不是为了反对中国，巴基斯坦也不相信中国有侵略的意图。这样，我们就取得了互相的谅解。巴基斯坦总理还保证说，如果美国在马尼拉条约下采取侵略行动，或者美国发动世界大战，巴基斯坦将不参加，正如在朝鲜战争中巴基斯坦和印度并未参加一样。我很感谢巴基斯坦总理所做的解释，因为那使我们彼此得到了谅解，使我们知道这个条约并不妨碍我们为集体和平而进行合作和达成协议。我想巴基斯坦总理不会反对我的这个意见。阿里当场"欣然确认"。两位总理还当场约定要以和平共处五项原则作为双边两国关系的基本原则。

周恩来和阿里的第一次接触，使两国总理建立了信任，化解了中巴双方之间原有的相互疑虑。为增进两国之间的了解和友好合作关系、促进了两国政治关系发展发挥了重要作用。

1955年4月27日，中华人民共和国主席毛泽东会见了巴基斯坦新任驻华大使苏尔丹乌丁·阿哈默德，同他进行了友好的谈话。表达了中国愿意同一切国家包括美国在内，和平共处，愿意同美国人坐下来谈判的意愿。他说："中国和巴基斯坦都是东方国家，东方国家有许多共同点，他们过去都受到西方国家的压迫。亚非国家中只有日本是工业化的国家，但是现在日本正处于困难的地位。这次亚非会议开的很好，与会国家基本上是团结的，会议的公报不是多数而是一致通过的。中巴之间从来没有战争，现在也没有任何争执，两国有贸易来往，因此中巴应该成为好朋友。亚非会议要不是由五个科伦坡国家发起，而由中国发起，那就开不成。他们相信你们，不相信我们，原因是我们是共产党执政的国家。但是，我们共产党并不像美国所描写的那样是不理发的，是青面獠牙、三头六臂的，我们是讲道理的。"毛泽东还向阿哈默德大使再次重申周恩来几天前在亚非会议上代表中国政府的表态。他说："中国愿意同一切国家包括美国在内，和平共处。周恩来在声明中已表示我们愿意同美国人坐下来谈判。在亚非会议期间，我们同五个科伦坡国家和泰国、菲律宾曾谈过台湾问题。一切问题应通过谈判来解决，打仗的办法不好。"

5月21日下午5时，周恩来在中南海西花厅接见巴基斯坦新任驻华大使阿哈默德时说：在万隆时，曾同巴基斯坦总理在会议中有争论，也有和解，在会外还痛快地谈了两次，互相都很直率地谈，不隐蔽自己的意见，结果发现中巴是能和解和友好的。中国不隐讳对美巴、土巴军事协定和马尼拉条约的担心。中国担心的倒不是巴基斯坦，而是别国发动战争后把巴基斯坦拖进去。巴基斯坦总理曾答复说，如果美国发动侵略战争，巴基斯坦将不参加，例如巴基斯坦同印度一样没有参加朝鲜战争。巴基斯坦总理的这个口头保证我们是相信的。我们两国应该发展友好来阻止侵略战争的发生，但是，我们对于军事协定，特别是马尼拉条约的担心并没有减少。阿哈默德声明，一旦时机成熟，巴基斯坦希望摆脱两个条约组织。周恩来说目前要摆脱他们是困难的，但必须摆脱。

巴基斯坦的友好态度以及中国方面的积极响应，促进了中巴关系的良好发展。6月28日下午1时30分，周恩来在中南海西花厅再次接见巴基斯坦驻华大使阿哈默德，商谈巴基斯坦总理访华以及巴总理邀请周总理访巴事宜。1956年10月和12月，巴中两国总理实现互访。中巴关系开始了良好的进程。

5月会见印度尼西亚总理沙斯特罗阿米佐约——促成中美谈判

以亚非会议和周恩来访问印度尼西亚为契机，中国同印尼两国关系在1955年间也出现了新的发展。周恩来访问印尼，本着和平共处五项原则，签订协议，解决了华侨的双重国籍这个中国同一些领国间存在的敏感问题，印尼政府大为赞赏。出于自身利益的考虑，印尼一直关注局势的发展，万隆会议后更希望在缓和局势方面发挥自己的作用。

1955 年 4 月 23 日，亚非会议期间，周恩来声明：中国政府愿意同美国政府坐下来谈判，讨论和缓远东紧张局势的问题，特别是和缓台湾地区的紧张局势问题。5 月 9 日下午 5 时，周恩来在中南海西花厅接见印度尼西亚驻华使馆临时代办维约维尔多约。代办代表印尼总理向周恩来表示愿在中美解决台湾问题时进行斡旋，不知周总理是否赞成。周总理表示欢迎任何国家斡旋，具体情况待印尼总理访华时面谈。

1955 年 5 月 25 日至 6 月 7 日，印尼总理沙斯特罗阿米佐约应邀访问中国，随访的还有沙斯特罗阿米佐约夫人、印度尼西亚驻华大使莫诺努图、外交部亚洲—太平洋司司长苏卡佐·维约普拉诺托和夫人、驻印度大使巴拉、驻苏联大使苏班德里奥、国家计划局局长朱安达等官员。5 月 26 日，代表团在中国大使黄镇夫妇陪同下抵达北京，周恩来等到机场迎接，代表团访华期间，中国政府进行了隆重地接待。周恩来与沙斯特罗阿米佐约分别于 5 月 27、28、29 日、6 月 1 日进行了四次会谈。

沙斯特罗阿米佐约此行的一个重要目的，是想促成中美两国就台湾海峡局势举行谈判。在 26 日的接见中，毛泽东表示："我们愿意用和平的方法来解决存在的问题。打仗总是不好的。"他以两次世界大战的历史为例证，说明战争的政治后果对西方国家并不利。他说："正是考虑了这一点，我们说，用谈判解决问题，试试看。况且朝鲜战争和印度支那战争最后都是用谈判解决的，台湾问题也可以用谈判解决。我们已经在万隆会议表明了这一点，可以用这一点去说服西方国家。"他进一步提出："如果美国愿意签订一个和平条约，多长的时间都可以，五十年不够就一百年，不知道美国干不干。现在主要的问题就是美国。"这次会谈给印尼总理留下了美好的印象。后来，沙斯特罗阿米佐约在回忆这段历史时说过："毛泽东给我的印象是，他没有摆出一个已经改变中国历史、国家和民族命运的人民领袖的架子，而是平易近人，像是中国大家庭的长辈，正如我们在印尼也能经常看到的华人聚居区的大家庭里德高望重的长者。"

5月27日，周恩来在中南海西花厅同印度尼西亚总理沙斯特罗阿米佐约举行第一次会谈。周恩来首先说明了中、美会谈的可能性，表示欢迎同中美两国都有友好关系的国家为中美会谈铺平道路。沙斯特罗阿米佐约说，印尼政府准备斡旋中美关系，具体的设想是，可以通过各方采取缓和紧张局势的行动创造良好气氛，为中美双边谈判提供一切帮助。他还建议，中国如能释放在押的美军人员，将有助于美国舆论朝着有利的方向发展。沙斯特罗阿米佐约回国后指示印尼驻美大使会见美国官员，以了解美国对印尼参与斡旋的态度。但是美国拒绝了印尼的调停。

5月27日晚，周恩来为沙斯特罗阿米佐约举行了欢迎宴会，在欢迎宴会上，周恩来致辞说：近几年来，印度尼西亚共和国政府和人民对于和缓国际紧张局势和保卫亚洲和世界和平曾经作了重要的努力和贡献。印度尼西亚共和国同其他的科伦坡国家一道推动了日内瓦协议的达成，并共同发起和召开了亚非会议。亚非会议的重大成就是同印度尼西亚政府和人民的努力分不开的。中华人民共和国代表团在亚非会议期间，有机会看到印度尼西亚政府和人民的保卫亚洲和世界和平的热忱，维护民族独立，反对殖民主义的决心和促进各国间友好合作的愿望。

中国与印度尼西亚两国人民具有悠久的传统友谊，近代以来两国又有共同的经历和经过。当前两国不仅具有保卫亚洲和世界和平和维护各自的主权和领土完整的共同愿望和要求，而且正在为继续反对外来干涉、摆脱经济落后、实现国家的完整独立而斗争，这就构成了发展两国友好合作关系的深广基础。

5月28日上午10时，周恩来在中南海西花厅与沙斯特罗阿米佐约总理举行第二次会谈。5月29日下午2时，周恩来总理在中南海西花厅同沙斯特罗阿米佐约总理举行第三次会谈。

1955年6月2日下午5时，周恩来总理在迎宾馆同沙斯特罗阿米佐约总理进行第四次会谈。晚上，出席印尼总理沙斯特罗阿米佐约举行的告别宴会。

周恩来在与沙斯特罗阿米佐约的几次谈判中，就台湾问题、中美谈判问题、两国签订关于华侨的双重国籍条约的目的和实施方法等交换了意见。较为详细地讨论了中美举行谈判的问题，并达成了一致意见。四次会谈中，沙斯特罗阿米佐约举行了记者招待会，发表书面声明，表示深信中国人民需要和平胜过一切。

6月3日，周恩来同沙斯特罗阿米佐约就两国政府《关于双重国籍问题的条约》的实施办法，互换照会。沙斯特罗阿米佐约随后乘机离京，到上海、南京、广州作短暂访问后于7日归国。

在两国总理的会谈中，详细讨论了中美举行谈判的问题，并达成了一致意见。可惜的是，当沙斯特罗阿米佐约向美国汇报会谈的情况时，美国拒绝了同中国谈判。

7月会见印度驻华大使赖嘉文——中美大使级会谈的实现

自台湾海峡局势紧张以来，中美关系极度紧张，经过英国、印度等国的斡旋，美国政府态度发生松动。中国政府一直向国际表示愿意与美国谈判，1955年7月7日以前，中国释放了4名正在服刑的美国飞行员，为中美关系缓和和举行大使级会议做了一定的让步。

7月7日下午，周恩来在中南海西花厅接见印度驻华大使赖嘉文，听取了赖嘉文大使介绍的印度驻联合国大使梅农在美国为中美之间的问题进行斡旋的情况以及梅农的几点意见。

周恩来总理听后表示，情况是复杂的，我们释放了四个美国飞行员以后，美国政府向梅农先生表示感谢，但是同时也向哈马舍尔德先生表示感谢。美国政府说了一些满意的话，紧跟着美国政府中的人物就作了另外一方面的表示，杜勒斯在旧金山举行的联合国纪念会上的演说词中攻击了中国。代表六万万人民的中国被剥夺了代表权，杜勒斯却反而攻击中国。美国驻联合国代表洛奇也毫无道理地攻击中国。显然，这同缓和远东紧张局势是不调和的。因此，我们需要从各方面来研究美国的动向。由于这个原因延迟了对梅农先生上次来电的答复。

周恩来还指出，和缓远东紧张局势需要双方的努力。我们释放了四个美国飞行员，但是美国在中国留学生的问题上并没有作适当的表示。当然，中国留学生问题和美国飞行员问题是不能相比的，这两个问题也不能作为交换条件。中国留学生有权回到他们的祖国来，任何人都不应该加以阻挡。现在美国限中国留学生在 9 月 6 日以前离境。即使中国留学生得到回国的许可，他们也可能由于没有旅费而不能如期离开美国。正是设想到这样的情况，我们才提出要第三国来代表中国在美国的权益，这样就可以通过第三国来帮助中国留学生的旅费。美国显然是要使没有旅费、不能如期离境的中国留学生被迫申请在美国居留。这样，美国就可以说，这证明没有中国留学生要回国。过了 9 月 6 日，中国留学生将丧失在美国的居留权，而美国又不采取驱逐出境的办法，剩下的唯一的一条路就是迫使中国留学生继续申请在美国居留。另一方面，在美国飞行员问题上，美国想造成强烈的空气，要我们非放不可。特别是哈马舍尔德先生，他不仅对记者发表谈话，而且还来了电报。甚至联合国的工作人员都发表谈话说，四个美国飞行员的释放是由于哈马舍尔德和联合国的努力。这同梅农先生和我们所商谈的工作方法是不同的。至于说到中国威胁了美国，那真是天大的笑话。美国在中国的台湾不断地进行威胁和挑衅，美国的高级军事人员不断地到台湾去，美国的海空军还在示威。美国认为，中国人民对此倒可以不管。反之，美国说，中国在本国的沿海地区如何如何，倒威胁了美国。中国是要求和平的，但是拿示威来威吓中国，中国是不会屈服的。美国说，中国的防御部署威胁了它，因此它才不愿意和。如果它真要求和的话，为什么它不来谈呢？到现在为止的反应是不像我们所希望的那样。所以我们要弄清楚美国的真实动向以后才回答梅农先生。

7 月 8 日，杜勒斯电告英国麦克米伦，希望英国代表美国，向周恩来转达直接谈判的愿望。麦克米伦认为美国的谈判方案太过僵硬，于是对杜勒斯的提法稍加修改，删掉了“不涉及不在场的第三者的权益”一条，并请英国驻北京代办欧念儒转交给周恩来一封信。

7 月 15 日下午 3 时，周恩来在中南海西花厅接见英国代办欧念儒时向他递交了我国政府由英国政府转交美国政府的回文。下午 3 时 30 分，周恩来又在中南海西花厅接见印度驻华大使赖嘉文，递交了致梅农的信函，并请他把此信同样转告尼赫鲁总理。赖嘉文大使将刚收到的尼赫鲁总理致周恩来总理的复电作了口头传达。周总理表示，待收到尼赫鲁总理来信的正式文件并加以研究后，再复尼赫鲁总理。但现在可以指出一点，我们同意，关于在日内瓦的接触，只是美国的一个姿态，主要的问题要经过印度、苏联和英国三国从中斡旋，特别是梅农先生的斡旋。只有这样才能推动中美谈判，解决关键问题，也就是和缓和消除台湾地区的紧张局势问题。当然，这需要一个长的时期，而不是一个短的时期。

7月18日至7月23日，美、苏、英、法四国首脑在日内瓦举行高峰会议，美国艾森豪威尔认为不应在会议期间举行中美会谈，会谈日期应不早于7月25日。

7月23日晚8时5分，周恩来在中南海西花厅接见印度驻华大使赖嘉文时，印度大使转交了尼赫鲁总理关于周总理给梅农信的复电，双方就中美关系进行了会谈。

7月25日，中美两国终于公布了关于举行中美大使级会谈的新闻公报："中华人民共和国和美利坚合众国通过联合王国的外交途径通信的结果，同意过去一年双方在日内瓦的领事级代表们的会谈应该在大使一级进行，以便有助于愿意回到他们各自国家去的平民的遣返问题的解决，并有利于进一步讨论和解决双方之间目前有所争执的某些其他的实质问题。双方大使级代表的第一次会晤将于1955年8月1日在日内瓦举行。"

7月30日，周恩来在第一届人大第二次会议上作《目前国际形势和我国外交政策》的发言。周恩来在通报了1955年8月1日将要举行的中美日内瓦大使级会谈后，强调："这次中美大使级的会谈也应该像中美双方同意发表的新闻通告中所说的，有利于进一步讨论和解决双方之间目前所争执的某些其他的实际问题，以便对和缓中美之间的紧张局势有所贡献。"中方组成了以章汉夫、乔冠华为首的中美会谈指导小组。利用中美日内瓦大使级会谈，中国可以在内政和外交两方面都获得好处。内政方面是指对台湾当局的工作，外交主要是指对日本外交。

7月31日，周恩来与赖嘉文在西花厅再次举行会谈，周总理请大使将下述事项转告尼赫鲁总理和梅农先生：

第一，我们在给梅农先生的电报中曾说，准备在适当的时机提前释放 11 名美国飞行人员。现在已经是适当的时机，我们决定采取行动。这样也将便于由梅农先生在日内瓦推动美国方面采取相应的步骤。

第二，鉴于美国提议中美在日内瓦举行大使级会谈，鉴于四国会议的经过，又鉴于美国政府的负责人员从四国会议回到华盛顿后所采取的态度已经比较和缓，我们认为这回答了我们上次所要求的相应表示。周总理说，他昨天的发言也是适应这种缓和气氛的。但是美国方面现在还仅仅限于表示，应该有所行动，希望梅农先生告诉美国方面，应该有所行动。这样，日内瓦会谈就会取得积极的结果。

第三，在美国的舆论中和在美国的参议员中，有这样一种希望，那就是，日内瓦会谈应该能够为更高一级的，也即是外长级的谈判开辟道路。我们从新闻报道中知道，美国总统和国务卿并不反对这样一种发展。我们以很大的兴趣注意到了这一点。我们也认为，日内瓦会谈应该产生这样一种结果，为中美外长坐下来对和缓台湾地区紧张局势的谈判作准备工作。

经过紧张的准备，中美双方选派出王炳南和阿历克斯·约翰逊为各自代表，于 8 月 1 日，在日内瓦进行了新的较量。

1956 年

2 月会见泰国经济人党领袖乃贴·触的努七——建立中泰友好关系

新中国成立后，以美国为首的西方国家对新中国的采取了包围和封锁的策略。为了维护中国的国家安全促进世界和平，从新中国成立到日内瓦会议召开的几年里，以毛泽东为首的党中央作出了一系列坚决有力的"反包围"、"反封锁"的正确决断，积极发展同周边国家的睦邻友好关系，打乱了以美国为首的西方国家企图包围和封锁新中国的图谋，维护和巩固了国家的和平与安全，为国内大规模经济建设提供了良好的环境。

在团结一切愿意和平的力量、孤立和分化美国霸权政策的总方针下，中国与社会主义国家建立友好同盟关系，并利用帝国主义国家之间的矛盾，与印度、缅甸、印尼等"中间国家"建立友好合作关系，构成了 20 世纪 50 年代毛泽东等打破以美国为首的西方国家的包围和封锁的重要战略思路。这一战略思路，在实践中一步步得到贯彻，取得了很大成效。

亚非会议后，一些原来对中国抱有怀疑甚至反对态度的国家对中国的看法发生变化。1955 年下半年，泰国、巴基斯坦、菲律宾、锡兰、柬埔寨等纷纷派代表团访问中国。毛泽东等亲自会见代表团成员，同他们进行友好谈话，做了大量说服和解释工作。

1956 年 1 月，泰国人民促进友好访华代表团公开访华，代表团包括了泰国各党议员、商人和记者。2 月 9 日下午 5 时 15 分，周恩来在中南海紫光阁接见以国会议员、经济人党领袖、经济学家乃贴·触的努七为团长的泰国人民促进友好访华团时，就中国成立西双版纳傣族自治区的目的、乃比里在中国的政治地位专门作了详细说明，并对中国利用傣族自治区侵略泰国的谣言进行了澄清：中国有四五十个民族，历史上汉族是欺负少数民族的，我们的祖宗做了对不起少数民族的事情，我们要向他们赔不是，所以我们在少数民族聚居的各个地区成立自治区。因而，我们成立民族自治区绝不是为了侵略泰国而是为了贯彻民族平等政策，我们的傣族自治区同所谓"自由泰"是毫无关系的，一点关系也没有。外面有些人把它们混在一起，我们觉得很遗憾。关于乃比里，周恩来指出：其实乃比里是作为一个政治避难者居住在北京，他同傣族自治区是毫无关系的。我们也不会叫他去同傣族自治区发生任何关系。

周恩来说：还有一个谣言，说中国在傣族自治区有很多军队准备侵略泰国，这也是毫无根据的。我们在云南的军队很少。我们的边境一面靠近缅甸，同泰国还有一段距离；一面同老挝和越南相毗邻，我们需要同这些国家友好，同东南亚各个国家友好。我们聚集很多军队在那里干什么？中国是不会侵略泰国的，也不可能那样做。一个国家想要确立什么制度，革命不革命，这要由他们本国人民去选择，革命是不能输出的。如果有人想把他们的政治制度强加在别人身上，那么他一定要失败。在万隆会议上，我们就反对这些，反对殖民主义。乃贴·触的努七表示：有人造谣说傣族要侵略泰国，简直太荒谬了，并在 2 月 10 日的广播录音中说：传说中国侵泰是无稽之谈，已会见"自由泰"的代表可证明。

2 月 10 日晚，周恩来陪同毛主席接见乃贴·触的努七为团长的泰国人民促进友好访华团。在会谈中毛泽东对泰国朋友说：我们可以等待。目前你们处在困难中，必要时对美国说几句好话，对我们说几句坏话，我们是可以谅解的。又说：各国都必须发展自己的经济和文化。你们的国家和别的国家有了独立自主，发展了经济和文化，对中国是有好处的。"你们的国家究竟怎么办？这是你们的事情。我不是给你们当参谋长，但我愿意就这个问题谈谈我个人的看法。我认为，你们站在我们这边有困难，站在美国那边，美国这个朋友也不大好惹，如果走印度的道路，则比较妥当。"周恩来也表示："泰国的困难什么时候解决，我们就什么时候同他谈。在未签订条约以前，我们愿意根据五项原则办事。"这种宽容和理解的态度，深深感动了对方，也增进了彼此的了解和信任。

2月11日中午，周恩来设宴招待以乃贴·触的努七为团长的泰国人民促进友好访华团。

以这次公开访问为起点，来华访问的泰国友好人士日渐增多，增加了彼此间的了解和信任。到1956年年初，中国的周边环境已经大为改善。曾经对中国存在疑虑甚至敌意的国家改变了态度，双方紧张局面为友好信任的合作气氛所代替。中国对亚洲邻国的影响在增强，中国在国际舞台上说话的分量也在加重。

2月会见柬埔寨王国首相西哈努克亲王——中柬建交可以等

中柬两国有着悠久的传统友谊。长期以来，中国历代领导人与西哈努克国王建立了深厚的友谊，为两国关系的长期稳定发展奠定了坚实的基础。1955年4月，西哈努克亲王在万隆亚非会议上与周恩来总理结识。西哈努克赞赏周恩来提出的和平共处五项原则，并表示愿意遵守。但是经过亚非会议后，柬埔寨奉行所谓不偏不倚的"中立政策"，坚持在对待中华人民共和国和台湾当局、朝鲜民主主义人民共和国和南朝鲜、越南民主共和国和南越关系上，采取"一律看待"的态度，不同中国建立正式外交关系。

1956年西哈努克首次访华前，柬埔寨王国政府发表公报，明确声明："由于柬埔寨的中立地位，不能在使人民中国和台湾国民党政府相分裂的冲突中站在任何一方面。这一冲突是构成世界紧张局势的严重原因之一。因此，至少到中国问题解决之前，柬埔寨应避免考虑任何目的在于外交上承认中国的行动。"

2月14日下午，周恩来亲自前往机场欢迎柬埔寨王国首相西哈努克亲王和他所率领的柬埔寨王国国家代表团。当日下午，周恩来就在中南海紫光阁举行酒会欢迎西哈努克亲王和他所率领的柬埔寨王国国家代表团。晚7时，和西哈努克亲王及其代表团共进晚餐。

2月15日下午2时，周恩来在中南海西花厅同柬埔寨王国首相西哈努克亲王举行会谈。下午5时20分，在中南海勤政殿陪同毛泽东主席会见并设宴招待柬埔寨王国首相西哈努克亲王。在接见时，毛泽东表示，中国理解柬埔寨现在的处境和困难，我们可以等待。但是我们认为建交有利于两国的共同发展，我们希望两国建交。经过会谈，双方达成了互派经济代表团的协议。毛泽东的这一讲话表达了中国与柬埔寨建交的诚意和耐心，为两国正式建交打下了基础。

当天晚 8 时 20 分，周恩来举行宴会招待西哈努克亲王和他所率领的代表团。在欢迎宴会上，周恩来说：我们热烈地欢迎前来我国进行友好访问的柬埔寨王国首相诺罗敦·西哈努克亲王殿下和柬埔寨王国国家代表团。我愿趁这个机会，代表中华人民共和国政府和中国人民，向西哈努克亲王、柬埔寨王国国家代表团的全体团员，并且通过你们向柬埔寨人民表示极大的敬意。早在 1954 年的日内瓦会议上，中国代表们就曾经同柬埔寨王国的代表们进行了友好的接触。1955 年 4 月，在亚非会议期间，我很荣幸地同西哈努克亲王本人作了亲切的接触和友好的来往。这些接触和来往不但建立了我们两国代表团之间的个人友谊，而且也为恢复和增进中柬两国之间的友好关系奠定了基础。我们现在能够在我国首都北京接待西哈努克亲王殿下，我们感到格外的愉快和荣幸。中柬两国有着悠久的传统友谊，现在，我们两国人民都已经走上独立发展道路，我们要求恢复和发展亲密关系的愿望就更加迫切。

两年来，中柬两国的关系在旧日友谊的基础上已经获得了新的发展。中国人民一直同情柬埔寨人民争取独立的斗争。1954 年日内瓦会议期间，柬埔寨王国政府就曾经声明，决心维护和平和中立。1955 年亚非会议期间，由西哈努克亲王亲自率领的柬埔寨王国代表团更明确表示，柬埔寨将始终保持中立并且不被利用为发动侵略的基地。亲王殿下在访问日本期间还表示，柬埔寨将恪守和平共处的五项原则，不参加任何军事集团，不接受马尼拉条约组织所提供的任何保护。最近，亲王殿下在访问菲律宾的时候，又重申遵守中立和不参加军事集团的政策。柬埔寨和平中立的政策获得了世界广大人民和许多国家的器重，使柬埔寨王国在亚洲事务中起着越来越大的作用。这个政策不仅符合于柬埔寨民族独立的利益，而且是有利于印度支那和亚洲的和平。

毫无疑问，这次以西哈努克亲王殿下为首的柬埔寨王国国家代表团的友好访问，将会增进我们两国之间的友好关系，并且增强我们两国在经济和文化方面的合作。我们深信，中柬两国根据万隆精神而不断发展的友好合作关系，将不仅成为不同社会制度的国家和平共处的一个范例，而且将有助于广大亚洲的和平地区，为有关国家的和平发展创造条件。

西哈努克在北京期间的活动，周恩来几乎都全程陪同。2月16日，周恩来出席了中国佛教协会在广济寺为西哈努克亲王举行的素宴。晚上，陪同西哈努克亲王及其代表团出席歌舞京剧晚会。2月17日下午4时50分，周恩来陪同西哈努克亲王出席北京市各界为欢迎以西哈努克亲王为首的柬埔寨王国国家代表团举行的隆重集会。晚上，出席印度驻华大使拉·库·尼赫鲁为欢迎西哈努克亲王举行的宴会。

周恩来还安排西哈努克与毛泽东进行了三次长时间的会谈。西哈努克印象最深的是："毛泽东主席非常亲切地接待了我，详细地询问我国的情况，同我讨论了重大的国际问题。他对我说：我是人民的儿子，农民出身的共产主义者，但我为有你这样的亲王做朋友而感到荣幸。"

2月18日晚7时，在中南海勤政殿和毛泽东主席接受柬埔寨王国国王诺罗敦·苏拉玛里特赠予的柬埔寨王国最高勋章——大十字勋章。西哈努克亲王首先向毛泽东主席和周恩来总理转交苏拉玛里特国王的赠勋证书，接着分别为毛主席和周总理佩戴大十字勋章。晚7时15分，周恩来和西哈努克首相在联合声明上签字，声明称："双方确认，五项原则被作为今后指导中柬两国关系的坚定不移的方针。双方认为，两国政府根据上述原则所执行的对外政策，不但符合两国人民的利益，而且也符合于维护亚洲和世界和平的利益。"毛泽东主席、刘少奇委员长参加签字仪式。晚上，出席毛泽东主席为欢迎西哈努克亲王举行的宴会。

2月19日晨，周恩来前往机场欢送以西哈努克亲王为首的柬埔寨王国国家代表团离京前往上海、广州等地参观访问，然后回国。

尽管柬埔寨的政治制度和与中国有所不同，也面临与中国建交的种种困难，但是新中国在和平共处五项原则下积极地与之接触，努力建立可信赖的友好关系，促进了两国的交往，推动了两国正式建交的实现。1958年7月19日，中国与柬埔寨正式建交外交关系。

3月至6月多次会见印度驻华大使拉·库·尼赫鲁——中国不排斥和美国谈判

日内瓦会议期间，经过印度、英国等国的斡旋，中美大使级会谈于1955年8月1日开始。8月1日至9月10日，是会谈的第一阶段，经过中美双方的14次会谈，最后公布了《中华人民共和国和美利坚合众国两国大使关于平民回国问题的协议的声明》。中美两国政府承认，在本国的对方国家的人愿意返回国家者"享有返回的权利，并宣布已经采取、且将继续采取适当措施，使他们能够尽快行使返回的权利"；英国和印度分别被委托对愿意回国的美国人和中国人回国提供协助，并可对任何其离境受到阻碍的事实进行调查。中美大使级会谈的第一议程完成之后，双方原本商议进入第二议程。但美方此时状况不断，拖延进入第二议程，直到1956年3月，第二议程仍没有达成任何协议。

1956年3月1日下午4时，周恩来在中南海西花厅接见了印度驻华大使尼赫鲁。在谈到中美会谈时，周恩来说：这次会谈到现在为止已经进行了七个月，对第二项议程还没有达成任何协议。关于第一项议程的协议，现在越来越清楚，美国只是想要回它的人，在让中国侨民回国方面，它的诚意是可怀疑的。关于第二项议程，现在所争执的是发表声明，通过和平谈判来解决中美两国的争端，而不使用武力。美国的阴谋就是要骗出一个声明，在声明中说中美在台湾地区不使用武力，而是通过谈判解决争端，此外还说两国大使继续会谈来寻求实际可行的途径。发表这样的声明后，美国就会继续在目前的会谈中拖延，一直拖过大选。我们说，实际可行的途径就是中美外长会议，因为两国大使不能解决这样严重的问题。但是美国政府的方针是继续目前的会谈而不解决问题，一直拖过选举年。根据这种情况，我们在今天的会上将要公开说穿美国的阴谋，指出美国这种企图是不能使会谈达成协议的，我们绝不会同意。谈到印度支那问题时说，我们已经给英、苏两国外长去信，建议重新召开日内瓦会议，但是至今还没有得到答复。英国还在犹豫，美国和吴庭艳是反对的。

由于印度在中美会谈中的特殊地位，3月至6月间，周恩来多次与拉·

库·尼赫鲁会谈，商议中美大使级会谈的情况。

1956 年 6 月 18 日下午 1 时，周恩来在中南海西花厅接见印度驻华大使拉·库·尼赫鲁，双方再次就中美会谈进行了商谈。拉·库·尼赫鲁还转达了尼赫鲁总理的来电。印度总理尼赫鲁在电文中非正式地向中国方面表示，希望毛主席能够考虑在方便的时候访问印度。如果这能实现，将是具有历史意义的一件事。周恩来总理说，这个问题在尼赫鲁总理访问中国的时候曾经谈过，毛主席当时说，如果他访问亚洲国家，他是一定要到印度去的。这次，印度尼西亚总统将来中国访问，印尼朋友也问起毛主席能否去访问印尼。毛主席说愿意去。因此，在原则上已经不成问题。现在的问题就是在时间上和条件上的可能性问题，这需要同毛主席商量。

周恩来在此次会谈中与拉·库·尼赫鲁大使就当时的国际形势进行了探讨。周恩来说：当前，整个国际局势肯定是有利于和缓的。尽管美国政府中一部分人要阻止和缓，要继续"冷战"，但是要挽回总的趋势是困难的。基本的因素是，世界人民包括美国人民在内，越来越拥护和平，反对战争。在这种情况下，世界上越来越多的国家和人民愿意为和缓国际紧张局势而努力，首先在亚非地区是如此，甚至在欧洲、澳洲和美洲，这种趋势也在增长。这就证明，尼赫鲁总理所提倡的并且在中印两国总理的联合声明中提出的扩大和平地区，已经肯定地占了优势。不参加军事同盟、坚持和平政策、坚持和平共处五项原则的国家所形成的和平地区，已经扩大，这就使战争难以打起来。我们对于尼赫鲁总理的这一政策一向是支持的，在万隆会议上我们提到过，在我们关于中国外交政策的报告中也表示过支持。扩大和平地区的政策在具体执行中就是坚持和平政策，坚持民族独立的政策，不参加敌对性的军事集团，反对在自己领土上建立外国军事基地，主张国际经济合作，但是不容许要求特权和附加政治条件，主张各国平等友好地相处。实际上，这就是把和平共处五项原则加以发展了。现在，许多亚非国家已经这样做，在欧洲也出现了执行这种政策的国家。这种趋势在亚洲、非洲和欧洲的增长，也影响了美洲国家。这种趋势使西方国家不得不考虑他们以前的中立立场。艾森豪威尔主义作了解释，并且表示不那么反对。但是，美国国务院却因此惊慌起来，又出来作解释。这也说明了美国内部有矛盾。艾登首相也表示了同冷战政策不同的意见，而丘吉尔更早就发表了赞成共处的言论。正是因为如此，尼赫鲁总理估计军事同盟的作用会逐渐减弱，是合乎实际的。如果战争打不起来或者推迟，军事因素将会降低作用，这不仅对北大西洋公约来说是如此，对马尼拉条约和巴格达条约也是如此。巴格达条约从这一点可以看出，印度倡导的并且得到许多国家赞成的扩大和平地区的政策，对于阻止战争，起了极大的作用。对此，我们有足够的估计，同时我们也热烈地支持。

西方国家处在一个矛盾的境地。它们看到，整个趋势是不可挡的，因此一方面不得不承认这种趋势，另一方面又怕这种趋势发展太快。正如苏加诺总统在美国和加拿大所说的，反殖民主义和民族主义的运动已经高涨。对于这种趋势，西方国家想加以控制，这就发生了矛盾。它们想使和平地区不能扩大，或者使民族独立的政策受到限制，它们主张经济合作要有条件，军事同盟必须维持，它们要把殖民主义的各种表现保存下来，或者变换花样保存下来。

周恩来对印度大使说：中国赞成印度的政策，不排斥任何国家，甚至同美国都可以合作，同英国就更不用说了。我们赞成扩大和平地区。我们高兴地看到印度和其他国家走上了民族独立和经济发展的道路。

这次会谈中，还提到了阿尔及利亚问题。周恩来说：尼赫鲁总理关于阿尔及利亚问题的建议，就是合理的。摆在世界面前的事实很清楚。中国同主张扩大和平地区政策的国家，意见几乎完全相同。五项原则和万隆会议，就是证明。我们是不排斥美国的，我们照原则办事。我们曾经对西哈努克亲王说过，即使是美国的帮助，你们也可以接受。除了我们帮助以外，如果美国也能无条件地帮助，那么对于柬埔寨发展独立的国民经济，是有好处的。

最后在谈到中美关系时，周恩来指出：我们不排斥同美国合作，我们只反对美国现行的侵略和冷战政策。但是，美国却至今在各方面排斥中国。至于英国和同英国一个类型的法国、意大利、西德等国，它们希望维持既得利益。它们倾向于使形势和缓，倾向于东西方来往。但是，它们又担心既得利益不能维持。

这一年11月，周恩来出访了印度。11月28日，在印度与尼赫鲁总理进行了会谈。

4月会见苏联部长会议第一副主席米高扬——苏共二十大及苏联援华

1953 年斯大林去世之后，苏联、东欧和亚洲的一些共产主义国家中的共产党领导和发动了去斯大林化运动。开始从上向下逐渐取消掉此前集中于斯大林本人、其政策和崇拜、推动有限的自由化政策。1956 年 2 月 14 日至 25 日，在苏联共产党第二十次代表大会上赫鲁晓夫作了《关于个人迷信和它的后果》的秘密报告，对斯大林和斯大林主义进行批判，停止了对斯大林的个人崇拜。苏共二十大对斯大林的批判引起了社会主义国家内部极大的震动，随之爆发了波兰、匈牙利事件。中共中央认为，赫鲁晓夫全盘否定斯大林是不对的。毛泽东结合国际形势、斯大林的经验教训和国内人民内部矛盾问题，作了《论十大关系》的报告，并主持政治局进行多次讨论，写成《关于无产阶级专政的历史经验》一文，正确分析了中国当前的阶级状况和社会主要矛盾，对社会主义建设提出许多新的思想。

1956 年 4 月 6 日，以苏联部长会议第一副主席米高扬为首的苏联政府代表团结束了在越南共和国的访问，应邀乘飞机前往中国。4 月 6 日下午，周恩来、陈云、彭德怀、邓小平、贺龙等前往西郊机场迎接。当天，毛泽东接见了米高扬率领的代表团，并与米高扬进行了会谈。针对个人崇拜的问题，毛泽东批判斯大林的个人崇拜。他说："1956 年斯大林受批判，我们一则以喜，二则以惧。喜的是反对斯大林的个人崇拜，为我们发展马列主义揭掉了盖子，破除迷信，去掉压力，解放思想；惧的是赫鲁晓夫那样的阴谋家，野心家将来在我们的党内出现。重演'一棒子打死斯大林'的闹剧。"显然，毛泽东对斯大林的批判，不是坚决地和完全反对的。他指出：对于斯大林的正确的东西，我们需要崇拜，不崇拜不得了；对于不正确的东西，我们就要反对，但是不能完全否定。毛泽东还提出："我们需要建立一定的制度来保证群众路线和集体领导的贯彻实施，而避免脱离群众的个人突出和个人英雄评论，减少我们工作中的脱离客观实际情况的主观主义和片面性。"（《苏共二十大后毛泽东对斯大林问题的思考》，《党的文献》1991 年第 6 期）。

尽管在意识形态上发生了分歧，但是苏联依然在经济建设上给中国以帮助。

4月6日晚上，在欢迎以苏联部长会议第一副主席米高扬为团长的苏联政府代表团的宴会上，周恩来致词时说，我们社会主义国家一贯主张各国之间进行平等互利的经济合作，这种合作应该是互通有无、平等互利，而不是以倾销来损害别国的经济，这种合作应该是帮助经济上不发达的国家发展本国的工业和取得经济上的独立，而不是附加任何特权的要求使这些国家的工业不能发展，使它们的经济继续处于不能独立的地位。

4月7日下午，周恩来和刘少奇委员长接见苏联部长会议第一副主席米高扬和乌兹别克共和国最高苏维埃主席团主席拉希多夫。出席中苏关于进一步发展经济合作的两项协定签字仪式。李富春副主席和米高扬第一副主席在协定上签字。

4月8日早晨，前往机场欢送苏联部长会议第一副主席米高扬和乌兹别克共和国最高苏维埃主席团主席拉希多夫。

在米高扬访华期间，中苏双方签订了两个协议。一个是苏联援华协议，双方商议新建55个企业，作为正在建设的156个协议项目的补充。这些企业主要涵盖冶金、机器制造、化学、电气技术和无线电技术、生产人造液体燃料的工厂、电力站以及航空工业的科研机构，苏联为这些工厂和研究机构提供技术和资金援助。另外一个协议的主要内容是修建兰州—土尔克斯—西伯利亚铁路和从1960年起组织铁路联运的协定。

6月28日会见日本国营铁道工会等访华代表团——中日两国人民要多多来往，为两国关系正常化铺平道路

新中国成立初期，以美国为首的西方资本主义国家对中国实施封锁禁运政策。为了突破坚冰，周恩来提出"民间先行，以民促官"的外交政策。1956年6月28日，日本国营铁道工会等访华代表团来华访问，周恩来亲自接见。

在会谈中，周恩来说：对于中日两国二战后的变化，中国人民对日本表示极大的同情。因为我们过去经受过许多困难，更能理解日本人民今天所面

临的困难。这样，就使我们两国人民愿意站在同情的地位互相接近、互相友好。我们不但恢复了有二千年历史的友谊，并且在新的基础上增进了友谊，这种新的基础就是两国人民都希望和平共处、友好合作、平等互利、互不侵犯和互不干涉内政。过去说要"共存共荣"，我想现在我们才走到一个真正能够实现"共存共荣"的新阶段。我们两国在历史上是友好的，中间只在很短的一段时间有过不愉快的情况，现在应该把这一段忘掉，发展我们长期友好的关系。

在谈到近期中国政府主动地处理日本在华战犯的问题时，周恩来说：现在中国关押的一千多名日本战争罪犯，我们处理的办法是：对其中绝大多数由于罪行比较不是那么严重，而且在关押期间又有不同程度悔罪表现的，不予起诉，送回日本。这次是第一批，大概再有两批即可送完。另外一部分属罪行严重的共有四十五人，我们也从轻判刑，并且决定，如果他们在服刑期间表现良好，可以提前释放，对年老、患病或身体不好的还可以考虑假释。为什么说是从轻处理呢？因为我们对这些战犯没有判死刑和无期徒刑的，刑期最长的只有二十年。大家知道，战犯在东京、纽伦堡的法庭上都有判死刑的。但是，我们考虑现在不需要这样做，可以从轻处理。而且我们还考虑可以邀请战犯的家属来中国访问，看看自己的亲人。诸位晓得，四十多人对一千多人来说，比例是很小的。我们为什么要对这一小部分战犯判刑呢？这是因为对中国人民要有一个交代。

周恩来表示：我向诸位谈了这些情况，希望诸位回到日本后向日本国民解释，因为他们很快就要看到一千多犯人回去，这四十多个判刑的犯人将来也是要回到日本的。中国政府也要向本国人民解释。我们结束这一案件，把这些不愉快的事情结束了，再开始中日间全面的友好合作。谈到友好合作，不能不考虑到目前我们两国的外交关系尚未恢复。两国外交关系的恢复，需要两国政府的努力，但也需要两国人民的推动。中国人民和中国政府随时都伸出友谊之手，随时都愿意和日本政府商谈恢复两国外交关系的问题。日本人民也具有同样的愿望，诸位便代表着日本人民的愿望，我们很感谢诸位的努力。日本政府在中日建交上有困难，困难不仅在内部，而且更大的困难是由于外来的干涉和压力。我们理解日本政府的困难，也愿意等待日本政府逐步克服这些困难。同时，我想我们大家为推动中日关系正常化而努力，也就是帮助日本政府克服外力所加的困难。一个愿意反映民意的政府，一定会懂得如何运用人民的要求来抵抗外来的压力。所以在这个地方，我不隐讳我和重光外相先生有一些不同的看法。他说中日两国人民来往太多了不好，我看越多越好，这是我和他之间的不同看法。

在日本访华团来华不久，日本政府代表重光葵在出席联合国大会时说：日本正式加入联合国，日本在联合国的角色定位是"连接东西方的桥梁"。对此，周恩来在会谈中说：我读到重光葵先生（日本大正、昭和时期的外交官。在其长达40年的外交生涯中，经历了许多重大事件，比如1932年第一次上海事件的停战谈判和1938年和张古峰事件的停战谈判，当然最出名的是他与梅津美治郎一起签署了1945年9月2日的日本投降书。后米在苏联的坚持下他被定为甲级战犯，但很快在1950年假释，且再一次任职为外务大臣。并在任内完成了和苏联恢复邦交的工作）的声明，他对我国释放日本战争罪犯一事表示高兴，并且表示愿意尽量扩大同中国的贸易关系。对这个声明，我也同样感到高兴。我认为，这说明日本政府在中日关系上采取了某种程度的积极态度。

周恩来一再表示：中国是愿意和日本政府进行接触的。我曾经说过，我们的北京机场随时准备迎接鸠山首相、重光外相的飞机降落。

在会谈中，周恩来不断强调民间交往的巨大作用。他说：在我们两国政府能够进行直接接触之前，两国人民团体之间多多来往，是很有利于两国政府关系的改善的。所以日本朋友来得越多，我们的飞机场、火车站、码头为你们开放得越多，那就越能为中日两国的友好和建立外交关系铺平道路。我们两国人民团体的来往，已经创造了新的纪录，这就是两国人民团体彼此达成了许多协议，并且由两国人民团体来执行。中日两国人民团体之间签订的协议，连同今天签字的铁路协议在内，一共有了15个，涉及议会、渔业、侨民、文化、科学、贸易、工会等等方面。这些协议大部分都实现了，而且行之有效，对两国人民都有利。中日两国人民在两国政府尚未来往和签订协议的时候，直接办起外交来，解决了许多问题，对双方都有利。

中日正式建交前，中日双方的民间交流往来，为推动中日两国建立外交关系铺平了道路。

8月会见老挝首相富马亲王——亚非国家要团结起来

自古以来，中老两国就是友好的邻邦。但是在 19 世纪末期，由于外国的侵入，两国间的联系被迫中断。20 世纪 50 年代，中老两国都获得了独立和自由，彼此希望恢复传统的友谊联系。尽管两国的政治和社会制度不同，但是，这并不妨碍彼此建立密切的经济和文化联系。

1955 年的万隆会议上，中国和老挝就开始拉近双边的距离。周恩来、陈毅与富马首相密切接触，友好协商，双方共同努力为创造万隆精神作出了贡献。

本着发展双边友好关系的共同愿望，老挝王国首相梭发那·富马亲王殿下应中华人民共和国国务院周恩来总理的邀请，在 1956 年 8 月率领老挝王国政府代表团对中国进行了为期 10 天的友好访问。

8 月 20 日下午 3 时 30 分，周恩来前往机场欢迎老挝首相富马到京。下午 6 时，在中南海紫光阁举行酒会为老挝王国首相富马亲王和他所率领的政府代表团洗尘。晚 7 时，邀请富马亲王共进晚餐。

8 月 21 日下午 2 时 50 分，周恩来同老挝首相富马亲王进行了会谈。会谈时周恩来说：在日内瓦会议时，我对萨纳尼空外长及其他国家领导人谈过，我们愿看到印度支那国家，如老挝和柬埔寨，能采取和平中立政策，像印度、缅甸、印度尼西亚这些国家的地位，正如昨天亲王所说的像瑞士的地位，这是符合亚洲和世界和平的利益的。刚才亲王提到，中立，就是不参加军事集团，不允许其他国家在自己领土上建立军事基地，甚至日内瓦协定中所规定的法国军事基地，如老挝政府认为不合适也可废除，我们感到很兴奋。首先我们要保证日内瓦协议的实现。法国的基地是协议所允许的。当时我们是担心美国会进来。现在老挝、柬埔寨都没有让美国进来，我们感到很欣慰。

8 月 21 日下午 5 时，周恩来在中南海勤政殿陪同毛泽东主席会见富马亲王和老挝王国政府代表团。毛泽东在接见代表团时说："我们非常欢迎你们来访问。我们两国是邻居，是朋友。我们很高兴，最近两国的关系接近了，而且得到了进一步的发展。你们已经看到中国人民是多么高兴看见你们。我们中国也很困难，过去一百多年受到外国的压迫，现在建国不久，在工业、文化等方面都还需要发展。我们需要朋友们的帮助。以后我们可以互相合作。我们欢迎你们来中国访问，以便增进相互之间的了解。毛泽东在会谈中还指出：一切国家都应该平等对待。小国的地位也应尊重。柬埔寨觉得它是小国，但我们把他们的代表团当作大国的使者来欢迎。我们对大国、小国都一律平等看待。8月26日，毛泽东再次会见了老挝王国政府代表团，并指出：中国和老挝是近邻，两国在历史上是友好的，近代两国间的关系虽然曾经有过中断，但是，现在在新的基础上，在五项原则的基础上又开始恢复历史上的友好关系。我对两国友好关系的恢复和五项原则的胜利表示祝贺。

8月22日下午，周恩来在北京体育馆陪同富马亲王出席北京各界人民举行的欢迎大会。

8月25日下午3时40分，周恩来在同老挝首相富马亲王继续会谈时说：在过去胡志明主席领导越南人民反抗法国侵略时，老挝和柬埔寨的抗战部队一同参加作战，这完全是事实。当时作战是很难划分界线。在日内瓦会议讨论印度支那停战问题时，我们就知道越南的问题比较复杂，老挝和柬埔寨比较容易统一。当时我们曾向英、法两国提出，大家共同保证，使印度支那国家成为和平中立的国家。英国首先表示同意，法国以后亦表示赞同。以后越盟军队在停战后撤回北越境内，同时老挝、柬埔寨两国保持中立，所有邻国都尊重他们的主权，他们也保证除日内瓦协议规定外，不允许外国建立军事基地，不参加任何军事同盟，并不准外国军火输入境内，这是老、柬两国政府所同意的。在我从日内瓦经印、缅回国时，曾在广西边境见到胡志明主席，他也同意日内瓦协议中尊重老、柬的独立的主张，至于在老、柬两国的抗战部队分子则应由两国用民主方式解决。关于这个问题，在柬已得到解决。现在老挝的内部问题也已达成协议。如果说在老挝某些地区，还有越盟分子的话，你完全有理由和范文同总理谈，并可以得到解决。

晚上，周恩来在中南海怀仁堂出席毛泽东主席为招待富马首相和老挝王国政府代表团举行的宴会，并在宴会上讲话。

25日，周恩来和富马首相分别代表中国和老挝签订了《中华人民共和国国务院周恩来总理和老挝王国首相梭发那·富马亲王殿下联合声明》。声明说：

老挝王国政府代表团在北京停留期间，曾经受到中华人民共和国毛泽东主席的接见，并且进行了友好的谈话。中国总理和老挝王国首相举行了会谈。参加会谈的，在中华人民共和国方面还有：国务院陈毅副总理，对外贸易部叶季壮部长和外交部张闻天副部长；在老挝王国方面还有：副首相卡代·敦·萨索里特阁下和财政、国家经济和计划部部长仑·英锡相迈阁下。会谈自始至终充满了诚挚和友好的气氛。双方对下述各点达成完全一致的协议：

（一）老挝王国政府声明坚决执行和平中立政策，不缔结任何军事同盟，只要它的安全不受到威胁，并且除日内瓦协议规定的以外，不允许在它的领土上建立任何外国军事基地。中华人民共和国政府对于老挝王国政府的上述立场，表示充分的尊重和支持。

（二）两国政府同意遵守中印宣言中所确定的和平共处五项原则，并且发展两国之间的睦邻关系。双方对于设置在两国边境的地方当局间的关系，愿意在尽可能的范围内予以促进。

（三）两国政府同意发展它们之间的经济和文化关系，以符合于中老两国人民的最大利益。

8月26日晨，周恩来陪同富马首相前往西郊机场。富马首相和老挝政府代表团乘专机前往上海、武汉、广州参观后回国。周恩来总理和富马首相在机场检阅仪仗队并欢送富马首相离京。

遗憾的是中老联合声明由于美国的阻挠和老挝右派的破坏，没有履行。富马回国后不久就被迫辞职。亲美的萨纳尼空组阁，宣布不受日内瓦协议的束缚重新挑起内战。周恩来、陈毅代表中国政府坚决支持老挝人民的正义斗争。

9月会见尼泊尔首相阿查里雅——签署中尼联合声明

中国与尼泊尔两国山水相依，国家间关系源远流长。自公元406年，双边就开始交往，并且保持着友好睦邻的关系。早在晋代，中国高僧法显就曾访问过尼泊尔。

1949年10月1日，中华人民共和国成立。1950年3月，尼泊尔政府致函新中国，表示注意到中国中央人民政府成立的公告，对新中国持友好态度。但是由于中尼两国国情和社会制度的差异，在与中国建交的问题上一直有着特殊的处境。中尼两国自 1951 年开始，通过各自驻印度的使馆，就建交问题进行接触。

1955 年 7 月下旬，中尼建交谈判在加德满都正式举行，8 月 1 日，两国建立外交关系，两国关系进入了一个新的阶段。1956 年 4 月，中国特使乌兰夫赴尼泊尔参加马亨德拉的加冕典礼，两国政府先后签订了关于中国西藏自治区和尼泊尔之间的通商、交通等有关规定，两国保持友好关系以及关于中国西藏地方和尼泊尔之间的通商和交通的协定和经济援助协定。

中尼两国虽然在国土面积、社会制度等方面存在差异，但是都希望发展睦邻友好关系，促进双边经济合作，以求共同发展。在此共同愿望下，为了进一步发展两国间友好关系，两国的元首、总理（首相）开始进行互访。

1956 年 9 月 25 日至 10 月 11 日，应周恩来的邀请，尼泊尔首相坦卡·普拉萨德·阿查里雅正式访华。阿查里雅说：中国和尼泊尔都是爱好和平的国家，它诚恳的希望它的各个邻国享有福利和繁荣。我已经提到过释迦牟尼通过他关于不使用暴力和仁慈对待一切生灵的布道所作的努力。谈到现在，我特别想起中国和尼泊尔为了缓和国际紧张局势所作的其他类似的努力，我相信中国和尼泊尔能够一起通过国家之间的更好的互相谅解来促进世界和平。因为我们两国都在进行大规模的国家建设，我们两国都体会到除非在世界和平的环境下，任何规模的国家建设都是不可能的，而只有通过国际间的相互了解才能促进世界和平。也只有在和平的环境中，才能在国与国之间互通有无。中国和尼泊尔两个主权国家间的友谊不仅有助于我们两国的繁荣，不仅是在政治、经济、艺术和文化方面互相有利，而且还有更广泛的意义，有助于维护世界和平。

在阿查里雅访华期间，周恩来与他就中尼两国关系等问题进行了会谈。9 月 26 日晚上，在中南海勤政殿，周恩来陪同毛泽东主席会见尼泊尔首相阿查里雅和他的夫人。毛泽东指出：尼泊尔同中国有长久的历史关系，两国人民间有深厚的友谊，我们两国之间有一座山，这座山不仅连着中国和尼泊尔，还连接着印度。所以，印度、尼泊尔和中国是连接在一起的。

当天晚上，周恩来和邓颖超邀请尼泊尔首相阿查里雅和夫人共进晚餐。

9月27日上午11时30分，周恩来在中南海西花厅同尼泊尔首相阿查里雅举行会谈时说：在你们目前的经济情况和环境下，你们的政策要一步步前进，不能采取激进政策，不然要引起国外、国内的困难。尼泊尔共产党代表团在这里，你们可以和他们谈谈，说服他们，政策不要太激烈，不然要影响你们国家的发展。你们要团结最大多数人和党派，这是我们的经验，这样才能巩固政权，对外关系也能搞好。对外也要能团结更多的国家，尤其是邻邦。

10月6日，周恩来在迎宾馆与尼泊尔首相阿查里雅继续会谈。

10月7日下午5时30分，在中南海勤政殿和阿查里雅首相签署联合声明。中国方面参加签字仪式的有：中华人民共和国主席毛泽东，副主席朱德，全国人民代表大会常务委员会委员长刘少奇，国务院总理周恩来，全国人民代表大会常务委员会副委员长李济深、沈钧儒、郭沫若、黄炎培、彭真、陈叔通，国务院副总理贺龙、乌兰夫、李先念，对外贸易部部长叶季壮，外交部副部长章汉夫，中国驻尼泊尔大使潘自力，对外贸易部副部长李哲人、雷任民。

尼泊尔王国方面参加签字仪式的有：尼泊尔王国首相坦卡·普拉萨德·阿查里雅，尼泊尔人民党主席巴德腊卡里·米斯腊、尼泊尔驻华大使达曼·沙姆谢尔·忠格·巴哈杜尔·拉纳中将，外交部外事秘书纳腊普腊塔普·塔帕，计划发展部及工商部秘书塞达尔·比姆·巴哈杜尔·潘德，尼泊尔陆军参谋长尼尔·舒姆谢尔·拉纳中将，国王名誉副官阿尔琼·舒姆谢尔中将，计划发展部副秘书库马尔·达斯·希雷斯塔。声明中说道：

"阿查里雅首相阁下在北京停留期间，同中华人民共和国周恩来总理举行了会谈，中国方面参加会谈的，有副总理乌兰夫和外交部副部长章汉夫；尼泊尔王国方面参加会谈的，有尼泊尔外交部外事秘书纳腊普腊塔普·塔帕。周恩来总理和阿查里雅首相回顾了中国和尼泊尔之间自古以来存在的传统友谊和密切联系，对中尼两国自建立外交关系和确定以中印两国共同倡导的和平共处五项原则为指导两国关系的基本原则以来，进一步发展的友好睦邻关系表示欣慰。双方并且表示将为进一步发展这种关系而共同努力。

总理和首相一致认为，国家和国家之间的和平共处不仅是必要的，而且也是可能的。中尼两国政府将继续本着五项原则为巩固亚非和世界的和平、为促进亚非国家的团结和合作而作出贡献。双方对越来越多的国家支持和接受和平共处的五项原则感到满意。

中尼两国政府在 1956 年 9 月 20 日经过友好的协商签订了《中华人民共和国和尼泊尔王国保持友好关系以及关于中国西藏地方和尼泊尔之间的通商和交通的协定》。总理和首相认为这一协定将增进两国人民间的传统友谊以及中国西藏地方和尼泊尔之间的通商和交通关系。两国政府在这个协定批准以后，将努力贯彻协定中的各项规定。

为了谋求各自国家的繁荣和人民的幸福，总理和首相同意两国将根据平等互利的原则继续发展两国间的传统的经济和贸易关系。

总理和首相一致表示了关于加强两国之间文化联系的愿望，认为两国间的文化交流是促进友好关系的重要方法之一。总理和首相很高兴他们有这次机会互相会晤和交换意见。他们认为他们的会谈不仅加深了中尼两国的相互了解、信任和友谊，而且也有助于维护亚非和世界的和平事业。

10 月 8 日上午，周恩来陪同阿查里雅首相前往西郊机场，欢送尼泊尔贵宾乘专机离京前往上海、广州等地参观。

1957 年 1 月 25 日至 29 日，周恩来到尼泊尔进行回访，以回报三个月前阿查理雅首相对中国的访问。尼泊尔国王和王后亲切接待了周恩来一行。周恩来访尼期间与阿查理雅进行了友好而诚挚的会谈。29 日，双方发表了联合公报，重申了对促进两国友谊、亚非团结和世界和平事业的愿望。3 年后（即 1960 年 4 月 26 日至 29 日），周恩来再次也是最后一次访问尼泊尔，签订了《中国尼泊尔和平友好条约》，为中尼两国的长期友好关系奠定了坚实的基础。

10 月会见英国代办欧念儒——严重抗议香港当局未能制止九龙暴乱

1956 年 10 月 10 日，台湾国民党特务在香港以庆祝"双十节"为名，由黑社会分子出面，威胁和强迫香港居民悬挂国民党党旗，以制造"旗山旗海"声势。当天下午，国民党特务分子利用香港英国当局一名下级官员撕去国民党旗帜的事件，开始了预先策划的有组织的暴乱，对九龙的中国和平居民，工商企业和社会团体，进行了连续几天的大规模抢劫、杀害、破坏和纵火，使中国和平居民的生命财产，遭受到重大的伤亡和损失。这就是著名的九龙暴乱。

据不完全统计，在此次暴乱中，工会、学校、工厂、商店等300余家被洗劫或焚烧，死伤人数超过300人，面对特务分子的暴行，九龙居民在全国人民声援下，同特务分子进行了坚决的斗争。港九4个工会联合举行新闻招待会，控诉国民党特务分子的暴行，并督促香港英国当局缉捕元凶，严惩祸首。

暴乱发生之后，港英当局没有采取及时措施加以制止。直到暴乱发展到即将无法控制时，才宣布紧急戒严。但是香港英国当局的戒严令实际只在九龙深水埗等英国人比较集中的地方得以贯彻执行，而在荃湾和新界却未认真执行。尤其是在荃湾，在宵禁宣布后，暴徒置若罔闻，仍向工会和工人进行疯狂的进攻。这与港英当局宣布在整个九龙半岛戒严实施宵禁的公告完全不符。港英当局还在新闻公告中将此次暴乱定性为"左右两派的内部斗争"，竭力推卸责任。

九龙暴乱发生后，中华人民共和国政府对九龙暴乱事件表示了极大的关切。中国政府对港英当局推卸责任、不顾人民安危的做法提出严重抗议。

10月12日，《人民日报》发表文章，对香港九龙暴乱表示了震惊和愤慨，文中写道：截至12日下午，香港英国当局还没有采取有效措施制止国民党特务分子在九龙制造的暴乱。现在，在九龙的暴乱行为正在向新的地区发展，正在造成新的重大死伤，同时，暴乱者又有向香港发展的迹象。这种情况不能不令人感到震惊。铁的事实证明这次事件是国民党特务分子蓄意制造的。这本是港九中外居民有目共睹的事，同时也是许多外国通讯社所报道了的。但是，美蒋通讯社却歪曲这个事实的真相，企图开脱国民党特务分子的罪行。他们企图把这次事件的责任转嫁到所谓共产党中国人的身上。这是可耻的谎言！整个暴乱明明是国民党特务分子疯狂地袭击学校、商店和工厂，抢劫居民，捣毁公共汽车，焚烧建筑物，使大批和平居民遭受伤亡，甚至连孕妇也不能幸免。香港的《南华早报》在它12日的社论中也提出严厉谴责国民党分子发动这次暴乱，并且主张去掉这些败类。这是一个国民党特务分子对香港和平居民的横暴进攻，在任何意义上都不能把这次事件转嫁到所谓共产党中国人的身上。美蒋通讯社的歪曲只不过是想掩盖他们自己的丑恶的面貌。但这究竟是办不到的。

10月13日，周恩来总理在中南海西花厅约见英国驻华代办欧念儒，对于在九龙的中国和平居民的生命财产在国民党特务分子的残杀和劫掠下所遭受到的严重损失和重大伤亡表示极大的愤慨和关怀；对于香港英国当局未能采取有效措施将国民党特务分子所组织和策动的暴乱加以制止，以至中国和平居民的生命财产继续遭受重大损失提出严重抗议，严正要求香港英国当局立即采取有效措施，严厉制裁国民党特务分子，以切实保护在港九的中国居民和中国政府所属的机关和企业，并要求英国政府给予答复。周恩来表示，中国政府保留在以后提出要求的权利。

周恩来与欧念儒会谈后，港英当局一面谎称暴乱为香港黑社会所为，一方面又紧急逮捕了近3000名涉嫌参与暴乱的分子，并宣布尖沙咀和油麻地两地解除宵禁，企图制造香港已恢复秩序的假象。但事实上，暴乱仍未停止，时有小规模的暴乱发生。

10月14日，港督在香港电视台发表对市民的广播讲话，承认局势已经得到控制，但仍未回复正常，部分地区的戒严须继续维持；港府将严惩暴乱分子。16日，港府会同行政局紧急制定了《1956年紧急（羁留）条例》，宣布警方有权将任何人拘留14天，如有必要，可再延长15天，以此作为警方扣押嫌疑犯的法律依据。同时，警方宣布已拘捕约5000名嫌疑犯。历时近一周的暴乱基本平息，港府宣布戒严全部解除，学校、公共交通恢复正常。

10月16日晚8时，周恩来在中南海西花厅接见英国驻华代办欧念儒，英代办欧念儒转达了英国政府关于九龙暴乱事件的答复。周恩来总理对英国政府为香港当局开脱责任的答复表示不能满意，并对香港当局对国民党特务采取包庇纵容态度，始终不敢加以只字的谴责，表示极大的愤慨并且提出抗议。

九龙暴乱基本结束后，中英间出现了"冷战"的局面。16日下午6时，港督葛量洪、警务处代处长必明达、布政司戴维德、英军总司令史德顿等港英高级官员在布政司署会议室内举行记者招待会。葛量洪宣称："周恩来总理的抗议声明，系根据其驻港记者所拍发报告而决定，其实如此之消息，绝不准确。"他还将周总理对港英当局在此次暴乱中措施不力的指责诬蔑为"干涉内政"。

与此同时，英国政府也为香港英国当局的"冷战"行动大造声势，英国外交部发言人称英国政府拒绝接受中国政府的抗议。紧接着，在10月19日，英国驻华代办欧念儒向中国政府转达了所谓英国对九龙暴动的意见，声称英国政府认为九龙暴动的原因尚待调查，中国政府的结论下得太早，对英国的指责也很不公正。他还为港英当局未能及时采取有效措施制止暴乱进行辩护，并反过来指责中国的报刊对此事的报导和评论过于偏激，与事实不符，是想借此捞取政治资本。为此，英国政府表示抗议。

中国外交部副部长章汉夫立即驳斥了英国政府的无理意见。他指出，中国政府完全有权利要求港英当局切实保护中国居民和中国政府所属的机关和企业，但港英当局不但不承担责任，反而为国民党特务分子开脱罪行。对此，中国政府再次向英国政府提出抗议，并要求欧念儒立即将此抗议转告英国政府。

1957年1月1日，港英当局发布《九龙及荃湾暴动报告书》，将这次暴乱的主要责任推卸给"中国难民"和黑社会，按照它们的解释，所谓"中国难民"是指香港的亲国民党分子，而黑社会则指14K党和三和会。暴乱的原因，是由于难民情绪激动，被黑社会分子所利用。这一报告歪曲了事实的真相，中国政府再次提出抗议，并要求香港政府立即赔偿工商企业和社会团体的损失，抚恤受害居民，做好善后工作，保证以后不再发生类似事件。

在中国政府的强大压力下，港英政府在1957年年初宣布赔偿受害者的损失，九龙暴乱最终圆满结束。这一事件表明，中国政府在维护本国人民的生命财产和切身利益方面是坚决而坚定的。

10月四次会见巴基斯坦总理苏拉瓦底——发表中巴两国总理联合声明

1955年，周恩来在万隆会议上与巴基斯坦总理进行了首次接触，双方表达了发展双边关系的愿望。之后周恩来与巴基斯坦驻华大使阿哈默德进行了会谈，确定了两国总理互访的相关事宜。1956年10月18日至29日，应中华人民共和国国务院总理周恩来的邀请，巴基斯坦伊斯兰共和国总理侯赛因·沙希德·苏拉瓦底正式访华。访华期间，周恩来与苏拉瓦底进行了四次重要会谈，促进了中巴两国关系的进一步发展，双方在最后发表了中巴联合声明。

1956 年 10 月 19 日上午 10 时，周恩来在中南海西花厅同巴基斯坦总理苏拉瓦底举行第一次会谈。苏拉瓦底对周恩来出席万隆会议所作出的巨大贡献表示了十分的肯定，他说：在阁下参加万隆会议以前，许多人不清楚中国的立场和目的，不知道中国是要并吞世界其他国家，还是要同别的国家友好合作。无疑地，中国在重新统一和变得强大以后，可以成为世界上最大的强国之一。巴基斯坦是一个小国，如果中国要并吞巴基斯坦的话，那是可以办得到的。过去，鞑靼、蒙古的侵略都是从这个方向来的。你出席万隆会议受到很大的欢迎。你的合作态度改变了会议的整个气氛。

周恩来回应说：万隆会议取得的成就，是所有与会各国努力的结果，这个成就不是一个国家的成就。在会议上，大家表现了团结和谅解，并且表示要为共同目标奋斗。中国人民的愿望是这样，政府的政策是这样，我作为中国人民和政府的代表和发言人，表达了这一愿望。总的说，万隆会议也表达了亚非亿万人民的愿望，因此它的影响才能扩大和发展下去。

周恩来还说：我们在国际上主张和平友好的政策，各国以和平共处五项原则或者以万隆会议的十项原则来相互约束。这就是一种国际保证，使得国家不分大小都可以和平共处，互相帮助发展而不附带任何条件。我们要把殖民主义只为自己发展而把别人搞穷的原则埋葬掉。周恩来还指出，国际上有两种约束。一种是法律上的约束。除了联合国宪章以外，国与国之间还可以订互不侵犯条约，或者更扩大成为集体和平公约。这种公约的目的不是要建立军事集团，而是为了集体，不排斥别人，也不反对任何国家。各国以五项原则或十项原则为基础，互相保证长期和平共处，用条约形式把这种保证固定下来。另外，还有道义上的约束，各国通过彼此来往，可以发表声明，签订协议，发表演说，强调反对侵略和反对殖民主义。这不仅是国际的道义的约束，而且对国内人民也可以进行教育。我们不仅要保证这一代不发生战争和侵略，还要影响下一代，使得以后世世代代都遵守我们现在主张的原则。这样，人类就可以和平共处，共同发展下去。

关于国际间互相尊重的问题，周恩来说互相尊重这个问题已经包括在五项原则和十项原则里。五项原则的第一条就是互相尊重主权和领土完整，国家不分大小强弱，都互相尊重，是完全对的，完全需要的。互相尊重首先必须不侵犯人家主权，不侵占人家领土，不干涉人家内政，不对别人进行侵略。彼此相处要平等对待，包括政治、经济和文化各方面，不应该要求特权。在进行贸易和经济合作的时候要互利，而不是只有利于一方。互相尊重不能解释为一方可以为所欲为，要人家尊重，因为这样就妨碍了另一方。

10月20日下午3时15分，周恩来在中南海西花厅同巴基斯坦总理苏拉瓦底举行第二次会谈。在谈到中美关系时，周恩来说：二次大战结束以后，美国政策就是一贯干涉中国的内政。开始是帮助蒋介石搞内战，内战失败后又在台湾保护蒋介石，并且利用朝鲜战争武装占领台湾和台湾海峡，威胁中国。朝鲜停战后，美国仍然占据台湾和台湾海峡，并且从那里制造紧张局势。一年以前，万隆会议中许多友好国家的代表，包括巴前任总理阿里，都希望中美关系和缓。我们同意并且发表声明愿意同美国坐下来谈判和缓台湾地区紧张局势的问题。我们也表示愿意同蒋介石谈和平解放台湾的问题。中美之间的是国际问题，中国和蒋介石之间的是国内问题。我们认为，这样平行解决是有利的。一年多来我们在日内瓦同美国的会谈，至今没有结果。关于美国在中国的犯人，我们同意谈判后采取宽大办法。这是对美国有利的，我们一直这样做了。可是美国对中国在美国的侨生和学生，到今天却只让极小部分回来。第二个议程涉及解除禁运、中美外长会议、不使用武力的声明等问题都没有达成协议。

10月21日下午4时30分，周恩来在中南海西花厅和巴基斯坦总理苏拉瓦底举行第三次会谈。

10月23日晚7时，周恩来在中南海勤政殿和巴基斯坦总理苏拉瓦底进行第四次会谈。会谈中谈到邻国间关系时，周恩来说：如果中国有什么地方值得邻国称赞的话，那就是，因为我们依靠人民。离开了人民，我们将一事无成。正是因为邻国称赞了我们，我们更要谨慎、虚心，避免骄傲自满，避免和少犯错误。在国与国之间，当然总是要寻求友好，但是也要寻求善意的帮助和批评。我们不但高兴听到邻国和友好国家的称赞，同时更需要他们的了解和批评。这样国家才能前进。

7点30分，周恩来和苏拉瓦底分别在中巴两国总理联合声明上签字。毛泽东主席、朱德副主席等出席了签字仪式。晚上，周恩来在北京饭店出席苏拉瓦底总理举行的告别宴会。

10月24日早晨，周恩来前往机场欢送苏拉瓦底回国。

苏拉瓦底这次访华，是中巴两国友好关系发展中的一件大事。访华期间苏拉瓦底与中国的国家领导人进行了多次会谈。尽管中印关于若干国际问题还有不同看法，但是双方通过沟通也发现了双方的共同点，为中巴两国之后的发展奠定了基础。

10月会见缅甸主席吴努——就如何解决中缅边界问题达成统一意见

缅甸与中国是邻国，同中国云南省接壤，两国边界线蜿蜒曲折、呈南北走向。新中国成立时，中缅边界的大部分已经划定，但剩有三段存在没有解决的问题。

新中国建立初期，解决好边界问题成为中国外交关系中一个十分重要的问题，因此很早就受到周恩来的重视。早在1953年，中国驻缅甸第一任大使姚仲明回国述职时，周恩来就对他说，我们的对外关系中，有切身利害的是两个问题：一个是华侨问题，一个是边界问题。我们同周边国家都有边界纠葛，解决好这个问题是十分重要的。1955年万隆会议期间，周恩来代表中国政府首先同印尼之间顺利地解决了华侨的双重国籍问题，在这方面树立了范例。这就使得解决好边界问题变得更加突出。由于中缅边界问题由来已久，问题本身又十分复杂，因此新中国一开始处理这个问题就采取了审慎的态度，有准备、有步骤地寻求解决办法。

1956年年初，中缅政府就边界问题进行了频繁的接触。周恩来在1956年3月至6月间，多次与缅甸驻华大使吴拉茂进行会谈，商议中缅边界问题的解决方案。缅甸政府曾接连致信中国政府，要求中国军队撤出1941年线。为了慎重而妥善地解决这个问题，从1956年下半年开始，周恩来认真研究了中缅边界的全部情况，把过去的文件和书全部研究了一遍。8 月下旬，周恩来形成一个同时解决南北两段问题的方案。

8 月 25 日和 27 日，周恩来两次会见缅甸驻华大使吴拉茂，向他提出这个方案。周恩来首先指出："应该按照吴努的建议，成立关于边界问题的联合委员会。这个委员会应该谈判解决南北两段边界问题，这样才是公道，否则就不能寻找到解决的办法。"关于具体方案，他提出："在南段，即使我们承认 1941 年线是有困难的，但是，我们还是愿意考虑把中国军队撤离 1941 年线以西的地区。我们同时要求在北段，缅甸军队也从片马、岗房、古浪这三个同样由英国文件承认是中国的地方撤走。我们还要求缅甸军队撤出今年在北段所占领的五个地方。双方军队撤走后，我们应该保证，另一方的军队不进入撤出的地区，这样就可以把双方隔离开来，由联合边界委员会寻求一个对边界问题的恰当解决。"之后吴拉茂表示缅甸国内现在正处于困难境地，希望能在 8 月 30 日国会召开前解决这一问题。

周恩来认为，应该暂时先不讨论具体问题，而先确定一个解决问题的原则，统一彼此的见解，为总的解决开拓道路。于是周恩来在出访亚欧十一国前夕，主动邀请缅甸联邦反法西斯人民自由同盟主席吴努访问中国。

10 月，吴努主席应邀访问中国，自 10 月 25 日至 11 月 4 日，周恩来先后四次与吴努主席进行了会谈。

10 月 25 日下午 2 时，周恩来在中南海西花厅同吴努主席举行第一次会谈。周恩来根据新中国的和平睦邻政策，以及对边界问题调查研究的结果，向吴努主席提出一揽子解决中缅边界问题的三点原则性建议：第一，关于南段未定界，周恩来指出：我们承认，缅甸有权用纯法律的理由来提出这个问题，因为缅甸承继了英国的统治。国际法上有一个原则，新的政府可以承袭过去政府的既成事实，不管过去政府是被交替的或者是被推翻的。但是，我们过去都是被压迫的民族，现在独立起来了，我们应该既考虑本国的愿望，也考虑对方的愿望。我们承认缅甸有权在法律上提出这个问题。我们要求缅甸方面也承认，中国人民承认 1941 年线在情感上的困难。周恩来保证说：我们准备把驻在 1941 年线以西地区的军队撤出。我们也愿意得到缅甸政府的保证：缅甸军队不进驻我军过去驻扎的地区。

25 日晚上，周恩来在北京饭店举行宴会，欢迎缅甸联邦反法西斯人民自由同盟主席吴努和他的夫人访问中国。周恩来总理在宴会上说，国与国之间，尽管社会制度不同，只要信守五项原则，是完全可以和平共处得很好的，彼此之间也没有任何问题不可以通过友好协商的途径顺利解决。

10 月 26 日下午 3 时，周恩来在中南海西花厅和吴努主席举行了第二次会谈。会谈中周恩来进一步阐述了自己的意见，他提出：双方可以组成一个边界委员会，这个委员会在南段的任务是立桩，在北段的任务是划界，在勐卯三角地的任务是寻找具体的解决办法。他建议缅方，对南段问题"一方面说这段边界应该是 1941 年线，另一方面也承认 1941 年线是英国乘中国之危强加于中国的。现在既已成为事实，就应该维持下来。那么你们既向人民做了交代，又对中国表示了友好"。对勐卯三角地的"永租"问题，周恩来指出：应该想个办法来解决……可以同边界问题全盘联系起来研究。对北段的划界，周恩来认为应该有一个大致的方向，按照传统习惯线划界，就是在尖高山以北、恩梅开江以东。他说："中缅北段边界可以划到接上'麦克马洪线'的一点为止，但是这是我们之间的一个默契"，"将来划界时，把英国早在 1911 年承认是中国领土的片马等三地划入中国。这一点现在我们也不宣布，便于缅甸做工作"。

为了说服吴努，10 月 27 日下午 3 时 30 分，周恩来在中南海西花厅同吴努主席进行单独会谈。吴努主席表示：整个说来，中国政府的建议是公平的。

11 月 1 日和 3 日，周恩来分别在中南海西花厅和迎宾馆同吴努主席举行第三、第四次会谈。11 月 5 日，周恩来亲自前往机场，欢送吴努主席和夫人及其随行人员回国。

这次北京的四次会谈，中缅双方虽然没有形成正式协议，但是双方就如何解决边界问题在原则上达成了一致意见。周恩来和吴努主席在联合发表的新闻公报中宣布：从 1956 年 11 月底到 1956 年年底，中国军队撤出 1941 年线以西地区，缅甸军队撤出片马、岗房、古浪。按照这个约定，中缅两国在1956 年年底以前分别完成撤军工作，在边境上先造成一种良好的和缓气氛，有利于双方冷静地研究和解决其他比较复杂的问题。

这一年年底，周恩来到达仰光，对缅甸进行了为期十天的访问。访缅期间，与吴努主席多次会谈，就中缅边界问题再次交换意见，推进了中缅边界问题的解决。

11 月与越南总理范文同会谈——发表中越联合声明

中越两国是山水相连的邻邦，两国之间有着十分密切的联系。新中国成立后不久，越南就于 1950 年 1 月 18 日与中国正式建立了外交关系。建交之后，中越之间的经济、文化，及其他各种形式的接触日益频繁。1954 年范文同总理访华，1955 年胡志明主席访华，极大地推进了中越之间的友好关系。

1956 年 11 月 18 日到 21 日，中华人民共和国国务院总理周恩来应越南民主共和国政府的邀请，到越南民主共和国进行国事访问。11 月 17 日上午 8 时 40 分，周恩来乘专机离开北京，前往越南、柬埔寨、印度、缅甸、巴基斯坦、尼泊尔和阿富汗进行友好访问。随同访问的有贺龙副总理、外交部部长助理乔冠华等。11 月 18 日上午 10 点，周恩来一行到达河内，受到范文同总理，越南国民大会主席、越南祖国阵线中央委员会主席孙德胜等人的欢迎。在范文同总理陪同下乘车前往主席府，胡志明主席在台阶上等候迎接。下午 3 时，周恩来在主席府会见胡志明主席。11 月 21 日晚上，胡志明主席还为周恩来举行国宴。

周恩来访越期间与范文同总理就中越关系及国际局势等问题进行了多次会谈，并于 11 月 22 日上午 7 时 40 分，在主席府与范文同总理在中越两国总理会谈联合公报上签字。

11 月 20 日，周恩来与范文同总理就中越两国间的一些问题进行了会谈。11 月 22 日继续就中越之间相关问题进行会谈。两国总理特别注意到进一步巩固和发展两国之间的友谊的问题。均指出，中华人民共和国和越南民主共和国的关系日益密切，经济、文化交流和各种形式的接触往来日益扩大。在会谈中范文同总理指出中国对越南的技术援助的重要性。周恩来总理表示根据协定来到越南的中国技术人员应该学习越南人民勤劳朴素的作风，同越南人民共甘苦，努力工作，帮助越南人民进行建设。中国人民和越南人民有着共同的理想。两国人民坚决地，紧密地站在一起，反对殖民主义者的各种阴谋，维护亚洲和世界和平。中国将同过去一样努力支持越南人民进行经济建设和争取和平统一越南的斗争。中国和越南的牢不可破的友谊和兄弟般的合作，是保证日内瓦协议的实施和保障两国安全的重要因素。

在周恩来与范文同总理的会谈中，还就双方都十分关心的某些国际紧张局势进行了讨论。中越两国总理强烈谴责英国、法国和它们的工具以色列对埃及的武装侵略，并且一致认为，在万隆会议以后已经有了进一步发展的反殖民主义的力量，决不会容许殖民主义者实现他们恢复殖民统治的阴谋。英国、法国和以色列应该立即无条件地从埃及领土撤出它们的军队，不得再有任何拖延。联合国国际警察部队决不容许被利用来侵犯埃及对苏伊士运河的神圣主权。两国总理重申：中华人民共和国和越南民主共和国将坚决支持埃及反抗侵略和反殖民主义的正义斗争。直到埃及的独立和主权得到完整的恢复。两国总理深信，在亚非各国和世界爱好和平的国家和人民的积极支持下，埃及人民将在维护民族独立和领土完整的英勇斗争中取得胜利。

两国总理还就帝国主义者颠覆社会主义国家的阴谋活动必须坚决予以打击进行了统一意见。双方都认为这些阴谋活动是注定要失败的。帝国主义者企图借此转移世界人民对他们侵略埃及的注意，也将同样遭到可耻的失败。两国总理重申对匈牙利工农革命政府的支持，并且深信匈牙利劳动人民的力量在坚决捍卫人民民主制度成果的斗争中将会壮大起来。

在会谈过程中，两国总理对印度支那的局势交换了意见。柬埔寨国和老挝王国在履行日内瓦协议各项条款方面已经取得了良好的成果。中越政府指出：中华人民共和国和越南民主共和国同柬埔寨王国和老挝王国的关系，在五项原则的基础上，已经日益增进，双方均对此表示满意。

关于以印度为首的有波兰和加拿大参加的国际委员会对于越南和平的恢复作用，中越总理进行了肯定，并表示希望他们能够在日内瓦协议的基础上继续工作。目前，日内瓦协议在越南的实施正受到十分严重的破坏。南越政权至今拒绝履行协议中所规定的关于和平统一越南的政治条款。美国对越南的统一进行了种种阻挠，妄想把南越变成它的殖民地和军事基地，长期分裂越南。两国总理一致认为，参加 1954 年日内瓦会议的国家负有不可推卸的义务来制止这种发展，他们应该采取共同的有效措施，谋求日内瓦协议的彻底实现。

周恩来这次访越以及双方发表的联合公报，对于促进中越之间的相互了解和交流起到了巨大的促进作用。两国总理对当前重大国际问题的一致态度，对于维护日内瓦协议的再次重申、对保卫亚洲和世界和平的共同决心，起到了积极作用，促进了中越亲密兄弟邻邦关系的进一步巩固和发展。中越的团结和友谊，值得双方珍视并不断加强。

这次周恩来总理访问越南，转达了中国人民对越南人民的崇高敬意和亲切的问候，同时也受到了越南人民的殷勤接待和盛大的欢迎。通过这次访问和会谈，两国之间的相互了解进一步加深了，两国人民之间的兄弟友谊更加加强了。当帝国主义正在严重威胁亚非和世界和平的时候，当国际反动势力正疯狂地向社会主义运动进行挑衅的时候，中越两国这种坚如磐石的团结就更加显示了它的作用。这种团结不仅符合两国人民的根本利益，而且对维护亚洲和平和加强以苏联为首的社会主义阵营的力量也是一个重要的因素。

1957 年

1 月会见苏联苏共中央第一书记赫鲁晓夫——"教训"赫鲁晓夫，反对大国沙文主义

1956 年苏共中央第一书记赫鲁晓夫在苏共二十大一次全体会议上作了《关于个人崇拜及其后果》的秘密报告。批判斯大林是破坏社会主义的罪人，对斯大林进行了全盘的否定。报告一出，引起了苏共党内、苏联国内以及整个社会主义阵营的一片哗然。1956 年 10 月，又先后发生了波兰事件和匈牙利事件，作为当时苏共最高领导人的赫鲁晓夫将坦克开进了华沙和布达佩斯，这些行为引起了社会主义阵营对苏联大国沙文主义做法的强烈不满。在这种情况下，赫鲁晓夫的声誉和地位无论在东欧社会主义国家之中还是在苏联共产党内部，都面临着巨大的危机。1956 年 11 月，赫鲁晓夫通过苏联驻华大使尤金向中国发出邀请：请周恩来访苏。期望以中共在兄弟党中的影响力来为自己摆脱危机产生一定作用，并推进波匈事件的顺利解决。

1957 年 1 月 7 日上午 9 时 30 分，周恩来乘专机离开北京前往莫斯科进行友好访问。下午 4 时，飞机抵达莫斯科。在机场受到伏罗希洛夫、布尔加宁、卡冈诺维奇、马林科夫、米高扬、莫洛托夫、萨布罗夫、苏斯洛夫、赫鲁晓夫、勃列日涅夫等的欢迎。

周恩来总理在机场上致答词时说，苏联是无产阶级革命第一次取得了胜利的国家，是人类第一次建成了社会主义的国家，同时苏联又是向中国人民指出了十月革命道路的国家，是支持中国人民的解放事业和帮助中国人民进行建设事业的国家。在今天的世界上，苏联是反对战争、反对殖民主义的最坚决的旗手，是维护世界和平的最强大的堡垒。

1 月 8 日上午 10 时 45 分至下午 1 时 30 分，周恩来在克里姆林宫和苏联领导人布尔加宁、米高扬、赫鲁晓夫等会谈。

会谈中，周恩来首先批评了赫鲁晓夫在处理斯大林问题上的错误，阐明了中共对于斯大林问题的态度。对于斯大林的错误要进行批评，但是不能全盘的否定。

在处理兄弟国家的关系时，周恩来指出：维护兄弟党的团结，加强以苏联为首的社会主义阵营的团结，是我们义不容辞的义务。但是在这个问题上不能有大国主义，特别是各国、各党内部的事，应由他们自己去处理。不能搞外部压力，干涉别人内政。周恩来对赫鲁晓夫说，他认为对于波兰问题的处理上，苏共处理的不够好。中国方面认为波兰事件是人民内部矛盾，波兰完全有能力自己解决。中国不赞成派苏联军队进驻波兰。匈牙利、波兰事件的发生，苏联也有责任。

周恩来说完之后，引来赫鲁晓夫的不满。赫鲁晓夫以东南亚国家有许多中国人为由，暗责中国也具有大国沙文主义。周恩来说：我们强调反对大国主义，使他们（东南亚国家）安心。五项原则加上一条反对大国主义。我们对各兄弟党、各兄弟国家是平等的，没有把自己的东西强加给别人。赫鲁晓夫无言以对。

1 月 8 日，周恩来离开莫斯科前往阿富汗进行访问。在去机场的路上，周恩来对赫鲁晓夫说：斯大林的错误你们也有责任。不能只怪斯大林而不做自我批评。你们所谓的肃反扩大化时，你们都在，为什么当时没有提出意见？可见当时你们也觉得斯大林是对的。现在觉得错了，应该首先进行自我批评，而不是只批评别人。马列主义的政党，犯了错误就要进行自我批评，这样可以得到大家的谅解。

1 月 9 日和 10 日，周恩来在克里姆林宫和赫鲁晓夫等苏共领导人进行了两次会谈。会谈中，双方就巩固社会主义各国间的团结、中苏两党两国关系进行商谈。

周恩来在访苏期间，赫鲁晓夫希望周恩来能够在访问波兰之后也能访问匈牙利，支持匈牙利工农革命政府，帮助苏联做匈牙利的工作。周恩来在得到中央肯定回复后，答应了赫鲁晓夫的请求，决定在访问波兰后赴匈牙利访问一天。

1月10日中午，周恩来等人出席了苏共中央主席团为匈牙利党政代表团举行的宴会。下午3时，周恩来在克里姆林宫与匈牙利总理卡达尔会谈，详细询问了匈牙利的国内情况，存在的问题及以后的打算。卡达尔向周恩来介绍了匈牙利的国内外情况，并对周恩来访匈进行了安排。

下午6时30分，周恩来在克里姆林宫参加匈牙利、中国、苏联三国党和政府代表举行的会谈。参加会谈的三国代表分别是：卡达尔、马罗山，周恩来、贺龙、王稼祥、郝德青，赫鲁晓夫、布尔加宁、米高扬、谢皮洛夫。会谈主要就中匈联合公报问题、周恩来访匈期间召开布达佩斯积极分子大会以及邀请铁托同时访匈问题、匈牙利向中国提供贷款等问题进行了商谈。1月10日午夜12时，周恩来在莫斯科卡达尔别墅与匈牙利总理卡达尔会谈，认为铁托同时访匈时间不妥，可以延后。

1月11日上午10时，周恩来自莫斯科飞赴波兰，11日至16日，周恩来在波兰进行了访问，目的是表示对以哥穆尔卡为首的波兰统一工人党的支持，并帮助波兰党处理同苏联党的关系。周恩来在访波期间与波兰党的领导人进行了多次会谈，其中单独与哥穆尔卡谈了两次。哥穆尔卡在会谈中首先向周恩来介绍了波兰的情况，认为苏波之间关系不平等。周恩来回应说尽管与苏联的关系中有很多问题，可是总的归纳起来不外乎是不平等。但是苏联作为第一个社会主义国家，开创了十月革命的道路，他的领导作用应该承认。周恩来说："目前承认以苏联为首、社会主义国家团结起来很重要，这样才能更有力地与敌人进行斗争。社会主义国家可以通过相互往来、商量，增进相互信任团结。不同的意见可以'求同存异'。"在第一次的会谈中，周恩来对波兰党的工作提出了八项建议。1月14日，周恩来还向哥穆尔卡转达了毛泽东的来信，在信中，毛泽东表示支持波兰人民的选择。哥穆尔卡对中国的支持表示感谢。周恩来对波兰的支持和说服最终起了作用。在会谈结束后的1957年1月14日，哥穆尔卡在对选民讲话中，首先提到了以苏联为首的同盟，而波兰党党报《人民论坛报》也把苏联称做社会主义阵营的核心力量，主导力量。

1月16日上午8时30分，周恩来在华沙的贝尔维德宫和西伦凯维兹主席签署中波两国政府代表团联合声明。

1月16日上午8时30分，周恩来离开华沙飞往布达佩斯，波兰党和国家领导人哥穆尔卡、萨瓦茨基、西伦凯维兹等到机场送行。上午11时30分，到达布达佩斯，在机场受到匈牙利人民共和国主席团主席道比、政府总理卡达尔等的欢迎。中午，周恩来在议会大厦出席道比主席和卡达尔总理举行的宴会。下午4时，在建筑工人大厦出席匈牙利社会主义工人党布达佩斯市临时执行委员会为欢迎以周恩来总理为首的中国政府代表团举行的党和非党积极分子大会。在大会发言上周恩来说："匈牙利人民在反革命阴谋进行斗争中所取得的胜利，具有世界范围的重要意义"，"六万万中国人民支持匈牙利人民的斗争"。

下午和晚上，周恩来同以卡达尔总理为首的匈牙利工农革命政府代表团举行会谈。周恩来在谈话中说："这回来此地很好，我们能够在布达佩斯亲眼看到恢复的情况，有事实说明秩序正在逐步改善。"1月17日晨6时45分，周恩来在布达佩斯议会大厦和卡达尔总理签署中匈两国政府代表团联合声明。上午8时15分，周恩来乘飞机离开布达佩斯前往莫斯科，道比主席、卡达尔总理、明尼赫总理等到机场送行。

周恩来的这次访匈，是在匈牙利遭到严重破坏、处于最困难的时候来到布达佩斯，使许多匈牙利人很受感动，也为周恩来和中国赢得了良好的声誉。当时陪伴周恩来访问的郝德青离任时还为此被授予国际勋章。

1月17日中午12时40分，周恩来乘飞机回到莫斯科，苏联部长会议第一副主席米高扬、外交部长谢皮洛夫等在机场欢迎。下午5时45分，在克里姆林宫和苏联党政领导人布尔加宁、赫鲁晓夫、米高扬等举行第四次会谈。

1月18日上午10时30分至下午5时30分，周恩来在克里姆林宫同苏联党和政府领导人举行第五次会谈。下午8时，在大克里姆林宫和苏联部长会议主席布尔加宁在中苏联合声明上签字。

晚10时，周恩来乘专机离开莫斯科前往阿富汗进行友好访问。苏联党政领导人布尔加宁、卡冈诺维奇、马林科夫、米高扬、萨布罗夫、赫鲁晓夫、谢皮洛夫等在机场送行。

周恩来的这次访问苏联、波兰以及匈牙利的行动，在社会主义阵营和资本主义阵营都产生了巨大的影响。在苏共二十大后，在社会主义阵营面临波匈危机之时，中国在苏联和波匈之间进行斡旋，使波兰继续留在社会主义阵营，并承认苏联的领导地位，保证了社会主义阵营的团结；通过此行，周恩来还帮助赫鲁晓夫渡过危机，巩固了赫鲁晓夫的地位。

通过这一事件，中共在国际共产主义运动中的地位和声望上升到一个新的阶段，中国介入并成功解决东欧事务，也对资本主义阵营产生了一定的震撼。

1月19日至22日会见阿富汗国王查希尔·沙阿、首相达乌德 ——"亲善四邻、安定友邦"

1956年年末，国际局势动荡。中东地区发生了英法两国联合侵略埃及的战争；东欧地区发生了波兰、匈牙利事件，苏联出兵波匈两国。这两件事的发生，使得万隆会议以来出现的日益缓和的国际局势又紧张起来，引起了世界范围内的思想混乱。中国政府在事件发生后第一时间作出反应，公开阐明中国立场。但是中国周边的一些国家不仅对英、法、苏等国的做法表示反对，也对新中国产生了担心和恐惧。为了消除一些国家对中国的恐惧和担忧，"亲善四邻、安定友邦"，中国政府决定由周恩来对中国周边的亚洲8国进行访问。在访问过程中，为了促进波匈事件的解决，周恩来在1月初，赴苏联、波兰、匈牙利进行了访问。1月19日，在结束了对苏联的访问之后，周恩来乘机飞抵阿富汗，继续对亚洲8国的访问。

阿富汗位于中亚，与中国毗邻。历史上著名的"丝绸之路"就从阿富汗北部穿过。中阿两国一直保持着密切的贸易和文化往来。新中国成立后，当时的阿富汗政府就于1950年1月宣布承认中华人民共和国政府，两国于1955年1月20日建立了外交关系，并互派了大使。20世纪50年代和60年代，中国与阿富汗之间遵循和平共处五项原则，和睦相处，平等相待，友好关系进一步发展。

1957年1月，周恩来访问阿富汗，是中阿关系史上中国领导人第一次访阿。1月19日中午12时，周恩来到达阿富汗首都喀布尔，在机场受到阿富汗首相达乌德的欢迎。达乌德在欢迎词中说：周恩来是"在人们比过去任何时期都更加感觉需要国际友好和谅解这样一个时期来进行访问的"，"我们希望你们会在阿富汗人民心中找到好客的热情，希望有好的光芒驱散严冬的酷寒，而使你们在我们国家所进行的访问成为难忘的访问"，"我代表阿富汗人民诚挚地祝伟大的中国人民幸福和繁荣。我要重申一下，阿富汗政府和人民愿意在互相尊重的基础上并且本着和平和建设性合作的精神，同中国政府和人民建立最真诚的友好关系"。

周恩来回答说：正如首相殿下所说的，在过去的许多世纪里，阿富汗和中国就曾经有过贸易和文化的密切联系。我们两国之间虽然有着帕米尔高原的阻隔，但是我们的祖先却翻越过险峻的山岭，开辟了历史上著名的"丝路"，进行了友好的往来。的确，在我们两国的关系中，从来没有战争和冲突，而只有友谊和同情。

周恩来还说，近百年来我们两国都遭受到殖民主义的侵略和压迫。但是，正像帕米尔高原并不能隔绝我们两国一样，殖民主义的势力也不能妨碍我们两国人民之间的友谊。中国人民十分钦佩阿富汗人民对殖民主义的英勇斗争。阿富汗人民民族独立斗争的胜利鼓舞了为自己的民族独立而斗争的中国人民。当我们两国人民摆脱了殖民主义的束缚以后，我们两国的友好关系更在新的基础上发展了起来。

同许多亚非国家一样，阿富汗和中国都热爱和平和正义。我们两国同许多其他亚非国家一起，在万隆会议上，为促进亚非人民的相互了解和合作，为反对殖民主义和维护世界和平，作了共同的努力。中国人民十分尊重阿富汗在相互尊重的基础上同一切国家友好的政策。中国人民十分钦佩阿富汗支持埃及反抗侵略的正义立场。中国人民还特别感谢阿富汗在恢复中华人民共和国在联合国中的合法地位的问题上所给予我们的支持。中国人民一贯主张，在和平共处五项原则的基础上同一切国家发展友好关系，并且特别重视同毗邻国家的友好和合作。我们十分满意地看到，中阿两国的关系在相互尊重的基础上已经有了良好的发展。我们相信国际友好和谅解现在比过去任何时候都有更重大的意义。希望本次访问不仅能够有利于增进中国同阿富汗的友谊，而且能够有助于亚洲和世界的和平。

下午 3 时，周恩来拜会了阿富汗国王查希尔·沙阿，并前往已故国王纳迪尔·沙阿的陵墓，在墓前献花圈。

1 月 19 日，周恩来在首相府的寓所会见达乌德首相，并同他举行第一次会谈。

1 月 20 日下午 4 时，周恩来在首相府同达乌德首相继续进行了约四小时的会谈。

1 月 22 日上午 9 时，周恩来在首相府和阿富汗首相达乌德举行第三次会谈。

在阿富汗会谈中，周恩来积极宣传中国的睦邻政策和和平共处五项原则，支持阿富汗奉行的中立政策。查希尔表示钦佩中国："不仅因为中国表现在物质上的强大，尤其是在国际事务中所采取的政策。"

会谈中双方还就中阿边界问题进行了商谈，达乌德提出要在阿富汗走廊修一条公路。周恩来表示赞同，可以研究。

双方会谈中商谈最多的是国际形势问题。周恩来说：世界上有三种不同类型的国家，其中社会主义国家和帝国主义国家是相互对立的，还有一种是民族独立的国家，这些国家绝大多数是爱好和平、拥护万隆会议十项原则和和平共处五项原则的。无论是社会主义国家还是帝国主义国家首先应该尊重这些国家的独立和主权，不干涉他们的内政，不侵犯他们的自由和自主；在经济上平等互利，不附任何政治条件。周恩来还强调，我们主张集体安全，不搞军事集团，做到真正和平共处。这些民族独立的国家，也可以得到帝国主义国家的帮助。美国对他们的帮助，对美国经济发展也有利，这样世界和平就有了保证。

对于周恩来的讲话，达乌德表示认同，说周恩来总理的讲话时"合理的，是合乎逻辑的"，"我希望这种合于逻辑的立场会得到成功，非但对中国有利，也是对世界和平有利"。

1 月 22 日下午，周恩来在萨达拉特宫和达乌德首相签署了中国和阿富汗联合公报。公报说：在周恩来访问阿富汗期间，阿富汗和中国的领导人员交换了对许多问题的意见，讨论了和中国直接有关的问题和国际上关心的问题。对于在善邻关系基础上，进一步加强两国现有的友好联系方面，双方取得了一致意见。两国领导人在会谈的时候，考虑了对两国都有利的经济和文化的关系，并且决定考虑发展这种关系的可能性。作为万隆会议的参加者和万隆会议决议的执行者，中阿两国总理在声明中还重申了支持万隆会议的原则，重申支持亚非人民为维护他们的自由和独立、促进世界和平而进行合作和了解的事业。双方认为，亚非会议参加国家之间的合作并不排斥他们和世界其他国家之间的合作。声明中还称，达乌德首相将应周恩来总理的邀请在1957年方便的日期正式访问中华人民共和国。

1957年的10月，阿富汗首相达乌德应邀访华，毛泽东主席、朱德副主席、刘少奇委员长等会见了达乌德首相。周恩来于10月24日会见了达乌德首相，并与之进行了会谈。26日，周恩来在中南海紫光阁和阿富汗王国首相达乌德签署《中阿联合公报》。再次对1月22日周恩来访阿时在喀布尔发表的联合公报进行确认。两国总理在注意到双方各自的国家制度和国际政策的特点下表示了要维护世界和平的共同愿望。重申了对亚非各国在万隆会议结束时发表的公报中所阐述的各项原则的信念。表示要按照联合国宪章的原则，增强亚洲和非洲国家以及世界其他部分的团结精神。双方总理还就原子能问题交换了看法，认为：原子能只能被用于和平的目的和为人类谋福利。

中阿总理的互访，对于进一步加强中阿两国之间的友好关系，继续保持两国的利益和促进各自邻国进行合作起到了很好的推进作用。双方总理还就世界上各国人民和各个国家间维持和平友好关系的原则和国际合作，表示具有坚定的信念。

1月25日会见尼泊尔首相阿查里雅——重申对万隆原则的支持

尼泊尔是一个历史悠久的内陆国家，位于喜马拉雅山的南麓。公元前6世纪建立王朝，1814年英国入侵后，迫使尼泊尔将大片领土割让给印度，并在尼泊尔享受多种特权。1923年英国承认尼泊尔独立，1950年尼泊尔人民举行了反对拉纳家族专政的群众运动和武装斗争并获得成功。

中尼两国人民自古以来就有深厚的友谊，双方之间有着悠久的友好交往历史。特别是两国边境人民相互通商贸易，往来十分密切。晋代高僧法显、唐代高僧玄奘都曾到过释迦牟尼的诞生地蓝毗尼。唐朝时尼泊尔公主尺真与吐蕃赞普松赞干布联姻。元朝时尼泊尔著名的工艺家阿尼哥监造了著名的北京白塔寺。但是19世纪中叶以后，由于清王朝的衰落，中国在西藏地区的主权削弱，加上尼泊尔受制于英国殖民者的压迫，双方之间的交往一度中断。

新中国成立和尼泊尔推翻拉纳家族统治后，中尼关系揭开了新的篇章。1950年尼泊尔外长致电中国政府外交部表示："荣幸地收到"新中国成立的通知，并"得到我国政府之注意"。1955年8月1日，中尼两国在和平共处五项原则基础上正式建交，两国之间的友好合作关系更是不断发展。自尼泊尔第一次出席联合国全体大会开始，就持续支持恢复中华人民共和国在联合国的合法席位，直到1971年，中国重新获得联合国和安理会的席位。

1957年1月24日，周恩来结束了对阿富汗的访问之后乘专机经印度飞往尼泊尔。

1957年1月25日中午12时45分，周恩来抵达尼泊尔首都加德满都。在机场受到阿查里雅首相的欢迎。在周恩来经过途中，前来欢迎的尼泊尔人民向周恩来和阿查里雅抛撒鲜花、花瓣和炒玉米，并且按照尼泊尔风俗向他们撒朱砂粉。周恩来到达宾馆时身上已经被朱砂粉染红了。

25日下午，周恩来会见了阿查里雅首相。晚8时，出席阿查里雅首相举行的宴会，在宴会上，阿查里雅表示了对中国宾客的热烈欢迎："中国对尼泊尔主权的尊重，和由中国向尼泊尔提供的同情合作与支持是广为人知的。事实上，我在访华期间所感受到的以及我在你们政府政策中所看到的同情和善意，已成为尼泊尔的巨大满意的源泉。"周恩来在致答谢辞时说："我们两国更有必要加强我们在国际事务中的合作，并与我们伟大的邻国印度以及世界上一切爱好和平的国家一道作出更大的努力维护世界和平。"周恩来表示中国完全同情尼泊尔政府和尼泊尔人民为建设自己的国家所付出的努力，并且愿意在中国力所能及的范围内，给以持续的支持。周恩来在讲话中还强调各国领袖之间的个人接触对增进国与国之间的谅解和合作与和平的重要性，他指出：阿查里雅首相对中国的访问已经证明了这一点，希望"这一次我们对尼泊尔的访问也将有助于我们的共同事业"。

1月26日下午，周恩来在尼泊尔首都大检阅场举行的市民欢迎大会上发表讲话时说：我衷心地感谢你们给我和我的同事们如此热烈的欢迎。言语无法表达我们在这里度过的时刻所给予我们的感动。从昨天在无数街道上欢迎我们的，以及今天在这个广场上同我们欢聚的千千万万人们的笑容和眼神中，我们看出了尼泊尔人民对中国人民的真诚的、深厚的友谊。而我们这次来的目的也正就是要把住在喜马拉雅山那一边的中国人民的友谊带给住在喜马拉雅山这一边的尼泊尔人民。现在，我以中国人民的名义，向你们，向全尼泊尔人民致亲切的问候和崇高的敬意。中国人民十分珍视同尼泊尔的友谊。我们两国人民都在努力建设我们各自的国家。中国人民一向认为每个国家，无论大小都是平等的，并且有它自己的值得其他国家学习的优点。在历史上，尼泊尔曾经是中国的学者和匠师寻求知识和技术的地方；同样，中国的文化也曾经给过尼泊尔以影响。在今天，我们两国之间在建设事业中互相学习和互相帮助，也一定能促进我们各自的国家的进步。

晚上出席尼泊尔首相阿查里雅举行的国宴，阿查里雅在宴会上称周恩来是他"个人的朋友"和"尼泊尔在喜马拉雅山那一边的亲密的朋友"。周恩来还表示他对尼泊尔的访问将大大有助于中国和尼泊尔之间的友谊和亲善精神的发展。

1月28日下午，周恩来出席了尼泊尔—中国友好协会举行的招待会。阿查里雅首相和内阁大臣们也出席了招待会。招待会上，各阶层人民的代表向周恩来总理赠送各种各样的礼物以表示尼泊尔人民对中国的友谊。晚上，在尼泊尔政府迎宾馆出席中国驻尼泊尔大使潘自力为他访问尼泊尔举行的招待会。马亨德拉国王的兄弟喜马拉雅亲王、阿查里雅首相等出席了招待会。

1月29日上午，周恩来在尼泊尔广播电台发表对尼泊尔人民的告别词。告别词说：中国和尼泊尔是由伟大的喜马拉雅山以将近一千公里的共同边界联结在一起的。我们两国之间的友好合作对于这一片广大地区的和平具有重大的意义。离开加德满都前举行记者招待会。在谈到中美关系时说：中美会谈陷于僵局，证明美国老是希望别人让步，而自己却不想作任何让步。

1月29日，中尼两国共同发表了联合公报，公报中说："本着他们在北京举行的亲切友好会谈的精神，两国总理回顾并确认了从远古时期以来一直存在的传统友谊。两国总理对他们国家的全面发展表示兴趣，并认为世界和平对中国、尼泊尔和亚洲及世界上其他国家的进步和繁荣时非常有需要的。两国总理重申了对万隆原则的支持，并对许多亚洲、非洲和世界各国对中国和印度共同倡导的和平共处五项原则的广泛支持和接受表示满意。"

周恩来总理是在贺龙副总理的陪同下访问尼泊尔的，这是中国总理第一次访问尼泊尔。周恩来不仅拜会了马亨德拉国王，还与阿查里雅首相会谈，就共同关心的双边和国际问题交换了意见。会谈结束发表的联合公报回顾并重新肯定了自古以来就存于两国间的传统友谊，对两国建交以来双边关系的发展表示满意。1960 年 4 月 26 日至 29 日，周恩来总理由陈毅副总理陪同，再次访尼，与柯伊拉腊首相举行会谈，并拜会喜马拉雅亲王。双方签订了中尼和平友好条约，交换了两国边界协定的批准书，并发表了联合公报。中尼之间的高层往来促进了两国关系的良好发展。

2 月 1 日会见锡兰总理班达拉奈克——和平共处五项原则和万隆会议十项原则作为指导两国关系的准则

锡兰，即现在的斯里兰卡，是一个热带岛国，状似一颗宝石，镶嵌在印度洋海面上。锡兰也是一个和中国有悠久联系的国家，中国历史上曾称锡兰为狮子国或僧伽罗国。晋代的法显就曾从印度赴锡兰游学，并取回佛教经典。明代郑和下西洋也曾多次抵达锡兰。近代，锡兰沦为西方殖民地，中锡两国交往曾一度中断。

中华人民共和国成立后，锡兰于 1950 年承认新中国。

1957 年 1 月 31 日至 2 月 5 日，周恩来应班达拉奈克总理的邀请对锡兰进行访问，这是周恩来出访欧亚十一国的最后一站。1 月 31 日下午 5 时 25 分，周恩来乘飞机到达科伦坡，对锡兰进行友好访问，锡兰总理班达拉奈克到机场欢迎。

2 月 1 日上午 9 时，周恩来到参议院大厦总理办公室拜会班达拉奈克总理并同他进行会谈。周恩来同锡兰总理班达拉奈克就两国共同关系的问题进行了会谈，虽然在一些问题的看法上双方存在分歧，但是在许多原则问题立场上是一致的。双方主张促进和平共处五项原则的实施，主张加强亚非国家的团结，主张不同制度的国家和平共处，主张国际争端应该和平解决；支持裁军，主张禁止核子武器，反对成立敌对性的军事集团；反对所谓"真空"的理论，即反对1月5日美国政府宣布的"艾森豪威尔主义"，即由美国来填补英国和法国殖民主义者在中近东地区遗留下来的所谓的"真空"。周恩来说：这些主张的实现，将有助于加强世界的和平。

2月1日下午，周恩来由科伦坡前往锡兰古都康提访问，并出席康提市市民招待会，在讲话中追述了法显在一千五百年以前到锡兰的访问以及最近的两国关系。

周恩来在回国后对这次出访作报告时就指出：20世纪50年代初期，新中国受到帝国主义的封锁和禁运，经济十分困难。当时，锡兰同中国签订了五年大米和橡胶贸易的协定，给予新中国巨大的支持。从那时起，两国之间的友谊就日益发展起来。

2月3日下午3时，周恩来同班达拉奈克总理继续举行会谈。下午4时30分，在科伦坡市政厅举行的市民欢迎会上，周恩来发表讲话时说：36年前，他在赴欧洲求学时曾经路过锡兰首都科伦坡，当时就被这个城市的美丽所打动。36年后，再次来到科伦坡，它仍然是那样美丽。"但是不同的是，它已经不再处于殖民主义之下了，他将永远属于锡兰人民"。周恩来还称赞锡兰人民"在古代就有了令人钦佩的卓越成就；现在，在摆脱了四百多年的殖民统治以后，又正在以很大的热情创造自己的新的生活。他们是值得我们钦佩的朋友"。班达拉奈克总理在欢迎周恩来时说：周恩来的到来"正是在极其需要大家为解决世界纠纷而贡献力量的时候"，不论我们两国存在什么分歧，锡兰人民对中国是怀有友好感情的。

2月4日下午6时，周恩来在独立广场出席锡兰独立九周年庆祝大会并发表讲话。讲话开始之后几分钟就下起雨来，周恩来谢绝为他打伞，继续讲下去，参加大会的人报以响亮的欢呼声。晚上，周恩来参加班达拉奈克总理举行的独立日招待会。

2月5日上午11时40分，周恩来在参议院大厦和班达拉奈克总理签署联合声明。联合声明确认以和平共处五项原则和万隆会议十项原则为指导两国关系的准则；反对建立敌对性军事集团，支持裁军；加强亚非团结，反对帝国主义和殖民主义；主张国际争端通过相互谅解和和平谈判求得解决；支持埃及和西非地区各国人民按照自己的意志决定自己的命运，反对强权政治的延续和强国填补"真空"。

下午4时30分，周恩来和班达拉奈克总理同乘一辆敞篷车前往机场，离开科伦坡回国。这次出访锡兰取得了良好的成果，中国和锡兰于2月7日建立了正式的外交关系。班达拉奈克总理也已经答应当年要到中国来访问。

2月12日下午4时30分，周恩来和贺龙副总理乘飞机回到北京。

在1956年年底至1957年年初近3个月的时间里，周恩来访问了欧亚两洲十一个国家，实现了寻求友谊、寻求和平、寻求知识的愿望，其重要成果是和平共处五项原则与万隆精神进一步得到宣扬和确认。访问中，周恩来同十个国家的政府领导人发表了联合公报或联合声明。周恩来说："在这些文件里，万隆决议和五项原则一再得到了重申。"不仅为新中国在世界上建立了良好的声誉，还加强了中国与周边国家的友好睦邻关系，同时也对整个亚洲地区和中东地区的和平作出了巨大贡献，在新中国的外交史上写下了光辉的一页。

4月15日会见日本社会党访华亲善使节团——打破恢复中日邦交的困难局面

周恩来的以民促官虽然在缓解和促进中日关系正常化中起到了一定的作用，但也并非一帆风顺的。正在两国民间交往蓬勃发展的时候，岸信介于1957年2月上台执政。他一改鸠山、石桥内阁的积极对华政策，进一步亲美反华，甚至声称支持蒋介石"收复大陆"。岸信介还采取手段，破坏已经出现好转的中日关系。他不仅破坏已经谈妥的中日民间贸易协议，还拒不批准互设享有外交特权的商务代表机构。在后来发生的"长崎国旗事件"中，岸信介政府不仅不严惩暴徒，反称"对无外交关系国家的国旗进行侮辱构不成刑事案件"，罚款500日元了事。此事引起了中国人民的极大愤慨，时任外交部长的陈毅发表讲话，谴责岸信介政府敌视中国，破坏协议。中方宣布停止签发对日进出口许可证，不再延长民间渔业协定，中日贸易陷于中断状态。

中日贸易中断后，一部分靠进口中国的中草药和农副产品维持生计的日本中小企业濒临破产。日本社会党总书记长、众议员浅沼稻次郎（1960 年因主张中日友好被右翼杀害）和日本工会总评议会事务局长岩井章来华，反映中小企业的困难，讨论恢复中日贸易事项。

4 月 15 日上午，周恩来接见并宴请以日本社会党书记长、众议员浅沼稻次郎为团长的日本社会党访华亲善使节团。

在接见日本社会党访华亲善使节团时，周恩来说：我很高兴，并非常欢迎日本朋友的到来。在座的许多朋友到过中国，我们都熟识。但社会党派代表团正式访问中国还是第一次，有的朋友是没有来过中国的，像团长浅沼先生等。这次能见面，我特别高兴。自从会见铃木委员长后，日本社会党的朋友们不断来华，同我们接触，我们彼此谈过许多话，也单独谈过，可以说和社会党不是新交，而是有几年的关系了。对许多政治问题也已经多次交换过意见。今天，又承团长代表日本社会党正式把社会党的外交政策，首先是对华政策，以及中日关系前途的展望，都告诉了我们，我们表示钦佩。

关于中国对目前中日关系的看法，周恩来说：我们的看法和办法跟团长所说的大体相同。我想在此谈谈我们的看法和办法。过去也说明过，中日关系在第二次世界大战以后起了根本变化。其原因是：中国已经独立了，日本的情况也已和过去不同，而是和其他亚洲国家一样，没有殖民地了。但是，日本还有美国的军事基地，美军还没有从日本撤退，即处在半被占领的状态，日本的处境比中国更加困难。这就使中日两国人民的感情起了根本变化。如团长所说，过去两国人民受国家政治的影响，有对立情绪，但是，近来恢复了几十年前的友好关系，恢复了以往的亲善、近邻的关系。最近几年的来往也说明了这一点。旧的友谊恢复了，新的感情产生出来了，这是一个重大的转变。两国人民感情的接近、友谊的加强，是亲善的最可靠的基础。我特别高兴地看到，日本人民要求和平友好的愿望在一天天增长，而贵党是反映了日本人民的要求和愿望的。中国人民愿意和日本人民友好，从中国人民对来访的所有日本代表团、来访人士以及对社会党朋友们的欢迎情况，也可以看出中国人民的感情。这种感情还会一天天发展。所以，我相信中日亲善友好、共存共荣，是有确实可靠的基础的。我对贵团的来访再一次表示谢意，它标志着在两国关系上增加了新的内容。

浅沼稻次郎团长说日本社会党在一月大会上做出了有利中日关系的对华外交决议，周恩来对此表示钦佩。并说：这基本上和中国的主张是一致的，它不但代表了日本人民的呼声，也反映了中国人民的想法。因为中国人民一向明确地主张中国只有一个。旧中国也是一个。旧中国有过中国共产党领导的地方政权，但我们主张实行民主、国家统一。蒋介石曾经召开过政治协商会议，后来他又破坏了协议，打起了内战，使中国人民不得不和共产党一起打倒了旧政权，建立了人民政权。在新政权下，中国也是应该统一的。

关于台湾问题，周恩来补充说：台湾是中国领土的一部分，日本根据国际协议，把台湾归还了中国。日本人做得对。蒋介石现在盘踞在台湾，受美国的保护，如果没有美国，蒋介石是没有办法站住脚的。台湾问题是中国内部的问题，应该由中国自己解决。解决的办法是力争和平解放，现在正在努力。贵党主张只有一个中国，要同中国缔结和约，恢复邦交，这是完全正确的，和中国人民的主张是一致的。我相信，贵党的主张是一定会实现的。不过也应该看到日本的现实。日本方面是有困难的，日本政府同蒋介石缔结了"条约"，有"外交关系"，互相派有"大使"。日本参加了联合国，蒋介石的代表也在联合国。另一方面，美国又拿旧金山条约、日美安全条约来束缚日本，特别是在对华政策上干涉你们。在这方面，日本人民遇到了困难，贵党的外交政策也遇到了困难，日本政府则处在更困难的地位。我们相信，日本人民是会为日本完全独立而奋斗的。贵党主张采取独立外交政策，这不但合乎日本人民的利益，而且也合乎亚洲和世界人民的利益。实现这个目标是需要时间和采取一定步骤的。一方面应该摆脱美国的干涉，另一方面，要恢复中日邦交，这实际上是一个问题的两面。

在接见中，周恩来与日本代表团还就如何打破恢复中日邦交的困难局面，采取什么步骤进行了探讨。周恩来说：两三年来，我们几次和日本朋友谈过，我们的想法是，先从中日两国人民进行国民外交，再从国民外交发展到半官方外交，这样来突破美国对日本的控制。这种工作做到适当的程度，总会发生对台湾的关系问题。至少在中日来往中，要使日本人民了解台湾是中国的一部分，中国人民有权利解决而且有能力解决台湾问题。这是很重要的。不能像今天美、英那样制造"两个中国"的假象，迷惑世界舆论。日本人民应该帮助中国人民，因此，希望社会党做出努力。这样，中日友好就会大大促进一步。正如团长所说，日本和我们是近邻，又是朋友，中国人民的感情日本人民也了解，正如日本人民反对原子弹、氢弹的感情我们也能体会一样。贵党从事这两件工作是有有利条件的。过去我们之间订了很多协定，基本上都能实现，贵党也起了一份作用，而且是主要的作用。如文化、贸易、渔业、经济、青年和工会等协定，实际上都超过了国民外交的范围，已经属半官方性质。贵党又指出不承认"两个中国"，这是和中国的主张一致的。我们是知心朋友，我们之间可以完全理解，我们一定支持贵党的政治要求。我们互相配合，不仅可以打破两国的隔阂，也可以促进世界人民的了解。总有一天，日本外交的独立性会更加强，水到渠成，日本撤消对台湾的承认，中日会恢复邦交。至于哪一天实现，这要看我们工作的进展情况。只有两个可能性：一个是日本政府采取断然措施，撤消对台湾的承认，恢复与中国的邦交；另一个是中国解放台湾，蒋介石"政权"不复存在，水到渠成，日本就很容易同中国建交。如方才团长所说，前者是贵党应该勇敢承担的责任，后者是日本现政府的想法。

这次会谈后，毛泽东也接见了日本代表团。经过双方的协商，本着中日友好的大局，特别是考虑到中小企业的实际困难，周恩来决定开辟"照顾物资"的途径，绕开双方的外贸单位，以两国工会作为联系渠道，继续同中小企业开展贸易，也称"个别照顾"。暂时缓解了日本中小企业当时的困境。

5月20日会见印度驻华大使拉·库·尼赫鲁——中美会谈陷入僵局

第一次台海危机爆发后，经过印度、英国等国家的积极传递和调解，中国方面也作出了巨大的努力，终于促成了1955年8月1日，中美大使级日内瓦会谈的开始。这是周恩来在新中国的外交领域，运用国际反美统一战线的理论和方法，成功地维护中国国家安全的重大成果之一。中美大使级会谈第一阶段自1955年8月1日起至9月10日，在这一阶段中美双方就双方民间人士各自返回自己祖国的问题达成谅解。

自 1955 年 9 月 14 日起（也就是中美会谈第 15 轮起），中美大使级会谈进入第二阶段，会谈的议题转到"两国间尚待解决的其他实际问题"。但是由于美国方面坚持在履行完第一议题的协议事项前，不能商讨其他问题，中美之间第二阶段的会谈，成果甚微。在日内瓦的中美会谈中，中方曾提出建议，想要缓和并消除台湾的紧张局势，并建议召开外长会议来更好地解决具体问题。在举行这个外长会议之前，中美之间可以作某些工作来改善这种关系，但美国政府对中国提出的建议给以拒绝。到 1956 年下半年，中美之间的会谈实际已经陷入僵局。

到了 1957 年，中国进入多事之秋，这一年中美日内瓦大使级会谈仅进行了 10 次，基本上是每月会谈一次，会谈进入拉锯式阶段。1957 年 1 月 29 日，周恩来在离开加德满都前举行了记者招待会，在谈到中美关系时，周恩来就坦率地告诉记者，中美会谈陷入了僵局，但是责任不在中国。

1957 年 5 月 20 日，周恩来在中南海西花厅接见印度驻华大使拉·库·尼赫鲁，就美国对华政策进行了会谈。周恩来说：美国的真正意图是加强对南朝鲜、台湾和南越的控制，加紧打入老挝、柬埔寨，并借此威胁中国。但美国现在还不真的打算进攻大陆，破坏和平局势。威胁当然威胁不倒我们，要控制这些国家也不会那样顺利。现在许多国家都表示应承认新中国，恢复中国在联合国的合法席位，因此美国必须考虑下一步怎么办。

从美国在各处进行的准备工作来看，美国是在搞"两个中国"的阴谋。这一阴谋虽还未表面化，但有迹象可以看出。例如，去年奥林匹克运动会原来请新中国参加，后来在美国主席的提议下，又补请台湾，并把中国称为北京政府，把台湾称为台湾政府。这就是两个中国的阴谋。后来我们就拒绝参加。这种情况在别的国际组织里也发生，美国的目的是在试探。

在这一年 11 月 15 日，同外国驻华使节的谈话中，周恩来再次对美国制造两个中国进行了发言。他说："'两个中国'问题的焦点就是美国要把台湾掌握在它手上，以便在远东制造紧张局势。新中国总要被世界上大多数国家正式承认的，这是不可避免的趋势，因为中国是存在和发展着的，而且要永远存在、发展下去。美国就想在这一天来到之前搞成'两个中国'，把台湾掌握在它手中。"除了对大陆进行抵制政策外，美国也向台湾当局进行活动，但台湾政府反对"两个中国"，蒋介石反对"两个中国"，叫嚣着反攻大陆，也就是要表示他代表全中国。

在 5 月 20 日的会谈中，周恩来还说到，国共或中央政府同台湾当局的和谈的可能性是在增加，间接接触在进行，但不可能希望太快，因为美国对台湾控制很严。不可能设想在中美没有进行外交会谈来商讨国际问题的情况下会出现奇迹。中美会谈同国共会谈是不同性质的会谈，前者是国际性的，后者是国内的，但两者可平行进行，互相影响。美国是要阻止此种发展，所以在中美会谈中，提出双方发表共同声明时应写入在台湾地区不用武力，这实际上是保证美国对台湾的控制，使之合法化，也就是冻结现状。我们的办法是通过和平协商中美之间的争端来缓和和消除台湾地区的紧张。和平协商不是冻结现状，而是解决问题。到今年 8 月，中美会谈已将两年，但此问题迄未解决。因此美国有可能采取新的步骤来中断会谈。

尽管印度等国对中美会谈进行了多次的调节，但由于种种原因，中美日内瓦大使级会谈从 1955 年 8 月 1 日起至 1957 年 12 月 12 日为止，共历时两年零四个月，双方仅解决了一个互相送返各自侨民的问题。在会谈的第一阶段结束之后，中美双方各持己见，没有在任何问题上再达成协议。在整个谈判过程中，中国的外交工作人员在周恩来的指导下，对美国—中国—台湾这复杂的三角关系进行了正确的分析，与美国进行了多次会谈，但是由于美国不可能在有利于中国被承认方面做出任何举动，中美之间的谈判最终无果。

但是中国在中美大使级会谈的过程中，向世界展示了中国和平谈判解决问题的态度，也向世人展示了中国政府在台湾问题上的坚决立场。在这一年的 11 月 25 日，周恩来接见了各国驻华使节，并再次发言表明中国对台湾问题的坚决态度：台湾是中国领土的一部分，六十年前中日战争后被割给日本，在第二次世界大战中发表的《开罗宣言》规定，台湾应还给中国，日本投降后已经归还中国。这个事实就连美国政府也不能否认。美国著名的艾奇逊白皮书（1949 年 8 月）上说，根据 1943 年 12 月 1 日《开罗宣言》，台湾应归还中国，1945 年 9 月中国军队从日本人手中将台湾的行政管理权接收过来。这是在中国大陆已经解放之后，美国政府所承认的。中国解放台湾是中国的内政问题，我们和蒋介石的关系也是个内政问题。是美国政府违背了自己的声明，要来霸占台湾，干涉中国内政，这是1950年6月的事。我们在任何时候都不能承认美国霸占台湾这一非法的行为。美国要把台湾变成它的保护国，我们是绝对不允许的。

当时中国国内存在强烈的反美情绪，周恩来全力推动了中美日内瓦大使级会谈，这是他冷静、客观、为国家利益而工作奋斗的表现。如果当时中国拒绝与美国进行会谈，则更容易陷入美国反华的政策之中，增加中国被世界承认的阻力。以现在的角度来看当时周恩来的选择，无疑是正确的。

1958年2月11日，第一届全国人大第五次会议决定任命陈毅为外交部长，免去周恩来兼任的外交部长职务。周恩来外交部长的免职与中美日内瓦大使级会谈成果寥寥不无关系。

9月下旬会见缅甸联邦最高法院首席法官吴敏登——争取和平解决中缅边界问题

中国和缅甸有着悠久的历史和文化关系，两国是友好邻邦，双边人民还有着民族亲情关系。1949年中华人民共和国成立，12月16日，缅甸就宣布承认新中国，并于1950年6月8日与新中国建立外交关系，成为亚洲最早承认新中国的国家之一。

在历史上，缅甸曾是中国南方的番邦，向中国皇帝纳贡。近代之后，由于英国殖民者的入侵，中缅边界问题开始出现。英国曾经三次发动侵缅战争，在第三次侵缅战争中，英国入侵上缅甸，由于上缅甸与中国云南接壤，中英开始就中缅边界问题进行交涉。经过清末曾纪泽、薛福成等人的交涉，滇缅边界部分地方得以划分。但是因为条件的限制和之后的复杂情况，中缅之间几段未定边界和有争议地区，一直到新中国成立仍未解决。这些遗留问题也就成为新中国建国后中缅交流之间的一个重大问题。

新中国建立后，缅甸不仅积极与中国建交还共同倡导了和平共处五项原则，双边睦邻友好关系逐步发展，为和平解决两国边界遗留问题奠定了基础。

1950年，缅甸政府首先提出了解决边界问题的要求。1954年6月29日，周恩来总理访问缅甸时，与吴努总理会谈，吴努首先提到的是缅甸边界问题，希望能早日解决。这次访问之后，两国总理发表联合声明，双方均表示愿意以和平共处五项原则为指导解决中缅关系的原则。同年冬，吴努总理访华，双方发表联合公报表示有必要根据友好精神在适当时机通过外交途径解决两国边界问题。这是中缅两国首次公开表示要求解决两国间的边界悬案，双方在以和平共处五项原则作为解决问题的指导原则上达成共识，为和平解决边界问题打下良好基础。

1955 年黄果园事件发生，国际上出现不利于中缅两国和平解决问题的言论。事件发生后，中国政府正式开始与缅甸政府就边界问题进行交涉。1956 年开始，中缅两国通过不断的公文往来和友好互访，商谈边界问题。1957 年 3 月，周恩来与来华访问的吴努交换信件，双方同意在边界问题获得最终解决的同时，签订一个体现友好合作精神的互不侵犯条约，互相保证不参加针对另一方的军事集团。

通过双方一系列的互访和信件往来，中缅两国在边界问题上观点逐步接近，达成了一致的立场，为最后的正式谈判奠定了基础。

1957 年 3 月，周恩来在全国二届三次会议上，汇报了中缅边界交涉的情况，表示"我们相信，中缅边界问题已经更加接近解决了"。1957 年 7 月 26 日，一届全国人大四次会议之后，周恩来又给吴努写了一封信，除了重申中方的各项建议外，还表示为了尊重缅甸的独立和主权，中国政府愿意在新的条约中放弃 1941 年 6 月 18 日中英两国政府换文中规定的中国有权参加炉房银矿经营的权利。

针对中国的建议，也为了说服中国接受缅甸方面的意见，1957 年 9 月，吴努派他的亲信缅甸联邦最高法院首席法官吴敏登，作为特使来到中国访问，同周恩来进一步商谈中缅边界问题。

9 月 27 日，周恩来在中南海西花厅接见以缅甸联邦最高法院首席法官吴敏登为首的缅甸友好代表团。吴敏登除了坚持吴巴瑞信中的立场之外，又提出一个新的问题，即中缅两国所谓的"麦克马洪线"在双方的地图中有很大的出入。双方就此产生分歧，周恩来没有马上给予回答，留待回去研究。

10 月 3 日，周恩来在中南海西花厅再次接见缅甸联帮最高法院首席法官吴敏登，谈边界问题，回答了上次关于"麦克马洪线"的问题。周恩来说："去年在北京，我曾对吴努说过，这条线是不公平的，也是不合法的。它所以是不公平的，是因为当时中国并不了解那个地方的地形，当时的达赖喇嘛之所以没有反对也是因为不了解，因此是强加于中国的。它所以是不合法的，是因为它是由英国和西藏简单地换文确定的，是个密约。当时中国政府没有加以批准，这在中英文本上都是注明了的。因此，我们是很不愿意承认这条线的。但是为了中缅友好，为了安定我们之间的边界，我们在中缅边界这一段愿意按照习惯线来解决。"周恩来在研究了两张地图之后发现，双方的地图对于习惯线的画法不一致，造成了一千多平方公里的面积差。如果按照吴巴瑞信中的附图来划界，是不公平的，中国将要损失很多土地。于是他提出进行实地勘察来确定习惯线。周恩来在这次会谈中还提出了四点有利于谈判的建议，得到吴敏登的肯定。

10月10日，双方举行了第三次会谈。关于习惯线问题，缅甸方面仍希望依据吴巴瑞信中附图来划界，并以中国是"宽宏大量的"希望中国让步。对于吴敏登的谈话，周恩来立即给以明确答复，表示在原则问题上不能让步。他说："中国政府了解缅甸政府的愿望和困难，当我们考虑答复你们所提出的建议时，我们会把它们考虑进去。但是，你今天提出了一些法律依据，自然你也指出这是过去的历史，只能供作参考，而不能作为谈判基础。"对于谈判中的具体问题，周恩来进一步强调了中国政府的立场和困难。周恩来还表示：为了友好，我们认为交换是比较好的方法，如果吴努照顾我方的困难，同意在昆明谈判的基础上继续努力，那么我们愿意在片马地区的面积上做出让步。周恩来还向吴敏登表示："在一切问题都顺利解决后，我们再签边界条约。但是从现在起到签订边界条约时止，可以作为准备时间，作为进行准备工作的时期，而不是僵局"，中国愿意等待。

会谈最后由于缅甸方面不同意以"1941年线"以西的班洪、班老部落辖区同勐卯三角地交换，会谈未能取得新的突破。

1958 年

1月1日会见也门王国副首相巴德尔——签订中也友好合作条约

  也门，位于阿拉伯半岛西南端，与沙特、阿曼相邻，濒临亚丁湾、红海和阿拉伯海，具有三千多年的历史，是阿拉伯世界古代文明摇篮之一。中国和也门在历史上就有过密切的友好关系和贸易往来。两国从公元 6 世纪开始就通过海上丝绸之路进行交往，贸易频繁。15 世纪，中国明代航海家郑和就到过也门沿海地区和亚丁港访问。中华人民共和国成立后，也门是最早与新中国建交的阿拉伯国家之一。1956 年 9 月 24 日，两国建立公使级外交关系。

  1957 年 12 月 31 日至 1958 年 1 月 13 日，也门王国副首相兼外交和国防大臣巴德尔王太子乘专机由莫斯科到达北京，开始对中国进行正式访问，随行的有国务大臣卡迪·穆罕默德·阿卜杜拉·阿姆里阁下、国务大臣兼巴依达省长卡迪·穆罕默德·阿卜杜拉·沙米阁下和也门政府顾问、前任部长哈桑·巴格达迪兹博士。

  1957 年 12 月 31 日，巴德尔王子乘机抵达北京，周恩来亲自到机场欢迎，并致欢迎词。晚上 7 时 30 分，周恩来在中南海西花厅接见也门王国副首相兼外交和国防大臣巴德尔王太子和随行人员，接见后设便宴为贵宾们洗尘。

  1958 年 1 月 1 日，周恩来在中南海西花厅和陈毅副总理同也门王国副首相巴德尔王太子举行会谈，参加会谈的有彭德怀副总理，陈毅副总理，外交部曾涌泉副部长，对外贸易部雷任民副部长。晚上，周恩来在为巴德尔王太子举行的欢迎宴会上讲话时指出：中国政府和中国人民拥护万隆会议的决议，支持也门在亚丁和被称为保护国的也门南部地区问题上的立场，并且完全同

149

情和坚决支持也门人民所进行的正义斗争。

1月2日早晨，周恩来陪同也门王国副首相兼外交和国防大臣巴德尔王太子乘专机前往杭州访问。下午6时，周恩来陪同毛泽东主席会见北也门王太子巴德尔和他的随行人员，并设宴欢迎他们。来访期间，巴德尔王太子到中国各地访问。

1月11日晚，周恩来同巴德尔王太子举行会谈。

1月12日下午，周恩来在中南海紫光阁和也门王国巴德尔王太子再次举行会谈。

在会谈中，双方表达了加强两国间友谊、合作和相互了解的共同愿望以及增进两国间真诚友好的精神。会谈还涉及国际局势，特别是同中东和阿拉伯各国以及亚非各国人民有关的国际局势问题。在一般国际局势问题上，双方都一致认为联合国宪章的道义原则、万隆会议的决议和和平共处的五项原则应该得到普遍的采用，以便各国人民都能享有独立和自由的权利，并且都有和平共处和友好合作的机会，不管这些国家在种族、信仰、意识形态和社会制度方面有什么不同。中国和也门双方的领导人都认为这种合作和和平共处不仅是可能的，而且是关系人类前途的每一国家的责任。

在谈到殖民主义国家在中东制造分裂、加剧紧张局势和干涉阿拉伯国家内政的问题时，周恩来对殖民主义的这种破坏世界和平、干涉他国内政的做法进行了谴责。巴德尔王太子也同意中国方面的意见，双方指出：贪婪的殖民主义者和侵略性的外国军事基地必须撤出中东地区和阿拉伯国家。

周恩来代表中国政府和中国人民声明坚定地支持也门王国在亚丁和被称为保护国的也门南部地区问题上的立场。巴德尔王太子表示支持中国恢复在联合国的合法席位，他说："中华人民共和国在联合国的合法权利和地位，应该迅速恢复。"

双方在会谈中，还就裁军和原子武器等问题交换了意见。在最后的联合声明中有一段话表明了双方对此问题的态度，声明中称："双方遗憾地注意到，裁减军备和禁止使用原子武器的问题，由于不断产生的种种人为的障碍，至今没有达成协议，双方认为，为了消除对和平的威胁，所有国家都有责任努力促成关于这一问题的协议。"可见不管是中国还是也门，不管是亚洲还是阿拉伯国家，都存在着避免战争和维持和平的一致愿望。

1 月 12 日晚上，周恩来在中南海勤政殿和巴德尔副首相分别代表本国政府签署中国和也门王国友好合作条约，商务条约，科学、技术、文化合作协定。中国向也门王国政府提供了 7000 万瑞士法郎的无息贷款，并帮助也门修建了萨那—荷台达公路。

当日，双方发表了联合声明，在声明中指出，对中东地区各国人民提供的经济和技术援助必须不附带任何条件，以利于这些国家巩固它们的独立而且有效地参与促进各国繁荣和世界和平的事业。

双方非常满意地指出，中华人民共和国和也门穆塔瓦基利亚王国的友谊近年来已经加强，这种加强完全符合于万隆会议的精神，并且有利于促进亚非国家之间的友好合作。双方借这次王太子殿下访问中国的机会缔结了两国间的友好条约，商务条约，科学、技术和文化合作协定。双方认为，这些条约和协定最明确地说明了双方进一步发展和巩固两国间友好关系的共同愿望。

实践证明，巴德尔王太子的这次访问中国的活动，堆进了两国的相互了解，加强了两国间的友谊，并且为中国和阿拉伯各国今后的频繁来往创造了十分良好的条件。

1963 年 2 月 13 日中也两国关系升格为大使级（当时也门已是阿拉伯也门共和国，即北也门）。1968 年 1 月 31 日中国与也门民主人民共和国（南也门）建立大使级外交关系。1990 年也门统一后，两国建交日期定为 1956 年 9 月 24 日。

2 月 15 日会见朝鲜首相金日成——人民志愿军从朝鲜撤军

朝鲜战争后，由于美国方面不愿意从朝鲜撤军，不愿意公开解决朝鲜问题。致使朝鲜南北处于长期分裂对峙的局面，朝鲜和平统一问题长期得不到解决。

为了打开和平解决朝鲜统一问题的僵局和缓和远东的紧张局势，在朝鲜停战之后的 5 年里，朝中两国政府和军队为维护停战协定，作了不懈的努力。1954 年 9 月至 1955 年 10 月，中国人民志愿军分三批主动从朝鲜撤出了十九个师的部队。这一主动行动，受到了朝中人民的一致拥护和国际舆论的普遍赞赏。

1957 年 11 月毛泽东主席访问苏联时，在莫斯科与金日成首相商定，中国人民志愿军于 1958 年全部撤出朝鲜。他说："鉴于朝鲜的局势已经稳定，中国人民志愿军的使命已经基本完成，可以全部撤出朝鲜了。朝鲜人民可以依据自己的力量来解决民族内部事务。"会谈结束后，中朝双方各自研究了撤军方案。

1958 年 2 月 5 日，朝鲜民主主义人民共和国政府就撤退一切外国军队与和平统一朝鲜问题发表声明，建议为了缓和朝鲜的紧张局势以及和平解决朝鲜问题，美军和包括中国人民志愿军在内的一切外国军队同时撤出南北朝鲜。2 月 7 日，中国政府发表声明，表示完全赞同并且全力支持朝鲜政府的和平倡议。

1958 年 2 月 14 日，应朝鲜政府的邀请，以周恩来为首的中国政府代表团抵达平壤，开始对朝鲜进行友好访问。朝鲜首相金日成率朝鲜国家主要领导人到机场迎接，并发表讲话说："中国代表团这次来朝访问，将对进一步巩固、发展朝中两国人民传统的友好关系，对进一步加强以苏联为首的社会主义阵营的团结，对维护远东和世界和平作出新的贡献。"周恩来致答词说："中朝两国是唇齿相依、安危与共的亲密邻邦。中朝两国人民间这种建立在国际主义基础上的、经过长期斗争考验的友谊和团结是永恒的和牢不可破的。最近，朝鲜民主主义人民共和国政府提出了从朝鲜撤出一切外国军队和和平统一朝鲜的各项建议。这些建议为和平解决朝鲜问题和和缓远东紧张局势开辟了现实的途径。中国政府和中国人民完全支持这些适时的、重要的建议，并切实准备为实现这些建议作出积极的努力。"当晚，平壤市各界人民代表在国立艺术剧院举行盛大的欢迎会。周恩来和金日成都发表了重要讲话，再一次重申朝中两国在和平解决朝鲜问题上的主张。周恩来说："中国政府一向认为从朝鲜撤退一切外国军队，是朝鲜人民自己通过协商实现祖国和平统一的关键。因此，中国政府已经表示，准备就中国人民志愿军撤出朝鲜的问题同朝鲜政府进行磋商。同时，我们坚决要求美国和参加联合国军的其他有关国家，同样响应朝鲜民主主义人民共和国政府的建议，把自己的军队从南朝鲜撤出，为朝鲜问题的和平解决和远东局势的和缓创造有利的条件。"

2 月 15 日下午，周恩来率中国政府代表团在平壤内阁大楼与朝鲜政府代表团举行正式会谈，双方就国际的政治经济情况和朝鲜的和平统一问题交换了意见，并就撤兵问题与朝鲜政府达成了完全一致的意见。关于撤军，周恩来明确地说：" 我们准备分三批撤军，在 1958 年撤完，这一点要在两国政府代表团声明中谈清楚。在联合声明中可以说明形势、撤军的意义，在志愿军声明中也说明撤退后需要时再来，再加上人民和舆论要求撤军，朝鲜的问题，应由内部对等谈判解决，别的国家不能干涉。我们在东北原有四个军，志愿军撤退后再增加两个军。只要朝鲜政府一作出决定，我们就可以派志愿军来。志愿军的弹药和工兵器材等，好的可以留下来。"

之后，中朝双方就进一步明确会谈声明稿的内容进行了磋商。声明稿由朝方提出初稿，经中方改写，但尽量采用朝方意见。2 月 16 日夜，周恩来等还将声明稿发给毛泽东、中央并外交部审阅。周恩来还对志愿军的声明稿进行了斟酌，并于 17 日夜急电毛泽东、中央并军委审阅。

2 月 19 日，周恩来与金日成发表了《中华人民共和国政府和朝鲜民主主义人民共和国政府联合声明》，向全世界庄严宣告：中国政府本着一贯积极促进朝鲜问题和平解决的立场，除了在 1958 年 2 月 7 日的声明中完全支持朝鲜政府的各项建议以外，现在经过同朝鲜政府协商后，又向中国人民志愿军提出了主动撤出朝鲜的建议。中国人民志愿军完全同意中国政府的这一建议，并且决定在 1958 年年底以前分批全部撤出朝鲜，第一批将在 1958 年 4 月 30 日以前撤完。朝鲜民主主义人民共和国政府对中国人民志愿军的这一决定表示同意，并且愿意对中国人民志愿军的全部撤出朝鲜给予协助。声明还指出：从朝鲜全部撤出中国人民志愿军这一主动措施，再一次证明了中朝方面对于和平解决朝鲜问题和缓和远东紧张局势的诚意。现在正是严重地考验美国和参加联合国军的其他各国的时刻。如果它们对于和平解决朝鲜问题有丝毫的诚意，它们就应该同样从朝鲜全部撤出它们的军队。否则，全世界就会看得更加清楚，阻挠朝鲜和平统一的，始终就是它们。如果美国政府和南朝鲜李承晚集团甚至把朝中方面的主动措施看做是软弱的表现，以为有机可乘，那么，它们必然全遭到不堪设想的后果。现在全世界的人民更不容许帝国主义发动新的战争。朝鲜人民反抗侵略的力量也已经比过去任何时候更为强大。中国人民和朝鲜人民有着休戚相关的利益，帝国主义对于朝鲜民主主义人民共和国的任何侵犯，中国人民过去没有，今后也绝对不会置之不理。

签字仪式结束后，周恩来在金日成的陪同下，出席了朝鲜民主主义人民共和国第二届最高人民会议第二次会议，并发表重要讲话，再次强调了从朝鲜撤军的重大意义。

中国人民志愿军总部也于2月20日发表声明说：中国人民志愿军全体官兵完全赞同我国政府的建议，决定于1958年年底以前分批全部撤离朝鲜回到祖国。同时要求美国和参加联合国军的其他各国军队，同样采取措施，毫无拖延地把自己的军队撤出朝鲜。

2月21日早晨，周恩来拜会了金日成首相，向他告别并共进早餐。上午乘专车离开平壤回国。

中国人民志愿军按照已宣布的在1958年年底以前分批全部撤出朝鲜的决定施行撤军。第一批6个师共8万人，从3月15日至4月25日撤出；第二批6个师和其他特种兵部队共10万人。于7月11日至8月14日撤出；第三批志愿军总部、3个师和后勤保障部队共7万人，于9月25日至10月26日全部撤出。

周恩来这次出访朝鲜，着实的向世界展示了中国政府和人民和平解放朝鲜问题的诚意。周恩来一到朝鲜，就立即申明中国政府关于从朝鲜撤回志愿军的主张，明确表示支持朝鲜关于一切外国军队撤出朝鲜的声明，之后周恩来还在各种场合反复强调这一点。中国人民志愿军全部撤出朝鲜的重大决策，使朝中方面在争取和平解决朝鲜问题上更主动，其他社会主义国家的报纸全文刊载了中朝两国政府的联合声明，并给以高度评价。同时敦促美国军队也从南朝鲜全部撤走。这就使美国继续驻军和霸占南朝鲜处于更加被动和不利的地位。连美国的主要盟国的舆论也不得不承认中国人民志愿军从朝鲜撤出的主动举措，对缓和远东局势具有积极意义。美国的一些舆论也肯定了中国志愿军的行动，使"美国陷于难堪的境地"。

7月31日至8月3日会见苏共第一书记赫鲁晓夫——拒绝"建立一支共同潜艇舰队"

赫鲁晓夫上台后，随着地位的日益巩固，开始在社会主义阵营内实行大国沙文主义。苏共甚至对兄弟党发动命令，中苏关系也日益紧张。1958年4

月18日，苏联国防部长马利诺夫斯基致电中国国防部长彭德怀，建议中苏共建一座长波电台，所需费用大部分由苏联负担，小部分由中国负担。对于这个涉及中国主权的问题，中方采取了谨慎的态度。6月12日，彭德怀复信马利诺夫斯基，表示同意建设长波电台，但坚持一切费用应由中国全部承担。但苏联方面却无视中国方面的合理主张，仍然坚持在中国领土上由中苏共建并共同管理长波电台，并且进一步向中国提出了由中苏"建立一支共同潜艇舰队"的非分要求。因涉及中国的主权问题，这一要求被毛泽东当即拒绝，并指责苏联的不当行径。

赫鲁晓夫在听闻毛泽东的态度后，立即动身前往中国。

事实上，到1958年的时候，中苏双方的分歧已经不仅仅是联合舰队那么简单了。从1956年苏共二十大赫鲁晓夫作反对斯大林的秘密报告开始，中苏之间就已经出现了裂痕。毛泽东和赫鲁晓夫，中共与苏共，在有关国际共运的一系列重大问题上开始产生分歧。在这次会谈中，双方在联合舰队、长波电台问题外，双方还在对斯大林的评价问题上发生了争执。

1958年7月31日下午4时，赫鲁晓夫一行抵达北京，周恩来同毛泽东以及刘少奇、朱德、陈云、林彪、邓小平、彭德怀、彭真等同志前往机场欢迎。但是场面较以往大有不同，据当时担任赫鲁晓夫翻译的费德林后来回忆说："以周恩来为首的各部部长们在欢迎中呈现出一张张冷淡的面孔。欢迎的人们为表示有礼貌才露出微笑。互相握手，互相讲一些意义不大的话。没有人致欢迎词，也没有人高喊欢迎口号，没有数米长的标语牌，也没有用斗大的字写上牢不可破的友谊和永远感谢一类话的红布布幛……没有热情的拥抱，没有亲密的接触……以往那些热情洋溢地欢迎外宾的城市居民也不见了。"

赫鲁晓夫一行未作休息就乘车抵达中南海，与中国领导人进行会谈。周恩来参加了毛泽东和赫鲁晓夫举行的四次会谈，并出席了最后的签字仪式。

第一次会谈刚开始，毛泽东就直接责问赫鲁晓夫关于长波电台和联合舰队的要求是什么意思。赫鲁晓夫表示，是尤金大使没有把苏共中央的意思解释清楚，关于苏方的"联合舰队"的提议，他解释道："目前台湾海峡局势紧张，美国第七舰队活动频繁，苏联舰队已进入太平洋，需要在中国建立一个长波电台和中苏联合舰队。"并对海军建设究竟是主要搞潜水艇、鱼雷快艇，还是主要搞大型巡洋舰，或者搞发射导弹的飞机等问题说了一通。毛泽东就联合舰队问题一再追问赫鲁晓夫，最后拍案而起说这是损害中国主权的行为，中国绝不同意。

毛泽东对苏联"联合舰队"提议的愤怒表现了中国领导人维护国家主权的坚定立场，反映了中国人民的共同心声！

8月1日，中苏双方在中南海游泳池边举行第二次会谈，会谈中避开了长波电台和共同舰队这两个让双方不快的问题，话题转向国际形势方面。赫鲁晓夫对1956年之后中共在苏共批判斯大林问题上的反应不满意，毛泽东表示，对苏联的批评实际是在助苏联一臂之力。

赫鲁晓夫转移话题说："对亚洲，应该说你们比我们清楚。我们对欧洲比较清楚。如果分工，我们只能多考虑考虑欧洲的事情，你们可以多考虑考虑亚洲的事情。"将自己想要干涉别国内政的意图暴露出来。对此，毛泽东说："这样分工不行，各国有各国的实际情况。有些事情你们比我们熟悉一些，但是各国的事情主要还是由本国人民去解决，每个国家都有自己的实际情况，别的国家不好去干涉。"话不多，但毛泽东的态度却十分明朗，我们绝不去插手别国的内部事务，但也不允许任何人干涉中国的内政。他提醒赫鲁晓夫不要搞什么划分势力范围的事情。

8月2日，周恩来在中南海参加毛泽东和赫鲁晓夫的第三次会谈，双方就国际形势和一些国际问题交换了看法，双方谈到要争取长时间的国际和平问题，以及对北大西洋公约组织的看法。

8月3日，周恩来在中南海参加毛泽东和赫鲁晓夫的第四次会谈，主要讨论了联合公报的问题。当天中午，周恩来出席了在中南海勤政殿举行的毛泽东和赫鲁晓夫会谈公报签字仪式。

下午2时，周恩来同毛泽东、刘少奇、朱德、陈云等同志前往机场欢送赫鲁晓夫。

这次双方会谈，讨论了国际形势和中苏关系等问题，发表了《毛泽东和赫鲁晓夫会谈公报》。会谈中，中国方面拒绝了苏方提出的企图侵犯我国主权的关于建立联合舰队和长波电台的建议，赫鲁晓夫这次来华的使命最终未能完成。相反，从那时起，两国之间的分歧进一步尖锐化了。正如费德林的回忆："当年两国伟大人民之间那散发着香气的友好和同盟的田野变成了一种月下景色。中国的大门对我们严实地关闭起来。代替兄弟般的团结的是疏远，有时是敌对。在我们两国之间犹如在前线似的，形成了一个地雷地带。这一切不能不加剧惊慌和痛苦。"

但是由于当时国际局势的两极对立，为了维护国际共运的大局，中苏高层领导的争论没有公开化。赫鲁晓夫离京的第二天，《人民日报》头版公布了中苏首脑"会谈公报"。公报中说："双方对于中国共产党和苏联共产党所共同面临的任务的估计完全一致，这两个马克思列宁主义的政党之间的不可动摇的团结永远是我们的共同事业胜利的可靠保证。中国共产党和苏联共产党将不遗余力地捍卫这种神圣的团结，保卫马克思列宁主义的纯洁，捍卫各国共产党和工人党莫斯科宣言的原则，同共产主义运动中的主要危险修正主义——这种修正主义明显地表现在南斯拉夫共产主义者联盟的纲领中——进行毫不调和的斗争。双方表示完全相信，日益壮大的和平力量和社会主义力量，一定能够战胜前进道路上的一切障碍而取得伟大的胜利。"

8月会见柬埔寨王国首相西哈努克——大国小国应该平等相待

柬埔寨，旧称高棉，位于东南亚中南半岛。与中国有着悠久的友谊，早在真腊时代，中柬两国就有了往来。在两千多年的时间里，两国互派使节、互通贸易、交流文化，内容丰富、范围广泛。双方的关系在历史上就十分密切，对后代也是影响深远。

1949年10月1日，中华人民共和国宣告成立。1953年11月9日，柬埔寨也结束了法国90年的殖民统治，正式宣布独立。两国间的障碍彻底清除，中柬两国的友好关系重新发展起来。

柬埔寨奉行独立、自主、永久中立和不结盟的外交政策，反对外国侵略。主张互相通过和平谈判解决与邻国的边界问题及国家之间的争端。1954年日内瓦会议上，周恩来与柬埔寨外交大臣狄潘为首的柬埔寨代表团进行了友好接触。1955年，万隆会议上，周恩来与西哈努克进行了首次会晤，建立了友好关系，拉开了新时期中柬友好关系的序幕。1956年，双方频繁往来，并签订了中柬贸易协定和支付协定以及经济援助协定。

自 1956 年 2 月到 1970 年 2 月的十五年间，是中柬关系顺利发展的时期。1958 年 7 月 19 日，两国正式建立外交关系，8 月，柬埔寨王国首相西哈努克亲王率政府代表团应周恩来总理邀请来华访问。

西哈努克亲王是中国人民的老朋友，在中华人民共和国成立之初，帝国主义实行封锁、孤立中国的政策，西哈努克亲王领导下的柬埔寨，坚持执行中立政策，支持诞生不久的新中国。他在万隆会议上与周恩来初次相识，并进行了很好地合作。

8 月 15 日下午，周恩来前往机场欢迎柬埔寨王国首相西哈努克亲王。晚上，会见西哈努克亲王和由他率领的柬埔寨王国国家代表团，并设便宴招待西哈努克亲王。晚上 10 时 30 分，周恩来在中南海勤政殿陪同毛泽东会见西哈努克亲王和他的女儿伦赛公主。

8 月 16 日中午，周恩来在中南海游泳池陪同毛泽东主席和西哈努克亲王共进午餐，并且进行了亲切的谈话。谈到如何处理国与国、尤其是如何处理大国与小国之间关系的时候，毛泽东说：大国、小国应该平等相待。有这样一种论调：大国是不好惹的，小国是可以随便欺侮的。这种论调是绝对没有道理的。什么大国小国，大国往往是由许多小国联合组成。中国在古代就是由一万多个左右的小国组织成的，后来变成八百个小国，以后又变成七个小国，最后才统一成一个大国。现在中国还是由许多省份组成的。鹿和老虎谁比谁强？我看老虎不一定比鹿强。1900 年，八国联军打进北京来，八国联军中也有小国，可是它们欺侮大国。日本也是小国，也侵略过我们。这是因为它们是工业国；我们是农业国，政府也很腐败。国家大小只是形式。我们两国是完全平等的朋友性质的国家。我们希望你们发达起来，我看这是完全可能的。

西哈努克访华期间，周恩来与之进行了多次会谈（17 日下午，周恩来在中南海西花厅同西哈努克亲王举行会谈。20 日下午，在北戴河陪同毛泽东主席会见正在我国北方访问的西哈努克首相。24 日下午，和西哈努克首相再次举行会谈）。在会谈中，双方就两国问题共同有关的问题交换了意见，并且讨论了当前局势。

在回顾中国与柬埔寨的关系时，双方认为双边的友好关系是在万隆会议以后在和平共处五项原则基础上建立起来的，并且在1956年西哈努克亲王和周恩来分别访问北京和金边的时候所签订的两个声明中得到了确定。中柬两国人民严格遵守和平共处五项原则，特别是互不干涉内政和互相尊重国家主权完整的原则。

在谈到1956年6月21日两国所签订的经济援助协定时，双方都对协定的执行情况表示满意。周恩来表示：除了按照1956年6月21日所签订的经济援助协定对柬埔寨提供援助以外，还准备按照柬埔寨王国的需要和可能，无偿地和无条件地帮助柬埔寨建设小型联合钢铁厂和勘察地下燃料资源以及帮助建设其他必要的有关工厂和勘察其他必要的有关资源，等等。

在谈到中国侨民问题时，周恩来代表中国政府重申：在柬埔寨的中国侨民应该严格遵守柬埔寨王国的法律和法令，尊重柬埔寨人民的习惯，不参加当地的政治活动，并且应该经济上协助柬埔寨人民为国家繁荣和经济发展而努力。西哈努克首相满意地接受了周恩来的这一表示。同时也代表柬埔寨王国政府表示愿意保护在柬埔寨的中国侨民的正当权利。

周恩来还与西哈努克就当前的亚洲和国际局势进行了讨论，周恩来赞赏柬埔寨奉行的和平中立政策，他说：柬埔寨王国是奉行和平中立政策的范例之一，中国政府完全尊重并且坚决支持柬埔寨王国所奉行的和平中立政策。中国政府对柬埔寨领土一再遭到邻国侵犯和封锁的事实感到遗憾，认为这是一种极不友好的行为。中国政府希望有关的亚洲国家能够遵守万隆会议的决议，同柬埔寨王国和平共处，而不要受到外国殖民主义政策的影响。

周恩来在与西哈努克会谈时，双方一致认为，一切国家的独立、主权和领土完整必须得到充分尊重，民族独立运动是当前时代不可抗拒的潮流，违背历史潮流的殖民主义在其一切表现中都是一种应当迅速予以根除的祸害。一切国际争端应该根据共处原则通过和平谈判求得解决，而不应当诉诸战争和武力威胁。

8月24日下午6时45分，周恩来和西哈努克首相签署了中柬联合声明。双方表示：愿意在和平共处五项原则的基础上不断发展两国的经济和政治关系，以利于两国人民的相互利益和东南亚和世界和平的发展。

自 20 世纪 50 年代末开始，苏联对华奉行大国沙文主义政策，并把两国的意识形态分歧扩大到国家关系，导致了中苏分裂和对立。在苏联和美国的双重压力下，中国政府坚持独立自主的原则，努力巩固和加强同邻国的团结与合作，在和平共处五项原则基础上努力扩大和发展与亚洲相邻国家间的睦邻友好关系，为亚洲的团结反帝及和平事业作出了贡献。

10 月 5 日会见苏联驻华临时代办安东诺夫——台海形势和我们的政策

1949 年蒋介石退败台湾后，一直没有放弃"反攻大陆"的计划。国民党方面调派了大量兵力，对大陆沿海地区和沿海岛屿进行骚扰和破坏，1958 年 8 月 23 日，台海局势再度紧张，中国人民解放军福建沿海前线部队近 500 门大炮一起对大小金门实行猛烈地炮击，不到一个小时，就打了近两万发炮弹，重创国民党大型运输舰"中海"号。第二次台海危机爆发。

8 月 27 日和 9 月 4 日，蒋介石向美国发出求救。9 月 4 日，美国总统艾森豪威尔授权国务卿杜勒斯发表声明，要把美国在台湾海峡的"防卫"范围扩大到金门、马祖，并下令第七舰队为台湾国民党当局的补给舰队护航。

针对台湾海峡的紧张局势，周恩来在 1958 年 9 月 18 日、9 月 27 日、10 月 5 日、10 月 14 日多次会见了苏联驻华大使馆临时代办安东诺夫，向他表达中国对于台海局势的看法。

9 月 18 日晚 10 时，周恩来在外交部接见苏联驻华大使馆临时代办安东诺夫谈台湾问题时指出：目前的中心问题是美国应当把它的军队撤离台湾和台湾地区。正是由于美军占领台湾，才形成紧张局势，也只有美军撤离这地区才能消除紧张局势。

9 月 27 日下午 5 时，周恩来再次接见苏联驻华大使馆临时代办安东诺夫，在会谈中，中国强调美国应当撤兵。美国仍强调我们应当停火。现在双方仍处于僵持局面。

9 月 30 日，美国方面杜勒斯发表答记者问，含糊地表明：如果中国方面停火，美军可以劝蒋介石撤离沿海岛屿。显然，美国是想从金门脱身，以金门来换取中国大陆的让步，分割台湾与大陆的最后一点联系。蒋介石对于美国的动作十分生气，在10月1日讲话中，再三地骂美国对不起他，还向英国《泰晤士报》记者发表谈话，要英国奉劝美国不要上中共的当。

10月5日晚12时，周恩来再次会见苏联驻华大使馆临时代办安东诺夫，对当前的复杂局势进行了详细分析。周恩来说：昨日印度驻华大使紧急告诉我说，梅农认为目前局势发生的变化已经促成一种趋势，因此他打算在联大作一个一般性发言，建议蒋介石军队撤离沿海岛屿并要求大陆停止进攻。我认为这个建议是美国授意梅农提出的，美国设想的情况是梅农提出这个建议后，得到联合国内各国的赞成，也得到其他各国的赞成，这样就可以借联合国来压蒋介石并要求我们让步，美国在这中间就可以讨价还价了。

对于美国的计划，周恩来说："我们估计，美国手中有三张牌：

（一）保卫金、马。九月十八日美国提案要求我们对金门停火，我们立刻予以反驳。美国侵占台湾，我们一直反对。现在进一步要侵占金、马，我们更坚决反对。美国不敢单独为金门而参与战争，因为国内人民反对，其他同盟国家也反对。同时，如果美国要为金门而战，我们是准备同它打的，站在我们后面的还有苏联。美国在第一方案中要保卫金、马，经我们一驳，它收回了这张牌。

（二）搞"两个中国"。九月三十日美国提案的中心意思是把中国和苏联列在一边，把蒋介石和美国列在另一边，抛出"两个中国"的阴谋，要求我们在事实上承认。我们坚决反对，并且将继续反对。

（三）冻结台湾海峡。美国想劝蒋军撤离沿海岛屿，用来换取冻结台湾海峡的局势，要我们对台湾不使用武力，即承认美国侵占台湾合法化和"两个中国"的"事实上的存在"。美国还不会马上打出这第三张牌。杜勒斯答记者问引起蒋介石的极大不满，杜勒斯赶紧写信给蒋介石进行解释和安慰。同时，艾森豪威尔又向民主党参议院外交委员会主席表示，美国不能在武力面前屈服。可是接着又说，如果中国共产党停火，还可以考虑。这说明，美国想从金、马脱身，但还是摇摆不定的。

根据上述情况，昨天我告诉印度大使，我们不要梅农提个建议。我们不能因为只谈金、马，而换来一个美国占领台湾的合法化，换来所谓"两个中国"的存在。

对于近日亚非国家正在酝酿由八国委员会草拟一份有关台湾局势的声明。周恩来说：昨天我告诉印尼大使，我们认为，亚非国家中存在两种不同立场，难以通过一项共同声明，最好还是不要搞这种共同声明。如果声明中提到停火，这有利于美国，我们反对。如果声明中既批评美国，又批评中国，是非不明，反而不好，我们也不赞成。如果声明公正，那就应当包括：确认台湾是中国领土，不准外国干涉，美国应当撤离台湾海峡地区，不许制造"两个中国"，中美应当继续谈判等要点。可是，一些追随美国的国家是不会赞成的。与其不能通过这种公正的声明，不如亚非国家不发表什么共同声明。

关于台湾问题，周恩来说：我们本来准备分两步走：第一步是收复沿海岛屿，第二步是解放台湾。后来，金门炮响后，这对世界各国人民，特别是对我们中国人民起了动员作用。全世界各地都掀起了反美浪潮，其范围之广超过黎巴嫩事件。现在的情况已经弄清楚了。美国知道我们不准备同它打仗，美国掩护了蒋介石的船只，我们并不打它，我们也不打算马上解放台湾。我们也知道，美国不准备为金门而同我们打仗，并且严格约束它的海空军不要侵入我沿岸三海里到十二海里。现在，美国只是想如何劝蒋军从金、马撤走，不使自己的兵力陷在这个地区。

关于美国想要从金、马脱身的问题，周恩来说：我们初步认为，把蒋介石留在金、马比较好。现在通过党中央讨论后，我们还是认为，最好把蒋介石继续留在金门、马祖沿海岛屿上。蒋介石留在金门、马祖，美国继续干涉，有极大好处。可以教育各国人民，特别是我们中国人民。美国想从金门、马祖脱身，我们不让它脱身，我们要美国从台湾撤军。我们可以谈谈打打，也可以打打停停。这对我们是有利的。暂时不收回这些沿海岛屿，我们争取一下子收回这些沿海岛屿、澎湖列岛和台湾。

周恩来还建议同蒋介石直接进行谈判，和平解决相互之间的问题。

1958 年 10 月 6 日起，中共中央决定停止炮击 7 天。当天《人民日报》发表了由毛泽东起草，以国防部长彭德怀名义签署的《告台湾同胞书》，宣布在没有美国人护航的条件下，人民解放军停止炮击金门，暂以七天为期。10 月 25 日，又以彭德怀的名义发表《中华人民共和国国防部再告台湾同胞书》，宣布逢双日不打金门的机场、码头、海滩和船只，逢单日也不一定打炮，但是台湾方面的船只、飞机最好不要来，以免受到可能的损失。文中还劝告国民党当局不要过于寄人篱下，指出："中国人的事只能由我们中国人自己解决。"从此以后，人民解放军对金门的炮击成为象征性的行动，逢单日打，双日不打。目的是为了离间蒋美，使蒋介石拒绝美国的撤离要求，同时使金门的国民党军获得运输补给。中国之后的炮击只打沙滩，不打民房和工事。台海第二次危机得到平息，保持了相当长时间的冷静。但是中美之间在台湾问题上的僵局，一直持续了很多年。美国在台湾海峡进行军事恫吓、企图搞"两个中国"的阴谋彻底破产。

1959 年

10 月 2 日会见苏共中央第一书记赫鲁晓夫——会谈不欢而散，中苏关系裂缝加深

20 世纪 50 年代后期到 60 年代，中苏关系交恶。1958 年下半年，赫鲁晓夫想要在中国建设长波电台和共同舰队的建议被毛泽东拒绝，之后苏联单方面撕毁了《国防新技术协定》，赫鲁晓夫不指名地批评中国的人民公社并就中印边境冲突发表偏袒印度的声明，一系列的行动使得中苏在对外对内政策的协调方面都出现了更大的裂痕。

1959 年 9 月 30 日，赫鲁晓夫在结束了对美国的访问后，赶赴中国，参加新中国成立十周年的庆祝活动。9 月 30 日上午，周恩来陪同毛泽东主席、刘少奇主席等到机场欢迎苏共中央第一书记、部长会议主席、苏联党政代表团团长赫鲁晓夫。

赫鲁晓夫在机场发表讲话时发生了一段插曲，引起了赫鲁晓夫的不满。由于赫鲁晓夫在到达伊尔库茨克时才通知中国方面，赫鲁晓夫要在机场发表演讲，中方在匆忙之下布置了讲台和扩音设备，时间仓促没有来得及调试。结果在赫鲁晓夫发言不到两分钟的时候，设备就出现了故障，赫鲁晓夫不得不提高嗓门，面对近千名欢迎的群众队伍将 15 分钟长的讲话坚持讲完。事后，周恩来为此严厉地批评了负责的人员。

当天晚上，在庆祝新中国成立十周年的招待会上赫鲁晓夫发表了长篇讲话。内容和口吻是教训中国的。在谈到社会主义力量空前强大后，他说："这当然不是说，既然我们这么强大就应该用武力去试试资本主义制度的稳固性，这是不正确的。因为人民绝不会理解，也绝不会支持那些想这样干的人。"这

段话实际是指责 1958 年夏天炮击金门事件和 1959 年 8 月中印边境冲突事件，赫鲁晓夫仍然认为中国是要用武力来试试资本主义的稳固性，好像中国要挑起战争。

10 月 1 日上午，在庆祝中华人民共和国成立十周年大典开始前周恩来陪同毛泽东主席会见了苏共中央第一书记、部长会议主席赫鲁晓夫。赫鲁晓夫对毛泽东表明了苏联要将支援中国原子弹研究的专家撤回，毛泽东说："需要是需要，也没有什么大关系。技术上能帮我们一下更好，不能帮就由你们考虑决定。"

10 月 2 日下午时，在新中国成立十周年庆祝活动结束后，周恩来参加了在中南海颐年堂举行的中苏两国领导人会谈。中方参加的除周恩来、毛泽东外还有刘少奇、朱德、陈毅、彭真、林彪、王稼祥；苏联方面有赫鲁晓夫、苏斯洛夫、葛罗米柯以及苏联驻华使馆临时代办安东诺夫等。会谈中，双发讨论了中美关系、台湾问题、中印边境冲突、人民公社等问题，并发生激烈争论。

关于中美关系问题，赫鲁晓夫首先介绍了他前几日访美的一些情况，对美国国内的情况大加赞赏。赫鲁晓夫说："我们跟美国只能在经济上搞竞争，搞和平竞争，不能用武力来试探它的稳定性。"毛泽东回应说中国赞同苏联同美国的会晤，也赞同和美国和平共处。但是不能光看表面，应该看到美帝国主义的本质，看到艾森豪威尔的阶级局限性。

之后中苏就中美关系具体进行了讨论，赫鲁晓夫说：我还不知道中国关押了五名美国人，这是真的吗？在同艾森豪威尔会谈时，我只是说我可以作为友好建议提及这个问题。周恩来解释说："1955 年 8 月 1 日，我们跟美国人在日内瓦达成协议，根据协议，长期居住在中华人民共和国的美国人（侨民）可以返回美国。但同时规定，如果这类人员犯了什么罪行，那他们可以被逮捕。中国的法律也规定，如果犯人在监狱里表现得好，可以提前释放。第二类人员指的是战俘，根据达成的协议，他们有权离开中国。在中国安东地区的上空，而不是朝鲜，曾击落一架美国飞机，有 13 名美军战俘。我们后来把他们都放了。关于美国战俘的问题，1955 年联合国秘书长哈马舍尔德曾专门到中国就此事斡旋。门德斯·佛朗斯也曾就此问题来过。中国之后与美国开始了谈判，并主动释放了 13 名战俘。目前中国扣押的只有 5 人，他们都是间谍，并按照中国法律在监狱中服刑。"听完周恩来的解释后，赫鲁晓夫仍说最好把扣押的美国人放了。毛泽东反驳说：在他们服刑期满后，或者在服刑期间有好的表现时，我们会释放。毛泽东还提醒赫鲁晓夫说：美国人把我们在朝鲜的大量志愿军遣送到台湾去了，把朝鲜人民军队的不少战士送到了南朝鲜。赫鲁晓夫只好说：这是你们内部的事情，我们不干涉。

在谈到台湾问题的时候，赫鲁晓夫说：中国和美国的关系还是要搞好，希望中国主动采取一些步骤来改善同美国的关系。你们去年对金门打炮不是办法。台湾现在也不能解放，索性像苏联过去内战时期（1920 年到 1922 年）对"远东共和国"的那样处理。列宁当时曾同意成立"远东共和国"，为的是缓和日本人支持白军对苏联的进攻。当时列宁在苏联欧洲部分遭到外国干涉很严重的情况下，为了避免在东方同日本作战，采取了这个办法。中国也可以用这样的办法来处理台湾问题。

赫鲁晓夫在这里虽然没有说要台湾独立，实际上是要把台湾从中国分离出去，成立所谓的"共和国"。而台湾是处在美国的控制之下，美国在台湾驻有陆、海、空军。周恩来首先回答赫鲁晓夫说，要解决我们跟美国的关系，唯一的办法是美国撤出台湾，从台湾撤兵。至于台湾和大陆的关系，那是我们的内政，我们用什么办法解放台湾，用和平的办法还是用武力的办法来解放台湾，别人不能干涉。这是我们跟台湾国民党之间的事情，是中国国内的事情，同美国无关。美国不能干涉，任何外国都不能干涉。

毛泽东主席这时也说，赫鲁晓夫同志，你把问题搞错了，你把两个不同性质的问题搞混了。一个问题是我们跟美国的关系问题，这是国际问题；另一个问题是我们同台湾的关系问题，这是中国国内的问题。我们跟美国的关系问题是美国侵略我国台湾的问题，是我们要求美国撤出台湾而美国应该撤兵的问题。至于我们同台湾的关系，则是台湾怎样解放的问题。这个问题只能由中国人自己来解决，别人无权过问。你赫鲁晓夫同志，对前一个问题有发言权，可以劝艾森豪威尔从台湾撤出一切武装力量。对后一个问题，你是无能为力的，不宜说三道四。

在谈到中印边境冲突时，赫鲁晓夫指责是中国挑起的冲突。当时，陈毅首先站起来反驳说，你怎么能这样说呢？分明是印度挑起这场冲突。印度军队越过边界，也越麦克马洪线，在我们边境内设立哨所，向我们开枪。周恩来补充说，印度开枪射击六个钟头后，我们才还击。开始我们也不知道这个情况。印度是有准备的，消息很灵通，事情发生不久，它就发消息了。而我们中央不知道这个情况，就给西藏军区发电报，查问这件事情。西藏军区也不晓得，他们赶紧问边境部队，边境部队离那个地方也很远，再三催他们查，好几天才查清情况。所以在舆论上吃了亏，此外，这里谈的是中印之间有争议的地区。是印度人首先越过了麦克马洪线，并且开了枪。中国任何一届政府都没有承认麦克马洪线。周恩来还反问赫鲁晓夫：假如芬兰侵犯苏联的边界，那你们是否会反击呢？

赫鲁晓夫在此问题上辩不过中方，就转移话题说："反正你们把跟印度的关系搞坏就不对。你们何必去争那么一点地方呢？喜马拉雅山下荒无人烟，争那么小一块地方有什么意思？"

这个时候周总理回答他："不能这么说。我们不去占人家一寸土地，也不能让人家占我们一寸土地，我们绝不能干那些丧权辱国的事情。周总理再三强调，我们对印度一直是采取团结的政策，但对它不讲理的地方，对它违反国际公约的事情，我们要反对，要斗争。斗争的目的是为着要团结它，不能一味迁就它。"

会谈过程中，陈毅、彭真对赫鲁晓夫的不合理建议给予强烈反对，会谈最终不欢而散。

这次会谈，赫鲁晓夫本来试图压制中国向美国让步，以改善苏美关系。但是由于中方的坚决抵制，他的企图没有实现。10月4日，赫鲁晓夫以苏联国内有急事为由，提前回国。

11月8日会见印度驻华大使帕塔萨拉蒂——写信答复尼赫鲁，提出和平解决中印边界争端的步骤

1959年，印度开始大量向中印边界东段地区增兵，到1959年8月，印军在中印边界东段的兵力已经由1958年年底的2000余人增加到4000余人，据

点也由 25 个增加到 61 个，同时印度军队还不断在边界地区挑起武装冲突，造成流血事件。8 月 25 日，发生了郎久事件，印度军与进驻到马及墩的雅列普开展群众工作的中国卫队发生武装冲突，双方战斗约 1 小时，入侵印军被击毙 2 名，其余退回。次日，印军再次向中国边防部队开枪射击，为了边境地区的稳定，中国边防部队未予置理。郎久事件是印度在中印边境挑起的第一次较大的武装冲突，造成局势紧张。中国政府在事件发生后积极与印度政府对话，寻求解决方法和途径。但是印度政府却借此大做文章，掀起反华浪潮。

9 月 8 日，周恩来总理致信尼赫鲁，系统阐述了中国政府为维护中印友好以及公平合理解决边境问题所采取的一贯立场和主张，并说明郎久事件的真相。信中说："中国政府一贯主张，中印双方应该考虑历史的背景和当前的时机情况，根据五项原则，有准备有步骤地通过友好协商，全面解决两国边界问题。在此之前，作为临时性的措施，双方应该维持边界已存在的状况，而不宜片面行动，更不应该使用武力改变这种状况，对于一部分争执，还可以通过谈判达成局部性和临时性的协议，以保证边界的安宁，维护两国的友谊。"

就在中国政府主动寻求和平解决问题的道路时，印军又在中印边境的西段制造事端，发生了空喀山口事件（1959 年，3 名印度武装人员非法由空喀山口以南地区进入中国，劝阻无效后，被中国边防人员扣押。次日，一支 70 余人的印度军队再次入侵，并无端向中国边防部队挑衅，开枪射击。中国巡逻部队在多次劝阻无效后，被迫自卫还击，冲突进行了约两个小时。7 名印度官兵被俘，9 名死亡）。

两起事件发生后，中印边境局势日趋紧张，国际上甚至有人借此挑拨中印关系，企图挑起中印间更大的战争。为了缓和紧张局势，努力实现和平解决边界问题，周恩来再次表示愿意根据和平共处五项原则与友好协商的方针，和平解决两国边界问题。

11 月 8 日上午 11 时 45 分，周恩来在中南海西花厅接见印度驻华大使帕塔萨拉蒂，进一步说明中国政府的意见。周恩来表示：总要寻求个妥善的迅速的办法来解决，尤其有个办法先停止发生新的边界纠纷。帕塔萨拉蒂说：

困难在于谈什么，因为双方对边界的要求、立场极端不同。周恩来回答说：根据我们的经验，会谈范围可以很大，也可以缩小到很具体的问题，可视需要而决定。周恩来还说："双方部队各退二十公里就是一个积极的开路的建议。"双方虽然立场不同，但是两国基本是友好的，没有根本的利害冲突，这是基础。一时的见解、立场的分歧，总可以得到解决。

会谈结束后，周恩来还请大使转交他给尼赫鲁总理的信。周恩来在信中说："摆在我们面前的最重要的责任，首先是迅速地、毫不迟疑地采取有效的步骤来认真改善两国边境的令人不安的状况，并且力求根本消除今后发生任何边境冲突的可能性。""为了有效地维持两国边界的现状，确保边境的安谧，并且为边界问题的友好解决创造良好的气氛，中国政府建议：中印两国的武装部队立即从东边的所谓的麦克马洪线和西边的双方实际控制线各自后撤二十公里；在双方撤出武装部队的地区，双方保证不再派遣武装人员驻守和巡逻，但是仍然保留民政人员和非武装的警察，以执行行政任务和维持秩序。""如果印度政府同意中国政府的这一建议，实施这一建议的具体措施，可以由两国政府立即通过外交途径商定。"

11月16日，尼赫鲁在答复周恩来的信中，表示同意在适当的时间和地点，与周恩来进行会谈。同时尼赫鲁又提出一个反建议，他把东段、中段同西段区分开来，认为在东段和中段只要双方停止派遣前沿巡逻队就够了；而在西段，"印度政府应将其所有的人员撤退到据我们了解是中国政府最近的1956年地图上所标明的国际边界以西，同样，中国政府也应将其人员撤退到印度政府在以前的照会和信件中所描述的和官方地图上所标明的国际边界以东"。尼赫鲁的这个反建议，实际上只是重复印度政府要中国政府单方面从西段大片中国领土撤出的主张。因为，实施尼赫鲁的建议，印度只需要撤出一个哨所，方圆约50平方英里；而中国方面就要撤出大约两万平方英里的土地。对于尼赫鲁的不合理要求，中国政府没有接受，但是依然积极主动地与印度沟通，想要通过和平手段解决双边的矛盾冲突。

12月20日晚11时30分，周恩来在中南海西花厅再次接见印度驻华大使帕塔萨拉蒂时说：无可置疑地无论从历史、现在和今后看，中印两国是长期友好的国家，尽管发生了如空喀山口的不愉快事件，目前的争执是暂时现象。

这是我们的基本信念。希望大使这次回去，努力使中印关系这段争论逐步缩小。不是增加距离，而是缩短距离，不是增加紧张，而是减少紧张。

12月27日，周恩来复信给尼赫鲁，指出印方的反建议是"不公平的""没有理由的"，周恩来还建议两国总理在当月举行会谈，但是被尼赫鲁拒绝。

经过中国政府的多次呼吁之后，尼赫鲁终于在1960年4月实现了与周恩来的会晤。

1960 年

4 月 17、18 日会见缅甸总理吴努——继续巩固中缅在边界问题上的已有成果

1959 年 1 月下旬，缅甸联邦总理奈温应周恩来总理的邀请访华。在访华期间，同周恩来签订了《中华人民共和国政府和缅甸联邦之间的友好和互不侵犯条约》和《中华人民共和国政府和缅甸联邦政府关于两国边界问题的协定》。在边界问题协定中双方达成了四项重要的意见：

一、肯定未定界；

二、把古浪、片马、岗房归还中国；

三、对勐卯三角地区，清朝时期实行的是"永租关系"，中国同意把这个地区移交给缅甸，缅甸政府同意把 1941 年线以西的班洪、班老地区划归中国；

四、过去国民党正式签订的换文中，中国要修改以后才能承认，然后要定界并竖立界桩。

中国和缅甸关于边界问题的处理"在亚洲树立了一个范例"，周恩来认为，这件事"可以影响其他国家，并且有利于中国跟印度讨论边界问题"。因此，在 1960 年 4 月出访印度前，周恩来决定先到缅甸进行访问，一方面进一步巩固中缅两国在边界问题上已达成的重大成果，另一方面也希望对即将到来的中印两国总理谈判产生一定的影响。

4 月 15 日上午，周恩来由昆明抵达仰光。在机场受到缅甸总理吴努和国防军总参谋长奈温的热烈欢迎。当天下午，周恩来身着缅甸的民族服装和仰

光市民一起参加了泼水节的活动。

4月17日上午10时30分，周恩来同吴努总理举行了第一次会谈，并举行午宴招待缅甸联邦总理吴努、国防军总参谋长奈温将军、政府各部部长、高级军官和社会著名人士。

周恩来在宴会上发言说："这是我第三次正式访问你们美好的国家了。使我们感到特别高兴的是，每一次的访问，正像贵国领导人对我国的每一次访问一样，都使我们两国之间的友好关系一次比一次发展和加强。我在1954年6月间第一次访问贵国，同吴努总理阁下共同倡导了著名的和平共处五项原则，作为中缅两国关系的指导原则；我们在联合声明中表示，中缅两国应保持亲密接触，以继续加强两国之间的友好合作。我还清楚地记得，当吴努总理阁下第一次访问中国，同我们讨论两国之间共同有关的问题的时候，我们对两国边界问题的圆满解决都抱有充分的信心。经过中国政府和缅甸历届政府的不懈努力，现在，和平共处五项原则终于开花结果，中缅两国人民的共同愿望终于得到实现。在今年1月缅甸前总理奈温将军阁下访问中国期间，中缅两国政府签订了中缅友好和互不侵犯条约和中缅关于边界问题的协定。这标志着我们两国之间的友好关系已进入一个新的阶段。

"中缅两国政府就历史遗留下来的两国边界问题达成原则性协议，为全面、彻底解决这个复杂问题铺平了道路，这对我们两国具有十分重要的意义。中国同南亚许多国家有着共同的边界，其中同缅甸的边界线较长——达两千几百公里；而且由于历史的、民族的和经济上的种种因素，两国边民的关系十分密切。在缅甸独立和中国解放以前，帝国主义巧取豪夺，在两国边界造成了许多不合理的状况，使两国边界问题长期悬而未决。面对着这样一个复杂问题，我们两国政府以两国人民和亚洲和平的根本利益为重，都采取了既考虑历史背景又考虑当前实际情况、根据五项原则友好协商的正确态度，终于找到了公平合理的解决途径。"

下午4时30分，周恩来到仰光吴努总理的私人住宅和吴努总理举行了第二次会谈。在谈到新德里的温度时，吴努说，那里比这里还热，而且有一些头脑发热的人。周总理说，这我们不介意的。这次是尼赫鲁总理提议我去的，我响应。我提出中国的任何地方，我们会对客人给以热烈的接待。第二，我提仰光，前缅甸政府对此欢迎，我相信吴努总理也会欢迎。但尼赫鲁说他国内离不开，所以我就去。吴努说，这是一个很勇敢的决定。周总理说，为了国事，任何地方也可以去。当我们还在同蒋介石打仗的时候，我还到了蒋介石控制的各地同蒋联系。何况中印并没有战争，而且双方又都存在着友好的愿望，为什么不去？你知道，人家称我为"谈判者"。吴努问，你这个名字是否在中日战争时期取得的？周总理说，在那以前，第一次国共合作的时候。

4月18日下午6时，在吴努家中同吴努总理举行第三次会谈。

通过这三次会谈，周恩来与吴努总理就中缅边界需要进一步解决的问题提出了具体的措施。周恩指出：关于边界问题，通过多年的努力，双方的观点逐渐地接近，现在只剩下面积大小的问题。在具体的边界问题上，他说：为了加快对南北段的勘察，需要几个小组同时分段进行；片马、古浪、岗房的人民应该在划定前同分水岭以东的人民进行联欢，以消除各种疑虑；1941年线整个都没有勘定，也需要组织几个勘察队分段勘察；已经划入到中国境内的班洪和班老的部落与其他缅甸部落之间可能会因为过去划界不合理而出现土地混乱现象，这个问题，联合委员会要做好调整，及时进行土地交换，避免出现矛盾；中段和南段已经定界，需要勘察队去竖立界桩。

在谈到麦克马洪线时，周恩来说：我们的一贯态度是，一方面不承认这条线，另一方面，我们的行政和军事管辖不越过这条线，以等待边界问题的解决。

关于中印边界问题，周恩来与吴努总理也进行了交谈。周恩来说："我们可以坦白的告诉你，我们完全可以根据中缅解决边界问题的原则来解决中印边界问题，困难在于印度政府不同意这些原则。我们主观上是不希望会谈破裂的，而是想各种办法使他不破裂。"周恩来还表示：亚洲国家之间，只应该用谈判解决相互之间的问题，不应该有冲突，就是有，也应该把它解决掉。

4月19日上午，周恩来结束对缅甸的友好访问，乘飞机离开仰光前往新德里。吴努总理、奈温将军到机场欢送。周恩来在飞往新德里的途中向吴努总理发去电报说：我们在你们的美好的国家进行了四天的友好访问以后，现在就要离开你们的国土了。请允许我，以我自己和陈毅副总理的名义，向阁下和缅甸政府和人民表示衷心的感谢，感谢你们的殷勤的邀请和热情的招待。我们感到很高兴，通过这次访问，中缅两国之间的友好关系有了进一步的发展。祝缅甸繁荣，缅甸人民幸福，阁下和努夫人身体健康。

这次会谈之后，在周恩来的直接指导之下，中缅双方加紧对边界的勘察工作。勘察双方贯彻平等协商的精神，在实际勘察中，互相帮助、合作，圆满完成了勘界、划界竖桩等任务。

10月31日，周恩来与吴努在北京签订了边界议定书，中缅边界问题和平解决，画上了圆满的句号。

4月19日至25日与印度总理尼赫鲁七次会谈——中印边界谈判未果

中印边界谈判是一场复杂而又艰巨的斗争，在出访前，周恩来就作了充分的准备，制定出周密的会谈方案。确定了会谈的方针，即"争取就某些原则问题，或者具体问题达成协议，使目前形势进一步缓和下来，为今后继续会谈和合理解决准备条件"。根据会谈中可能出现的不同情况，周恩来也做了不同的对策。

4月19日下午，周恩来到达德里。印度总理尼赫鲁在机场欢迎。周恩来在机场发表了讲话，表达了此次访问印度的真诚心意。讲话中说："目前，我们中印两国都在进行着大规模的长期的经济建设，我们都需要和平。我们都需要朋友。和平友好是我们两国人民的根本利益。我们共同倡导了关于和平共处的五项原则。我们之间的一切问题没有理由不可以根据这些原则，通过友好协商，取得合理的解决。中国政府一贯主张两国总理会谈，谋求合理解决边界问题和其他问题的途径。这一次我是抱着解决问题的真诚愿望来的，我衷心希望我们的会晤在我们共同努力之下，能够产生积极的和有益的效果。"

自4月19日抵达印度到26日离开，周恩来共与尼赫鲁总理进行了七次会谈，但是由于印度方面态度强硬，会谈没有取得任何有实质意义的进展。

4月20日，周恩来与尼赫鲁总理进行了两次会谈。尼赫鲁一开始就把话题引到具体问题的分歧上来，并且把责任推到中国方面。甚至蛮横地提出：第一，中印边界已经划定，只是说没有在地面上标出来，中国方面把不是问题的问题变成问题，因此引起了争论。第二，中国的地图和印度的地图不一样，中国的地图是老的，应该修改。第三，因为中国方面说边界没有划定，所以提出领土要求，这使印度，特别是尼赫鲁本人感到震惊。尼赫鲁还坚定地认为东段的麦克马洪线不需要任何商谈，中国应该承认；中国在西段修建的新藏公路侵入印度，那里本来是印度领土。

周恩来反驳道：关于东段，印度政府提出麦克马洪线是由西姆拉条约规定的，这使中国人民和中国政府感到十分震动。不能把1941年英国强加于西藏地方政府而中国政府从来没有承认的密约作为根据，中国政府不愿意承认这条线，但是愿意采取现实的态度求得解决。周恩来还说：我们从来没有提出什么领土要求，只是说明麦克马洪线以南的地区曾经属于西藏地方政府。这个地方曾经存在过一条传统习惯线，但是后来改变了，我们主张维持现状。"关于西段所谓"存在问题的地区"，周恩来表示，中国地图很早就把这个地区划在中国境内。印方所提出的地图，经中方查阅是1842年克什米尔当局同西藏地方政府之间的和约。但是那个和约只是规定双方维持好自己的疆界，永久友好，互不侵犯，并没有关于划界的规定。所以不是中国提出领土要求，而是印度提出领土要求。

4月20日晚上，周恩来在出席尼赫鲁总理举行的宴会时说：只要处处为两国友好的长远利益着想，既考虑到历史背景，又考虑到当前的实际情况，根据五项原则，互谅互让，两国边界问题是完全能够公平合理的解决的。

4月21日下午4时，周恩来在总理官邸同尼赫鲁总理举行第三次会谈。在会谈中，他发现前两次会谈中双方核对的文件和地图有不少出入，于是建议"可以由双方组织边界联合委员会审查材料"，并通过这种方式缩短双方的距离。在联合委员会工作期间，双方维持现状。但是尼赫鲁没有接受周恩来的建议。

4月22日上午10时，周恩来在总理官邸同尼赫鲁总理举行第四次会谈。周恩来根据双方之前的会谈情况，总结出"合理解决的途径的共同点"，他提出："必须寻找共同点，才能把我们引导到合理解决的途径上去。"但是尼赫鲁却继续纠缠在一些枝节问题上。

4月23日下午4时30分，周恩来在总理官邸同尼赫鲁总理举行第五次会谈。周恩来认为两国总理应该努力缩小分歧，寻找共同点，争取达成一些原则性的协议，作为双方进一步讨论的根据。于是在这次谈判中，周恩来建议，双方成立关于边界问题的联合委员会，规定时间交换和研究彼此的材料，为更高一级的会谈提出解决方案。他还再一次提议，在谈判的过程中，边境上的双方部队应该采取隔离的办法，保持一定的距离，而不是简单的停止巡逻。

4月24日上午10时30分，周恩来和尼赫鲁总理在总理官邸举行第六次会谈。尼赫鲁提出："一个国家对某一地区的管辖权和这个国家在这个地区建立行政机构，是有很大差别的。一个国家可能对某一个地区有管辖权，但是没有建立全部的行政机构，因为这个地区没有人烟或者有高山，并不减弱这个国家对这个地区的管辖权。"周恩来立刻抓住时机，将话题引向共同点，他说："你所指的是东段，印度的主权已达到现在的线，而行政管理确是逐步推进的。我认为这样的说法同样可以适用于西段。"尼赫鲁虽然最后不愿意接受联合委员会，但是同意由双方的官员研究资料并且提出报告，周恩来补充并提出了具体的办法。经过反复的交谈，尼赫鲁对周恩来之前提出的五个共同点没有再提出不同意见。

当天下午4时45分，在中国驻印度使馆接见苏联驻印度大使别涅吉克托夫时说：这几天同印度方面的会谈有一些进展。但是，从印度方面来说，总的趋势是想把问题拖下去。我们建议，为了避免冲突，保持边境安宁，双方边境部队可以自双方实际控制线各自后撤一定的距离，在边界上建立一个非武装区。印度方面不接受这个建议。我们建议，双方的边境部队在全线停止巡逻。印度方面表示，在东段可以不巡逻，但是在西段不提停止巡逻，而提尽力避免接触。会谈中双方阐述了各自对边界问题的立场和观点。我们提出了五点，认为是双方可以接受的共同点。尼赫鲁没有表示同意，也没有表示不同意，只是对第四点，要再澄清一下。在整个会谈中，主动一直在我们方面。我们曾经数次建议成立中印边界问题联合委员会，但是印度方面始终拒绝。

4月25日上午11时，双方举行第七次会谈。会谈的任务是确定声明稿。当双方交换了各自起草的声明时，周恩来对印方提交的稿件提出批评。认为印方的声明稿中"像是六七天来的会谈只达成了一个关于程序的协议，其他则一点进展也没有"，"草案的主导精神应该更积极一些"。周恩来认为有必要在声明中重申和平共处五项原则。但是由于印方的原因，在联合声明中，最后只达成了两点协议：一、两国总理同意，两国政府的官员应该继续会晤。二、双方同意，官员们应该从1960年6月到9月轮流在两国首都会晤。在进一步审查事实材料期间，双方应该做出一切努力来避免在边境地区发生摩擦和冲突。

4月25日晚10时30分至次日凌晨1时，周恩来在总统府举行记者招待会，发表书面讲话并回答记者们所提出的问题。让全世界知道中国的和平态度。周恩来在这次记者招待会上，将中国方面起草的联合声明中的六点建议全部公布。

4月26日上午，周恩来乘专机离开德里前往加德满都。尼赫鲁总理和印度政府官员到机场欢送。这次出访印度，虽然没有就边界问题达成实质性协议，但是周恩来认为是成功的。他在回国后，说：我们这次去谈判，就把尼赫鲁孤立起来了，证明了我们愿意解决问题，而他不愿意解决问题，这样，我们就取得了主动。周恩来的积极态度也受到了印度和世界其他爱好和平的国家的舆论的欢迎。

4月27日会见尼泊尔首相柯伊拉腊——珠穆朗玛峰的归属问题

1960年4月26日上午，周恩来等人乘飞机抵达尼泊尔首都加德满都，尼泊尔首相柯伊拉腊和几乎所有的国家领导人到机场欢迎。尼泊尔首都放假一天，市民聚集在街道上热情欢迎周恩来总理。尼泊尔首相柯伊拉腊在致欢迎词时说，周恩来总理是尼泊尔人民的老朋友，他这次访问将促进两国之间的传统友谊事业。周恩来总理在致答词时说，他给尼泊尔人民带来了六亿五千万中国人民的深厚友谊和亲切的问候。自从中尼两国建立外交关系以来，两国间的传统友谊得到了新的发展。最近，柯伊拉腊首相阁下在我国访问期间，我们双方就两国间的边界问题和经济援助问题，达成了圆满的协议。这些协议不仅在中尼友好合作关系的历史上增添了新的一页，而且为亚洲国家在五项原则基础上彼此友好相处树立了良好的榜样。周恩来表示，希望他的这次访问能使两国间的珍贵友谊更加巩固和发展。

周恩来此次访问尼泊尔的主要目的是解决中尼之间长期未解决的边界问题。与中印边界不同的是，中尼边界问题没有受到帝国主义的影响和干扰，因此两国人民在建交之后，一直根据传统的习惯友好相处，没有发生过大的争执。中尼边界问题相对于中印边界问题来说相对容易解决。

早在一个月前，周恩来就邀请尼泊尔首相柯伊拉腊到北京访问，就双方边界问题坦诚交换了意见。通过会谈，周恩来消除了柯伊拉腊"当两个大邻邦（中印当时发生边界冲突）看法不一致时，一个小国是感到不安和为难的"的忧虑。自 3 月 12 日至 20 日，双方进行了三次会谈，就中尼边界、经济援助等问题进行了磋商，并于 3 月 21 日签订了《中华人民共和国政府和尼泊尔国王陛下政府关于两国边界问题的协定》和《中华人民共和国政府和尼泊尔国王陛下政府经济援助协定》。柯伊拉腊说："这些协定对我们两国是互利的，而且是很有意义的。"他还特别强调边界问题的协定是一个很好的范例，"它指出了两个邻邦应该怎样和平友好相处"。

周恩来 4 月的这次访尼，是对 3 月份柯伊拉腊首相访华的回访，双方要继续商谈解决中尼之间在北京会谈中没有解决的两个问题。即：中尼和平友好条约和珠穆朗玛峰的归属。

4 月 26 日下午 1 时 30 分，周恩来拜会柯伊拉腊首相。在进行友好会谈后，宾主共进午餐。4 月 26 日晚 7 时 30 分，周恩来出席柯伊拉腊首相举行的国宴。在国宴上，周恩来发表讲话说：不久前，柯伊拉腊首相阁下访问了中国，在访问期间，我们双方签订了中尼关于两国边界问题的协定和中尼两国经济援助协定，这就使我们两国之间的友好关系进入了一个新的阶段。关于边界的协定的签订，对于我们两国有着重大意义。我们两国边界长达一千公里以上，几千年从未勘定过。在这种情况下，两国对边界问题存在着某些分歧，是极为自然的。但是我们两国以友谊为重，既没有夸大这些分歧，更没有因为存在着分歧就伤害了和睦。我们根据和平共处五项原则，经过友好协商，对边界问题达成了双方满意的协议。我们一直同意两国的全部边界应该在现有的传统习惯线的基础上加以科学的画出和正确的标定。为了确保边境的安宁和友好，我们同意每方在边界本侧20公里的地区内，不再派出武装人员进行巡逻。

周恩来还说：他深信两国人民的友好合作是世界上任何力量破坏不了的。中国总理说，尼泊尔政府奉行的中立政策对维护亚非国家的团结和世界和平起了积极的推动作用。中国政府和人民坚决支持尼泊尔政府所执行的这一政策。周恩来总理表示深信尼泊尔人民在建立他们的民族经济方面一定会胜利，并且说，中国人民愿意同尼泊尔人民在各自建设自己祖国的伟大事业中相互支援、携手前进。

4月27日，周恩来在距离加德满都约96公里的博克拉和柯伊拉腊首相举行第一次会谈。晚上，和柯伊拉腊首相举行第二次会谈。

会谈进行十分顺利。双方对于中尼和平友好条约很快达成一致意见。针对珠穆朗玛峰的归属问题，双方进行了充分的协商。柯伊拉腊提出：北边的山坡属于中国，南边的山坡属于尼泊尔，边界线划在山顶上，就我来说，是可以在这个基础上解决问题的。但是，我需要时间来教育人民，告诉他们，我们必须接受这样的安排。周恩来同意柯伊拉腊的解决办法，表示可以等。

4月28日，在尼泊尔电台发表广播讲话。晚上，在加德满都举行记者招待会。在回答记者提问时说：我们从未对珠穆朗玛峰提出过领土要求。我们表示接受把珠穆朗玛峰画在中尼边界线上的画法。还谈到，尼赫鲁总理26日在议会上的讲话对中国不很友好。他当面不说，我们一走，就攻击中国政府侵略。这种态度，令人非常痛心。

28日晚11时，周恩来和柯伊拉腊首相在中国和尼泊尔和平友好条约上签字。条约的主要内容是：

第一，缔约双方承认和尊重彼此的独立、主权和领土完整。

第二，缔约双方，将保持和发展中华人民共和国和尼泊尔王国之间的和平友好关系，双方保证用和平协商的办法解决双方之间的一切争端。

第三，缔约双方同意本着友好合作的精神，按照平等互利和互不干涉内政的原则，发展和进一步加强两国间的经济和文化联系。

第四，由于对本条约的解释或应用而发生的任何分歧或争端，应该通过正常的外交途径协商解决。

第五，本条约须经批准，批准书应尽速在北京互换。本条约在互换批准书后立即生效，有效期十年。除非缔约一方在期满前至少一年用书面通知另一方终止本条约，本条约将无限期有效，但是，任何一方都有权终止本条约，只要在一年前用书面将此种意图通知另一方。协议用三种文本（中文、尼波尔文、英文）写成，均有效。

中国政府的做法澄清了一些人在中印边界冲突后对中国的误解，在亚洲引起了很大的反响，为解决亚洲的其他国际争端树立了榜样。此后，中尼两国领导又通过互访继续交换意见。1961年秋，尼泊尔国王马亨德拉访华期间，双方就珠峰问题达成协议，协议规定：边界线的南部划入尼泊尔境内，把峰顶的背部划入中国境内，任何人从北坡攀登珠穆朗玛峰，经中国政府批准后，应该通知尼泊尔政府，任何人从南面攀登萨加·玛塔峰，经尼泊尔政府批准后，应该通知中国政府。1961年10月5日，刘少奇和马亨德拉签订《中尼边界条约》，彻底解决了珠穆朗玛峰的归属问题。

至此，周恩来一个月的亚洲出访结束。通过这一个月的访问，周恩来将中国人民爱好和平的形象展现给世界，比较顺利地解决了中缅和中尼边界问题。这样也使得中印边界冲突事件之后形成的紧张局势暂时缓和下来，得到亚洲邻国的肯定。

5月25日会见英国元帅蒙哥马利——中国人民支持蒙哥马利元帅为缓和国际紧张局势和为世界和平所作的努力

蒙哥马利，英国陆军元帅，是西方世界声名显著、家喻户晓的军事战略家，参加过两次世界大战，战功赫赫，以干练和坚强著称。1946至1948年任英国总参谋长，1948 年至 1951 年任西欧联盟主席。1951 年至 1958 年任北大西洋公约组织军队副司令。1960 年，退役后的蒙哥马利元帅带着对东方世界的疑虑两次来到中国，作了短期访问。访问期间和毛泽东、周恩来、刘少奇等进行了多次谈话。

1960 年 5 月 25 日上午 10 时 20 分，周恩来在中南海西花厅和英国蒙哥马利元帅进行第一次会谈。周恩来首先向蒙哥马利伸出友好之手，欢迎他来到中国。简单的寒暄过后，双方的谈话很快进入正题。

蒙哥马利首先对东西方之间的问题表示了看法，他说：我不同意东西方之间的问题只有通过战争才能解决。西方的政治领袖们好像找不到这样一种解决方法。麻烦之一在于西方世界认为东方集团会进攻他们，而东方集团认为西方集团会进攻他们。实际上任何一方都没有发动进攻的意图，这是我的看法。可是我不能够使美国所领导的西方国家认识到东方集团不愿意战争。

周恩来说：可以找到和平共处的好办法，但是需要创造条件。你说的话我一半赞成，一半表示不同的看法。东方集团——也就是你说的社会主义阵营。没有向外进攻的意图，这是正确的，但另一方面，你说西方集团不打算发动进攻，这就不完全如此了，拿英国和法国来说，它们不愿意挑起一个新的世界大战，但是它们进行局部战争，这是不利于和缓局势的。至于美国的情况就更不同了。最近以来，经常有美国的飞机在中缅、中印边境上高空飞翔，并深入到我国西藏、青海空降特务、无线电及武器。这完全是侵略，超出了一般的间谍活动。如果我们在他们的威胁下表现软弱，那么战争贩子就可能发动一次新的世界大战。周恩来还对世界局势表示了自己的看法，他认为当今的世界局势是，发动新的世界大战的可能性很小，但是不是没有。争取世界持久和平的可能性比较大。并询问蒙哥马利元帅对此的看法。蒙哥马利元帅表示同意周恩来的看法，说：我个人认为，要取消互相之间的猜疑，应该从取消对别的国家的军事占领开始，让大家回到他们的本国。

之后，话题转到了中国的经济建设问题上来。蒙哥马利元帅问：当前需要一个长期的和平环境，以便从事经济建设。但是，五十年以后，当中国成为一个经济上强大而又有很多人口的伟大国家以后，它想干些什么呢？中国的最终目的是什么呢？潜台词是中国一旦强大起来后，会不会对外进行扩张侵略。

周恩来说：你说中国需要一个长期的和平建设，这种看法是对的。你知道，中国在经济上要比西方国家落后至少一百年，如果不是两百年的话。我们要在经济方面、在科学水平和人民生活水平方面赶上西方国家，就不能够等一百年，因为一百年以后你们又前进了。我们说各国应该平等，但是平等不能只是口头上说说。实际的平等要看生产和人民的生活水平。中国是一个一穷二落后的国家，加快我们的建设是我们最迫切的任务。过去一百多年来，不断的内战使得中国极端贫穷和落后，使中国人民喘不过气来。根源是内在的和外来的压迫，这点你是了解的。我们需要一个长期和平的国际环境来进行长期的建设。更主要的是，我们的制度和我们的基本政策不容许我们向外扩张进行侵略。如果我们这样做，我们一定会失败。如果我们进行侵略扩张，就背弃了社会主义。我们可以负责任地对你说，不仅我们这一代不会向外扩张侵略，我们还要教育下一代也不要这样做。可能西方国家不相信我们的话，但我们必须把我们的坚定立场说清楚。周恩来还列举了中国所实行的一系列内政外交政策，包括中国愿意与周边国家谈判解决边界，绝不首先使用武力的政策。

在谈到不同社会制度的问题时，周恩来说：我们承认不同社会制度的国家可以和平共处，不过这是要有条件的。要互相尊重主权和领土完整，互不侵犯，互不干涉内政，平等互利。这就是我们所说的和平共处五项原则。和平共处不能是一方面侵略，另一方面被侵略，这样怎么和平得了？我非常同意你的意见，即一切外国军队撤回各自的领土，大家搞好各自国内的事。

关于"战争不可避免理论"，周恩来说："战争不可避免是一种想法。因为只要帝国主义作为战争的根源继续存在，战争的可能性也继续存在。另一种想法是如果搞得好，如果作出努力，可以阻止战争。这是两种可能性，我们把这两种可能性都考虑在内。"蒙哥马利对周恩来的回答和反应表示佩服，并表示："我回到欧洲后，愿意告诉西方世界，他们用不着害怕中国，因为中国曾饱受外国侵略的痛苦，它不会将侵略强加于人。中国的最终命运是作为一个和平的国家同其他国家和平相处。"

5月26日下午5时45分，周恩来在人民大会堂福建厅和英国蒙哥马利元帅进行第二次会谈时，就中美关系和台湾问题等交换了看法。

周恩来说：中美关系交恶的责任在美国。社会主义阵营与西方集团的彼此猜疑和仇恨是美国制造的。中美两国人民都愿意彼此友好。他们之间没有什么猜疑和仇恨，没有根本的利益冲突。美国在太平洋东边。我们在太平洋西边。我们从来没有说过，华盛顿的政府不是美国政府，而美国常说我们的政府不是中国政府。敌视是美国开始的。它既然敌视我们，我们当然也敌视它。我们敌视和反对的，是它的侵略政策和战争政策，是它侵占台湾。我们没有跑到火奴鲁鲁和加利福尼亚海岸去。如果要改善中美关系，正如阁下所说的，美国应该首先采取步骤。先在日内瓦、以后在华沙进行的中美谈判中，我们都作了努力。我们曾经建议，中国和美国发表共同声明，表示应该坐下来和平谈判解决两国之间的争端，包括两国在台湾海峡的争端，而不诉诸武力或武力威胁。这是很友好的建议，但是美国不干。

周总理还指出：改善中美关系的先决问题是：一、美国承认台湾是中国的一部分；二、美军撤出台湾和台湾海峡。如果美国承认这两个原则，自然我们愿意同美国进行谈判。我们可以在华沙或者在别的地方同美国谈判如何从台湾和台湾海峡撤走美军的问题。另一方面，既然台湾是中国的一部分，中央政府可以同台湾地方政府或者说蒋介石政府谈判台湾回归祖国的问题。我们力争谈判解决。

蒙哥马利元帅对中国的这一态度表示赞赏，并表示回国后，就着手动员世界舆论。并努力说服美国必须作出三点让步。第一，必须承认台湾是中国的一部分；第二，美国必须把军队从台湾及台湾海峡撤出去；第三，做到以上两点后，美国必须同意有关台湾的问题由北京政府同台湾谈判解决。周恩来对蒙哥马利元帅的态度表示认可，但是心里也明白这件事情的艰难程度。

当天晚上，周恩来在人民大会堂宴会厅为英国蒙哥马利元帅举行的欢迎宴会上讲话时表示：中国人民支持蒙哥马利元帅为缓和国际紧张局势和为世界和平所作的努力。

8月27日会见日本日中贸易促进会专务理事铃木一雄——关于促进中日关系的政治三原则和贸易三原则

在岸信介上台执政后，日本对华政策发生转变。两国关系进入紧张状态。

1960年8月27日，周恩来会见了日中贸易促进会专务理事铃木一雄，进一步提出了"贸易三原则"：政府协定、民间合同、个别照顾。

周恩来说：日本人喜欢用三原则，现在我也说一个三原则，这就是中日贸易的三原则。这个三原则是在同岸信介敌视中国的政策进行斗争的过程中产生出来的。过去中日双方曾经搞过民间团体协定，想通过民间协定来发展中日贸易。经过岸信介政府这一段时期，证明这种做法行不通。岸信介不承认、不保证民间协定的实施，并且采取敌视中国的政策来破坏它。我们不能容忍这种行动，只好将中日贸易来往停了两年多。根据中日两国人民的愿望，中日贸易如果能够逐渐恢复起来，对两国人民都有好处。但是，池田政府的态度究竟如何，我们还要看一看。我们现在提出贸易三原则，就是：

一、政府协定；

二、民间合同；

三、个别照顾（指对中小企业有特别困难者）。

首先，一切协定今后必须由双方政府缔结，才有保证，因为过去的民间协定，日本政府不愿给以保证。至于政府协定，总要在两国政府向着友好方向发展，并且建立起正常关系的情况下才能签订，否则不可能签订。

关于两国政府关系，还是坚持过去我们说过的政治三原则。过去的政治三原则并不是对日本政府有所苛求，而是很公平的。这就是说：第一，日本政府不能敌视中国。因为中国政府并不敌视日本，并且承认日本的存在，高兴地看到日本人民的发展。如果双方进行谈判，当然以日本政府为对手。但是，日本政府对中国并不如此，不承认新中国的存在，而且相反地敌视新中国，承认台湾，说它代表中国。日本政府也不以新中国政府为谈判的对手。第二，不能追随美国，搞"两个中国"的阴谋。美国这样做，日本追随，我们当然反对。第三，不要阻碍中日两国关系向正常化方向发展。我们这个三原则是很公道的，反过来看就清楚了。第一，中国政府并不敌视日本，愿意同日本友好；第二，中国政府只承认一个日本，并不搞两个日本，而且要谈判总会以日本政府为对手；第三，总是鼓励、支持和帮助中日关系向正常化方向发展。为什么日本政府不该这样做呢？新的日本政府，最近有些讲话是不好的，我们还要看一看。1957年我当外长，1958年陈毅副总理当外长，两次谴责岸信介政府的对华政策，都是根据岸信介很多敌视中国的言论和活动才这样做的。所以现在对池田政府也要看一看。基于上述情况，我们得出结论：两国任何协定都要通过政府来签订，民间协定没有保证，这包括贸易、渔业、邮政、航运，等等。

其次，是不是没有协定两国之间就不能做买卖呢？不然。在条件成熟的时候是可以的，可以签订民间合同。比如日本某企业同中国某公司双方表示友好，又根据双方需要，就可以谈判签订合同，做一笔定期的生意。如果合同履行得好，双方关系也好，两国政治环境又向好的方向发展，也可以把短期合同变成比较长期的合同。这是从前途方面着想的。

再次，是个别照顾。这样做已经两年了。中小企业有特殊困难，日本总评和中华全国总工会站在有特殊困难，日本总评劳动人民的立场上进行斡旋，这是对的。今后还可以继续照顾，并且根据需要，数量也可以增加一些。

日中贸易促进会可以根据上述中日贸易三原则，对你们认为友好的、有可能做的、对双方都有利的生意，可以进行介绍。可以同我国的国际贸易促进会接洽，他们懂得这个三原则。个别照顾，中华全国总工会也知道，可以找总工会谈。铃木先生回去以后，也可以同日中贸易促进会的有关公司的朋友们谈谈。

三原则提出后，中国政府对日方面就形成了"政治三原则"、"贸易三原则"和"政经不可分"的完整的对日方针，为中日关系的发展开创了一个新局面。

10月2日至5日三次会见阿尔及利亚临时政府总理阿巴斯——反对帝国主义侵略

阿尔及利亚民主人民共和国，简称阿尔及利亚，位于非洲北部，是非洲面积最大的国家。1830年，法国开始入侵，阿尔及利亚逐渐沦为法国殖民地。之后，阿尔及利亚人民为反抗法国的殖民统治，争取民族的独立和自由，进行了一百多年的艰苦斗争。1954年11月，阿尔及利亚人民为反对法国殖民主义者的武装镇压举行了全民武装起义。这是阿尔及利亚民族解放斗争历史的一个重要转折点。从这个时候起，阿尔及利亚人民和民族解放事业就不断获得胜利，并且在斗争中不断壮大自己的力量。尽管法国殖民主义者采取各种野蛮的武装镇压和狡猾的政治欺骗，都不能挽救它殖民统治的失败。1958年9月19日以阿巴斯总理为首的阿尔及利亚共和国临时政府的成立，更标志着阿尔及利亚人民的民族解放斗争进入了一个新阶段。

阿尔及利亚奉行独立、自主和不结盟的外交政策，主张尊重国家主权与领土完整、互不干涉内政、互不使用武力，相互尊重、互利和对话基础上寻求广泛合作。反对大国强权政治。

1958年12月20日，阿尔及利亚与中国建立外交关系，两国友好合作不断发展。

1960年9月29日下午，阿尔及利亚人民的代表、阿临时政府总理阿巴斯·费尔哈特和由他率领的阿尔及利亚临时政府代表团抵达中国，开始对中国进行访问。周恩来前往机场欢迎，首都数十万群众也对阿巴斯的来访给予热烈的欢迎。

29日晚7时20分，周恩来在人民大会堂会见阿巴斯总理和代表团全体成员，并举行盛大欢迎宴会。在宴会上发表讲话时指出：阿尔及利亚人民进行的民族解放斗争是当代殖民地革命运动一个重要发展。现在，民族独立运动的熊熊烽火已经燃遍了整个非洲大陆，所谓"黑暗大陆"已经破晓。我们高兴地看到阿尔及利亚的民族解放斗争已经解放了占阿尔及利亚人口半数以上的广大地区，并且在这些地区建立了自己的政权组织。这是阿尔及利亚人民正义斗争的伟大胜利。我们深信，只要继续坚持斗争，阿尔及利亚人民必将取得最后的胜利。现在，以阿巴斯总理阁下为首的阿尔及利亚共和国临时政府，正在领导阿尔及利亚人民，排除一切困难，坚持和发展民族解放斗争，朝着全部、彻底解放自己国土的目标奋勇前进。中国人民对阿尔及利亚人民的英勇斗争，表示极大的钦佩，并且衷心祝贺你们从胜利走向更大的胜利！

9月30日下午3时10分，周恩来在中南海勤政殿陪同毛泽东会见阿尔及利亚临时政府总理阿巴斯。晚上，在人民大会堂举行的国庆招待会上讲话时说：中国人民和中国政府一贯地坚持和平的外交政策，主张不同社会制度的国家和平共处，主张通过和平谈判解决一切国际争端，而不诉诸武力，并且同全世界爱好和平的人民和国家一道，为反对帝国主义侵略、保卫世界和平，进行了坚持不懈的努力。

10月1日下午2时，周恩来在中南海西花厅同阿尔及利亚临时政府总理阿巴斯举行第一次会谈。

10月3日上午10时30分，周恩来在中南海西花厅同阿尔及利亚临时政府总理阿巴斯进行第二次会谈。

在谈到武装斗争和外交斗争的关系时说：你们在决不放下武器、坚持武装斗争的同时，不排除通过平等谈判来进行争取民族独立的政治斗争的方针是正确的。外交斗争是政治斗争的一个部分。武装斗争和外交斗争应有主从，我们认为，应该以武装斗争为主，外交斗争是配合武装斗争的。戴高乐所以要同你们谈判，正是因为你们始终坚持着武装斗争。所以，武装斗争是基础，没有武装斗争，外交斗争将软弱无力。在刚刚取得独立的国家为维护自己的独立而进行的斗争中，也有值得引为教训的经验，刚果就是一个例子。刚果政府做错了两件事：其一，是把联合国请来，结果来了包括美国在内的帝国主义国家，它们比比利时更强、更凶恶、更不容易对付；其二，是让联合国军队解除自己的武装。于是，刚果局势就日益严重起来。被压迫的人民和民族在任何时候都不应该放下武器。因为武器总是在殖民主义者和反动派的手中，被压迫的人民是不容易得到武器的，所以一旦掌握了武器，就无论如何不要放下。

10月4日下午4时，周恩来出度首都各界为阿尔及利亚临时政府总理阿巴斯举行的万人欢迎大会。阿巴斯在会上发表了讲话：我们代表团，在短暂的访问期间，看到了伟大的人民正在从事建设，也看到了他们所取得的巨大的和美好的成就。我们的代表团到处都受到了隆重的欢迎。这种热情的敬意是通过我们这几个平凡的人而传达给正在受难和拿起武器从事斗争的阿尔及利亚人民的，对此，请接受我们衷心的谢意。

同时我们向毛泽东主席和中华人民共和国政府致谢，他们用很多时间来接见我们。我们还举行了重要的会谈。由此我们再一次地看到中阿两国人民的友好关系，正在日益巩固。我们一定要把你们对于我们的支援和同情转告我国人民，他们将在斗争中倍增勇气，加强警惕以挫败帝国主义的阴谋。

10月5日上午11时，周恩来在中南海西花厅同阿尔及利亚临时政府总理阿巴斯举行第三次会谈。

三次会谈中不仅涉及阿尔及利亚的斗争形势和进一步发展中阿两国友好合作关系问题，还对亚非地区形势和当前国际形势进行了会谈。

在会谈中，双方认为世界和平的一切障碍和威胁都是由于下列原因所引起的，这就是：帝国主义继续执行侵略政策和战争政策，帝国主义不断加紧对殖民地、半殖民地民族独立运动进行干涉，并且加强血腥镇压和继续进行侵略战争，正如在阿尔及利亚进行的一样。双方还认为，反对帝国主义侵略政策和战争政策，争取自由和和平的坚决斗争是世界各国人民的迫切的、首要的政治任务，这个任务要求他们团结起来。双方承认，殖民地、半殖民地的民族解放运动和世界各国人民争取民主和社会进步的运动，对上述这个斗争都作了重大的贡献。

在会谈中，周恩来还对阿尔及利亚临时政府和民族解放战线领导下的阿尔及利亚人民为争取民族独立而进行的英勇斗争表示赞扬，并且严厉地反对和谴责法国在美国支持下对阿尔及利亚所进行的殖民战争和侵略罪行。中国政府重申其始终不渝地帮助和支持阿尔及利亚人民的正义斗争的坚定立场。中国政府支持坚持和加强武装斗争的阿尔及利亚人民在争取民族独立的战斗中，不排除在平等基础上进行的谈判。这种谈判有助于揭露对方的欺骗。只要阿尔及利亚人民在世界各国人民的支持下坚持斗争，就一定能够战胜一切侵略者，全部解放自己的国土。

阿巴斯总理对中国政府和人民始终不渝地为维护世界和平、实现普遍裁军、禁止核武器、倡导和贯彻和平共处的五项原则、增强亚非各国的团结合作，所作的一系列巨大努力和贡献，以及在反对帝国主义战争政策和侵略政策，支持殖民地半殖民地国家人民争取民族独立的斗争、支持各国人民争取和平、民主和社会进步的斗争中，所采取的坚定不移的正义立场，表示钦佩，并且完全支持中国人民为解放自己的领土台湾的正义斗争。

10月5日上午11时，周恩来在中南海西花厅同阿尔及利亚临时政府总理阿巴斯举行第三次会谈。周恩来和阿巴斯共同签署了《中华人民共和国政府和阿尔及利亚共和国临时政府联合公报》，介绍了本次会谈的情况，声明"双方一直相信，中阿两国和两国人民在反对帝国主义的共同斗争中成长起来的深厚友谊，必将进一步得到巩固和发展"。

10月6日上午，阿巴斯总理和由他率领的阿尔及利亚临时政府代表团结束在中国的访问离京回国，周恩来亲自到机场欢送。

1961 年

2 月 28 日会见由山本熊一率领的日本经济友好访华代表团——中日双方都应该向前看

1961 年 2 月，山本熊一率领的日本经济友好访华代表团来华访问。2 月 28 日，周恩来在人民大会堂接见了代表团，并与之进行了会谈。

在会谈中，周恩来说：解放以后，中国只进行了十一年的建设，我们还需要进行更多的努力，还要进行几十年工作，把中国建设得更好。因此，中国需要国内国外的和平环境。中国过去长期处在战争中，经过几十年的战争，人民取得了胜利，实现了国内和平。现在正努力争取国际和平，这一点凡是来我国参观的外国朋友，包括日本朋友都可以看到。

山本熊一在会谈中表达了对中国人的歉意，说了一些告罪的话。周恩来对此事表示认可，并说：事情已经过去了，我们不必再提，双方都应该向前看，中日两国人民要永远地友好下去。不错，日本军国主义曾经给中国人民造成灾难，同时也给日本人民造成了灾难。这个事情教育了中国人民，使中国人民懂得如何抵抗外来侵略者，使中国人民懂得一切侵略者必然会遭到失败。新中国是反对侵略的，也不会侵略别人，因为我们知道，侵略者必定失败。同样，日本人民在战争中也得到了教训。日本在战争中遭到原子弹的破坏，损失很大，日本人民接受了教训，反对侵略战争的运动正在日益高涨。中日两国人民都应该以历史为鉴，努力消除近几十年来的不愉快事情的影响，使中日两国几千年来的友好关系在新时代的基础上，永远地发展下去。中日两国人民永远地友好下去，这是两国人民的根本利益所在，这是共同的，没有冲突的。

关于"中国建设好了，强大了，是否会侵略别人?"的问题，周恩来表示中国绝对不会走向外扩张的道路。他说：我们只要想到日本人民和中国人民过去所受的灾难，中国人民是会汲取教训的，决不会走国家强大了就向外扩张的路。这不仅是我们的信仰、我们的制度所不允许的，而且从利害关系看也不允许，因为凡是侵略别人都是没有好下场的。几千年来的历史，特别是近现代史都证明了这一点。发动侵略战争必定失败，第一次世界大战的发动者如此，第二次世界大战的发动者也是如此。诸位会问，中国政府负责人讲的话用什么方法来保证呢？将近十年来，我们对许多日本朋友说过，中日两国根据和平共处五项原则改善关系，恢复邦交，签订和平友好和互不侵犯条约，用法律来保证两国关系。实际上我们已经同亚洲许多国家，如缅甸、柬埔寨、阿富汗、尼泊尔建立了这种关系，而且这种关系的范围正在扩大。从长远来看一定会这样。中日两国人民需要通过往来不断发展友好关系。我们已经这样做了，而且有了成效，今后继续这样做下去，成果会更大。

关于中日两国的关系如何发展，周恩来说：中日两国关系，从根本上说必须建立在两国人民友好的基础上。因为这个原因，尽管中日邦交还没有恢复，日本政府承认蒋介石集团代表中国而不承认我们，在这样不友好的情况下，我们就特别加强两国人民的往来。有一个时期，到我国来的日本朋友超过了任何其他国家。岸信介破坏了中日贸易协定以后，双方往来曾经遇到困难，最近有了改变，往来又多起来了，这是可喜的现象。这次你们来，即使一笔买卖不做，也有收获，因为关系密切了，认识也接近起来了。两国人民的往来，不仅是经济方面的，各方面的往来都可以增加。

中日两国经历了战争以后，出现了新的因素。不少日本人从中国回去，也有不少日本人留在中国。战争本来使人对立，但也增加了相互的接触和了解。诸位知道，五千多日本妇女同中国人结婚了，这是历史上少有的，两国已经有了亲戚关系。战争带来不幸，但也带来新的因素。当然，往来和婚姻是为了促进两国人民友好，而不是干涉内政，进行敌对宣传。例如在中国的战犯，绝大多数回去了。大多数回去后表现好，个别敌视中国的也有，他在中国犯了罪，当时在中国表现好。释放回去后，又在宣传不利于日本人民的东西，宣传法西斯思想，给你们造成了麻烦。释放回去的人，一般说是好的，坏的是个别的。当年日本军阀利用嵯峨浩，跟伪满皇帝的弟弟溥杰结婚，企图使满洲彻底殖民化。这次溥仪的弟弟被释放了，他的妻子要求回来。她认为自己是中国人，我们准备让她回来。时代变了，人受到教育是会改变的，这种人还是多数。

在会谈中，周恩来还比较突出的提出了日本复活军国主义的可能性的问题，并指出日本复活军国主义将引起五大矛盾，都将造成对日本国民、日本经济和对华、对东南亚、乃至美国的危害。不能掉以轻心。他说：日本正处在大变动时期，日本经历了战争的灾难，经历了十五年的恢复时期，经济有些发展，人民有些觉醒。日本前途如何，在日本人民中成为新问题。我们认为，广大日本人民是争取走和平、独立、中立、民主道路的，几年来国民运动的发展说明了这一点。但是，我们也看到另外有一小部分人想复活军国主义，走日本的老路。前一条道路中国人民是支持的，因为和平、独立、中立、民主的道路不仅对日本人民有利，对远东和世界和平也有利。作为邻邦，我们应该充分支持。后一条路对远东和亚洲的安全是个威胁，对中国也是个威胁。过去军国主义给亚洲造成灾难，给中国人民造成灾难，也给日本人民造成灾难。因此，这后一条路不能不引起我们的注意。诸位会说，想走后一条路的是极少数人，实现的可能性很小，甚至没有。在我们看来，这种可能性不能说完全没有。日本统治阶级已经有人这样想，美帝国主义也想培养这部分势力作为它侵略亚洲的先锋队。美帝国主义想利用日本人流血，使亚洲人打亚洲人，让日本为它火中取栗。今天，作为友好邻邦我们愿意指出这一点，日本重走军国主义的老路是没有前途的。

周恩来最后表示：山本先生说日本是太平洋的岛国，但是"日本可以对太平洋沿岸国家采取和平、友好、中立的政策，使太平洋真正成为名副其实的太平洋"。

4 月会见老挝王国政府首相富马亲王——支持老挝人民反对美国干涉内政

1954 年日内瓦会议后，法国军队和越南志愿人员刚刚撤离老挝，美国就策动亲美势力推翻了富马政府。1959 年，在美国的策划下，老挝内战全面爆发。1960 年 8 月，伞兵第二营发动政变，富马内阁重新上台，但是亲美势力在美国的支援下，向万象发动了进攻。

中国政府坚决反对美国干涉老挝内政的行为，支持老挝的民主力量。1956 年，富马亲王率领老挝王国政府代表团访华，两国政府表示，按照和平共处五项原则发展两国的睦邻关系。1960 年 11 月，中国政府发表声明，支持老挝王国政府的和平中立政策。1961 年 4 月，中国政府同富马亲王领导的老挝王国政府正式建立外交关系。

1961 年 4 月 22 日至 25 日，老挝王国政府首相富马亲王应周恩来的邀请，来华访问。4 月 22 日下午 3 时，周恩来亲自赶往机场欢迎老挝王国政府首相富马亲王和老挝爱国战线党主席苏发努冯亲王。

当天下午 6 时，周恩来在中南海紫光阁会见梭发那·富马首相和苏发努冯亲王，谈中老两国关系和日内瓦会议等问题，并共进晚餐。

4 月 23 日上午 9 时 30 分，周恩来在中南海西花厅同富马首相、苏发努冯亲王再次会谈。

关于老挝问题，双方在会谈中一致认为，当前老挝的严重局势，是以美国为首的东南亚条约组织的某些成员国支持老挝的叛乱分子，破坏日内瓦协议，干涉老挝内政的结果。老挝人民的迫切愿望是争取和平中立、民族和睦、国家统一和不受外国的干涉。双方重申必须按照 1954 年日内瓦协议的规定保证老挝的主权、独立、统一、领土完整和内政不受干涉，并且一致认为召开柬埔寨国家元首诺罗敦·西哈努克亲王所建议的由十四国参加的扩大的日内瓦会议，是和平解决老挝的唯一有效途径，双方热烈的期望有关国家在即将举行的国际会议上共同努力，切实保证老挝的主权、独立、统一、领土完整和内政不受干涉，以实现老挝人民的愿望、扩大东南亚的和平中立地区和保障印度支那和亚洲的和平。双方还认为有必要指出，美国政府在赞成和平解决老挝问题的同时，仍然在加紧对老挝进行军事干涉。两国对最近美国政府决定在老挝建立所谓的"军事援助顾问团"，表示了强烈的抗议。

关于中老边界地区的蒋介石残余部队，双方也进行了商谈。中国和老挝都注意到外国干涉者正在利用这些残余部队扩大老挝的内战和威胁中国的安全。双方一致认为，为了两国的安宁和友好，这些蒋介石残余部队必须从老挝境内清除。

在会谈中，双方还回顾了自 1960 年 8 月，富马亲王重新担任老挝王国政府的首相以后，两国关系的进一步发展。认为，不断巩固和发展中老两国的友好关系，完全符合两国人民的愿望和根本利益。两国政府已经在 1961 年 3 月就互设经济、文化代表团问题换文，并且决定通过不久即将签订的相应的经济、文化协定加强两国间的经济文化合作。为了帮助老挝的经济发展，并且沟通两国的往来，中国政府决定应老挝王国政府的请求，同意帮助老挝王国修建一条公路。

周恩来还在会谈中，向富马首相表示：中国政府和中国人民坚决地支持他所领导的老挝王国政府以及这个政府所奉行的和平中立、民族和睦和国家统一的政策。中国政府将一如既往的，对老挝人民的爱国斗争给以坚决的支持。

23 日下午 3 时，周恩来在人民大会堂出席首都欢迎老挝贵宾的万人集会。

23 日晚上，周恩来在人民大会堂宴会厅举行盛大国宴热烈欢迎老挝王国政府首相富马亲王、老挝爱国战线党主席苏发努冯亲王和全体老挝贵宾。在宴会讲话中指出：美国政府宣布在老挝成立所谓"军事援助顾问团"，就是美国准备直接参加老挝内战的一个严重步骤；重申支持老挝政府的独立、和平和中立政策，同意西哈努克亲王所提出的召开扩大的日内瓦会议。

4 月 24 日晚 10 时，周恩来在杭州陪同毛泽东主席会见富马首相和苏发努冯亲王。

4 月 25 日，周恩来在杭州和老挝王国政府首相富马亲王发表了《中华人民共和国国务院总理和老挝王国政府首相梭发那·富马亲王联合声明》。

1961 年 5 月，关于老挝问题的第二次日内瓦会议正式召开。中国、苏联、美国、法国、印度、波兰、越南、南越、柬埔寨、老挝、泰国、缅甸等参加了会议。会议上，中美双方展开了唇枪舌剑，中国代表团同许多与会国一起，对美国提出的一系列的无理建议进行了针锋相对的坚决斗争。美国在日内瓦会议上有意采取故意拖延策略，使得会议不得不停顿下来。导致出席会议的社会主义国家的外长在西方与会国家外长回国之时也纷纷回国。陈毅外长也于 1961 年 7 月 4 日回国，留下外交副部长章汉夫继续出席会议。自此，老挝问题的日内瓦会议转为副外长级的谈判。

针对美国在日内瓦会议上的表现及其策略，周恩来早已心知肚明。1961年7月3日晚9时30分，周恩来在钓鱼台宾馆2号楼会见老挝爱国战线党主席苏发努冯亲王时说：日内瓦会议可能拖下去，美国不敢破裂，不想休会，又不想马上达成协议，这与当前局势有联系。局势经常动荡，不利于他们。南朝鲜又发生了政变，张都瑛又倒了，又倒了一个傀儡。富马现在在巴黎，哈里曼也去了，邀请富马到华盛顿，富马不去。美国着急了，现在移尊就教，这是因为你们有力量，他们就低头。如果你们力量再壮大，他们就更要向你们打招呼。帝国主义是看力量办事。

7月9日上午11时25分，周恩来在中南海西花厅接见越南劳动党中央政治局委员黄文欢，谈我中央对老挝问题的意见。

日内瓦会议第一阶段结束之后，老挝的战势发生变化，老挝爱国武装力量在战场上屡屡打败了亲美势力的进攻，1962年5月，消灭了敌人尖锐部队近两万人。占领了要地南塔，从而促进了老挝三方于1962年组成了老挝民主团结政府，实现了停火，并发表了关于老挝王国保持中立的声明。

战场上的胜利也促成了日内瓦会议的成功。1962年7月，历时一年多的第二次日内瓦会议结束，最后签署了《关于老挝中立宣言》和《关于老挝中立的宣言的议定书》。确立了老挝主权、独立、统一、领土完整和不干涉其内政的原则。关于和平解决老挝问题的日内瓦会议圆满结束。

9月21日会见英国元帅蒙哥马利——支持蒙哥马利元帅关于和缓国际紧张局势的三项原则

1960年5月，蒙哥马利第一次到中国访问，只待了5天。他认为5天的访问仅仅能够听到中国领袖们对问题的看法，他想要到实地去看一看，以印证他所"听到"的。在1960年结束访问回国的时候，蒙哥马利提出来了"打算第二年再来"的意见，周恩来当场回答："如果时间方便的话，最好是十月间。那时是中国气候的金秋季节，不冷不热，凉爽宜人，便于你到处走走。"

1961年9月，依照去年约定，蒙哥马利元帅再次到中国进行了为期三周的访问，并访问了几个"不对西方开放的城市"。周恩来特意安排了熊向晖陪同蒙哥马利到各地参观。9月9日，蒙哥马利乘飞机离开北京，先后对包头、太原、西安、延安、三门峡、洛阳、郑州、武汉、广州等地进行了访问。9月20日，蒙哥马利回到北京。9月21日下午2时30分，周恩来在中南海西花厅接见英国蒙哥马利元帅。

会谈开始时蒙哥马利谈了他在各地观看的文艺演出，在谈到《穆桂英挂帅》时，蒙哥马利说："我认为女人当将军不好。"周恩来说："中国许多民间传说里称赞妇女有特殊的原因，因为在旧社会里，她们最受压迫，于是人们用各种形象来表现她们，描写出正义在妇女一边，有女将军、女医生，等等。在许多爱情故事里，也描写妇女表现得最为坚贞。"但是蒙哥马利仍然争辩说："妇女可以做各种各样的事情，但就是不能当将军，不能当元帅。"周恩来没有与蒙哥马利继续争执下去，只是善意的笑了笑。

之后，蒙哥马利就"中国正在走下坡路，人民在挨饿"的西方传言表示了自己的看法，他说："我去了内蒙古、华北、华中许多地方，我所看到的一切都不能为那些说法提供证明，我看到人民生活得很好，大家都在努力工作，虽然有些地方生活还比较原始，但至少人民是愉快的。西方的那些人是在说谎。我回去以后要告诉人们，他们是在说谎。"周恩来对蒙哥马利的称赞表示了感谢。

之后双方谈到了蒙哥马利提出的关于国际局势的三原则。

蒙哥马利说：我经历了两次世界大战，每次战后政治领袖们都说今后再也不会发生战争了，但是两次大战、革命、民族运动又使得世界陷入纷乱之中。西方的政治领导人无法摆脱这种纷乱局面。在陈毅元帅举行的宴会上我提出了三点主张，我认为这可以导致世界摆脱这种纷乱局面。这三点主张过去我分别都说过，但没有一揽子提出来，那天晚上我一揽子提出来了。这当然不会受美国人欢迎，我的很多主张不受美国人欢迎，我并不在乎。我相信，西方多数人，普通的老百姓是会同意我的意见的，许多政府是同意我的意见的。英国政府也同意，只是不敢说，怕得罪美国。我得出一个结论，就是要动员世界舆论来赞成这三点。在外国军队撤退之前，我不相信会有持久和平。只要还有军队留在别国的领土上，并且随时在准备采取军事行动，那就会毒化东西方关系，只能增加东西方的相互怀疑和不信任。一些政治领导人想实现裁军，但他们不懂得只有把军队撤回本国去以后才能实现裁军。他们的做法相反是向国外增派军队，这样就加深了相互怀疑和不信任。我认为这完全是缺乏常识。我相信一般人会同意这一点的。我有这样一个信念，就是只有撤退外国驻军，放弃准备军事行动，才会有持久的和平。如果维持现状，则僵局将继续下去，僵局持续很长，那是危险的。虽然不致有核战争，但也会有其他威胁。总之一句话：他们准备用世界的财富来破坏世界财富，而不是用以提高人民的生活、教育和卫生水平。我认为这简直是发疯。但是，政治领袖们无法走出这种僵局，也许没有那些政客会更好一些。

周恩来说：我很高兴地看到你在陈毅元帅的宴会上的讲话，我也看了你写的文章，你归纳成为三项基本原则，我们完全同意和支持。明天晚宴上，我要表示支持你的三项基本原则。这三项基本原则互相关联，可以分别实行，也可以同时实行。

第一，只能有一个中国，台湾是中国的领土。这是公正的主张，是与中国人民和世界进步舆论的呼声一致的。联合国第十六届大会一开始就遇到这个问题，现在已经有两个提案。新西兰提案代表美国的意见，主张根据联合国宪章第十八条把恢复中国代表权问题作为"重要问题"，必须有三分之二的多数通过。其目的是把这个问题挂起来，或者推迟一年，或者交给一个小组委员会去研究，结果仍是拖延。这是适合美国需要的。另一个是苏联的提案，主张恢复中国在联合国的合法代表权，把蒋介石集团驱逐出联合国。我认为苏联的提案与你的主张是一致的。恢复中国代表权问题是个程序问题。谁能代表中国六亿五千万人民？只有如你所说的北京的政府，而不是台湾的蒋介石。如果接受了美国和新西兰的主张，把恢复中国代表权问题当作"重要问题"来讨论，那就是讨论中国的存在与否，就是干涉中国的内政，这是违反联合国宪章的。联大讨论的"重要问题"只能是国际问题，而不能是一国的内政。内政问题怎么能在联大讨论呢？这次联合国的斗争是个考验，考验有多少国家是对中国友好的，站在你的这个主张的立场上的，有多少国家是站在反对你的这个主张的立场上的，有多少国家是动摇于两者之间的。

第二是两个德国问题。现在只能是两个德国，不可能出现一个德国。现在只有承认第二次世界大战后的既成事实。这是要造成一个和缓的局面所需要的。

第三点更带有关键性，所有外国军队都撤回本国领土。这是一个更公平更彻底的主张。不仅我们赞成，赫鲁晓夫 7 月 8 日在对苏联军事学院毕业生的演说中也赞成你的主张。

周恩来接着就外国军队撤军问题说：所有外国军队都撤回本国领土，我们不仅赞成，而且是这样实行的。我们未等美国同意从南朝鲜撤退军队，就从北朝鲜撤出了志愿军。美国军队现在还在南朝鲜。我们没有一兵一卒在国外。相反是美国军队驻在中国的领土台湾和台湾海峡。所以，我们举双手赞成你的主张。

美国最不愿意接受撤退国外驻军。美国在大半个世界建立了军事基地，派驻了军队，如果撤回去了，它对这些地方的控制就垮了。其实，我看不撤退反而会把当地人民得罪了，结果会像毛主席所说的那样，所有的基地都变成了绞索，使美国动弹不得，最后还是被赶走。美国如果接受你的主张，倒是可以摆脱被动局面，出现有条件的和平共处。如果双方都撤退了国外驻军，也许美国不放心，他们担心一下子撤得很远。他们说，中国离北朝鲜近，只隔条鸭绿江。美国要撤的话，最近也必须撤到日本，或者是撤回太平洋东岸美国本土。我们认为，这也有办法解决。大国可以订立和平公约，安理会有五大国，还可以加上中立国，召开大国会议来讨论、来解决。我们曾经提议亚洲——太平洋地区国家订立互不侵犯的和平公约。所以我们非常赞成你的第三项主张，它可以作为实现全面裁军的前提。

双方的会谈在轻松愉快的氛围中结束。

9 月 22 日下午 2 时 50 分，周恩来在中南海西花厅接见了蒙哥马利元帅。晚上，专门举行宴会饯别蒙哥马利元帅。周恩来在宴会上致词时重申恢复中国在联合国合法权利的立场，坚决反对美国制造"两个中国"的阴谋，赞赏蒙哥马利元帅提出的大家都应当承认一个中国、承认两个德国、一切地方的一切武装部队应当撤退到他们自己的国土上去等三项和缓国际紧张局势的原则。

10 月会见苏共第一书记赫鲁晓夫——最后一次交锋

20 世纪 60 年代初期，中苏关系恶化。1960 年 8 月，赫鲁晓夫单方面撤毁合同，终止 257 个与华科技合作计划，撤走所有的在华专家，严重伤害了中国人民的感情，使得本来已经恶化的中苏关系更加尖锐。面对赫鲁晓夫的挑衅，中国人民坚持独立自主的原则，毫不屈服。周恩来说："就是没有裤子穿，我们也要有自己的核力量。"

1961 年 10 月 15 日，苏共第二十二次代表大会召开，周恩来应苏共中央的邀请，率中国共产党代表团飞赴莫斯科参会。在此期间，周恩来与赫鲁晓夫进行了会谈，这是他最后一次与赫鲁晓夫交锋。

苏共二十二次大会的中心议题是要通过苏共的纲领，但是会议一开始，赫鲁晓夫就把主要矛头指向没有受到邀请的阿尔巴尼亚，再次暴露了社会主义国家内部的矛盾。为了强调社会主义国家内部的团结，周恩来在 19 日的发言中指出：社会主义和国际共产主义运动的团结，是由共同理想和共同事业联结起来的。是在共同斗争中巩固和发展起来的。维护这种团结是我们共产党人的国际主义义务。兄弟党、兄弟国家之间，如果不幸发生了政治和分歧，应该本着无产阶级国际主义的精神，平等和协商一致的原则，耐心地加以解决。对任何一个兄弟党进行不公平的片面指责，无助于团结，无助于问题的解决。把兄弟党、兄弟国家之间的争执公开暴露在敌人面前，不能认为是马克思列宁主义的郑重态度。这种态度只能使亲者痛仇者快。中国共产党真诚希望，有争执和分歧的兄弟党，将会在马克思列宁主义的基础上，在互相尊重独立和平等的基础上，重新团结起来。

会议期间，周恩来和赫鲁晓夫等苏共领导进行了九个小时的会谈，并就斯大林问题、苏阿关系和苏共二十大等问题阐明了中国共产党的立场和态度。

关于阿尔巴尼亚问题，在会谈中，赫鲁晓夫不但肆意攻击阿尔巴尼亚，还把矛头指向中国。周恩来说："每个国家，由于他们的具体情况不同，他们在革命和建设中的做法也会有所区别。但是这不是说有几条道路、几个中心。道路只有一条，这就是十月革命的道路，不过具体做法可以不同，只要我们忠实于马列主义而不是修正主义，则可以将马列主义的普遍真理与具体实践相结合。各国党只有根据自己的条件，积累自己的经验，才能取得胜利。"

在一次会谈中，赫鲁晓夫还指责说：当我们在二十大批判斯大林，中共代表却在发言中捍卫和夸奖斯大林。我到北京的时候还看到挂斯大林的像，这就是反对我们党。周恩来对赫鲁晓夫的言论进行了驳斥。他说：我们对斯大林，不过分推崇，也不故意贬低他在国际共产主义运动中历史地位。

但是，在二十二次代表大会上，赫鲁晓夫仍公开指责中国共产党，并含沙射影地攻击毛泽东。周恩来没等会议结束就提前回国，以示抗议。

1962 年

3 月、6 月、7 月会见出席扩大的日内瓦会议的老挝王国政府代表团——争取印度支那和平

1954 年 4 月，第一次内瓦会议讨论了朝鲜问题和印度支那问题。会议就上述两个议题达成协议，签署了印支三国交战双方停止敌对行动的协定，并发表了《日内瓦会议最后宣言》。会后，美国政府拒不执行会议所定协议，美国代表史密斯拒绝在协议上签字。后来，美国使用各种手段插手印支事务，破坏协议的执行，又在老挝扶植和支持亲美势力，公然操纵和指挥老挝右派军队发动内战，一直发展到直接出兵入侵印支。就在 1961 年 5 月，美国派出"特种部队"进入南越开展"特种战争"，并策动老挝右派两次推翻了中间派以富马亲王为首的联合政府，使老挝陷入全面内战，有关协议被破坏殆尽。

1961 年 5 月 16 日至 1962 年 7 月 23 日，为了和平解决老挝问题，中国、苏联、美国、英国、法国、印度、波兰、越南、南越、柬埔寨、老挝、泰国、缅甸等国，在日内瓦召开了扩大的会议。中国派出了陈毅为团长的代表团参加了此次日内瓦会议。

由于美国等势力的拖延和阻挠，日内瓦会议于 1961 年 5 月开幕以来，屡经坎坷，当年 12 月后曾一度停顿。会议期间，周恩来多次会见了参加日内瓦会议的老挝等国代表团。

1962 年 3 月 5 日中午 12 时，周恩来在中南海西花厅接见并宴请出席扩大的日内瓦会议回国途中经过北京的老挝王国政府代表团团长贵宁·奔舍那和老挝爱国战线党代表团团长富米·冯维希。

周恩来向代表团成员介绍了中国外交和谈判的一些经验。在谈到当时的

中印冲突和谈判问题时，周恩来说："我们从来没有关死过谈判的大门，同美国我们都谈判，何况印度；愿意谈判是一件事，谈成是另一件事。"

1962 年 6 月，老挝民族团结政府成立，老挝国内实现了停火，并发表了关于老挝王国保持中立的声明。日内瓦会议重新恢复活动。

6 月 29 日晚上，周恩来在人民大会堂福建厅接见路过北京前往日内瓦出席关于老挝问题的日内瓦会议的老挝统一代表团团长、老挝临时民族团结政府外交大臣贵宁·奔舍那和团员、新闻、宣传和游览大臣富米·冯维希。在谈话中，周恩来指出："老挝联合政府组成了，这只是走出了第一步，这是胜利的开始。今后路程还很长，还要团结各族人民，发展经济，维护和巩固和平和独立。"

7 月 2 日，周恩来和陈毅会见了越南领导人胡志明，双方就老挝临时民族团结政府成立后，日内瓦会议即将复会以及有可能达成最后协议等问题交换意见。

1962 年 7 月 23 日，扩大的日内瓦会议与会国一致通过了《关于老挝中立的宣言》和《关于老挝中立宣言的议定书》，重申 1954 年日内瓦会议协议中包括的尊重老挝主权、独立、统一、领土完整和不干涉其内政的原则；确认老挝走和平中立的道路，不参加任何军事同盟，不进入任何外国军队；要求所有有关国家不采取任何与上述原则或与这两个文件的其他规定不相符的行动。

7 月 27 日上午，周恩来前往机场接陈毅外长率代表团回国和同机到达的越南外长雍文谦、老挝代表团团员冯维希。

中午，周恩来举行宴会，欢迎出席会议的越南外长雍文谦和老挝代表团团员冯维希。

在宴会上，周恩来祝贺日内瓦会议达成和平解决老挝问题的国际协议。他说："老挝临时民族团结政府已经成立；这个政府所发表的具有历史意义的独立、和平、中立的声明，已经载入国际协议，这些都是伟大的值得祝贺的事件。""协议的签字是新的斗争的开始，协议的执行还取决于各方面的努力，首先是老挝人民自己的努力；参加日内瓦会议的各国只有遵守国际协议的义务，而绝对没有干涉老挝内政的权利。作为老挝的邻邦，我们中国真诚地希望老挝三方面保持团结，为老挝的独立、和平和中立继续奋斗下去。"

老挝代表团团员冯维希在宴会上讲话说："日内瓦会议克服了一次又一次的困难，终于达成了协议，这是老挝人民，也是全世界爱好和平人民的一个重大胜利。只要老挝人民继续提高警惕，加强团结，在社会主义国家和全世界人民的支持下，就一定会胜利地实现这个协议。"

这次漫长的日内瓦会议对和平解决老挝问题及缓和印支与亚洲的紧张局势起到了一定的积极作用，也扩大了我国在世界上的影响，收到良好的效果。

9月会见日本自由民主党顾问、众议院议员松村谦三——"中日两国人民应该友好相处，而且应该世世代代友好下去"

1962年9月13日，应周恩来总理和陈毅副总理的邀请，日本自由民主党顾问、众议院议员松村谦三到达广东，对中国进行访问。随同松村谦三来访的，有自由民主党众议员古井喜实、田川诚一、藤井胜志、小川平二，松村谦三的秘书大久保任晴，日本长期信用银行常务董事田林政吉，松村谦三的女儿小堀治子。另外还有随行记者七名。

中日复交以前，日本自民党政治家松村谦三等为了打破对华关系僵局、推进对华经济文化交流而积极活动，在两国政府及执政党间发挥了沟通政治意图的管道作用，成为日本保守政治营垒中对中日邦交正常化贡献最显著的政治势力。

在此次访华之前，松村谦三曾于1959年10月访问中国，受到周恩来的隆重接待。

9月14日下午，松村谦三一行乘飞机到达北京。

15日，周恩来与松村谦三进行了会谈。松村谦三表示：过去五十年中日本确实给中国人民带来了很大损失，这点只能向你们谢罪。

周恩来说：过去的事就不要再提了，中日两国人民要站在友好的立场上，要向前看，向远处看，为促进中日两国的友好而努力。

晚上，周恩来举行宴会，欢迎日本松村谦三先生。

周恩来在宴会上讲话，并且以他个人的名义，向松村谦三先生及其一行表示阔别三年后重逢的欢迎之意。周恩来说，松村谦三先生踏上中国国土的时候，正值中国的中秋佳节，因此愿以中国的一句古话"花好、月圆、人寿"欢迎松村谦三先生及其一行。中日两国人民应该友好相处，而且应该世世代代友好下去。他赞扬松村谦三先生不仅愿意努力促进中日两国人民的友好团结，而且愿意努力为两国人民后代的友好打下基础。他说，我们应该把眼光放得远一些，看得长一些，对于松村谦三先生的这次访问，我们不仅应该看到今天，还要看到明天。

松村谦三说，我是在本月 4 日接到邀请信的，这一邀请信说，最好在 9 月中旬，或 10 月中旬前来中国访问。10 月中旬我是等不及了，于是 12 日即动身启程，从此可以看出我对访问中国的迫不及待的心情。我们这次到中国的第一天，适逢中国的中秋节日，我们很高兴能够赶上了这样一个吉祥的日子。刚才周恩来总理讲了"花好、月圆、人寿"的热情话，我也希望日中两国的关系永远能够像中秋明月那样的圆满和明亮。

松村谦三说，这次到广州的时候，我曾参谒了孙中山先生的铜像，并且献了花圈。我当时不禁想到了日中两国的友好不是一朝一夕建立起来的。为建立这种关系，中国的孙中山和日本的犬养毅、头山满、大隈重信、宫崎滔天等两国的先驱者，曾经作出了可贵的努力。可是，现在来看看目前日中两国关系中所存在的破绽，我真感到对不起两国的那些先驱者。

松村谦三回顾了他三年前访问中国的情形。并说，现在距我第一次访问中国已经过了三年，这期间国际形势已经发生了变化。他说，要使日中两国关系纳入正轨是要经过一些程序的，但是我们现在就应该做起准备工作。虽然我个人的力量很微小，但是一直为恢复日中两国的关系而努力。我这次来中国访问，就是要和周总理和陈毅副总理交换意见，以便为改变目前日中两国的这种局面和促进两国的亲善关系奠定基础。

16 日、17 日、19 日，周恩来又与松村谦三分别进行了会谈。

在 16 日的谈话中，周恩来指出：要恢复中日邦交，发展中日两国人民的友好合作，应该采取促进和渐进的办法。但是，政治和经济的关系是不可分割的，我们对过去主张的政治三原则，还是坚持的。对日本政府，在大是大非面前，我们要保留批评的权利。

17 日，周恩来向松村谦三介绍了中日交往的政治三原则和贸易三原则。认为政治三原则是友好往来的尺度，而且早已被广泛地应用。这也是中日往来的初步基础。

在谈到日本有一小撮人想复活日本军国主义问题时，周恩来说，在第二次世界大战中受过苦难的人不能不关心日本军国主义的复活，中国人民吃过五十年苦头，更不能不关心这个问题。

19 日，周恩来就会谈中存在的分歧指出：见解不同没有关系，只要能够寻求共同的办法就行。

同日，松村谦三举行告别宴会，向中国各方面的人士辞行，周恩来应邀出席宴会。

松村谦三在宴会开始时讲话。他说，同周恩来总理和陈毅副总理所举行的会谈，为中日两国亲善奠定了基础，开辟了道路。他说，我们这次应邀访华可以说不虚此行，我们将抱着很大的喜悦满意地返回祖国。这次访问是很有意义的，它将有助于我们两国关系逐步纳入同文同种的轨道。周恩来总理和陈毅副总理同我们进行了许多谈话，谈到东方毕竟是东方，亚洲人应该改变世界的历史。我们应该成为一体，加强同文同种的联系。正如周恩来总理所说的，我们两国人民应该世世代代友好下去。我们的这次访问为这一事业的基础放下了一块基石。

周总理说，中日两国的政治关系和经济关系既要能够结合起来发展，也要能够平行发展，而且这两方面的关系要能够相互影响，相互促进，而不是相反。周总理还表示同意，中日两国首先是两国人民，应该采用渐进的和积累的方式，把两国的政治和经济关系发展起来，以利于促进两国关系的正常化。

20 日上午，松村谦三一行乘飞机离开北京，前往上海等地参观访问。根据周恩来和松村谦三谈话中关于扩大中日民间贸易的精神，中日双方开始酝酿民间贸易备忘录。

为了打破中日两国关系僵局、推进双方经济文化交流，周恩来非常重视两国政府之外的其他交往方式。

当年 10 月 29 日，周恩来和陈毅接见并宴请了日本前通商产业大臣、自由民主党国会议员高崎达之助。

周恩来在宴会上讲话指出：一切事物的发展都是由小而大、由少而多逐渐地积累发展起来的。一件新的有发展前途的事情在开始时大多是简单的，而在最后完成的时候却常是巨大的。中日贸易的发展应该用渐进的、积累的方式进行。毫无疑问，中日贸易发展的前途非常广阔，中日两国互通有无的需要是很多的。但是，中日友好的道路还会有曲折。我们应该披荆斩棘，不把障碍看在眼里，为中日两国人民世世代代的友好而努力前进。

10月30日、11月1日，周恩来又分别与高崎达之助会谈。在后一次会谈中，周恩来提出，两国贸易要建立在平等互利原则的基础上，目前中国是搞以货易货，贸易采取积累和渐进方式，我们的贸易是民间性贸易。双方还谈到了银行结汇等具体问题。

10月11日至13日会见朝鲜首相金日成——商议中朝边界问题

朝鲜是周恩来访问最多的国家。金日成比周恩来小14岁，两人患难之交。朝鲜民主主义人民共和国1948年9月9日诞生，金日成担任首相。一年后，新中国宣告成立，周恩来出任总理兼外交部长。金日成立即指示朝鲜外务相致电周恩来，希望与中国建立外交关系。周恩来很快派出中国外交官到朝鲜建立大使馆。

1962年10月11日至13日，在陈毅副总理陪同下，周恩来第二次访问了朝鲜，受到金日成的欢迎。周恩来与金日成就中国国内情况，中印、中蒙边界问题，中朝边界、两国贸易等问题进行了会谈。

当时，尼赫鲁多次派人向朝鲜领导人歪曲中印边界冲突情况，将责任完全推给中国。因此，周恩来此行的一个重要目的是向金日成介绍中印边界情况。

周恩来说："为了解决中印边界问题，1961年我和陈总去印度和尼赫鲁会谈，证明他们没有诚意解决边界问题。回来后我们就建议为了避免双方人员的冲突，各自从当时的巡逻线上撤退20公里搞一个缓冲区。以后，我们主动撤了，但印度方面没有撤。这样保持了一年半的时间没有发生问题。今年，台湾海峡有些紧张，中苏关系不好的消息传出后，印度就配合美国和蒋介石在中印边界闹事。"

金日成对中印边界犬牙交错的情况表示忧虑,询问中国的态度。周恩来坦然相告:"我们的方针是:你不打我,我也不打你。你进攻我,我击退你,我不出击。"

金日成称赞中国的高姿态做法,又询问中国对麦克马洪线的态度。周恩来说,"我们的方针是不承认,也不超过,我们打算和他们谈判。"

周恩来说明:通过和平谈判和直接对话的方式友好地解决中印两国的边界争端,这是中国政府的一贯主张,周边国家有目共睹。金日成对此有切身体会,相信周恩来讲的是事实。

周恩来和金日成都认为中朝边界条约应该成为模范条约。12日,周恩来和金日成分别代表两国政府在《中国和朝鲜边界条约》上签字,以使两国关系建立在更为牢固的基础上。13日,周恩来乘飞机回到了北京。

《中国和朝鲜边界条约》主要内容就五条,第一条内容主要划分了两国边界的走向;第二条规定了界河中的岛屿和沙洲的归属原则;第三条规定了界河上边界的宽度,任何时候都以水面的宽度为准。两国共同管理、共同使用,包括航行、渔猎和使用河水等,以及鸭绿江口外水域的划分原则;第四条主要规定了本条约签订后即成立两国边界联检委员会,开始联检;第五条规定了换文方式。

根据《中朝边界条约》第四条的规定,中朝边界联合委员会勘定了两国边界,通过平等协商、友好合作,圆满地完成了两国边界的勘察、竖桩和确定界河中岛屿和沙洲的归属的任务,明确和具体地勘定了两国的边界。1964年3月20日,在北京,陈毅和朴成哲分别代表两国签订了《中朝边界议定书》。

10月29日、11月21日会见缅甸驻华大使叫温——中印边界问题

1962年10月20日清晨,印度军队终于发动了大规模进攻,中国边防部队在印军的猛烈炮火下,遭受严重的伤亡。在忍无可忍的情况下,中共中央发出进行自卫还击的命令。

中印边界冲突事态加剧，引起世界各国的严重关切。锡兰、缅甸、柬埔寨、几内亚、阿联等国的领导人纷纷给周恩来写信或派大使前来了解情况。从同各国来使的交谈和对一些材料的研究中，周恩来发现大多数亚非国家是同情中国的，但也有一部分人并不理解中国为什么不能接受印度的条件而一定要坚持自己的立场。

1962年10月29日晚11时15分，周恩来在中南海西花厅接见了缅甸驻华大使叫温，接受大使转交的奈温主席关于中印边界问题的来信。

周恩来在与叫温的谈话中说明：所谓恢复9月8日以前所存在的边界现状的建议是印度政府在我国政府24日发表声明之后提出的。9月8日以前，只是印度向我国领土推进。在中印边界西段，深入我国新疆阿克赛钦和西藏阿里地区；在东段超越了所谓"麦克马洪线"，并推进到"麦克马洪线"以北，侵占了大片中国领土，这就是我们提出的克节朗河地区。显而易见，印方提出要把边界现状恢复到9月8日以前的状况，就是说要我们在东段从"麦克马洪线"以北的地方还要往北退。这怎么能叫停火？这等于是要我们投降！

周恩来又说：如果恢复到10月20日前的边界状况，那么，印度不只是占领9月8日前侵占我们的地方，而且还要占领更多的地方。现在中国政府仍然坚持自己的建议，即双方各自从实际控制线后撤20公里，脱离接触，这样就可以避免发生冲突，以便有利于谈判。我们所讲的实际控制线，在西段和中段大体上就是传统习惯线，即印方没有入侵以前的边界线。这一建议是最公平、最合理的，对双方都有利。按照印度的说法，这也就是体面的、尊严的和自尊的。

11月15日，为了更清楚地向各国人民说明真相，周恩来以国务院总理名义发表了致亚非二十五个国家领导人的信，全面阐述了中印边界问题的背景和中国政府和平解决中印边界问题的一贯立场。事前，周恩来做了大量的研究工作，正如他常说的："我不是历史学家，但每解决一个边界问题，我就要研究一下跟邻国的关系。"

周恩来在信中说："今天这种不幸的局面是印度政府一手造成的。""中国政府并不灰心，我们愿意向前看。不管眼前的情况怎样复杂，中国政府谋求和平解决中印边界问题的决心是坚定不移的。只要还有一线希望，中国政府将继续寻求和解的途径，主动地创造有利于停止边境冲突的条件。"

这个月中旬，经过第二阶段反击作战，中国边防部队在东段控制了麦克马洪线以南的大片土地；在西段驱逐入侵印军，拔除印军全部侵略据点。印度政府发动大规模进攻，不但没有得到他们预期的好处，反而陷入越来越被动的局面。

当时，世界舆论都认为中国军队必将在战场上充分利用已经取得的有利态势，乘胜追击，扩大战果。中国政府却出人意料地决定立刻在中印边界全线主动停火，并准备后撤。

11 月 21 日零时，中国政府发表声明，宣布从 11 月 22 日零时起，中国边防部队在中印边界全线停火；从 12 月 1 日起，中国边防部队全线按实际控制线后撤 20 公里。

20 分钟后，周恩来和陈毅在中南海西花厅约见印度驻华使馆临时代办班纳吉，通知印方中国政府关于中国边防部队将在中印边界全线停火和主动后撤的声明的主要内容，并希望印方积极响应，采取相应措施。

凌晨，周恩来又同陈毅先后接见了印尼驻华大使苏卡尼和缅甸驻华大使叫温。

周恩来将 21 日中国政府的声明通知苏卡尼大使，并希望印尼总统苏加诺利用其影响，推动印度采取相应措施。

周恩来向叫温大使详细说明中国采取的主动步骤，并说：如果印度不回答或来不及回答是否要响应这一措施，我们仍将先主动停火和后撤。

苏卡尼认为：中国政府的主动措施"是很明智的措施"。

叫温表示：这些措施是"崇高而宽大"的，并认为："印度政府应该予以接受，并采取同样措施。"

10 月 30 日、31 日会见英国前工党议员马尔科姆·麦克唐纳
——"中国需要一个和平的环境来搞建设"

10 月 30 日、31 日，周恩来接见了应陈毅之邀来华作三周访问的英国前工党议员马尔科姆·麦克唐纳。在此之前，麦克唐纳曾经两次访华。

周恩来同他谈到中国的建设方针、中美关系、中英关系和中印边境等问题，并赞扬了麦克唐纳在日内瓦会议上做了有益的工作。

麦克唐纳在中国参观了一些城市，他认为，"中国人正在埋头进行生产建设，无意向外扩张"。

周恩来强调，"中国需要一个和平的环境来搞建设"，"我们珍惜统一、和平的时机，准备用几十年的时间把中国从一穷二白的状况中建设起来，赶上先进国家，我们所依靠的是广大的人民，在农村主要靠农民的生产积极性，靠大规模地组织集体的力量；另一方面，也要照顾农民，基本生产单位放在生产队。两者结合起来，这是几年来我们在农业方面摸索取得的经验。这是现在的方针。我们进一步需要做的是从各方面动员支援农业，巩固集体经济，并且推行机械化。要发展农业，进行技术改革，总要实行大农经济"。

谈到中美关系，周恩来说："美国政府及其追随者总是有意地敌视中国，不看事实，欺骗人民，对此我们也不在意。任何事情都得靠事实，不是讲空话或叫嚷所能解决的。我们埋头苦干，人们不知道也不要紧，历史发展会证明我们做得对。美国统治者想领导世界，强横霸道，但美国人民有许多优点，值得学习。"

在谈到中印边界问题时，周恩来指出："英国政府不甚了解情况，就根据他们的传统看法讲话，这也是不现实的，引起中国人的反感。在事实面前，在是非面前，应当根据事实讲话，应当有是非。"

12月25日至27日会见蒙古人民共和国部长会议主席泽登巴尔
——商议中蒙边界问题

12月25日上午，蒙古人民共和国部长会议主席泽登巴尔乘专机到达北京，周恩来、贺龙、陈毅、李先念等国家领导人，前往机场欢迎蒙古贵宾。此次访华，泽登巴尔主席是应周恩来总理的邀请，来我国访问和签订中蒙边界条约的。

周恩来总理首先在机场上讲话，代表中国政府和人民向蒙古贵宾们表示热烈的欢迎。他说，中蒙两国人民在马克思列宁主义和无产阶级国际主义原则的基础上建立起来的友好合作关系，不仅促进了双方社会主义建设事业的共同高涨，而且有助于加强社会主义阵营的团结和力量。周总理说，中国人民将坚持不渝地按照莫斯科宣言和莫斯科声明的原则，在马克思列宁主义的基础上，加强同蒙古人民的团结。

泽登巴尔主席在机场上讲话，他代表蒙古政府和人民，向中国政府和人民表示热烈和衷心的敬意。他说，我们来到贵国是为了签订蒙古人民共和国和中华人民共和国边界条约，这个条约是我们两个兄弟邻邦政府通过最近所顺利举行的确定边界线的友好谈判的结果而拟定的。

下午5时15分，周恩来在人民大会堂浙江厅会见蒙古人民共和国部长会议主席泽登巴尔。

晚上，周恩来在人民大会堂举行盛大宴会，热烈欢迎蒙古人民共和国部长会议主席泽登巴尔和随行的其他蒙古贵宾。

周恩来总理在宴会上讲话，赞扬了蒙古人民在社会主义建设中取得的成就，回顾了近年来中蒙两国兄弟友谊的发展。周总理说，泽登巴尔主席这次应邀前来我国作友好访问，并且将签订中华人民共和国和蒙古人民共和国之间的边界条约。毫无疑问，这将成为中蒙两国友好关系史上的一个新的里程碑。

在谈到国际形势时，周恩来指出：目前国际形势总的说来很好，社会主义力量不断壮大，民族民主运动继续高涨。美帝国主义在古巴以及在世界各地的侵略活动和战争挑衅，遭到了严重的挫败。帝国主义国家面临着越来越大的困难，它们之间的矛盾更加尖锐化。但是，帝国主义和一切反动派的本性是不会改变的。美帝国主义正在继续推行独霸世界的侵略政策和战争政策。他谴责美帝国主义正在亚洲加紧策动"日韩会谈"，拼凑"东北亚军事联盟"；大规模地血腥镇压越南南方人民的爱国正义斗争；积极援助印度，企图扩大中印边境冲突，并且还在中国沿海地区加紧军事挑衅活动。周总理说，亚洲人民和全世界人民必须提高警惕，加强团结，为维护亚洲和世界的和平，进行坚持不懈的斗争。

周恩来接着重申：中国人民一向把维护和加强这种团结，当作自己的神圣职责。我们将一如既往地按照1957年莫斯科宣言和1960年莫斯科声明的革命原则，继续为此而尽一切可能的努力。

泽登巴尔主席在宴会上讲话说，我们两国边界条约的签订一方面鲜明地表现了蒙中两国人民互相友好、互相尊重的深情，另一方面也是一件无疑将为进一步巩固我们两个社会主义国家兄弟友好关系，为加强社会主义各国友好合作事业作出贡献的事件。我们两国人民属于一个大家庭——社会主义各国友好的大家庭，他们有着一个共同的目的——建设社会主义和共产主义，有着共同的思想——马克思列宁主义。

26 日，周恩来与泽登巴尔进行会谈。周恩来介绍了中国与缅甸、尼泊尔、朝鲜等邻国解决边界问题的情况，并说：我们同所有亚洲邻国都能坐下来谈判解决边界问题，这更证明了中国是愿意友好解决同邻国之间的边界问题的。因为这是历史上遗留下来的问题。

12 月 26 日下午，周恩来总理和泽登巴尔主席分别代表两国政府在中华人民共和国和蒙古人民共和国边界条约上签字。

之后，首都各界一万多人举行盛大集会，热烈欢迎蒙古人民共和国部长会议主席泽登巴尔，热烈庆祝中蒙边界条约的签订。

27 日上午，周恩来陪同泽登巴尔和随行的其他贵宾参观了北京体育学院。下午 2 时 45 分，周恩来在约鱼台宾馆 18 号楼同蒙古部长会议主席泽登巴尔举行第二次会谈。

下午 6 时 31 分，周恩来在人民大会堂出席蒙古驻中国大使敦·策伯格米德为泽登巴尔主席访问中国举行的宴会并发表讲话。

27 日晚上，周恩来到火车站欢送泽登巴尔主席。

1963 年

1962 年 12 月 31 日至 1963 年 1 月 8 日会见锡兰总理西丽玛沃·班达拉奈克夫人——谈论中印边界争端问题和中锡两国友好关系的发展

中印边界冲突事态加剧，引起世界各国的严重关切。英国哲学家罗素还多次以个人名义写信给周恩来，希望中国"采取主动，停止当前的战斗"。他对周恩来说："你是否可以带头停火，并寻求印度同意跟随你这样做，以便在大战吞没世界以前得以开始会谈？"锡兰、缅甸、柬埔寨、几内亚、阿联等国的领导人也纷纷给周恩来写信或派大使前来了解情况。

1962 年 12 月 10 日，亚非六国会议将于科伦坡开幕。9 日，周恩来致电西丽玛沃·班达拉奈克夫人并转科伦坡不结盟国家会议，预祝为促进中印双方重开谈判而举行的亚非六国会议成功。周恩来努力表明：中印边界问题应该而且完全可以通过中印两国和平谈判，求得公平合理的解决；中国政府主动地采取了停火和后撤措施，已经使边境冲突停止下来，局势有所缓和，并且中国开始释放印度被俘的伤病人员。

1962 年 12 月 12 日，会议闭幕，会议最后形成了一个六国建议。这个建议看起来是对中印双方提出要求，实际上在西段只要求中国后撤二十公里而印军留在原地不动，并且要由中印两国来讨论在中国领土上由双方设立民政点的问题。这是中国方面所不能接受的。各方希望锡兰总理班达拉奈克夫人在会后访问北京和新德里，向中印两国转达协商结果。

1962 年 12 月 22 日，周恩来在中南海西花厅接见锡兰总理特使、锡兰驻缅甸大使格·斯·佩里斯。佩里斯转交了亚非六国会议向中印两国政府呼吁和平解决中印边界冲突的建议。周恩来说："锡兰总理发起并开成这次会议，达成建议，我们表示钦佩。这次会议的目的是促进中印两国直接谈判，达成边界问题的和平解决。我们不论在什么时候都是要谈判的。我们欢迎班达拉奈克夫人来访，不仅谈中印边界争端问题，而且还要谈中锡两国友好关系的发展。"

12月31日中午，锡兰总理西丽玛沃·班达拉奈克夫人及其随从人员乘飞机到达北京，周恩来冒着零下十度左右的严寒，亲自到机场进行迎接。在机场，周恩来和班达拉奈克夫人分别进行了讲话。

下午3点，周恩来与班达拉奈克夫人进行了第一次会谈，告知对方，印度在中印边界西段建立了四十三个据点。中国边防部队继续全线后撤，西段中方只在两个河各地区保留哨所。

12月31日晚上，周恩来在人民大会堂宴会厅举行盛大宴会，热烈欢迎锡兰总理西丽玛沃·班达拉奈克夫人。席间，周恩来总理和西丽玛沃·班达拉奈克总理先后讲话，受到了中外来宾的热烈鼓掌欢迎。

周恩来赞扬西丽玛沃·班达拉奈克总理是友好的使者，也是和平的使者。周恩来重申，中国政府和中国人民一贯致力于巩固和发展友好睦邻关系，主张通过和平谈判，友好地解决同一切邻国的边界问题。他说："中国同社会主义的兄弟国家和不同社会制度的友好国家，都能够本着平等友好、互谅互让的精神，和平解决历史上遗留下来的复杂问题，为什么只有中印之间的边界争端不但不能同样顺利解决，反而导致违背两国人民意愿的武装冲突呢？"

周恩来说："现在，中印边界全线实际上已经停火，局势已经和缓。""但是，由于印度方面对于中国政府的和平努力，还没有采取相应的措施，目前的停火状态还是不稳定的。帝国主义者正在加紧利用这种局势，毒化中印关系，煽动战争狂热，破坏亚非团结。我们高兴地看到，六国会议一致反对帝国主义者插手中印边界争端和干涉亚非事务，而主张巩固停火，推动双方直接谈判。"

在谈到中锡两国在和平共处五项原则和万隆会议十项原则指导下建立起来的友好合作关系时，周恩来指出，中锡两国"互相尊重、平等对待的友好合作关系，可以毫不夸张地说，为不同社会制度的国家和平共处，提供了一个良好的范例"。他还感谢锡兰政府一贯主张恢复中国在联合国的合法权利，反对制造"两个中国"的阴谋。

西丽玛沃·班达拉奈克总理说:"心目中认为六国会议的直接目的是要创造一种气氛,使由于边界争端而产生的问题得以本着中印友好的精神和睦地讨论。"谈到锡中两国关系,班达拉奈克夫人指出:"我们之间外交关系的建立,文化和宗教方面的交流,以及我们的贸易和经济协定的顺利执行,保证了我们两国之间的联系将会坚固和持久。"她最后祝愿两国人民之间的友谊和亲善永久长存和日益增强。

1963年1月1日上午,班达拉奈克夫人到广济寺拜佛,古刹的大雄宝殿里香烟缭绕,钟鼓齐鸣,喜饶嘉错大师、巨赞法师和正果法师等率领寺内僧侣们举行法会,诵经祝愿西丽玛沃·班达拉奈克总理健康和锡兰人民幸福。班达拉奈克夫人等参加了诵经仪式,并且在殿上拜佛和献花。随后,贵宾们登上舍利阁朝拜了佛牙。拜佛以后,锡兰贵宾乘车观览了首都市容。

下午,周恩来前往宾馆回访锡兰总理班达拉奈克夫人,并同她进行会谈。在谈到中国周围的情况时,周恩来说:中国希望日本军国主义不再复活,摆脱美国控制,同亚非国家友好。希望中印友好、亚非团结和亚洲和平。亚非要团结,要坐下来谈,不要帝国主义插手。

周恩来还表示:"希望阁下在德里和阿里·萨布里(时任阿联部长执行会议主席)以及加纳司法部长一起参加会谈后,请他们到中国来。"

1月2日上午10时30分,周恩来在钓鱼台宾馆18号楼与锡兰总理班达拉奈克夫人继续会谈。班达拉奈克夫人向周恩来介绍了六国会议的情况和会议建议,她说:"中印两国冲突的延长和恶化将最有害于我们长期利益。"

班达拉奈克夫人介绍了亚非六国会议有关中印冲突的建议的有关原则。周恩来充分肯定了六国会议的意义,同时,周恩来直率地指出了六国会议建议中存在的问题。他说:"会议对中印冲突真相的认识是有偏差的。"并说:"我坦率地告诉阁下,可能在发生中印冲突以后,我们让步太多了,引起对方无止境的要求。如果我们当初在冲突发生以后就站在原地不动,也许中立国家斡旋,会要求双方让步百分之五十对百分之五十。"

1月2日晚上,周恩来接见并宴请印度尼西亚副首席部长苏班德里约博士及其随行人员。

1月3日上午10时30分，周恩来在钓鱼台宾馆18号楼与班达拉奈克夫人、苏班德里约就中印边界问题和六国会议的建议举行三方会谈。

在这次会谈中，周恩来指出："尽管六国会议的建议存在部分明确、部分不明确的问题，但是科伦坡会议及其公报和建议仍起了积极和有益的作用，这表现在亚非六国会议是把自己放在调解和呼吁的地位、反对帝国主义插手亚非事务、反对使用武力取得任何领土等六个方面。但是，建议中只要求中国单方面后撤二十公里而印度不动，这不符合会议的精神。"

周恩来更具体地说明了科伦坡建议中存在的问题。他首先指出："关于西段，中国从一九五九年实际控制线后撤二十公里已远离印度侵占的四十三个据点的位置。中国方面的这个行动照顾到了两方面的利益，而会议的建议却主张印度在原地不动，仍留在一九五九年线的中国一侧，并提出要同中国讨论在中国撤出的地区建立双方的民政点。这样做的结果实际上是，中国从两条线都让步，印度在两条线都不让步。"周恩来说："这对我们有些难堪。"

其次，周恩来指出，"建议把解决问题的重点放在西段是因为印度提出了强烈的领土要求。实际上东段和中段都存在问题。如果承认争议地区由双方协商来解决，那么东段的扯冬和朗久，中段的九个地点都应该通过双方协商解决。不应该对一部分地区有建议，对一部分地区没有建议。"

苏班德里约解释说："的确，我们的这一建议不能满足中国的要求。我们的确非常欣赏中国主动停火和主动后撤的措施，这使小国感到安心，因为小国就其本性来说，总是害怕大国的。但是中国的行动证明，她是诚实的，她虽在军事上取得胜利，但仍主动停火和后撤。中国的这一措施对我们是一个很大的帮助。""从公平的观点来说，可能会问为什么提出要中国后撤，而不要印度后撤。从我们的观点来说，我们提出要中国后撤并不是要求中国放弃其领土，而是为了要谋求实现脱离接触作为谈判基础。这是向军事上强的一方面提出的。中国主动后撤二十公里，这个距离也可脱离接触。"

周恩来说："但我们不能让印度进入我军撤出的二十公里以内，不论是军事的或民政的，都不能进来，这是中心之点。"

苏班德里约最后说："如果我们这次能够考试及格，帮助两个大国和平解决边界纠纷，那么将有助于今后解决亚非国家之间的冲突，希望周总理不要把我们考得太多。"

周恩来耐心地解释道："如果拿这一建议来考试，你们及格了，我们就不及格了。人民会通不过，我这总理得撤职。因为这一建议仅要中国一方面承担义务，而未要印度承担任何义务。"

尽管在讨论中双方存在很大差距，但是，周恩来仍旧认真考虑了对方的意见，并根据会谈中得到的启发，提出了对科伦坡建议的两点解释。

1月4日上午10时，会谈继续进行。周恩来郑重提出了这两点解释，请班达拉奈克夫人转告印度政府：

一、在双方官员会晤期间，在东段我们撤出的地区，印军不跟进，而只可派行政人员和民政人员进驻，一直到实际控制线以南；

二、中国从西段实际控制线后撤二十公里以后，印军在九月八日以前侵占的四十三个军事哨所也就空出了，但无论是印军事人员或民政人员都不能进去，该地将是空的。

周恩来还表示：中国主动停火后撤以促使中印直接谈判的声明是继续有效的。不管印度对科伦坡建议采取什么态度，在同锡兰总理会谈后采取什么态度，中国仍按既定方针继续停火并按中国政府声明那样在全线主动后撤，直至脱离实际控制线（即一九五九年十一月七日线）二十公里的地方。这点可以说明中国政府是力求避免中印再发生冲突的。如果印度同意中国对科伦坡建议的两点解释，我们可以同意把这个建议作为中印开始谈判的初步基础。

1963年1月5日，周恩来陪同班达拉奈克夫人、陈毅陪同苏班德里约离京，先后赴杭州、上海参观。

当日，一行人抵达杭州。周恩来陪同毛泽东主席分别会见了班达拉奈克夫人和苏班德里约博士。

1月6日，周恩来与陈毅副总理分别陪同锡兰总理班达拉奈克夫人和印尼副首席部长苏班德里约博士乘专车由杭州赴上海访问。晚10时，在锦江饭店同班达拉奈克夫人、苏班德里约继续会谈，讨论中印边界问题。周恩来拟定中国政府给锡兰总理的备忘录。主要内容是中国对于亚非六国会议的六点建议。

1月7日，周恩来陪同宋庆龄副主席会见了班达拉奈克夫人。当天，为进一步说明中国对六国会议的建议的看法和态度，又写了给班达拉奈克夫人的补充澄清信。

1月8日上午，周恩来陪同班达拉奈克夫人到上海最大的佛教寺院玉佛寺，举行纪念锡兰已故总理所罗门·班达拉奈克六十四岁诞辰的佛教仪式。周恩来再次和班达拉奈克夫人会谈，提出：我们希望同六国都谈一谈，我们无法与尼赫鲁直接谈，只能同六国谈，请你们转达、帮助。

8日，在上海虹桥机场欢送锡兰总理西丽玛沃·班达拉奈克夫人。

班达拉奈克夫人离开中国后便直接去了印度。但印度显然对和平谈判没有太多诚意，以后很长一段时间内，中印边界问题一直没有得到根本解决。

后来，澳大利亚记者内维尔·马克斯韦尔写道："战争无情地暴露了印度的虚弱；同时，尽管它矢口否认，但看来印度已暗中和美国结成同盟，共同反华。因此，它已不再能充当不结盟国家的领导者了。"相反，在解决中印边界问题的过程中，中国的国际地位却得到提高。许许多多亚非地区的朋友，甚至包括一些过去对中国持有偏见和怀疑态度的国家，通过这个事件，承认新中国是热爱和平的。他们希望周恩来到更多的亚非国家去看看，加强彼此间的团结友好。这也是周恩来一直向往的事情。

2月10日至18日会见柬埔寨国家元首诺罗敦·西哈努克亲王——促进中印和解、推动中印直接谈判

1963年2月8日下午，柬埔寨国家元首诺罗敦·西哈努克亲王殿下和夫人乘专机到达昆明，应邀前来我国进行国事访问。这次是西哈努克亲王第四次来我国进行友好访问。

2月10日，周恩来专程到昆明欢迎柬埔寨国家元首西哈努克亲王。周恩来走下飞机以后，同西哈努克亲王和夫人亲切握手，并热情地说："我是来欢迎亲王殿下和夫人的。"周恩来向西哈努克亲王和夫人问好，希望亲王殿下在中国就像在自己家里一样。西哈努克亲王说："我很高兴再见到您，我们在这里就像在自己家里一样。"

下午4时，周恩来在昆明震庄与西哈努克亲王举行第一次会谈。晚上，

周恩来在昆明饭店设便宴，热烈欢迎柬埔贵宾。

在祝酒时周恩来提议，为中柬两国友好，为中柬两国人民永恒的友谊，为西哈努克亲王在科伦坡会议上为促进中印直接谈判和平解决中印边界问题所作的努力干杯。

西哈努克亲王在祝酒时说，周恩来总理从北京专程前来昆明和我们会见，是给我们的一件难以估价的礼物。柬埔寨人民将为此而受到感动。他说，由于刘少奇主席和周恩来总理的邀请，我有权利再次来到中国——我的第二个祖国。你们可以确信，不管中国是在幸运或是遇到不幸的时候，我们都将永远同你们携手前进。2月10时晚10时，周恩来在昆明震庄同西哈努克亲王进行第二次会议。

11日下午4时30分，周恩来和西哈努克亲王进行第二次会谈。在这三次与西哈努克亲王的会谈中，周恩来说明了中印边境冲突发生的经过、尼赫鲁政府制造紧张局势的目的和目前的形势。

周恩来再次强调："科伦坡会议的建议仅是建议，不是仲裁或指令，双方都可以表示同意或不同意。""我们原则上接受建议作为官员会晤的基础，但保留两点解释，不作先决条件。""如果科伦坡会议再次开会，我们有一必不可免的要求，即中印双方必须派出最负责的代表列席会议，说明双方的立场和意见。"

当天晚上，柬埔寨皇家舞蹈团在昆明举行访问中国的首次演出。周恩来陪同西哈努克亲王和夫人一起，欣赏了舞蹈团的精彩演出。诺罗敦·帕花·黛维公主和柬埔寨的舞蹈家、歌唱家们，当晚演出了《仙女舞》、《妖魔与米卡拉仙女》和《神仙欢乐舞》，演奏了柬埔寨传统乐曲等节目。

2月12日，周恩来陪同西哈努克亲王和夫人抵达北京。晚上，出席刘少奇主席和夫人举行的欢迎西哈努克亲王和夫人的盛大宴会。

14日下午，首都各界一万多人在人民大会堂隆重集会，热烈欢迎西哈努克亲王和夫人以及随同来访的全体柬埔寨贵宾。当晚，周恩来和邓颖超设便宴招待了西哈努克亲王和夫人。

15日上午11时20分，周恩来在钓鱼台宾馆18号楼和西哈努克亲王继续进行了会谈。这次会谈重点讨论了中国援助柬埔寨的经济建设等问题。周恩来提出："中国帮助柬埔寨搞工业，规模要适合目前的市场需要，不能太大。""产品的品种、花色要符合柬埔寨人民的爱好。""因此，双方在商谈项目时必须考虑到原料、国内市场和经济上的合算。"

中午，毛泽东主席会见了西哈努克亲王和夫人以及柬埔寨其他贵宾。会见以后，毛泽东又设宴招待西哈努克亲王一行。

下午，周恩来陪同西哈努克亲王一行在北京工人体育馆观看了中国著名运动员的球类表演。晚上，西哈努克亲王在人民大会堂举行盛大宴会，招待中国国家领导人和首都各方面人士。刘少奇主席和夫人、周恩来总理和夫人等应邀出席了宴会，西哈努克亲王和周恩来总理在宴会上分别讲话。

西哈努克亲王热情地赞扬说，"中国所取得的成就，在人类社会历史上是独一无二的。中国给我们的兄弟般的支持，在我国历史上正在起着最主要的作用，因为，如果没有这种支持，我们就可能在同富有侵略性的强大帝国主义的斗争中陷于孤立"。

周恩来讲话说，"中柬两国之间的关系，自从建交以来，一直是友好的，令人满意的。"周恩来再一次赞扬西哈努克亲王殿下为促进中印和解、推动中印直接谈判作出的真诚努力。

2月16日，北京飘起雪花，周恩来冒雪陪同西哈努克亲王和夫人一行来到八达岭。这里的重峦峻岭已经罩上一片银白色，西哈努克亲王和夫人同周总理登上长城，眺望了长城内外的壮丽景色，并在一起合影留念。游览长城以后，一行人又乘车观赏了十三陵水库的景色。

18日上午，西哈努克亲王和夫人乘专机离开北京，前往我国南方各地参观访问。周恩来等中国领导人亲自到机场进行欢送。

8月4日至10日会见索马里共和国总理阿卜迪拉希德·阿里·舍马克——我国同友好国家合作的四项原则

舍马克1919年生于索马里中部哈拉德莱镇，1956年进入意大利罗马大学，1958年获政治博士学位。舍马克青年时代就献身于索马里的民族独立事业，1943 年参与创办了"索马里青年俱乐部"，这是一个争取民族独立的政治组织，后来成为索马里执政党"索马里青年联盟"。1952 年至 1954 年，舍马克任该盟主席。1960 年 7 月 1 日，索马里共和国宣告成立后，舍马克即出任总理，1961 年 7 月又连任总理。

1963 年 8 月 4 日，索马里共和国总理阿卜迪拉希德·阿里·舍马克博士，应邀前来我国进行友好访问。

4 日下午，舍马克一行乘飞机到达北京。当天，北京地区大雨滂沱，周恩来和首都各界四十万人冒着大雨，热烈欢迎远涉重洋来到我国的非洲贵宾。

周恩来总理在机场讲话说，中索两国人民在反对帝国主义、新老殖民主义和维护民族独立的斗争中，一向是互相同情，互相支持的。并表示深信，舍马克总理这次访问中国必将有助于促进两国友好合作关系的进一步巩固和发展，并且有利于进一步加强亚非团结和世界和平的事业。

舍马克总理讲话说：索马里取得独立以后，有勇气保持政治上的独立，在政治关系中同她认为需要同她友好的国家建立友好关系，而不害怕外界的任何反应。

当晚，周恩来在人民大会堂会见舍马克总理及其随行人员并举行盛大宴会热烈欢迎全体索马里贵宾。周恩来和舍马克发表了热情友好的讲话。

8 月 5 日上午 10 时 30 分，周恩来在钓鱼台宾馆 11 号楼和索马里总理舍马克会谈。周恩来说："民族独立国家在经济独立前，在政治方面还需要长期奋斗才能保证完全独立和巩固独立。"对于外国援助问题，周恩来强调："接受西方的援助必须慎重，接受援助时不能让它取得政治特权。"

在舍马克总理访问中国之前，当年的 5 月 15 日，周恩来曾经接见索马里新闻部长阿里·穆罕默德·希拉维，并提出了我国同友好国家合作的几个原则：（一）我们的任何援助，不附带任何条件和特权，坚持万隆会议的原则，不干涉他国内政。（二）给予亚非友好国家的帮助，只是为了创造促进他们发展民族自主经济的条件，而不是为了造成他们依赖外援的思想。（三）进行的合作，一定要根据我们的可能。行就行，说到做到，不行就告诉你们，不能失信。（四）亚非各国之间的合作是为了求得共同的发展，摆脱帝国主义和殖民主义给我们造成的落后和贫穷。此次与舍马克本人会谈，周恩来再次阐明了这四项原则。

6日，周恩来陪同刘少奇主席接见了舍马克一行。傍晚，陈毅陪同舍马克游览了细雨微蒙中的颐和园，观览了园内各种建筑，并且泛舟湖上，欣赏了雨中的湖光山色。

7日，周恩来和陈毅副总理陪同舍马克总理乘专机前往上海访问。在飞沪途中，周恩来向舍马克详细介绍了中国革命的情况，他说：中国是第一个提出反对教条主义的，我们认为只是机械地抄袭马列主义原理而不考虑本国实践，就会犯教条主义的错误；相反，如果只讲具体实践不管马列主义原则，那就变成经验主义、实用主义，也就是说，只讲灵活性不讲原则性，就成了修正主义。

应舍马克要求，周恩来还介绍了中国和苏联在思想意识方面的分歧。针对当时国外流传的所谓"中国要打世界大战，中国人口多，死了一半也无所谓"的说法，周恩来毫不留情的批评为"全是胡说"，并指出："我们革命四十年正是为了人民的利益，如果我们执行战争政策，那么，死的不是人民，而是我们被人民杀死。"

8日上午11时15分，周恩来在上海锦江饭店和舍马克总理继续进行会谈。晚上，周恩来陪同舍马克总理出席了上海市文化局举办的京剧晚会，观看了上海京剧院演出的《白水滩》等京剧节目。

9日上午9时30分，周恩来陪同舍马克总理乘专机由上海回北京。途中，周恩来对舍马克总理说："中国有六亿五千万人口，我们首先要搞好国内情况，这就等于搞好了四分之一的世界。"

下午5时，周恩来在中南海颐年堂陪同毛泽东主席会见索马里总理舍马克。

当天，中华人民共和国政府和索马里共和国政府经济技术合作协定，在北京签订，周恩来总理和舍马克总理代表双方签字。

晚上，舍马克总理举行招待会，向中国国家领导人告别。刘少奇、周恩来等应邀出席招待会。舍马克总理和周恩来先后在招待会上致词。舍马克总理说："在这次访问中，我们同中国政府领导人讨论了国际局势和其他一些共同关心的问题，对所有讨论过的问题，我们之间都取得了完全一致的看法。"

10 日晨 7 时 30 分，周恩来在钓鱼台宾馆与舍马克总理进行了最后一次会谈。在谈到停止核试验问题时，周恩来提出："我们主张全面禁止和彻底销毁核武器。而三国条约使核大国享有发展核生产、增加核储存、进行地下核试验、使用核武器和找借口恢复大气层试验的一切权利。这个条约把无核国家的手脚束缚起来，是完全不平等的。"

当天，舍马克等索马里贵宾结束了在中国的友好访问，从北京乘飞机离开中国。周恩来等国家领导人和首都各界数千人到机场热烈欢送贵宾。

10 月 23 日至 11 月 1 日会见法国总统戴高乐的代表、前总理埃德加·富尔——为中法建交扫清障碍

1957 年 5 月末 6 月初，法国前总理富尔偕夫人来华访问，周恩来陪同毛泽东接见了他，并与他多次交谈，详细地说明了中国的外交政策，表达了发展中法友好关系的愿望。富尔回国后，多次向他的好朋友戴高乐讲述访华的观感，他明确地告诉戴高乐，法国没有理由奉行"两个中国"的政策，若不断绝同台湾的关系，承认中华人民共和国不仅是一种无用的行动，而且实质上是一种不友好的姿态。

戴高乐 1958 年重新执政后，法国外交出现了令人关注的现象。戴高乐奉行独立自主的外交政策，拒绝在美国和苏联共同炮制的部分《禁止核试验条约》上签字，毅然决然地退出北大西洋公约组织的军事一体化机构，特别是 1962 年法国结束了对阿尔及利亚的殖民战争，为中法两国关系的发展扫除了一个大的障碍。

1962 年 8 月，中国外交部长陈毅向周恩来报告，他接到中国驻瑞典大使馆的一封电报说，为推行抗美独立战略，法国总统戴高乐授权前总理富尔访问中国谈建交问题。

周恩来认为，自动送上门的客人不能拒之门外，他分析当时的国际形势，认为：通过同法国建交可以打开一个缺口，进一步扩大我国同西欧国家的政治、经济联系，打破美国的封锁，提高我国的国际地位。

　　1963 年 10 月 22 日，法国参议员、前总理埃德加·富尔和夫人到达北京。当天，中国外交学会会长张奚若等人到机场热情欢迎和接待了富尔，陈毅与其进行初步会谈，了解了法国的主要见解。

　　23 日上午 11 时，周恩来在中南海西花厅与富尔进行第一次会谈，就改善中法两国关系问题交换意见。

　　寒暄过后，富尔客气地问："总理到过巴黎吗？"

　　周恩来曾在法国勤工俭学，大为感慨地说："那是 40 多年前的事了！"

　　富尔意味深长地说："现在是再去巴黎的时候了！"富尔富于远见地说："像我们这样两个大国的领导人，现在还不能进行会谈，这是不正常的。因此，戴高乐将军要我来中国，代表法国元首同中国领导人会谈。"

　　随后，富尔郑重地把戴高乐一封亲笔信交给周恩来。周恩来对戴高乐将军在维护国家主权和独立方面所采取的一些行动表示赞赏。

　　周恩来直截了当地提出关键问题："中法建立正式关系，法国同台湾的关系是一个困难，我想了解一下，除了这个困难，还有什么困难？"

　　富尔明白，周恩来是在暗示美国的影响，便爽快地回答：法国奉行独立政策，不需征求美国和苏联的意见，自己可以作出决定，但中国方面也不要强加使他不愉快或有失体面的条件。

　　周恩来适时讲明中国的原则态度：法国必须割断与台湾的官方关系。

　　在台湾问题上，富尔态度含糊，说这是个微妙问题，法国与台湾断绝一切关系有困难，因为"戴高乐将军没有忘记战时曾同蒋介石站在一边，不愿突然切断一切关系"。

　　周恩来对此很失望，认为这使会谈变得非常困难，他说："如果法国处在中国的地位，将如何考虑这个问题呢？现在法国是戴高乐将军领导的，如果外国势力在法国本土之外扶植一个反戴高乐将军的傀儡政权，说这是法国政府，法国政府对此采取什么态度呢？""法国是一个有民族自尊心的和奉行独立政策的国家，中国也是这样一个国家。何况中国是受帝国主义势力侵略一百多年的国家，现在美国还占领着台湾，欺侮和干涉我们。"

　　周恩来提出："台湾问题解决以前，中法不能建立外交关系和交换大使，但可以建立非正式的关系，如先设立贸易代表机构。""半官方的、民间的都可以。"

富尔的口气不得不软了下来，但还是提出，中法建交后法国可否在台湾保留一个人，降低级别。

周恩来当即斩钉截铁地拒绝：这不可能。周恩来强调："若中法建交，法国不应在台湾保留外交人员或机构，如采取英国那样的办法对双方都不愉快。"

10 月 25 日下午 4 时 30 分，周恩来在中南海西花厅与法国前总理富尔进行第二次会谈。

富尔主动提出中法建交的三个方案，引起周恩来的极大兴趣。富尔兴致勃勃地介绍他的第一个方案：无条件承认，即法国政府正式宣布承认中国，中国表示同意。周恩来认为这个方案的实质在于法方试图避开公开声明同台湾断绝外交关系，用冠冕堂皇的无条件承认方式绕开这个矛盾。因而明确表示：由于富尔没有回答如何处理法国与台湾的关系问题，所以中国政府难于考虑。

富尔介绍他的第二个方案：有条件承认，法国政府表示愿意承认中国，中国提出接受承认的条件。周恩来认为，它虽然给法国留下了可进可退的机动余地，但要法国驱蒋尚有困难，因此不便采取。

富尔又拿出他的第三个方案：延期承认，即法国政府对中国先不做政治上的承认，但两国间形成特殊关系局面。

富尔马上又对三个方案加以解释，说明戴高乐希望能争取立即实现第一方案，如果戴高乐主动承认中国，而中国提出先决条件，这对他将是不愉快的。

周恩来不急不躁，紧紧抓住台湾问题追问，认为，现在要明确一点：戴高乐将军是否还不明确台湾的地位。

富尔意识到这是一个难以逾越的问题，于是说："不是戴高乐将军不明确台湾的地位，戴高乐将军要我来了解你们的看法。"

周恩来趁机把谈判向前推进一步，向富尔提出新的问题："我们的看法很明确，台湾是中华人民共和国的一个省，在这一问题上，法国无意承认'两个中国'，是不是这样？"

富尔只得承认："是的，法国只承认有一个中国。"但富尔竭力强调他只是戴高乐将军的使者，又对他的观点详细地加以解释："戴高乐将军想要了解的是在承认了中国的同时，是否能不完全割断同台湾的关系，这样做不是为了便于美国制造'台湾民主共和国'，完全是出于方便的考虑。既然你们的答复是要法国完全割断同台湾的关系，我可以把这一意见转告戴高乐将军，他没有要我拒绝，也没有要我接受。"

周恩来理解富尔的使者地位，但必须使戴高乐将军对台湾问题有清楚的了解。

最后，周恩来确定中方意见：双方应该肯定愿意建立外交关系，互派大使，法国承认中华人民共和国，不承认有第二个中国等前提。在谈判中事先要达成默契，确定只承认一个中国，无意将台湾搞成第二个中国或"独立国"，这样迟早能找到解决办法。并再次强调：中国对国际问题绝不拿原则做交易。

当晚，周恩来设晚宴招待富尔夫妇。

为了使双方都有充足的考虑时间，周恩来让外交部安排富尔到山西大同等地参观访问，指示各地热情接待。

10月31日，周恩来与在上海的毛泽东主席通话，报告同富尔谈判中法建交等问题。毛泽东主席也在慎重考虑中法建交问题，他请约刘少奇、周恩来、邓小平、陈毅等人11月1日飞沪面商。

31日下午5时，周恩来在钓鱼台宾馆15号楼同法国前总理富尔就两国制定有步骤的建交方案进行商谈。基于中法双方完全平等的地位和改善中法关系的积极愿望，周恩来提出一个过渡性的"积极地有步骤地建交"的新方案。

这个建交方案分二个步骤：

第一步骤，即富尔提出的法国通过中国驻瑞士大使馆向中国政府提出正式照会，承认中华人民共和国，并且建议正式建立外交关系并互换大使，中国政府接到上述照会后复照，表示愿意建交和互换大使，并在照会中申明：我们认为，法国政府采取这一行动意味着法国只承认中华人民共和国政府为代表中国人民的唯一合法政府，不再承认台湾的所谓"中华民国"和它在联合国的代表权。

第二步骤，中法双方相约同时发表上述来往照会，在照会公布之后，双方派出筹备建馆人员主动去对方建馆。

第三步骤，根据迈出前两步后出现的三种情况分别处理。

富尔认为中国充满诚意已让出一步，法国也应该让一步，但对中国要求法方与台湾完全断绝关系后才答应互派大使面有难色。

周恩来于是说："如果台湾驻法代表走了，法国理所当然地要相应召回它在台湾的代表。"

富尔点头承诺说："当然。"

周恩来见状风趣地说："我们的大使去了，如果法国外交部请客，台湾的代表请不请？"

富尔笑着回答："我也在想这个问题。但不能作为中国代表请他，有可能好多人可怜他，法国外交部的人认识他，有人会请他吃饭。"

周恩来认为只要原则定了，方法可以灵活掌握，但为慎重起见，还是留有余地对富尔说："还得与党和政府说一说，到上海再回答你。"周恩来告诉富尔，毛泽东主席正在上海，他将陪同客人到上海去见毛泽东主席。

毛泽东于次日凌晨在此方案上面批示："很好，照此办理。"中方随即将"直接建交方案"内容以《周恩来总理谈话要点》的书面稿交给富尔。后来，在双方代表进行具体建交谈判时，中方同意法方的要求，把确认双方建交的方式由原定的互换照会改为发表联合公报。

11月1日上午，周恩来和陈毅副总理陪同富尔夫妇乘飞机前往上海。当晚9时15分，周恩来和陈毅副总理在上海和平饭店与法国前总理富尔商谈两国直接建交方案。经过研究商讨，这一次，周恩来提出了一个"新的直接建交方案"，要点是：

（一）法国政府向中国政府提出正式照会，承认中华人民共和国政府为代表中国人民的唯一合法政府，并且建议中法两国立即建交，互换大使；

（二）中国政府复照，欢迎法国政府来照，愿意立即建立中法之间的外交关系；

（三）中法双方相约同时发表上述来往照会。并且立即建立使馆，互派大使。

在会谈中，周恩来还就戴高乐和法国政府不支持制造"两个中国"的立场达成了一定的默契。

会谈结束会后，周恩来对富尔的中国之行给予极高的评价。

最后，周恩来说："就这样吧！我们把不一致的意见排除了，从共同的愿望出发达成了协议。上次你说要看我们的，以后就看你的了！"

当晚，周恩来陪同中国国家主席刘少奇接见富尔，双方谈笑风生，气氛极为融洽。周恩来告诉富尔一个好消息，明天毛泽东主席要接见他。富尔早就等待着这一天，认为这是对他的最高礼遇。

周恩来又愉快地告诉富尔："明天中午，两位上海市长请你和夫人吃饭。"

富尔不解地问："两位市长？都是谁？"

"一位是前任市长陈毅，一位是现任市长柯庆施。"

富尔用法国式幽默回答说："你们没有'两个中国'，倒有两个市长。"

11月2日凌晨，中国外交官把中法直接建交方案以《周恩来总理谈话要点》的形式交给富尔。11时，周恩来与富尔在和平饭店对其进行最后的敲定。当日下午5时，周恩来陪同毛泽东主席接见法国参议员、前总理富尔和夫人。

中法即将建交的消息引起全世界的强烈兴趣，但因为周恩来和戴高乐、富尔采取严格的保密措施，西方记者搞不到确实消息。因此在两个月后的1963年12月，周恩来和陈毅访问非洲的时候，法国记者一直追到在开罗举行的记者招待会上，追问中法关系问题。

1964年1月27日，中法终于发表联合公报，宣布正式建立外交关系，并在三个月内任命大使。根据中法双方的事先协议，周恩来指示中国外交部发表声明：中华人民共和国政府是作为代表中国人民的唯一合法政府同法兰西共和国政府谈判并且达成两国建交协议的。中法关系就此揭开了新的篇章。

12月14日至20日访问阿拉伯联合共和国——提出中国处理同阿拉伯国家和非洲国家关系的五项原则

1963年12月13日到1964年3月1日，周恩来用两个多月时间出访了亚非欧14个国家，其中非洲国家10个。新中国政府首脑首次出访非洲，并且到了那么多国家，成为一次引人注目的重大外交行动。

20 世纪 50 年代末，世界殖民主义体系加速崩溃，非洲的民族解放运动风起云涌，先后有 30 个国家获得独立，史称"非洲独立年代"。到 1963 年年底，中国已同 12 个非洲国家建立外交关系，形成新中国第二次建交高潮，一些非洲国家的领导人也相继到中国访问。

这时，美苏两强从各自的利益出发，以"经济援助"、"技术合作"为名，加紧对非洲国家进行政治、经济和军事渗透，并挑拨它们同中国的关系。中苏分歧的公开化和中印边界冲突，使得有些国家对中国政府产生种种疑虑，对新中国外交产生很大影响。

在此之际，周恩来总理出访这些国家，支持它们争取民族独立的斗争，就彼此共同关心的世界和平、亚非国家团结等问题广泛交换意见，以打破美国、苏联、印度对中国施压、企图孤立中国的局面。而且，经过几年的艰苦努力，中国的国民经济也已从严重困难中摆脱出来，周恩来终于能抽出比较长的时间来进行出国访问了。

12 月 13 日下午，周恩来一行乘坐租用的荷兰皇家航空公司"波罗的海"号专机飞离昆明。陪同周恩来一起出访的还有国务院副总理兼外交部部长陈毅，国务院外事办公室副主任孔原，外交部副部长黄镇，国务院总理办公室主任童小鹏等。

阿拉伯联合共和国（当时由埃及和叙利亚联合而成，以后又分为两个国家）是古代人类文明的发源地之一，也是非洲最早掀起民族独立运动并获得独立的国家，对非洲民族解放运动的兴起和发展产生了重要影响。周恩来在万隆会议上同加麦尔·阿卜杜勒·纳赛尔成为好朋友，阿联也成为第一个同中国建交的非洲国家，纳赛尔多次邀请周恩来访问阿联，因此，阿联成为周恩来出访的第一站。

14 日，专机经过十几小时飞行抵达阿联首都开罗。同日，陈毅在参加了肯尼亚独立庆典后，从内罗毕抵达开罗。周恩来受到代表纳赛尔总统前来迎接的阿联部长执行会议主席阿里·萨布里等高级军政官员以及情绪高昂的人民群众的热烈欢迎。

周恩来在机场发表了热情洋溢的讲话，他说："这是我第一次访问阿拉伯联合共和国"，"是我第一次访问非洲大陆"。并表示"向一切正在斗争中的非洲各国人民致敬"。

下午 7 时，周恩来在总统住所拜会纳赛尔总统，两位曾经在万隆会议上会晤并且为中国和阿联的友好大厦奠定基石的朋友又一次会面了，他们进行了亲切友好的谈话。两人互相赠送了礼品，纳赛尔总统亲自授给了周恩来总理"共和国颈章"。

在纳赛尔总统和夫人举行的盛大招待会上周恩来发表讲话说：这是我第一次正式访问友好的阿拉伯联合共和国。1924 年，当我从欧洲回国途经苏伊士运河的时候，埃及刚刚摆脱保护国的地位，几乎整个非洲大陆还处在帝国主义的黑暗统治之下。1954 年，当我在日内瓦会议期间途经开罗的时候，埃及人民已经推翻法鲁克王朝，阿尔及利亚人民正在酝酿反抗殖民统治的武装斗争，整个非洲处在暴风雨的前夕。今天，当我们作为中国人民的友好使者来到非洲的时候，我们看见的是一个觉醒的大陆，一个战斗的大陆。在这一片被帝国主义者叫做"黑暗大陆"的辽阔土地上，自由的晨曦已经升起，帝国主义的殖民体系正在不可避免地走向土崩瓦解。

周恩来情真意切的话打动了纳赛尔等阿方主人。

在阿期间，周恩来把参加群众活动和参观访问，作为"寻求友谊与合作，多了解一些东西，多学习一些东西"的重要方式。

15 日，在阿联接待委员会主任卡迈勒丁·里法特的陪同下，周恩来参观了阿联军事学院、埃及博物馆、胜利汽车厂。下午 6 时，在开罗库巴宫和纳赛尔总统举行第一次会谈。晚上，在纳赛尔总统陪同下，周恩来在开罗歌剧院观看阿联民间艺术演出。

12 月 16 日，周恩来出席阿联第九届庆祝教育日大会，并在会上发表讲话说："亚非人民必须努力发展民族文化和科学。只要亚非人民掌握了自己的命运，我们不仅能够赶上西方国家，而且能够超过它们。"纳赛尔总统在大会的讲话中说："周总理是亚洲的杰出领导人、中国革命的创造者和伟大的中国人民的活生生的象征。"

12 月 16 日，在阿联总统会议委员、部长执行会议主席萨布里的陪同下，周恩来前往具有光荣反帝革命传统的北方城市塞得港访问。在参观烈士纪念馆时，周恩来默悼 1956 年在反对帝国主义战争中牺牲的烈士，并写道：我和我的同事们愿意借着访问这个英雄的城市——塞得港的机会，向英雄的阿联人民致敬，向不朽的伟大的反帝烈士致敬。周恩来又参观了塞得港体育场、苏伊士运河管理局、运河入口处、港口和造船厂。

12 月 17 日在塞得港市市长埃马德丁·鲁什迪举行的欢迎集会上，周恩来讲话盛赞阿联人民保卫赛得港、保卫苏伊士运河的光辉斗争。他说："帝国主义说阿联人民不会管理苏伊士运河，阿联人民把这条运河管理得更好了。帝国主义破坏了塞得港，阿联人民把这个城市建设得更美丽。这一切，有力地表明：在我们的时代，被压迫人民和被压迫民族只要团结起来，坚决斗争，就能够打败貌似强大的帝国主义侵略者。亚非各国人民只要把帝国主义和殖民主义赶走，自己当家作主，就能够把自己的国家建设起来。"

下午 6 时 30 分，在开罗库巴宫同纳赛尔总统举行第二次会谈。晚 10 时，周恩来在开罗库巴宫同也门负责总统事务的国务部长努曼谈话。也门总统萨拉勒曾经邀请周恩来访问也门，周恩来表示感谢，并说明由于出访日程已定，以后将另找机会访问也门。同日，周恩来指示国内尽早派出驻也门大使，配备必要的懂军事和经济的人员；对也门最近提出的扩大贸易、增加商品的要求，可予以适当照顾。

12 月 18 日，周恩来在萨布里主席陪同下访问阿斯旺省，参观阿斯旺高水坝建筑工地。在阿斯旺省省长萨拉马举行的午餐招待会上，周恩来致答词说："过去，尼罗河曾经孕育了你们光辉灿烂的古代文化。现在，尼罗河正在为你们发展民族经济的事业服务。我深信，在未来的日子里，尼罗河将会为勤劳智慧的阿联人民作出更大的贡献。"

12 月 19 日，周恩来在总统会议委员里法特陪同下参观开罗郊外的大金字塔和狮身人面像等。一位阿联运动员在金字塔上进行了精彩的表演，周恩来在观看后，赠送给他一支英雄牌金笔。

12 月 19 日下午 5 时 30 分，在开罗库巴宫和阿联总统纳赛尔举行第三次会谈。12 月 20 日上午 10 时 30 分，在开罗总统府拜会纳赛尔总统。

鉴于阿联在阿拉伯国家中的重要地位，在 15 日的首次会谈中，周恩来将中国政府对阿拉伯国家的一贯主张归纳起来，在会谈中郑重宣布："中国政府在处理同阿拉伯各国的关系时，一向坚持不渝地采取以下的立场：一、支持阿拉伯各国人民反对帝国主义、争取和维护民族独立的斗争。二、支持阿拉伯各国政府奉行和平中立的不结盟政策。三、支持阿拉伯各国人民用自己选择的方式实现团结和统一的愿望。四、支持阿拉伯各国通过和平协商解决彼此之间的争端。五、主张阿拉伯各国的主权应当得到所有其他国家的尊重，反对来自任何方面的侵犯和干涉。"纳赛尔总统对此表示非常欣赏。

12 月 16 日，这五点主张被作为中国处理同阿拉伯国家和非洲国家关系的五项原则，写进了签署的中国和阿联政府联合公报中。几天后，这五项原则又写进中国和阿尔及利亚政府联合公报中。以后，中国政府根据这些原则处理中国同阿拉伯国家、非洲国家的关系，促进了中国同这些国家之间关系的稳定发展。

17 日的会谈中，周恩来向纳赛尔总统提出通过两个途径发展中国与阿联两国经济贸易关系：（一）扩大贸易额，增加非传统货物的交换；（二）根据阿方需要和我方可能，我方向阿方提供五千万美元无息贷款，帮助阿方发展工业建设。

19 日，应纳赛尔总统请求，周恩来在会谈中阐述了中美关系问题，坦率地向纳赛尔总统说明了这两个问题的历史与现状。周恩来列举大量事实后说："美国在靠近新中国的地方，制造台湾海峡、南朝鲜和印度支那三个紧张地区，实行反华。""尽管如此，我还是愿意同美国坐下来，谈判解决争端。"

周恩来说："美国霸占台湾是一个国际问题，因为是美国霸占了我国的领土；中国人民同蒋介石之间又是另外一个问题，是中国的内部问题。这两个问题不能混在一起。""美国所以要说成是一个问题，目的在于把台湾分出去，制造'两个中国'。这是我们在联合国斗争的中心内容。"

周恩来进一步指出："至于有人说中国好战、扩张，这是毫无根据的。"中国没有一兵一卒在国外，而美国却有一百多万军队驻在国外，分布在几十个国家。"中国受到美国的包围和敌视，新中国的人民不得不反美。但是我们一再声称，我们同美国人民是友好的。"

虽然中美双边关系问题没有解决，但"并不妨碍我们执行同别国的和平共处和友好政策"。"现在美国在全世界称霸"，"在全世界唯我独尊，绝大多数国家同美国有外交关系，除跟美国走的国家外，别的国家要照顾到同美国的关系，但中美无外交关系，中国也未进入联合国，因此由中国把美国干的坏事向全世界人民讲清楚有好处，我们可以畅所欲言。我们觉得，中美双方虽然仍在谈判，但真正解决问题的时机还未到来"。但我们相信，"中美问题终有一天会得到解决，我们已经等了十四年，还可以再等十四年"。

谈到中印边界问题，周恩来说："坦率地讲，目前是太平无事。自我方采取主动停火和全线主动后撤二十公里等缓和措施后，如印军不再进入我方实际控制线，双方将不会发生冲突。""我们希望中印两国关系搞得和缓些。""亚非国家应该和平友好相处，这同我们和帝国主义之间关系是不同的。日本过去侵略过中国，现在我们也愿意同它改善关系。为什么我们会同印度闹僵？"

20日上午，周恩来与纳赛尔总统单独会谈，又郑重地表示："就我们方面来说，我们可以保证我们是不会向印度政府挑衅的。"

纳赛尔建议中国再让一步。周恩来说："已经让了两步，不可能再作什么让步了。"

周恩来推心置腹的谈话消除了纳赛尔心中的疑虑，加深了他对新中国对外政策的了解。他坦诚地说：过去，我们"往往更多地关心自己的问题，而少注意其他地区的问题。这样的介绍对我们很有好处"。"我们非常关心的是你们两国间的紧张局势得到缓和，恢复良好关系"。"我们将再次设法促进双方的谈判"。

以后，经过阿联政府的工作，虽然没有能促成中印谈判，但仍对双方起了某些沟通作用。这对以后中印边境局势长期保持基本稳定产生了重要影响。

为了让世界各国更多地了解中国政府对一些重大国际问题的看法，12月20日下午，周恩来在开罗库巴宫举行记者招待会。在招待会上，周恩来宣布，还将访问阿尔及利亚、摩洛哥、阿尔巴尼亚、加纳、马里、几内亚、苏丹，以及南亚一些友好国家。

在讲到访问非洲的目的时，周恩来说：新中国建立已经十四年了，我们是第一次到非洲访问，"我们来得不是太早，而是太晚了"。"我们访问非洲国家的目的，是寻求友谊，寻求合作，多了解一些东西，多学习一些东西"。还说，我国"对外政策的主要内容之一，就是积极支持亚洲、非洲、拉丁美洲的民族解放运动"。"中国是已经取得胜利的国家，有义务支持那些正在取得胜利和将要取得胜利的国家"。

在回答法国电视台记者的提问时，周恩来表示：我和陈毅元帅都希望有机会到四十年前勤工俭学和参加共产主义组织的所在地法国进行访问，"我们对法国热情的人民印象很深"。

对于美国记者提出的尖锐问题，周恩来也坦诚友好地一一给以回答。

美国《加利福尼亚》报的记者问："我想了解你对肯尼迪被杀害有何反应？"

周恩来回答："肯尼迪总统的遇害是你们国家的内部事情。当然，暗杀本身是卑鄙可耻的。你知道，我们共产党人反对任何这类行为，尽管被暗杀的人是敌视我们新中国的。"

美国《时代》杂志记者问："你的政府为什么反对部分核禁试条约？"

周恩来回答："这样一个条约，表示三个大国要垄断核武器，所以我们要反对。我们主张全面禁止和彻底销毁核武器，制止核战争。因为发生一场核大战，对人类是个大灾难。既然如此，世界各国都应该过问，应该有权来讨论如何全面禁止和彻底销毁核武器、制止核战争的问题。世界上不论是大国还是小国，强国还是弱国，在政治上应该一律平等。关系到全人类命运的问题应该由大家来共同讨论，而不应该由少数国家垄断这种讨论，甚至把有利于少数垄断者的决定强加给没有参加讨论的国家。"

周恩来进一步揭露道："这个部分禁止核试验条约签字以后，美国就不断进行地下核试验。美国总统和政府官员不断声称，要继续核试验、生产和储存核武器，把核武器交给它的盟国，不承担不使用核武器的义务。""这证明，三国条约的签订，并没有减少核战争的危险，而是增加了核战争的危险。"

该记者接着又提出一个似乎更尖锐的问题："中国为什么反对东西方和平协商？"

这使记者招待会的气氛陡然紧张起来，周恩来不假思索地反问道："中国政府什么时候说过这样的话？我不晓得。"

美国记者顿时哑然，过了好一会儿才回答道："因为中国政府反对部分核禁试条约，人们设想，中国反对缓和东西方关系的小步骤，反对一步一步地解决问题。"

周恩来笑了笑，解释说："绝不能认为，由于中国反对部分核禁试条约，说中国政府反对东西方谈判和缓局势。"他语气缓和地说道："你想想，如果中国反对东西方和缓局势，为什么中国大使在华沙同美国大使进行了八年多的会谈呢？谈判次数达一百一十八次。我的历史知识有限，在现代史上，这样长的谈判恐怕是空前的。会谈八年多，虽然没有解决问题，但还在继续谈。""怎么能说中国不要和平协商呢？我希望通过你的美国杂志，向美国人民致意，告诉美国人民，中国人民愿意同美国人民友好，但是，美国政府对中国的侵略政策和战争政策，我们是要反对到底的。必须把这两件事区别清楚。"

对阿联的访问要结束了。12月20日晚上，周恩来在阿比丁宫为纳赛尔总统和夫人举行盛大招待会。他在讲话中热情洋溢地说："这些天里，我们一直置身于友谊的海洋中。我们不会忘记，英勇的塞得港人民欢迎我们的盛况。我们也不会忘记，阿斯旺的建设者们在劳动工地上向我们亲切致意。""我们这次访问，加深了相互的了解，增加了我们的知识，促进了中阿两国人民的友谊，获得了圆满的成功。"

纳赛尔总统也发表了充满眷恋之情的讲话。他说："亲爱的朋友，你对我国的访问……给了我们重温在前往万隆途中相聚在一起的友谊的机会"，"给了我们把你当作光荣而伟大的潮流和价值的代表和象征来欢迎的机会"。"在你明天继续你的范围广阔的旅行的时候，我们祝你一路愉快"。

第二天，周恩来和陈毅致电中共中央和毛泽东，汇报访问阿联情况和增加的"一些新的认识"，认为："阿联人民经过推翻法鲁克王朝和苏伊士运河的斗争后，反帝情绪高涨，建设国家的积极性较高。阿联人民对中国友好，对我们的欢迎极为热烈，始终如一。"

12月21日会见阿尔及利亚民主人民共和国总统本·贝拉
——"共同的历史命运很早就把我们两国人民紧密地连结在一起"

阿尔及利亚是非洲第一个通过长期武装斗争取得民族独立的国家。坚持七年半的阿尔及利亚民族解放战争，牵制和消耗了法国殖民主义者的大量兵力和财力，为北非以及其他法属非洲殖民地人民争取民族独立的斗争创造了有利条件，成为非洲和中东国家争取民族独立斗争的重要榜样。中华人民共和国曾经在道义上和物质上坚决支持阿尔及利亚抗法战争，因而在阿尔及利亚人民中享有崇高的声誉。

12月21日下午，刚刚结束了对阿联访问的周恩来一行飞抵阿尔及利亚民主人民共和国首都阿尔及尔，总统本·贝拉率领政府和军队高级官员前往机场迎接周恩来。

本·贝拉在致欢迎词时说："阿尔及尔，在她重新获得了自由的黎明时刻，欢迎经历过长征的人们的使者，为此感到自豪和高兴。""中华人民共和国和阿尔及利亚的手握在一起，这是具有重大意义的象征。"周恩来说："中国和阿尔及利亚虽然相距万里，远隔重洋，但是共同的历史命运很早就把我们两国人民紧密地连结在一起。"

在前往国宾馆的途中，周恩来受到三十多万阿尔及尔人民的欢迎。下午5时30分，周恩来在约丽别墅拜会本·贝拉总统。

12月22日，周恩来和陈毅前往位于阿尔及尔东部约十二公里的烈士墓，悼念在民族解放战争期间牺牲的阿尔及利亚烈士。周恩来和陈毅在迪道契·穆拉德和拉比·本·姆希迪的墓前献了花圈，花圈的绸带上写着：阿尔及利亚革命的烈士们永垂不朽。并默哀一分钟，向阿尔及利亚的烈士们致敬。并在阿尔及利亚第一副总理兼国防部长布迈丁、国务部长乌兹加尼、农业和上地改革部长马赫萨斯和社会事务部长奈卡希等人陪同下，参加了阿尔及利亚首都阿尔及尔市"北京大街"的命名典礼，并且为这条大街的新路牌揭幕。这条大街原来叫"若纳大街"，若纳是阿尔及利亚在法国统治时期的一名殖民总督。

在阿尔及尔市府大厅举行的仪式上接受阿尔及尔荣誉市民的称号。

周恩来和陈毅在第一副总理兼国防部长布迈丁的陪同下，参观了希布法列克水果加工厂。该工厂是法国殖民主义者在1927年建立的，在70天前才收归国有。这家工厂是阿尔及利亚最大的水果加工厂之一。周恩来一行参观了这家工厂的各个车间，在结束参观时，工厂负责人向周恩来总理赠送了最珍贵的礼物——一只小羚羊，以及一箱新鲜柑橘。周恩来总理也回赠了礼物。

下午6时，在约丽别墅和本·贝拉登总统举行第一次政治会谈。

12月23日下午6时45分，在总统官邸约丽别墅同本·贝拉总统举行第二次政治会谈。

12月24日，周恩来和陈毅参观了距阿尔及尔约二十公里的两所烈士子弟之家。这两所烈士子弟之家座落在蓝色的地中海海滨，有三百多个烈士的子弟在里面学习。周恩来参观了这两所烈士子弟之家的宿舍、教室、盥洗室和厨房。在参观一间宿舍的时候，瓦迪娅指着孩子们床上的毛毯说，"这都是中国毯子"。这两所烈士子弟之家的孩子们用的毯子，都是中华全国妇女联合会赠送的。中国客人们还观赏了孩子们做的手工。参观结束时，周恩来总理向这两所烈士子弟之家捐赠了一千万旧法郎。

下午5时，在阿尔及尔总统官邸约丽别墅同本·贝拉总统举行第三次政治会谈。

12月25日上午，周恩来和陈毅在本·贝拉总统陪同下访问阿尔及利亚西部第二大城市奥兰，参观了阿尔泽综合工厂的建筑工地，这里正在建造一座液化瓦斯的巨型工厂，瓦斯来自撒哈拉油田。在工地入口处，周恩来和陈毅吃了两个姑娘献给他们的牛奶和枣子，这是阿拉伯民族接待贵宾的传统礼节。下午，周恩来一行参观了北非最大的北非玻璃厂，这家玻璃厂以前属于殖民主义者，在今年1月收归国有。

晚上，周恩来回到阿尔及尔，并参加了本·贝拉总统主持的阿尔及利亚民族解放阵线的一次干部会议。出席这次会议的有阿尔及利亚的政府部长、议员、民族解放阵线的干部以及学生。周恩来在会上讲了话，赞扬民族解放军开始只有三千游击队就敢于同数十万殖民军作战，经过七年浴血奋战夺得全国的胜利，为全世界被压迫民族指出了一条争取独立自由的正确道路。

12月26日上午10时，在总统官邸约丽别墅同本·贝拉登总统举行第四次政治会谈。

访问期间，周恩来同本·贝拉进行了四次正式会谈。在会谈中，周恩来表示：我们来访问的方针是学习。

周恩来高度评价了阿尔及利亚的革命胜利，认为"是继中国革命和古巴革命后，60 年代的伟大事件。"根据本·贝拉介绍的情况，周恩来分析了阿尔及利亚革命成功的原因：第一，"当时发动的革命是民族性质的革命，直接同帝国主义、殖民主义作战，赶走它们。这样，这个革命就必然有最广泛的、全民族的统一战线"。第二，"依靠人民，发动武装斗争和革命战争，直到取得胜利"。第三，"阿尔及利亚革命有一个革命的领导集团，有一个革命的纲领，联系着革命的广大人民群众"。

在谈到阿尔及利亚同帝国主义斗争的策略时，周恩来从阿尔及利亚所处的特殊历史环境出发，说："现在是这种情形：法帝国主义承认在阿尔及利亚失败了，但能多留一天还想多留一天。"你们"希望法国基地明年撤走，法国却总想拖延"。"总统同志说得对，你们反帝立场是坚定的，要肃清一切帝国主义势力。但在策略和方法上，要避免多方面作战，原则性和灵活性要很好地结合起来"。

谈到中国经济建设问题，周恩来说："在第一个五年计划期间，我们建立了工业化的初步基础。""第二个五年计划，已有第一个五年计划的基础，就想更依靠自己的力量来更快地建设。""像中国这样的大国，如果依靠外援，任何国家也不能满足。""同时，胜利了的占世界人口四分之一的大国，有义务支援正在争取胜利、将要革命的国家，支援已经胜利的不发达的、正在培养自己力量的国家。这两方面的原因，要我们必须建设得快一些，以有利于建立一个独立的经济体系并尽国际义务。"

他说："由于要加速建设和依靠自己，由于经验不足，发生一些错误和缺点。有的是不可避免的，有的本来是可以避免的。""总起来说，我们的速度要比资本主义快，但也不能太快。"经过十来年的经济建设，我们已经"摸出一些经验"。

对方问到，中美关系紧张是否会引发第三次世界大战。周恩来坦诚地说："中美问题要解决，有两个原则：（1）根据五项原则达成协议；（2）美国原则上同意从台湾和台湾海峡撤出。""我们希望有原则的协议，有和平的环境来搞社会主义建设。但看来时机尚未来到，美国还要制造紧张，继续敌视我们。"至于"美国会不会对中国发动战争？我看危险是有的，但是否马上打，挑起三次大战，这种可能性也不大。原因是，美国如果在中国开辟战场，它在其他方面就要大大削弱，而它目前的主要矛盾还是在欧洲"。

周恩来的谈话，引起本·贝拉总统的极大兴趣。他说：周总理"讲的都是很重要的东西"。"我们对你的讲话很满意"。"你们的经验很丰富"，"对我们很有用"。"这是一个我们学习的机会"。

26日，本·贝拉总统向毛泽东和刘少奇各赠送了一条阿尔及利亚地毯和两把精致的宝剑，请周恩来把他的礼物转交给二人。

下午，周恩来在阿尔及尔人民宫举行记者招待会。参加招待会的有阿尔及利亚各报和通讯社的记者以及古巴记者。招待会进行了一个多小时，周恩来回答了记者们提出的问题，谈到了访问非洲的目的、中阿关系的发展前景、中国社会主义革命和建设的经验、古巴问题、第二次亚非会议、联合国恢复中国的合法席位等问题。

晚上，应阿尔及利亚电台和电视台的邀请，周恩来向阿尔及利亚人民发表广播电视讲话，向英勇的阿尔及利亚人民致以亲切的敬意和兄弟般的问候。

12月27日，周恩来一行乘专机离开阿尔及尔前往摩洛哥首都拉巴特进行正式访问。本·贝拉总统、布迈丁副总理前往机场送行。

12月27日至31日会见摩洛哥国王哈桑——"我们来就是为了了解情况，学习有益的东西"

摩洛哥北临碧波万顷的地中海，西接浩瀚无际的大西洋，阿特拉斯山挡住了撒哈拉沙漠的热风，使它成为一个地理位置得天独厚、物产富饶、自然资源众多的国家。摩洛哥是君主立宪国家，1649年建立的阿拉维王朝一直延续下来。摩洛哥独立后，开明的王室公开在道义上、军事上和物资上支援非洲还未独立国家的民族解放运动，赢得非洲各国人民的赞扬。

12月27日，周恩来一行结束了对阿尔及利亚为期六天的友好访问，于当天中午，抵达摩洛哥首都拉巴特，开始为期三天的访问。

年仅34岁的穆莱·哈桑二世国王热情好客，将自己王家公园内的豪华别墅——和平宫让出来给周恩来住，并亲自在和平宫迎接。外交大臣艾哈迈德·雷达·格迪拉对中国客人说："国王这次是破例了，哪一个国家领导人来访都没有这样接待过。"

当天晚上，哈桑二世举行国宴时又打破只用西餐招待外国元首和政府首脑的惯例，而以"烤全羊"、"巴斯提拉"、"古斯古斯"等传统名菜盛情款待。周恩来经常流鼻血，在国内极少吃容易"上火"的羊肉。但出国访问后，他十分注意尊重东道主，也"破例"吃起羊肉来。他说："你既然到了伊斯兰教国家，就得入国问风、入境问俗，就得遵守人家的风俗"。"中国绝大多数的人是汉人，就是不大习惯吃羊肉"，"特别我们江浙人，就是顽固得很"。"人家高级宴会，请你去吃，也就学习到一些，就把这个保守习惯打破了"。宴会后，哈桑二世请周恩来、陈毅到他会客厅品茶漫谈。

近代以来，君主制国家在世界范围内一个接一个地消亡，哈桑二世开始考虑君主制的前途问题。在海阔天空的闲谈中，哈桑二世突然提出这样一个出人意料的严肃问题，他笑着说："当今世界像我们这样的国王、皇帝已为数不多了，不知今后怎么样？"

周恩来不失风趣地说："你们可以组织一个委员会，开个会商量嘛！"

陈毅随之说道，"亚洲有个西哈努克亲王，我们是好朋友，可邀请他参加。"

周总理接着说："陛下可以担任这个委员会的委员长嘛！"

说毕，三人皆哈哈大笑。

12 月 28 日上午 11 时 30 分，周恩来在哈桑国王办公室同哈桑二世国王举行第一次会谈，双方相互介绍了各自国家的情况和经验。在会谈中，周恩来对哈桑二世深情地说："我们来就是为了了解情况，学习有益的东西。摩洛哥的革命，为独立而奋斗的英雄事迹，我们在年轻时就知道。我在法国时，第一次大战后北非的民族解放斗争是从摩洛哥开始的。我们留法学生的共产主义青年团组织，在提到民族独立斗争时，以摩洛哥为例子。"

当天上午，周恩来还拜会了巴赫尼尼首相，并举行了会谈。

晚上，周恩来、陈毅一行在穆罕默德五世大剧院观看了摩洛哥艺术家们的文艺演出，这是摩洛哥新闻、游览和艺术部为欢迎周恩来总理的访问而举办的。

29 日上午，周恩来前往王宫向摩洛哥国王哈桑二世辞行。哈桑二世向周恩来总理赠送了一把宝剑，向陈毅副总理赠送了一把短剑。宝剑的剑鞘镶有闪闪发光的宝石，哈桑二世把礼物赠给周恩来总理时说，"这把宝剑曾经在过去困难的时刻帮助过我们"。

当天下午，应法国广播电视台记者和摩洛哥广播电视台记者的请求，周恩来在拉巴特和平宫分别向他们发表了谈话。晚上，周恩来接见了中国驻摩洛哥王国大使馆全体人员，并同他们一起合影留念。

30 日上午，周恩来一行离开拉巴特，在离开摩洛哥之前，他们前往大西洋沿岸的摩洛哥西部著名城市卡萨布兰卡进行了访问。在进入市区以前，周恩来一行参观了在市郊的摩洛哥国家茶糖公司和一个石油炼油厂。

进入 20 世纪 60 年代后，国内正在从事开发石油的大会战。怎样用先进技术加工我国自产的原油，成为周恩来关注的重大问题。继在阿联、阿尔及利亚参观了炼油厂以后，周恩来在摩洛哥又兴致勃勃地参观了意大利、法国帮助建设的一座炼油厂，并题词："这是一个很好的现代化的炼油厂，建设得很快，管理得很好，并且锻炼出不少技术人员，值得我们学习。"

他感慨地对大家说："苏联帮助我们在兰州建设的炼油厂与这个厂的生产能力差不多，但包括技术训练班的人在内，他们的职工总共才三百多人，而我们却需要六千职工。相比之下，我们人力资源浪费是何等惊人！记住，回国后一定要石油部派技术专家来这里考察，这很值得看一看。"半个月后，周恩来到加纳访问，又参观了那里新建的一座炼油厂。

回国后，周恩来立即指示石油部派出一位总工程师前往摩洛哥考察。十天后，深知科学技术对社会生产力发展起重大作用的周恩来和陈毅联名，把出访阿联、阿尔及利亚和摩洛哥所看到的这些情况，专门向中共中央作了报告："这些国家用外援兴建或接管的新工业，都采用现代化的设备，特点是投资少、设备新、自动化程度大、收效快、用的劳动力少。这对于我们进口工业装备和进行援外工作，提出了一个新的课题。"这直接导致 20 世纪 60 年代中期有关部委根据周恩来的指示，陆续从日本、英国和法国引进价值二亿七千万美元、八十四个项目的石油化工、冶金、矿山、精密机械等国内短缺的先进技术和装备，填补了不少空白。

当天下午，周恩来一行回到拉巴特。在和平宫，双方为宣布中华人民共和国政府和摩洛哥王国政府联合公报举行了仪式。31日，中国、摩洛哥联合公报发表。公报称："双方确信，周恩来总理这次访问摩洛哥，对于加强中摩两国人民的友谊和进一步发展两国友好合作关系，作出了重要贡献。"

12月31日，周恩来一行乘专机离开拉巴特前往阿尔巴尼亚首都地拉那进行友好访问。阿卜拉亲王殿下到机场欢送。

1964 年

1月9日会见阿尔巴尼亚劳动党中央第一书记霍查——"我把六亿五千万人民的心带到了这里"

结束摩洛哥之行后，周恩来等人飞越地中海，来到东欧的阿尔巴尼亚访问。途中飞越阿尔及利亚、突尼斯和意大利三国领空时，周恩来分别致电阿尔及利亚总统本·贝拉、突尼斯总统布尔吉巴和意大利总理阿尔多·莫罗，向他们表示问候。

1963年12月31日下午，周恩来一行到达地拉那，开始对阿尔巴尼亚进行友好访问。当周恩来的专机在阿尔巴尼亚人民军四架喷气式战斗机升空迎接下徐徐降落在地拉那机场时，阿尔巴尼亚劳动党中央第一书记霍查，部长会议主席谢胡等党和国家领导人已经等候在那里。

在欢迎仪式上，谢胡主席致欢迎词，周恩来总理致答词。然后，中国客人走过欢迎的人群，向他们挥手致意，这时全场欢腾，"人民中国万岁！"和"霍查—毛泽东"的欢呼声此起彼伏。

这是1963年的最后一天，周恩来在当时社会主义阵营的西南前哨度过了一个欢乐的夜晚。晚上，地拉那全城灯火通明，到处笼罩着一片节日景象。周恩来等人同霍查、谢胡等首先到斯大林纺织联合工厂同工人们欢度除夕。这是阿尔巴尼亚全国最大的纺织生产中心，提前完成了年度计划的工人们正在工厂俱乐部里欢欣鼓舞地迎接新的一年。

接着，周恩来一行又同霍查、谢胡同志等一起来到"军官之家"，同在这里欢聚的阿尔巴尼亚人民军军官和烈士家属共同欢度除夕。最后，他们来到了阿尔巴尼亚作家、艺术家俱乐部，在这儿有阿尔巴尼亚知名的小说家、诗人、画家、音乐家以及歌唱家等。他们热烈欢迎了中国贵宾。

周恩来总理等在同工人、军官、作家们联欢之后，在灯火辉煌的"游击队宫"出席了阿尔巴尼亚党和国家领导人霍查、谢胡等同志为他们举行的除夕晚宴。霍查祝酒说，"这是一个家庭式的晚餐，你们今天在这里欢度除夕，就像在家里一样"。

周恩来说，"我把六亿五千万人民的心带到了这里。不仅我们同你们在一起欢度佳节，我国六亿五千万人民的心也同你们在一起，并且将永远同你们在一起"。

晚宴后，举行了除夕联欢晚会。霍查、谢胡等和他们的夫人们同周恩来、陈毅等人，手拉着手，在欢笑声中一起跳阿尔巴尼亚的民间集体舞，一位歌手用中文唱了《东方红》，博得观众们长时间的热烈鼓掌。在欢乐声中，1964年来临了。

1月1日，周恩来在谢胡陪同下，向地拉那烈士墓献花圈，并参观阿尔巴尼亚民族解放斗争博物馆，该馆陈列了阿尔巴尼亚民族解放斗争期间的史料和先烈们的英雄事迹与他们的遗物。同日，周恩来接见了中国驻阿尔巴尼亚大使馆人员、留学生和援阿专家。

晚上，阿尔巴尼亚教育和文化部在地拉那国家歌剧和芭蕾舞剧院，举办了盛大音乐晚会，欢迎周恩来一行。晚会上，作曲家特拉科创作的歌颂阿中人民友谊的歌曲和扎德雅根据毛泽东主席的诗《长征》创作的新歌引起全场巨大的兴趣。

2日，周恩来出席古巴驻阿尔巴尼亚大使馆举行的庆祝古巴解放日招待会。在会上，周恩来对谢胡说："我喜欢民歌，而且我自己还会唱民歌。可惜的是现在有些青年不会唱民歌，不喜欢自己的民族文化。"在上午9时与下午4时30分，周恩来与霍查、谢胡等阿党领导人举行第一、第二次会谈。

3日上午9时，和霍查、谢胡等阿党政领导人举行第三次全谈。下午，周恩来在霍查、谢胡等人陪同下参观了地拉那斯大林纺织联合工厂。这座联合工厂包括纺纱、织布、毛织等八个厂，年产2500万米棉布和235万米毛料和灯芯绒。参观完毕后，周总理在贵宾留言簿上题了词。厂长吉贝罗激动地说："我们遵照恩维尔的指示，像爱护眼珠一样爱护我们的友谊。我们还要教育我们的儿子、孙子，世世代代维护这一友谊。"

下午 4 时 30 分，和霍查、谢胡等阿党政领导人举行第四次会谈。

晚上，周恩来观看了大型芭蕾舞剧《哈利利和哈伊利娅》，这是阿尔巴尼亚第一部大型民族芭蕾舞剧。它描绘了 18 世纪农民起义领袖哈利利和他的妹妹哈伊利娅宁死不屈地抗击土耳其侵略者的可歌可泣的事迹，歌颂了阿尔巴尼亚人民反抗外族侵略的斗争和坚定不移的英雄气概。

4 日，周恩来在谢胡等人陪同下前往阿尔巴尼亚北部重镇、历史名城斯库台市访问。当地居民倾城出动，欢迎中国友人。周恩来参加了在斯库台市斯大林广场上举行的群众大会，并在大会上讲话。随后，周恩来参观该市的畜牧研究所。

5 日，周恩来回到地拉那，并在中国驻阿尔巴尼亚大使馆接见了中国大使馆的全体人员、在阿工作的中国专家、中阿轮船股份公司的中国工作人员、中国船员以及在阿学习的中国留学生。下午 4 时 30 分，和霍查、谢胡等阿党政领导人举行第五次会谈。

6 日，周恩来在霍查、谢胡等陪同下前往阿尔巴尼亚英雄城市发罗拉访问，并在该市群众大会上发表讲话，随后参观了阿尔巴尼亚民族独立纪念馆。7 日，周恩来参观了发罗拉市列宁水泥厂、石棉管板厂工地、农业合作社并访问农民家庭后。之后，返回了地拉那。下午 5 时，在地拉那和霍查、谢胡等阿党政领导人举行第六次会谈。

8 日上午 10 时，和霍查、谢胡等阿党政领导人举行第七次会谈。

1 月 2 日举行的第一和第二次会谈，听霍查介绍了阿尔巴尼亚国内建设情况及其对国际形势的看法。在会谈中，周恩来说，中共中央认为可推迟召开十一国兄弟党会议，等条件成熟再进一步考虑，目前可多举行双边会谈。3 日举行的第三和第四次会谈，就国际形势和中苏关系等问题交换意见。5 日举行的第五次会谈，周恩来表示，中阿两党在原则问题上都是一致的，至于反修斗争的今后做法和对形势的估计，可再进一步商谈。7 日，双方举行的第六次会谈，就反对修正主义斗争形势和两国建设等问题交换意见。

8 日举行的第七次会谈，继续就两国建设等问题交换意见。在谈到建设方针时，周恩来说："列宁说过要多做少说，1958 年我们在宣传上出现过一些毛病，后来纠正了。"

在谈话中，周恩来赞同阿方"坚持以农业为基础，以工业为主导的总方针"的做法。他说："要实现这条方针，还应注意三个问题：第一，要发展农业，提供粮食、工业原料、劳动力；第二，要正确解决农村与城市的劳动力问题，农村未实现机械化以前，要保持一定数量的劳动力，城市人口多，农村就加重负担；第三，人民的生活改善要在发展生产的基础上逐步进行，要同本国过去的历史比，不能同别的国家比。苏联同美国比，东德同西德比，结果是不能兑现，人民不满。"

1月8日下午，地拉那各界人民在游击队体育馆举行盛大的群众大会，欢迎周恩来。周恩来在大会发表了讲话。周恩来说："在你们的国家，不管走到哪里，我们都为革命的、社会主义的阿尔巴尼亚所特有的战斗气概所感动。""阿尔巴尼亚人民，是宁愿站着死、不愿跪着生、威武不能屈、富贵不能淫的革命的人民。"周恩来列举了阿尔巴尼亚在社会主义建设中的辉煌成就，并指出，"阿尔巴尼亚人民建设社会主义的辉煌成就，是在敌人四面包围的情况下取得的，是在原来自称为同志的人背信弃义的情况下取得的"。

提到中国对阿尔巴尼亚的支持和援助，周恩来指出，"首先是阿尔巴尼亚给了我们很大的支持和援助。社会主义兄弟国家之间的支持和援助，从来都是相互的"。"在这个盛大的集会上，我再一次以中国共产党、中国政府和全中国人民的名义表示：无论世界上发生了什么事情，无论在我们并肩前进的革命道路上还会出现什么惊涛骇浪，我们永远坚定不移地同兄弟的阿尔巴尼亚站在一起，毫无保留、毫不犹豫地支持你们的正义斗争"。

下午6时，周恩来和部长会议主席谢胡在阿尔巴尼亚部长会议大厦签署了《中阿会谈联合声明》。声明说：中国政府和人民强烈谴责帝国主义、各国反动派和现代修正主义孤立和打击阿尔巴尼亚的各种阴谋，坚决支持阿尔巴尼亚政府和人民为保卫祖国和维护巴尔干地区的和平和安全所做的一切努力。

9日，周恩来结束了在阿尔巴尼亚的友好访问，霍查、谢胡等一清早就到游击队宫同周恩来话别，并陪送他到机场。上午10时，周恩来一行乘飞机离开地拉那。

有一个小插曲值得一提。结束对阿访问后，中国代表团租用的荷兰飞机的机组人员本来应该换一批工作人员。但他们写了一份报告，表示决心为这个代表团服务到底。因此，就没有换人。他们后来对代表团工作人员说："我们荷兰飞机差不多跑遍了全世界，但是没有看到任何国家的领导人像你们的周总理这样平等对待我们，他同我们握手、照相，对我们十分尊重。"

1月9日、10日会见突尼斯总统哈比卜·布尔吉巴——中国和突尼斯建交

周恩来率领中国代表团离开了地拉那，飞抵突尼斯。

其实，这次访问非洲之前，中方原来并未安排访问尚未建交的突尼斯。当访问阿联和阿尔及利亚时，周恩来和陈毅得知突尼斯总统哈比卜·布尔吉巴有同中国建交的意向，便立即向中共中央提出："借这次访问非洲机会顺道过突尼斯一下，解决同突建交问题。"随即，周恩来指示中国驻阿尔及利亚大使曾涛同突尼斯联系。1963年12月26日晚，周恩来得到突尼斯政府的正式邀请。周恩来、陈毅便决定，在访问阿尔巴尼亚之后、访问加纳之前，到突尼斯访问两天。

1964年1月9日，周恩来从阿尔巴尼亚飞抵突尼斯。中国和突尼斯过去相互都缺乏了解。在到达突尼斯的当天下午5时，为了深入探讨对方所关心的一些敏感问题，周恩来前往总统府迦太基宫拜会布尔吉巴总统并举行第一次单独会谈。

在会谈中，周恩来表示，中国支持突尼斯为完全的独立而奋斗，说完全的独立，就是说也要争取经济上的独立。周恩来还对突尼斯对中国在联合国合法地位的支持表示了感谢。

周恩来提出，亚非国家在国际会议上要努力寻找共同点。他说："不论什么国际会议，只要能找到共同点就有意义。亚非国家有共同目标，这就是摆脱殖民主义强加给我们的落后状态，实现经济发展，促进友谊。不论各国属于什么制度，只要这个制度是人民自己选择的，亚非各国之间就一定能找到共同点。"

布尔吉巴总统坦率地表示了不同意，他说："单有共同目标还不够"，因为不同的方法也可以使人们相互间"产生距离"。

周恩来解释说："我们的目标相同，但使用的方法不一定相同。"因为"每个国家有自己的情况。各国领导人根据国内的具体实践和人民的要求确定自己的方法。某一种方法也许在一国内适用，而在另一国就不适用。但是大家可以有一致的目标，可以接近和了解，相互介绍自己使用的方法，也可以互相吸收好的经验。不同的方法可以相互尊重，也可以相互影响"。

接着，周恩来表示赞成布尔吉巴关于各国领导人应"加强相互接触"的意见，并强调：在接触中，"基本的原则是要互相尊重独立和主权，不要强加于人，不要干涉别人内政，更不要侵犯别人。这样，才能在民族独立国家间达到真正平等友好的关系，而不像殖民主义时代大国压迫小国，强国欺压弱国。"

随后，布尔吉巴直言不讳地提出：中国总理在非洲国家和阿尔巴尼亚访问时，对美国的态度不同，"使人们感到你们不严肃"。

周恩来对此做了诚恳地回答，他说："谢谢您把这种想法告诉我，但是我也要直率地回答您"，"中国的政策是一贯的，我们出国访问，也从未在态度上表现两样"。"美国历来敌视中国"，并"动用全国的力量和宣传机器，诬蔑、敌视和攻击中国"。"您要是处在中国的境地，恐怕也不得不采取中国现在对美国的政策"。但是，"我们这次到非洲是为了寻求友谊与合作"。"为了不使我们访问的非洲国家为难，我们在联合公报中没有强调反对美国。这并不是说，我们在会谈中没有把美国敌视中国的情况告诉非洲的朋友们。我们在会谈中都讲得很清楚"。"阿尔巴尼亚是受美国欺压的国家，反对美帝国主义对阿尔巴尼亚并不造成任何困难。所以我在那里更多强调反美，就好像我在北京时强调反美一样"。

晚上，布尔吉巴总统为周恩来举行欢迎国宴。在宴会上，布尔吉巴又对中国的对外政策提出若干异议。

周恩来不回避布尔吉巴提出的问题，而是以求同存异的精神，采取了化解矛盾的做法。他说："不错，诚如阁下所说，我们两国不是在所有的问题上都是一致的"。"但是，我们相信，通过两国领导人的接触和交换意见，我们总是可以增进相互了解，求同存异，并且为我们共同目标而加强努力的"。"在我们双方的共同努力下，中突两国的友好合作关系，是有着广阔的发展前途的"。

1月10日上午，周恩来同布尔吉巴总统举行第二次单独会谈。

布尔吉巴总统提出："如果你们能和美国寻求一点缓和"，"而不是总认为美国要对你们进行战争，这样就可以有利于东南亚局势的缓和"。

周恩来耐心地回答说："问题很简单，是美国挑起对我们的敌视，美国坚持不承认六亿五千万中国人民，扶植蒋介石，占领台湾。我们一直避免引起和美国的冲突，主张和平谈判解决中美争端。我们没有核武器，更谈不上使用核武器，可是核大国一直用核武器对我们进行威胁"。"我们在华沙中美会谈时建议过中美在和平共处五项原则的基础上达成协议，但是美国不干"。

随后，周恩来以和缓的口气说："我们这次访非是为了寻求友谊与合作，我们本着求同存异的精神，愿意和突尼斯发展友好关系。"

周恩来完全体谅对方的误解和疑虑，并且总是以"求同存异"的精神给以有说服力的答复，终于打动了布尔吉巴。布尔吉巴说："我同意周恩来总理求同存异的方针，我们还是要反帝反殖。突尼斯需要伟大的友谊，并一定要同中国建立外交关系。"

这一天，两国关系获得突破性进展，中国和突尼斯的联合公报正式宣布：双方表示支持非洲各国人民的非殖民化的各种努力，坚决支持争取恢复合法权利的巴勒斯坦人民，热烈希望实现普遍裁军和全面禁止核武器。双方决定两国建立外交关系。

当天，周恩来参观了突尼斯斯蒂牛奶工业公司、郊区的手工艺中心、离突尼斯城约50公里的巴比比亚农村区、新宪政党政治局总部。

晚上，周恩来接受突尼斯《行动报》记者采访，说："我们亚非国家早在历史的黎明时期，就创造了灿烂的文化。我们今天在经济上和文化上比较落后，这是外国的侵略和压迫造成的。我们亚非国家在取得了独立以后，正在为消除贫穷落后的状态而努力，一定能够使自己的经济和文化出现新的高涨。西方国家能够做到的事情，我们没有理由不能做到。曾经创造了光辉的古老文化的亚非国家，在创造人类新文化的伟大事业中，一定能够作出卓越的贡献。"

采访结束后，周恩来率领中国代表团离开突尼斯，前往加纳访问。

1月11日至16日会见加纳总统克瓦米·恩克鲁玛——中国政府对外经济技术援助八项原则

1月10日深夜，周恩来率中国代表团离开突尼斯，向南飞越世界面积最大的沙漠——撒哈拉沙漠，开始对西非三国访问。

加纳盛产黄金，被称为黄金海岸。加纳是西非第一个冲破殖民主义枷锁的国家，在非洲事务中发挥着重要作用，为支持仍没有取得独立的非洲国家的民族解放运动做过不少工作。克瓦米·恩克鲁玛总统曾向中国驻加纳大使黄华提出，希望周恩来出访西非时首先访问加纳。周恩来高兴地接受了这个邀请。

就在周恩来访问加纳前夕，1月2日，一名哨兵行刺了恩克鲁玛总统，使总统身受重伤。

得知消息后，代表团中个别同志感到加纳政局不稳，有可能出现危险情况，而且加纳方面要接待中国代表团也会有困难，便建议取消加纳之行。周恩来说："我们不能因为人家遇到了暂时困难就取消访问，这是对人家不尊重、不支持。发生这样的事情我们还是要去，才表现出我们的真诚，患难见真诚嘛！按原计划访问加纳，不能取消，至于外交仪式，可以打破通常的礼宾惯例。"

在阿尔巴尼亚访问期间，周恩来专门致电慰问了恩克鲁玛总统，并且派随访的外交部副部长黄镇先去加纳，带去三点建议："一、为了两国领导人的安全，一切外交礼节可以从简，恩克鲁玛总统也可以不去机场迎接。二、不去外地参观，可多进行会谈。三、请加方指定安全保卫官员与使馆联系，具体布置安全保卫工作。"

恩克鲁玛总统喜出望外、大为感动，他原以为周恩来不会来加纳访问了，因为在他之前的一次遇刺后，当时正在尼日利亚访问的印度总理尼赫鲁就取消了访问加纳的计划。

11日上午8时，周恩来一行抵达加纳共和国首都阿克拉，在机场受到代表恩克鲁玛总统的三人委员会和各界人士的热烈欢迎。当日，周恩来在代表总统的三人委员会成员外交部长博齐约、交通和工程部长本萨和加纳驻华大使麦耶的陪同下乘汽车参观阿克拉市容。

晚7时30分，周恩来前往位于海滨的奥苏城堡拜会恩克鲁玛总统。城堡戒备森严，周围布满大炮和装甲车。恩克鲁玛总统脸上贴着纱布、一手缠着绷带，等候在门外。见面后，他向周恩来说的第一句话是："欢迎你，感谢你能来。"周恩来面带笑容地送上毛泽东主席给他的慰问信，并对行刺他的卑劣行为表示极大的愤慨。

根据事先商定的日程，访问期间，周恩来大部分时间用在了同恩克鲁玛总统的五次会谈上。

12日上午9时，周恩来同恩克鲁玛总统举行第一次会谈，再次对他最近遇刺表示关心。在谈到美国阻挠恢复中国在联合国的合法席位问题时，周恩来明确指出："我们叫做恢复中国的合法席位，不叫进入联合国，而且必须同驱蒋联在一起。"

当天，周恩来和陈毅接见中国驻加纳大使馆全体人员和在加纳的中国专家。

13日，周恩来一行在交通和工程部长本萨陪同下访问了加纳新海港和工业基地特马，并同恩克鲁玛总统举行第二次会谈。

会谈中，双方谈到了世界范围内的诸多矛盾。恩克鲁玛总统提出一个在他看来十分棘手的问题，他说："我们非洲不希望卷入核战争，希望有一个政策为和平而斗争"，"但我们同帝国主义不能有和平，必须同帝国主义进行斗争，消灭帝国主义这个战争根源"。那么，究竟怎样才能"寻求一个最好的途径"来"实现全面和平"呢？

周恩来爽快地说："阁下的问题提得好，许多看法和我相同，世界上的确有许多矛盾要解决。我们要和平共处，帝国主义要侵略和战争，如何同它共处。""我们主张全面禁止和彻底销毁核武器。这些都是矛盾。如何解决这些矛盾，我的意见：要实现和平，反对侵略战争。全面裁军和禁止核武器都要经过斗争。不能乞求和平，只有斗争才能达到一些目的。"

周恩来强调指出："人民武装斗争的结果，帝国主义打不下去被迫谈判，举行双边的或多边的会谈。""不依靠人民的斗争，仅仅依靠谈判和乞求和平，这样的谈判是得不到结果的。""经过斗争，可以逐步限制帝国主义发动侵略战争。如果乞求，不但达不到实现和平的目的，不会有利于裁军，反而会加剧扩军备战和增加战争危险；不会减少反而会增加核战争危险；不会阻止帝国主义实行扩张，反而会助长他们扩张，这是后退不是前进。"

在会谈中，周恩来支持建立非洲无核区，提出实现它的条件是：外国基地要撤出，包括在撒哈拉的基地，最终目标是实行全面禁止和彻底销毁核武器。可先搞先行的步骤，将来有一天会开世界首脑会议，所有国家都以平等身份来参加，不能由几个大国来包办，它与所有国家都有关系。

恩克鲁玛总统表示："我的立场和中国一样，你的意见完全正确，你了解我，我了解你。"

晚上，恩克鲁玛总统在奥苏城堡举行国宴接待周恩来。周恩来在宴会上讲话时说：我们这次从北非到西非，亲身感受到非洲民族解放运动正在锐不可当地迅速向前发展。帝国主义几个世纪以来强加在非洲人民身上的锁链，正在被纷纷打碎。非洲民族解放运动，已经成为当代全世界人民反帝斗争中的一支重要力量，对于保卫世界和平的事业作出了卓越的贡献。周总理指出，为了维护和巩固民族独立、发展民族经济和保卫世界和平，非洲国家有必要加强团结，亚非国家有必要加强团结，再接再厉地进行斗争。

14 日上午 10 时，周恩来与恩克鲁玛总统举行单独会谈。周恩来说，"要取得革命的胜利和使革命继续下去，就必须：（一）需要一个领导核心。在这个领导核心周围要有一批很坚强的、纪律性很高的干部，但在外围要搞尽量广泛的统一战线；（二）要有一支可靠的军队；（三）要有一个适当的经济政策。要自力更生地进行经济建设。"

会谈中，周恩来还重申了中国处理同非洲国家关系的五项原则。

1 月 15 日，周恩来同恩克鲁玛进行了最后一次会谈。

在访问过程中，周恩来边谈边总结，经过反复考虑，又同陈毅和代表团成员多次讨论后归纳出了中国政府对外援助的八项原则。在 15 日的会谈中，周恩来对恩克鲁玛总统提出了这八项原则，并在答加纳记者问时，向国际社会宣布了这些原则：

"中国政府在对外提供经济技术援助的时候，严格遵守以下八项原则：第一，中国政府一贯根据平等互利的原则对外提供援助，从来不把这种援助看作是单方面的赐予，而认为援助是相互的。第二，中国政府在对外提供援助的时候，严格尊重受援国的主权，绝不附带任何条件，绝不要求任何特权。第三，中国政府以无息或低息贷款的方式提供经济援助，在需要的时候延长还款期限，以尽量减少受援国的负担。第四，中国政府对外提供援助的目的，不是造成受援国对中国的依赖，而是帮助受援国逐步走上自力更生、经济上独立发展的道路。第五。中国政府帮助受援国建设的项目，力求投资少，收效快，使受援国政府能够增加收入，积累资金。第六，中国政府提供自己所能生产的、质量最好的设备和物资，并且根据国际市场的价格议价。如果中国政府所提供的设备和物资不合乎商定的规格和质量，中国政府保证退换。第七，中国政府对外提供任何一种技术援助的时候，保证做到使受援国的人员充分掌握这种技术。第八，中国政府派到受援国帮助进行建设的专家，同受援国自己的专家享受同样的物质待遇，不容许有任何特殊要求和享受。"

周恩来提出的中国政府对外经济技术援助八项原则，成功地将和平共处五项原则和万隆会议十项原则的精神运用到对外经济关系中，为开展新型的国际经济合作提供了基本准则。1月21日，中国和马里发表的联合公报中，正式写入了这八项原则。

恩克鲁玛总统被周恩来在他危难之际的来访和在八项原则中体现的真诚无私、尊重主权、平等互利的精神所感动。会谈结束时，他说："我个人、加纳政府和人民感谢你的访问"。"我代表大家一致的意见认为"，"你的访问，是所有（外国领导人）对加纳访问中最好的一次访问"。

1月16日，《中国和加纳联合公报》发表。公报宣布：双方保证完全支持非洲、亚洲和拉丁美洲反对帝国主义和殖民主义的斗争，认为召开一次非洲、亚洲、拉丁美洲人民的反帝国主义会议是有益的，也需要召开一次亚非会议。双方决心继续支持旨在促进中印双方直接谈判的和平努力。

1 月 16 日至 21 日会见马里共和国总统莫迪博·凯塔——"独立和自由的亚洲和非洲，一定能够一天一天繁荣和富强起来"

1 月 16 日上午 10 时 50 分，周恩来率中国代表团飞抵马里首都巴马科，开始访问马里共和国。莫迪博·凯塔总统和巴马科人民几乎倾城出动，在机场热烈欢迎周恩来一行。

下午，周恩来拜会凯塔总统，并向他赠送了礼品。晚上，凯塔总统举行盛大招待会。招待会洋溢着友好和团结的气氛，周恩来和凯塔一起跳起了欢快的舞蹈。

17 日上午，在凯塔总统陪同下，周恩来参观位于首都东北六十公里、尼日尔河畔的库利科罗市。这是马里的水陆交通中心、主要的花生产区和有名的"芒果城"。在该市欢迎大会上，周恩来接受了该市"荣誉公民"的称号，并发表讲演说：昨天，凯塔总统提到了中国对马里的援助。我们认为，援助新兴的亚非友好国家，是中国人民应尽的国际主义义务。中国政府一贯根据平等互利的原则，提供这种援助，帮助亚非友好国家发展自己独立的民族经济，逐步走上自力更生的道路。我们从来不把这种援助看作是单方面的，而认为援助总是相互的。新兴的友好国家通过援助，发展民族经济，摆脱殖民主义控制，增强世界上反对帝国主义的力量，这就是对中国的极大的支援。中国专家在马里工作，受到马里政府的亲切关怀，得到马里人民的充分合作和支持。我们向马里政府和人民表示衷心的感谢。中国专家的工作是否称职，中国提供的机器和物资是否合乎马里的需要，我们真挚地希望马里有关方面向我们提出意见。

之后，周恩来参观了该市航运公司、机械修配厂、榨油厂和正在巴马科举行的中国经济建设展览会。

18 日上午 9 时，周恩来在总统府与凯塔总统举行第一次会谈，听凯塔总统介绍非洲的情况及其内外政策。同一天，周恩来和陈毅等在凯塔总统陪同下参观巴马科郊区的索图巴动物研究所。这个研究所原为法国殖民主义者的企业，1960 年 9 月由马里政府收归国有。周恩来听取所长介绍了企业的历史以及收归国有以后如何改变经营和管理方针等情况，并参观了养牛场、家禽饲养场、饲养仓库、实验室等处。

19 日，周恩来在总统府与凯塔总统举行第二和第三次会谈。在听凯塔总统介绍马里的工农业和文化等情况后，向凯塔总统介绍了中国革命和建设的经验。随后，在凯塔总统陪同下，周恩来访问了苏丹联盟党总部。在与苏丹联盟党的领导人会晤时，周恩来表示，相信马里人民一定会克服困难，走上他们期望的进步道路。并重申，"尊重各国人民自己选择的道路，任何人不得干涉。"

20 日，周恩来在总统府与凯塔总统举行第四次、第五次会谈。

在谈到马里建设情况时，周恩来说："我们觉得在非洲国家中，像马里这样从殖民地经济向社会主义经济过渡，不可避免地要有过渡时期，有过渡时期不会影响走社会主义的信心。在过渡时期，民主革命完成得越彻底，社会主义革命的条件准备得就越好，社会主义就建设得越好。在非洲的过渡时期，根据我们的经验，可能是很长的。"

谈到对青年人的看法，周恩来说："这些青年人是在解放后才参加斗争和生产活动的，有些青年把社会主义建设看得太容易，对生活要求高，不懂得艰苦工作。青年也有长处，容易接受新鲜事物，有朝气。我们应当教育他们，因为未来属于他们。"

21 日，中国和马里政府发表联合公报。周恩来总结出的中国政府对外经济技术援助八项原则正式写入公报。

之后，周恩来在巴马科机场，对马里电台记者发表讲话称，"独立和自由的亚洲和非洲，一定能够一天一天繁荣和富强起来"。在留下这一美好祝福后，周恩来一行飞离马里，前往几内亚共和国访问。

1 月 21 日至 27 日会见几内亚总统塞古·杜尔——"几内亚是一个没有被打开的百宝箱"

1 月 21 日上午，周恩来率中国代表团飞抵几内亚共和国首都科纳克里。几内亚西临大西洋，资源丰富，境内是西非几条大河流的发源地，有"西非水塔"之称。科纳克里坐落在一个半岛上，沿着海滨，高大的椰子树、芒果树突人天空。

在塞古·杜尔总统陪同下，周恩来乘敞篷汽车前往坐落在漂亮的海滩旁的、具有浓厚民族建筑特点的"美景别墅"，途中接受了群众代表献花和照民族传统献上的柯拉果。途经总统府时，与几内亚各界知名人士见面，并观看了民间舞蹈。

杜尔总统是几中友谊的积极倡导者。几内亚独立后，他积极推动几中两国的相互交往，并于1959年10月同中国建立外交关系。1960年9月，杜尔访问中国，成为第一位访问中国的非洲国家最高领导人。周恩来接待并同杜尔总统会谈，代表中国政府在《中华人民共和国和几内亚共和国友好条约》上签字。中印边界冲突发生后，几内亚政府提出解决边界冲突的四项主张，受到中国政府和周恩来的赞赏。

当晚，杜尔和夫人在几内亚民主党总部为周恩来举行盛大的文艺晚会。文艺演出前，杜尔发表了热情友好的讲话；赞扬说："对于世界上一切遭受统治和剥削势力奴役的各国人民来说，中国人民反对帝国主义和封建主义的双重统治的英勇斗争，过去和现在始终是令人得到鼓舞的泉源和自觉的勇敢精神的典范。"

周恩来也讲话说："几内亚共和国是富饶和美丽的，几内亚人民是勤劳和富有才干的。正如塞古·杜尔总统所说，几内亚是一个没有被打开的百宝箱。我们深信，几内亚人民一定能够用自己勤劳的双手把这个百宝箱打开，一定能够把自己的国家建设得繁荣富强起来。"

22日，周恩来在总统府与杜尔总统举行第一次会谈。此后，又在24日、25日与杜尔总统共举行了四次会谈。

前三次是听杜尔谈国内情况和非洲政策。杜尔坦率地申明：几内亚不像有的非洲国家那样，我们"向来不谈社会主义"，"主要的是实际行动，那些讲社会主义的国家内并无适当的经济条件"。

周恩来赞许地说：如果几内亚谈"社会主义，我们才感到奇怪"。他对几内亚人民自己选择的发展道路，表示充分理解。

在谈到对外援助八项原则时，周恩来解释说：（一）正常情况下，中国援助的器材、设备按国际市场价格计价，因为没有别的标准可以作依据。但是，如果国际市场出现压价的特殊情况（如抵制古巴出口糖），我们将作特殊考虑，"就以高价格收买"。（二）中国的贷款是无息的，但偿还时间应有规定，这主要是为了尊重主权国家，保证该国在国际上能争取到其他国家的贷款。"贷款有两种方式：一是确定一笔贷款数目后再分配在各项目中，另一种方法是先确定项目，再根据项目确定贷款"。贷款期限到了后，偿还有困难的，"可以延期"。"我们愿意在农业、轻工业、水利、动力方面提供援助"。

周恩来积极鼓励几内亚坚持自力更生为主，大力发展民族经济。他说："我觉得非洲各国，几内亚也是一样，真是一个没有打开的宝箱。""虽然你们现在农业生产水平不高，但有发展的潜力。搞好农业，不仅能解决粮食自给的问题，还可以腾出力量来搞工业。配合农业发展，可以首先建立农畜产品加工工业，这样既能满足本国消费者的需要，又可出口，换回外汇及机器。"

在 25 日举行的第四和第五次会谈中，周恩来介绍了中国革命和建设的经验，着重说明革命要遵守马列主义与中国实际相结合的原则。周恩来还建议，几内亚在摆脱殖民主义的统治后，走非资本主义的发展道路；在经济建设上优先发展农业和轻工业，实行自力更生。

26 日，周恩来在科纳克里与杜尔总统举行了一次单独会谈，周恩来说："要实现非洲统一，首先要求那些最觉醒的非洲国家的领导人起榜样作用，首先团结起来，成为非洲统一的核心力量。最先觉醒国家之间可能在某些问题上存在不同意见，甚至可能存在一些分歧，但是这些分歧与非洲统一的愿望相比，终归是次要的。"

访问期间，周恩来还到几内亚各地进行了参观。22 日，在几内亚国务部长、外交部长、经济发展部长的陪同下参观了中国援建的卷烟厂和火柴厂建筑工地，还观看了几内亚工人在卷烟机等机器前做的操作表演。

23 日，在杜尔总统陪同下，周恩来乘汽车前往金迪亚市访问，参加群众大会并发表讲话，而且参观了当地的水果研究所。之后，与杜尔总统同乘直升机回科纳克里。晚上，周恩来接见了在几内亚的著名美国记者兼作家埃德加·斯诺。

24 日、25 日，周恩来在杜尔总统陪同下前往距离科纳克里 500 公里的高原城市拉贝访问。

26 日，周恩来在杜尔总统陪同下回到科纳克里。当天，中国和几内亚联合公报发表，公报说：召开第二次亚非会议的时机已经成熟，应该为此进行积极的准备。双方决定加强努力，以消除在国际关系中存在的独断专横的做法，这种做法特别表现在经济技术上高度发展的国家在经济和贸易往来中，对发展中国家进行统治和剥削的思想。

26 日午夜，周恩来在科纳克里机场向几内亚《革命之声》广播电台发表了主题为"一个没有帝国主义和新老殖民主义的独立自主的新非洲一定会出现"的告别词。随后，中国代表团飞离几内亚，向东横穿非洲大陆，前往苏丹共和国访问。

1 月 27 日至 30 日会见苏丹武装部队最高委员会主席易卜拉欣·阿布德——中国人民的敌人在苏丹受到惩罚

1 月 27 日，周恩来飞离几内亚，向东横穿非洲大陆。下午 3 时，飞机抵达非洲面积最大的国家苏丹的首都喀土穆。苏丹武装部队最高委员会主席易卜拉欣·阿布德率领苏丹高级军政领导人前往机场迎接。

这天晚上，阿布德主席在青尼罗河畔的共和国宫为周恩来举行国宴，周恩来讲话中提到了中国和苏丹两国人民的共同敌人——英国侵略军军官查尔斯·戈登。戈登曾在中国参与英法联军火烧圆明园的活动，又曾率领洋枪队镇压太平天国运动。1874 年，戈登到苏丹担任总督，1885 年，苏丹人民起义军攻克喀土穆，起义军在总督官邸，用长矛刺死了戈登。

周恩来欣慰地说："在反对帝国主义和殖民主义的长期斗争中，我们两国人民是相互同情和相互支持的。曾经镇压过中国太平天国革命运动和苏丹民族革命运动的帝国主义者戈登，最后终于受到了苏丹人民的惩罚。这种共同的斗争一直把我们两国人民联在一起。自从我们两国相继获得独立和解放以后，特别是我们两国建交以来，中国和苏丹的友好合作关系，在和平共处五项原则和万隆会议十项原则的基础上，获得了令人满意的发展。"

28 日上午，周恩来在喀土穆共和国宫和苏丹武装部队最高委员会主席阿布德举行会谈。

在有限的时间里，周恩来尽可能多地增加同苏丹人民的接触。他先后参观了北喀土穆市、苏丹民族博物馆和英雄城市恩图曼、青尼罗河省棉产区吉齐拉等重要城市。

30 日，《中国和苏丹联合公报》发表。双方表示愿意为实现普遍裁军、彻底禁止核武器而斗争。

30 日上午，周恩来启程前往尚未与中国建交的埃塞俄比亚。在前往机场的路上，周恩来在阿布德主席陪同下，乘敞篷汽车接受苏丹人民的欢送，以弥补到喀土穆时没有乘坐敞篷车的缺憾，使阿布德等苏丹高级军政领导人很受感动。

原来，当周恩来一行来苏丹之前，东道主想请周恩来、陈毅从机场到宾馆时乘敞篷汽车，既让喀土穆人民得以瞻仰中国总理的风采，也扩大他们的政治影响。但中方工作人员认为，苏丹当时政局动荡，这样做无法保证安全，没有请示周恩来即改变了苏丹方面的计划。周恩来知道后，认为这样对东道主不尊重，在他们遇到困难时没有给予支持，又失去了跟苏丹人民见面的机会，严厉地批评了相关人员。

1 月 30 日、31 日会见埃塞俄比亚皇帝海尔·塞拉西一世——"我们不介入非洲各国领土争端"

埃塞俄比亚是非洲最早武装反抗法西斯势力的国家，是非洲国家首脑会议的发起国，并在首都亚的斯亚贝巴召开了非洲统一组织成立大会，非洲统一组织的总部也设在这里。虽然它没有同中华人民共和国建交，但是同蒋介石集团也没有外交关系。

海尔·塞拉西皇帝已经七十多岁，是一位德高望重的老人。二战爆发之前，许多中国人就已知道，他领导埃塞俄比亚人民英勇抗击意大利法西斯侵略的感人事迹。这一次，塞拉西皇帝邀请中国政府总理来访，但又迫于美国的压力，把会谈地点安排到远离首都、海拔 2400 米的高原城市阿斯马拉。按照国际惯例，这是不礼貌的。但周恩来充分体谅东道主的难处，决定前往阿斯马拉。他对有反感情绪的随行人员说："应该体谅埃塞俄比亚政府的困难，不要计较礼仪，要着眼于发展中埃人民的友谊。"

1 月 30 日，周恩来一行飞抵埃塞俄比亚东北部的阿斯马拉机场。

中午，周恩来一行在阿斯马拉皇宫受到塞拉西皇帝的接见。下午，双方举行第一次会谈。

会谈中，塞拉西皇帝指责中国在埃塞俄比亚、肯尼亚同索马里的边界争端中支持了索马里，理由是"中国援助索马里"，"索马里会利用中国的援助来反对埃塞俄比亚和肯尼亚"。

周恩来耐心地解释说：埃、肯、索三国的"民族争执问题，对我们是一个新问题。索马里同中国先建交，埃塞俄比亚同中国未建交，肯尼亚当时还未独立"。"索总理访华时向我们要求经济援助。凡是非洲国家向我们提出经援要求，我们一般都给予满足"。"我们帮助索马里进行经济建设，同索马里想用武力夺回领土毫无关系"。"好似我们对阿尔及利亚提供的援助，同阿、摩冲突完全是两回事"一样，"我们对阿的援助从阿进行反殖民主义战争就开始了，但阿、摩冲突是发生在去年十月"。"我们一向坚持万隆精神，主张任何争端和平解决，而不诉诸武力"。"我在同索马里总理的谈话中，一再强调了我们对埃、索争端采取不介入的立场。索总理表示同意我们的立场"。

周恩来强调："我们愿意同非洲各国友好，不在争端中支持任何一方，更不会拿武器去帮助别人进行领土侵犯。""我们不介入的立场是坚定不移的。""我们已听过索马里的意见，所以这次先访问埃塞俄比亚，先听取你们的意见。"

周恩来通情达理的一席话，驱散了笼罩在塞拉西皇帝心中的阴影。他表示感谢周恩来的承诺，并且表白：埃塞俄比亚并不是说中国"不该援助索马里"，而是"觉得只能给经济援助而不能给军事援助"。接着，他说：埃塞俄比亚"仍愿同索马里坐下来谈判"。

周恩来回答说："很高兴听到陛下坚持同索马里坐下来谈判的立场。这精神很好，我一定转达索马里方面。"第一次会谈就在欢声笑语中结束了。

31 日，周恩来在阿斯马拉皇宫与海尔·塞拉西皇帝举行第二次会谈。

塞拉西皇帝不同意中国方面提出在两国联合公报中"宣布中埃两国建立外交关系"。他说:"我们的建议是:'双方协议采取措施加强埃塞俄比亚同中华人民共和国的关系,包括在最近的将来使两国关系正常化。'""埃塞俄比亚一直支持中华人民共和国在联合国的地位。""如果我们要使同中国的关系正常化,我们不能不考虑同美国的关系。""我并非追随美国的政策。我们的政策是不结盟,我们相信这一政策是正确的。"

听了塞拉西皇帝的这些解释,周恩来表示体谅和理解。他说:"现在的主要问题是要照顾埃塞俄比亚的困难,还需要时间"。"也可能需要长时间,这没有关系。事情总是准备长一点好,困难总是估计多一点好"。因此,"公报如何写法应该考虑"。

周恩来这一表示感动了塞拉西皇帝,他说:"毫无疑问,我们一定会克服困难,保证遵守诺言。"

会谈结束后,中国方面在联合公报中完全采纳了塞拉西皇帝提出的关于两国关系写法的建议。这以后,塞拉西皇帝努力推动中埃两国关系的进一步发展。两国终于在1970年正式建交。

当晚,在告别宴会上祝酒时,周恩来说:"这个公报的签署和发表将会进一步促进中埃两国关系的发展,并且使那些制造无根据的谣言来破坏中埃两国关系的外来企图遭到失败。"

2月1日上午,周恩来乘飞机离阿斯马拉前往索马里访问。塞拉西皇帝在皇宫门口送别,沃尔德首相陪同前往机场。

2月1日至4日会见索马里总理阿卜迪拉希德·阿里·舍马克——"整个非洲大陆是一片大好的革命形势"

2月1日中午,周恩来一行抵达索马里首都摩加迪沙,受到阿卜迪拉希德·阿里·舍马克总理和首都市民载歌载舞的欢迎。这是周恩来对上一年舍马克访问中国的回访。

鉴于在非洲出访的时间已经很长,经同有关国家商定,周恩来原定对坦噶尼喀、肯尼亚和乌干达的访问推迟到以后方便的时候进行。这样，周恩来对索马里共和国的访问成为非洲十国之行的最后一站。

晚上，周恩来接受了摩加迪沙市特派员优素福赠予的摩加迪沙市自由钥匙。舍马克总理为欢迎周恩来率领的中国代表团举行了国宴。周恩来在国宴上的讲话中追溯了中索两国人民的传统友谊，他说："早在9世纪初叶的中国文献上，就有着关于索马里的记载。15世纪中国的大航海家郑和，在他著名的远航中，曾经多次访问过摩加迪沙和索马里的其他地方。在此期间，也曾有过索马里的友好使者到中国进行访问。所有这些历史上的友谊的佳话，为中索两国人民世世代代所传颂。"

2月2日上午9时，周恩来前往总统府拜会亚丁·阿卜杜拉·欧斯曼总统，并同舍马克总理举行了第一次会谈。周恩来说："到非洲以后，我们感到非洲觉醒了，站起来了，当然还有一部分国家未独立，正在为独立而奋斗。毫无疑问，整个非洲大陆各国一定会独立，不管时间长短，最后都会取得胜利的。"还说：我们支持亚的斯亚贝巴会议关于建立非洲无核武器区的决议。但我们愿意提出以下两点意见，第一，有核武器的大国要给予保证，不承担义务就没有用处；第二，要建立非洲无核武器区，一定要撤除外国军事基地，因为有基地仍可储存核武器。

2月3日上午10时，周恩来同舍马克总理举行第二次会谈。周恩来出访的十个非洲国家的领导人，都关心恢复中国在联合国的合法席位问题。

周恩来对舍马克总理再次强调了中国政府的坚定立场："虽然法国承认中国代表了一种承认中国的趋势，但是，在联合国中是否能有多数支持恢复中国合法权利并且驱逐蒋介石代表，那还不能肯定"。因为"美国在联合国操纵了多数"。"美国如看到联合国中多数国家支持恢复中国席位，它会有新花样，会提出台湾必须除外"。"会提出把台湾变成一个独立的政治单位，叫台湾政府，或台湾共和国，或者托管地"。拉丁美洲国家会追随美国，英国会赞成，"一部分亚非国家会动摇，会劝我们先进去，不要反对把台湾除外"。但是，"这我们是绝对不能接受的。不然。等于我们承认台湾被割出去，承认美国占领台湾。蒋介石都不承认的事，我们承认，我们就变成民族罪人，出卖领土"。

周恩来斩钉截铁地说："只要中华人民共和国存在，只要共产党在领导，我们绝不会承认把台湾割出去。"

舍马克仍疑惑地提出:"如果联合国多数支持恢复中国席位,而美国有不同意见,要把台湾除外,中国是否可先接受安理会的席位,同时宣布台湾是非法的?"

周恩来直截了当地回答:"不可能,这两个问题一定得联在一起。中国的席位一恢复,蒋介石(在联合国的席位)应该是不存在了。""如果出现两个中国,我们宁可不进联合国。"

另外,在与舍马克举行的一次单独会谈中,周恩来强调,中国"对非洲各国之间的问题,我们采取不介入的政策,经济上可以给予援助"。

在索马里,周恩来对非洲形势的认识作出了总结。他在 3 日举行的摩加迪沙群众大会上讲话,盛赞非洲人民敢于同帝国主义、殖民主义斗争的精神风貌,并且提出了"整个非洲大陆是一片大好的革命形势"的论断,预言非洲的民族解放斗争终将取得最后胜利:"现在是非洲人民大觉醒的时代。在任何地方看到的非洲人民表现的热情都是很感动人的,这不仅仅是为着欢迎中国代表,而是因为他们独立了,解放了,碰到解放了的朋友。给我们印象最深的是,非洲人民站起来了,觉醒了,再没有任何力量能够阻挡他们前进!"

2 月 4 日,中国和索马里联合公报发表。双方重申,毫不含糊地支持扩大亚非国家在联合国主要机构中的席位,使亚非国家在国际上的主张能够得到平等的、同它们的重要性相称的反映。

这一天,周恩来一行对非洲十国历时 55 天的访问结束了。这次出访的非洲十国的总面积和总人口,分别占非洲大陆总面积和总人口的 32.5% 和 41%。周恩来率领中国代表团满载着非洲人民的深情厚谊,飞离了非洲大陆。

2 月 14 日至 18 日、7 月 10 日至 12 日会见缅甸联邦革命委员会主席奈温——坚持团结,坚持斗争

从非洲访问回国后,周恩来在昆明和成都两地休息了数日,度过了中国传统的春节。2 月 14 日,周恩来再次踏上了外交的征程,他在陈毅的陪同下

飞离昆明，同日抵达仰光，开始对中国的邻国缅甸联邦进行友好访问。

14日下午，周恩来和陈毅向缅甸民族英雄昂山将军墓献了花圈。

晚上，周恩来拜会了缅甸联邦革命委员会主席、革命政府部长会议主席奈温将军。奈温及其夫人举行国宴欢迎周恩来一行。

在宴会上，周恩来说："亚非新兴国家，只要依靠本国人民和充分利用本国资源，同时加强相互之间的互助合作，坚持团结，坚持斗争，就一定能够挫败帝国主义的各种阴谋诡计，一步一步地把自己的国家建设起来。"

15日上午，周恩来在奈温主席和夫人的陪同下，乘专机离开仰光前往额不里海滩作短时间的访问。当时正赶上额不里最好的季节，天气凉爽，阳光和煦，绿树成荫的海滩面对着翠绿的大海，中缅两国国旗在蔚蓝色的天空中飘扬。缅甸主人和中国客人穿着相同的缅甸传统服装纱笼，在一起亲切交谈。下午5时左右，周恩来和陈毅在金色的海滩上散步，奈温主席随后也走来，同他们一起照了相。陈毅还捡起了一个又肥又大的活海参，吸引了大批好奇的观众。晚上，奈温主席和夫人为中国客人们举行了非正式的露天宴会。

16日，在额不里海滩上一棵古老的大树的树荫下，周恩来与奈温主席进行了会谈。谈话涉及非洲形势和非洲之行观感、国际形势，裁军和禁止核武器、第二次不结盟国家会议、第二次亚非会议等八个问题。

谈到非洲之行，周恩来说："我们对非洲总的印象是，那里存在着反对帝国主义和殖民主义的大好形势，非洲人民迫切要求建设自己的国家。同亚洲相比，非洲的觉醒迟了一步。但是，在二次大战后，特别是在万隆会议以后，非洲各国人民的民族自觉性空前提高，都要求站起来。""在非洲我们印象最深刻的是，受所谓西方文明压迫和剥削了四五个世纪的非洲人民比亚洲人民受到的苦难更多更深。"非洲各国的"共同任务是要推翻殖民主义统治，建设自己的国家，建立民族经济和民族文化，建立民族自卫武装。加速非洲统一"。"已独立的国家都有一个共同认识，即单是政治独立是不够的，还要求得经济独立"。

对于非洲的发展前景，周恩来说："非洲遍地是宝，有广大未开垦的处女地"，"只要非洲开发起来，农业发展起来，就能自给自足，从而打下可靠的国民经济基础，再逐步发展工业。未来的非洲一定是一个繁荣富强的非洲"。还说：要把非洲民族民主革命贯彻到底，还需要解决三个问题：第一，建立民族自卫武装；第二，粉碎旧的国家机器，建立民族的国家机器；第三，继承和发展民族文化。

17日下午5时，周恩来同奈温主席一起回到了仰光，并进行第二次会谈。在谈到国内工作时，周恩来说："不论是谁，只要他还有一点爱国心，我们就还要争取和他团结。对于蒋介石，我们也一直是留有余地，从不把谈判大门关死。""担任领导的人，有的时候需要果敢，有的时候则需要耐心等待，需要把这两者结合起来。这样领导者就不会在一群人中处于孤立。"

当天，周恩来还在缅甸国家宫接见了法国驻缅甸大使摩雷·弗朗科，并请弗朗科转告戴高乐总统："我很高兴中法正式建交，应对此表示祝贺。现蒋帮已同法绝交，这很好，正合我们原来的设想。"周恩来还分析了法国的历史和文化，他说："法国人民是有很强的民族志气的，法国近二百年的历史，把法国人民锻炼出来了。法国的文化也有两重性，一方面它发展了殖民主义，另一方面又以其大革命和支持美国独立战争的革命传统影响了殖民地人民。"

2月18日，中缅签署并公布联合公报。双方表示决心同全世界一切爱好和平的人民和国家一道，为最终实现普遍裁军，包括全面禁止和彻底销毁核武器而努力。所有各国人民都有权根据他们自己的国情、需要和愿望，选择和发展自己的政治、社会制度和自己的生活方式，而不受任何外来干涉或压力。

18日上午8时，周恩来结束了对缅甸的五天友好访问，乘专机前往巴基斯坦的卡拉奇。

随着国际形势的发展，美国对越南战争的深入，在这次访问之后不到5个月，1964年7月10日，周恩来和陈毅再次来到仰光，对缅甸联邦进行访问。

当天下午3时30分，周恩来在国宾馆同奈温举行了第一次会谈。谈到亚非拉当前局势和中国对印度支那问题的方针，周恩来说："作为日内瓦会议的签字国，我们有义务促使执行日内瓦协议，要求美国撤退它的武装部队。""我们争取通过谈判来保证日内瓦协议的实施，保证南越和老挝的和平中立，这是我们在国际活动中力争的。但是，如果美国决心要扩大这一战争，进攻越南民主共和国，或者它直接出兵，把战火烧到中国的身边，我们就不能坐视不管。就是说，如果它要打一场朝鲜式的战争，我们要有准备。"

7月11日上午8时，周恩来在国宾馆首先与奈温举行了一次单独会谈。

谈到缅甸经济建设问题，周恩来说："肃清帝国主义、封建主义势力，需要有计划、有步骤、分清主次，不能打击面太广，否则主观愿望虽好，但生产力受到破坏，不利于广大人民生活。""我们经济的目标是发展工业、农业、贸易、财政金融。这是很复杂的工程。"

周恩来向奈温逐一分析道："在农业生产方面，缅甸有富饶的资源，如果农民生产力解放，多搞一些水利建设，政府充分供应农民所需要的生产资料，农业生产就会有很大的增加，可以增加出口，国家收入就可以增加，这是最迫切的经济任务。在工业方面，政府需要发展工业来领导经济，可以利用外援，首先建立为吃、穿、用服务的轻工业和生产农业生产资料的工业和农产品加工工业，以积累资金，然后再逐步发展重工业、机械工业。商业方面，国家应该控制对外贸易和批发商业。商业不像工厂可以计划，管起来很复杂，如果过急就会阻碍经济的流通，造成黑市，因此，政府应该先掌握大的批发商业，打击投机倒把者。至于本国的私营中小商业，总有对人民有利、服务于经济流通的一面，应该加以利用，在商业上必须稳步前进，市场才能流通。财政方面，主要是节约问题，使每年预算能有盈余，最重要的是反贪污。""总之，必须发展工业、农业、贸易、财政金融，国家才能富强起来。"

下午5时30分，周恩来在国宾馆奈温办公室同奈温进行第二次会谈，其间，总结了当日单独会谈的要点，附带谈到华侨必须遵守缅甸法令的问题。

同日，周恩来签署中缅两国联合公报，双方同意采取必要措施，加速执行中缅经济技术合作协定，并进一步扩大两国之间的贸易。

12日清晨，周恩来一行结束了对缅甸的友好访问，和陈毅离开仰光回国。奈温主席和吴蒂汉外长到机场欢送。

2月20日会见巴基斯坦总统阿尤布·汗——"中巴友谊绝非权宜之计"

2月18日，周恩来一行飞离仰光，前往巴基斯坦的港口城市卡拉奇，受到巴基斯坦财政部长、总统内阁中资历最深的成员沙伊卜的欢迎。这是周恩来第二次访问巴基斯坦。

当天下午，卡拉奇市政委员会举行了四千多人参加的市民招待会，欢迎周恩来率领的中国代表团。卡拉奇市政委员会副主席哈比布拉在讲话中向周总理表示衷心欢迎。他说，"中国和巴基斯坦都有古代文明的传统，这种传统把两国联系在一起。""在近代，要求实现国家最高建设目标的不可抗拒的共同愿望大大促使这两个邻国互相接近。"

周恩来在讲话中赞扬了巴基斯坦人民勤劳勇敢、热爱自由，"决心在独立的道路上前进，建设自己的国家"。他回顾了两国之间历史悠久的友谊，并强调说，"在过去两年中，两国之间的经济和文化联系有了显著的加强"。

19日上午，在巴基斯坦外长佐·阿·布托陪同下，周恩来一行参观了位于卡拉奇东郊的巴基斯坦最大的棉纺厂之一达乌德纺织厂。厂主达乌德引导中国客人参观了工厂的各车间、工人宿舍和食堂。周总理在食堂里尝了那里供应的食物。最后，周恩来在留言中称赞巴基斯坦民族工业的迅速发展。

当天，周恩来和陈毅接见了中国驻巴基斯坦大使馆的全体工作人员。

20日，周恩来一行飞抵巴基斯坦首都拉瓦尔品第，阿尤布·汗总统前往机场欢迎。拉瓦尔品第所有学校都停课，政府机关停止办公，整个城市洋溢着一片节日气氛。长达一英里的车队驶出机场时，受到人山人海的群众夹道欢迎。

当天下午4时30分，周恩来在拉瓦尔品第总统府与阿尤布·汗总统举行了第一次会谈。谈到中印边境冲突，周恩来诚恳地说："我们坚持和平谈判，但不能放弃原则。"谈到对外援助与自力更生的问题，周恩来认为："单纯地依靠外援像陷进沼泽地一样，会越陷越深，就好像抽鸦片一样，会上瘾的。"

晚上，阿尤布·汗总统举行国宴欢迎周恩来。宴会前，阿尤布·汗和周恩来相互赠送了礼物。在国宴上，阿尤布·汗和周恩来先后进行讲话。

21日上午，周恩来与阿尤布·汗总统举行第二次会谈。在谈到中国的外交政策时，周恩来坚定地说："我们永远不会执行挑衅的政策，中国政府是不愿诉诸武力的。""世界在变化，力量在改组，我们要冷眼观局势，在外交上多交换看法。"

下午，周恩来在布托外长陪同下参观了位于拉瓦尔品第东北7英里的正在建筑中的巴基斯坦新首都伊斯兰堡。周恩来一行登上一座俯瞰新首都的小山，新首都位于山麓下，东北面濒临拉瓦尔湖，人们可以看到住宅区成排的新建房屋、一些政府大厦。应首都建设局负责人的邀请，周恩来在小山上种植了一棵中国的乌臼树，作为这次访问的纪念物。在巴基斯坦大厦的贵宾留言簿上，周恩来写道："预祝巴基斯坦新首都——伊斯兰堡的建设成功！中国巴基斯坦友好万岁！"

晚上，周恩来与布托外长谈话，表示"中巴友谊绝非权宜之计"，并赞赏了阿尤布·汗总统为中巴友谊所作的努力。

22 日上午，周恩来参观了拉瓦尔品第附近的著名佛教文化古城泰格西拉的遗址。著名的中国佛教朝观者法显和玄奘和尚分别曾在公元 5 世纪初和 7 世纪访问过这座古城。玄奘在他的著作中曾经提到泰格西拉。离开博物馆之前，周恩来在留言簿上题词："泰格西拉古迹记载了中巴两国人民悠久的历史友谊，在古代交通不便的情况下，高山峻岭阻拦不住我们两国人民的友好往来。今天我们两国人民之间日益发展的友好关系也是任何新老殖民主义者和一切反动势力所阻挡不住的。"

当天，周恩来在拉瓦尔品第总统府同阿尤布·汗总统举行单独会谈。

自 1958 年执政后，阿尤布·汗禁止政党活动，受到各方面压力，被迫实行介乎军法管制和总统制之间的统治方式，对如何稳定政局颇感费力。在这次单独谈话中，阿尤布·汗谦虚地向中国总理求教。

周恩来友好地出谋划策道："要保证一个国家的独立，第一是要掌握军队；第二是要在政府和党内有个领导核心；第三是要依靠人民，团结人民。有了人民的支持，外国干涉也就不怕了。"

在会谈中，周恩来邀请阿尤布·汗总统访华。阿尤布·汗表示可以公布他接受访华的邀请，并表示对这件事情非常重视。

午后，周恩来在拉瓦尔品第总统府同阿尤布·汗总统举行第三次会谈。

周恩来详细阐述了中国对外贸易往来和经济合作的原则，他说："我们要通过贸易往来和经济合作，求得共同的经济发展。我们不是要制造依附的经济，而是要通过互相帮助，建立各自的独立经济。"

谈到中国发展强大以后的外交方针，周恩来说："就是在我们强大以后，我们也要谈判解决诸如中美关系等问题，也不会进行挑衅。""不但我们社会主义制度不容许我们向外扩张，历史也不容许我们向外扩张。""而且我们有足够的发展余地，不需要向外扩张。"

阿尤布·汗佩服地表示："很感谢总理阁下的谈话，你是一位很英明又有政治家风度的领导人。"

23 日，签署《中国巴基斯坦联合公报》。公报说，双方一致认为，印中边界争端应该而且能够通过谈判和平解决，克什米尔争端，能够按照克什米尔人民的愿望获得解决。

当天，在布托外长陪同下，周恩来飞抵西巴基斯坦省府拉合尔市。阿尤布·汗总统前往机场欢送。下午，周恩来向著名巴基斯坦诗人和哲学家阿拉马·穆罕默德·伊克巴勒墓献花圈。

24 日上午，应西巴基斯坦议会邀请，周恩来在议会特别会议上发表讲话说：站起来的亚非新兴国家，在国际事务中发挥着日益重要的积极作用。无视亚非新兴国家的独立意志，企图抹煞这些国家的地位，对这些国家采取以大凌小、以强欺弱的帝国主义态度或者大国沙文主义态度，是必然要碰壁的。

这一天，周恩来、陈毅还同巴外长布托以及西巴基斯坦省省长穆罕默德·汗一起在省长官邸花园里的湖岸上进行了野餐。

傍晚，周恩来一行乘专机从拉合尔到达东巴基斯坦省府达卡，受到热烈欢迎。

25 日上午，周恩来一行在巴外长布托和夫人以及东巴基斯坦省省长穆奈姆汗的陪同下，在达卡附近的希培拉卡雅河上坐了一次愉快的游船。希培拉卡雅河是恒河的一条支流，流经世界上最著名的黄麻产区。装载着黄麻的船只在河上来来往往，碧绿的河水流向远方。东巴基斯坦省省长和巴基斯坦内河运输机构负责人向周总理扼要介绍了巴基斯坦的内河运输情况。在长达十二英里的路程的沿途，在新近竖立的一望无际的竹杆之间悬挂着成千上万面小国旗，数以万计的人列队向中国总理致意。

当天下午，周恩来举行记者招待会并接见巴基斯坦联合通讯社首席记者沙夫达·阿里·古莱希。

古莱希问周恩来："先生，阿尤布·汗总统昨天在记者招待会上说，如果在填平中美之间的鸿沟方面需要巴基斯坦的斡旋的话，巴基斯坦将乐于提供帮助。你是否认为，巴基斯坦或者其他中美两国共同朋友的斡旋能够有助于导致中美之间的某种协议？"

周恩来对阿尤布·汗总统愿意在中美之间进行斡旋一事表示欢迎，但是也指出："改善中美关系的唯一途径是，美国政府用行动表明它愿改变敌视中国的政策。"

在回答关于中印边界的问题时，周恩来说："为了和平解决中印边界问题，中国政府过去做了自己所能做的一切，今后还要继续努力。1960年，我曾经亲自访问新德里，同尼赫鲁总理举行会谈。此后，中国政府又曾多次声明，欢迎尼赫鲁总理访问北京，重开谈判，如果印度总理认为不方便的话，中国总理准备再一次前往新德里。我们今天的态度仍然是这样。遗憾的是，印度政府迄今还没有作出积极的反应。"

26日，周恩来一行结束了对巴基斯坦的友好访问，和当天到达达卡的中华人民共和国副主席宋庆龄一起飞向了中国西南的邻国锡兰。

2月26日至29日会见锡兰总理班达拉奈克夫人——"自己的力量才是最可靠的力量"

2月26日，周恩来与陈毅和刚由昆明飞抵达卡的宋庆龄副主席共同前往锡兰访问。当天下午，飞机抵达锡兰首都科伦坡。

27日，中国代表团到中锡友好关系的掘井人班达拉奈克墓前敬献花圈。然后，两国总理商定合作修建一座大型的"纪念班达拉奈克国际会议大厦"，作为中锡友谊的见证。

下午，在锡中友好协会主席威尔莫特·佩雷拉的陪同下，周恩来出席了锡中友好协会的茶会。

晚上，班达拉奈克夫人在总理府举行招待会，欢迎宋庆龄和周恩来一行。锡兰总督威廉·高伯拉瓦和夫人等四百人出席了招待会。

28日，周恩来一行参加了在科伦坡独立广场举行的群众大会。周恩来发表讲话说："国家不分大小，只要坚持独立自主，主持正义，就能够在国际事务中发挥重要的积极作用。""帝国主义的封锁和捣乱，并没有吓倒中国人民，反而加强了中国人民自力更生的信心和决心。归根到底，建设国家应当依靠本国人民的力量。自己的力量才是最可靠的力量。"

访问期间，周恩来和宋庆龄、陈毅与班达拉奈克夫人进行多次友好的会谈。

27 日上午 11 时，周恩来和宋庆龄、陈毅同班达拉奈克夫人举行第一次会谈，就国际形势等问题交换意见。

在 28 日上午 9 时 40 分所进行的第二次会谈中，周恩来说："亚非国家如果首先依靠自己的力量，同时进行友好合作，它们就可能较快地赶上先进国家。""至少所需要的时间要比工业先进国所用的二百多年要短。"

谈到中国对锡兰的经济援助，周恩来介绍了中国贷款的两条原则（低息和无息），并说："至于偿还的时间问题，如到期不能偿清，可以延长时间。"

班达拉奈克夫人听后表示非常感谢，周恩来说："一切援助都是相互的，无须表示感谢。帮助别人，对我们来说是一种锻炼。加强你们，也就是加强了民族独立运动。"

28 日、29 日，周恩来还与班达拉奈克夫人举行了两次单独会谈，就中印边界问题交换意见。

29 日上午 10 时 15 分，周恩来和宋庆龄、陈毅与班达拉奈克夫人举行第三次会谈。周恩来再次介绍了中印边境的现状和中国政府的主张，他说："中印边界问题只能和平解决，没有别的办法。""我们的立场就是无条件地进行谈判，而谈判就是为了解决边界问题，从而有利于中印人民的友谊、亚非团结和世界和平。"

周恩来提出："如果印军前进，我们将采取措施让科伦坡会议国家出来调解，而不会直接和印度冲突。"周恩来并向六国提出了三个办法：一、如少数印军侵入我实际控制线，后来又撤走，我将只提警告，记录下来，并每季度通知六国一次；二、如印度进一步进占我领土而不肯撤走，如像 1962 年 10 月前的情况那样，我将要求印军撤走，同时请六国出来调解，劝说印军撤走。在六国劝解过程中，我将不采取任何行动；三、如六国宣告调解无效，我将采取自卫措施，但这种情况和 1962 年大冲突时完全不一样。

谈到中国对亚非国家的援助问题，周恩来说："我们不仅要看物质而且要看精神。我们都是亚非大家庭的成员，我们的援助数目同我们的人口来比是不相称的，希望再过五年到十年我们进一步发展了，我们可以更好地合作。"周恩来强调："合作是为了求得共同的发展，绝不允许发生过去殖民主义所干的事。"

当天晚上，周恩来和班达拉奈克夫人在《中国锡兰联合公报》上签字。公报说：中国总理赞赏锡兰总理所采取的拒绝载有核武器或核战争装备的船只和飞机进入锡兰领海、港口和机场的主动步骤。两国领导人希望，其他国家也能本着同样的精神采取适当行动。中国总理表示将继续争取在科伦坡建议的基础上同印度直接谈判，和平解决中印边界问题。

3 月 1 日，周恩来和宋庆龄、陈毅及代表团结束了对锡兰的访问，乘专机离开科伦坡，飞抵昆明。至此，周恩来结束了历时 72 天的对非洲、欧洲和亚洲 14 个国家的访问。

周恩来这次出访，举世瞩目，影响深远，是中国同亚非国家友好关系史上的一个重要里程碑。正如周恩来所说："这次访问，受到了各国热烈的欢迎和隆重的接待，获得了圆满的成功，达到了预期的目的"，"具有重大的国际意义和影响"。3 月 15 日，周恩来一行返回北京，受到毛泽东、刘少奇、邓小平等五千多人的热烈欢迎。

11 月 5 日至 13 日会见苏联领导人——中国不当卫星国

20 世纪 60 年代，中苏关系继续恶化。1960 年，苏联撤走了援助中国的专家，极大加深了当时中国的经济困难。1962 年，苏联在我国新疆伊犁、塔城地区进行大规模颠覆活动，策动和胁迫 6 万多中国公民越境跑到苏联一边，当年 6 月，中国关闭了苏联驻新疆的所有领事馆。1963 年 7 月，苏联与美国和英国签订了部分核禁试条约，周恩来代表中国政府发表声明，反对苏联以此条约剥夺中国人民采取措施抵抗美帝国主义核威胁的权利。

1964 年 10 月 16 日，周恩来投入了巨大精力领导的核武器事业终于开花结果，中国成功地爆炸了第一颗原子弹。而就在此前的 14 日，赫鲁晓夫被免除了一切职务，强迫"退休"，自此从公众视野中消失。

中国一向极为重视与苏联的关系，周恩来认为，赫鲁晓夫下台和苏联领导人的变化，必然对中苏关系产生重大影响，有可能成为扭转中苏关系恶化趋势是一个机会。最终，由毛泽东提议并经党中央讨论决定，由周恩来率领中共代表团前往莫斯科，参加十月革命 47 周年庆典。

这一年不是大庆，苏联也没有发出邀请，中国本可不派代表团去，但为了解苏联新领导的真实意向、寻求团结对敌的新途径，中国还是决定主动派代表团赴莫斯科祝贺，并倡议各社会主义国家也派党政代表团去祝贺，借此机会同苏联新领导直接接触，交换意见。即使此行得不到预期结果，也可表明中国共产党谋求中苏关系改善途径的诚意。

周恩来接受任务之后马上行动起来，日以继夜地接见各社会主义国家驻华使节，把中共的这个重大决定和倡议告诉他们，强调我们的目的是去寻求团结，请他们分别报告各自的党中央和政府。

11 月 5 日下午 6 时 15 分，周恩来和贺龙率中国党政代表团到达莫斯科，以范文同总理为首的越南党政代表团同机到达。苏联部长会议主席柯西金等人到机场欢迎，并将中国客人安排在列宁山苏联政府的别墅。

6 日中午，周恩来率中国党政代表团怀着崇高的敬意，拜谒了列宁墓并献花圈，花圈上的题词是："献给无产阶级革命的伟大领袖和导师费·伊·列宁。"

周恩来先后拜会了苏共中央第一书记勃列日涅夫、部长会议主席柯西金和最高苏维埃主席团主席米高扬。

在拜会勃列日涅夫时，周恩来提出中国党政代表团团长希望在庆祝十月革命 47 周年大会上讲话。勃列日涅夫小心翼翼询问讲话内容，周恩来说明主要是呼吁中苏两党在马克思列宁主义和无产阶级国际主义的基础上团结起来，苏方托词婉拒。

在拜会柯西金时，柯西金说自己刚担负重任，谦虚地向周恩来请教治国经验。周恩来说："一个人总没有三头六臂，群策群力总是好的，正确的领导要善于总结经验，掌握事物的规律，找出实现这些规律的有效办法。"

在拜会米高扬时，周恩来诚恳地说："我们这次来除了参加庆祝活动外，还希望进行接触，交换意见。我们希望，这会为今后打下一个好的开端。"

下午5时，周恩来出席了在克里姆林宫举行的莫斯科庆祝十月革命47周年大会，并听取了勃列日涅夫在会上作的报告。

11月7日上午，周恩来率领中国代表团参加了十月革命47周年庆祝典礼，在凛冽的寒风中站了3个多小时，在莫斯科红场列宁陵墓和苏联领导人一起检阅传统的阅兵式和群众游行。

晚上，苏联新领导在克里姆林宫隆重举行庆祝十月革命47周年招待会，中国代表团应邀参加。周恩来与苏联新领导交谈后，想与聚在一起的苏联元帅们打招呼，其中不少人还是老熟人。

这时，苏联国防部长马利诺夫斯基元帅迎面走过，对周恩来说："不要让赫鲁晓夫和毛泽东妨碍我们。"

周恩来大吃一惊，立即顶了回去："你胡说什么！"

马利诺夫斯基却毫不知趣，继续大放厥词："我们已经把赫鲁晓夫搞下台，现在该你们把毛泽东搞下台了。"

周恩来不理他，马利诺夫斯基又跑到中国代表团副团长贺龙元帅跟前，继续胡言乱语，也被贺龙正颜厉色顶回。

中国代表团对马利诺夫斯基的煽动强烈愤怒，周恩来当即决定离开克里姆林宫宴会厅以示抗议。回到中国驻苏联大使馆，周恩来详细地听取了代表团人员的汇报，仔细核实和分析了马利诺夫斯基挑衅的前后经过，一致认为这绝非偶然事件，而是反映了苏联新领导在中苏关系问题上的重要态度。

11月8日，勃列日涅夫、柯西金、米高扬、安德罗波夫、葛罗米柯到中国代表团驻地回拜周恩来。稍事寒暄后，周恩来严肃地就马利诺夫斯基当面侮辱中国人民的领袖一事，要求苏方给予澄清："苏共欢迎我们来的目的之一是不是你们要当众向我们挑衅，是不是期待中国党也撤换毛泽东的领导。"

勃列日涅夫等人声称，他们是事后得知的，对此感到不安和愤怒。并说，马利诺夫斯基属酒后失言，翻译也有错，而且他不是主席团委员，不代表苏共中央，他已受到中央委员会的谴责，现向中国同志表示道歉。

周恩来义正词严辞予以驳斥，指出马利诺夫斯基并非酒后胡言，这是不能作为解释的，我们中国有句老话"酒后吐真言"，存在决定意识，思想里总有这个根苗，他才说出这个话来。

周恩来指出："这不是简单的偶然的个人行动，而是反映苏联领导中仍然有人继续赫鲁晓夫那一套，即对中国进行颠覆活动，以老子党自居的倾向依然存在。当众对中国党政代表团侮辱中国人民和中国党的领袖毛泽东同志，这是连赫鲁晓夫在位时也未曾用过的恶劣手段。"

勃列日涅夫急忙表态说："我们以中央委员会的名义向你们道歉。"

波德戈尔内也赶快表示："我们和马利诺夫斯基划清界线。"

周恩来结合西方对此事的反应指出："美国、法国、英国的通讯社都在8日那天从莫斯科发出消息，说这里的权威人士说：苏共已和中共达成协议，要毛泽东下台，由周恩来当中共中央主席。难道这也是偶然的巧合？"

勃列日涅夫等人企图把大事化小，但周恩来断然表示："问题没有结束，我们还要研究，要报告中央。"

11月9日、11日、12日，周恩来率中国党政代表团同勃列日涅夫、柯西金、米高扬、安德罗波夫进行了多次会谈。

周恩来到了莫斯科，一再向苏共新领导表示中国代表团愿意与苏共新领导进行接触，了解情况，寻求中苏团结反帝新途径。但勃列日涅夫等人一直讳莫如深。

9日的会谈一开始，周恩来直截了当地提出这个问题："我们的接触总是希望改善关系，一步一步地前进。"并说，"我们要求了解赫鲁晓夫被解职的政治原因。"

勃列日涅夫搪塞说："可以在下次再谈，这不会妨碍我们研究改善中苏关系的建设性办法。"

周恩来希望通过召开国际共运会议的问题打开会谈的缺口，建议通过双边和多边协商，开个团结的会。但他强调说："不能把召开兄弟党国际会议与十二月份将要召开的筹备会议连在一起。"因为十二月会议是赫鲁晓夫强令召开的，是个有预谋的反对中国党的分裂会议，中国党不能参加。

勃列日涅夫和柯西金坚决不干，他们采取的是决不妥协的态度。倒是米高扬比较坦率，他告诉周恩来："在同中共的分歧问题上，我们同赫鲁晓夫是完全一致的，甚至没有细微的差别。"

米高扬的话最后证明，苏联新领导还是坚持要搞赫鲁晓夫那一套，他们所说的团结就是要中国牺牲主权，屈从苏联指挥棒转的团结。这显然是中国无法接受的，周恩来当直截了当地责问道："既然你们和赫鲁晓夫在中苏分歧上没有不同，那我们还有什么可谈的？"

在 11 日的会谈中，勃列日涅夫又提出停止公开争论的问题，周恩来断然拒绝。

周恩来说："我们认为，在你们还是继续执行赫鲁晓夫的路线不变，中苏两党，各兄弟党的原则性分歧基本上没有解决的情况下，谈不到停止公开争论。"

勃列日涅夫恼羞成怒，质问中国代表团对苏共中央的意见到底持何态度？周恩来严厉指出，苏联新领导中赫鲁晓夫的以"老子党"自居的那种倾向还在发展。

最后，周恩来答复苏联领导人：第一，米高扬说你们和赫鲁晓夫在中苏分歧上完全一致，那就没有什么好谈了；第二，你们坚持召开 7 月 30 日通知要开的会，就是坚持"老子党"的态度不变；第三，马利诺夫斯基的挑衅把谈判气氛也破坏了。

在 12 日的会谈中，勃列日涅夫解释了赫鲁晓夫被解职的原因，无非是身体健康等因素。周恩来早就预料如此，当即表示不满意。

勃列日涅夫又提出，苏共中央建议，只要中国方面准备好，就举行两国高级会谈，以便就一系列问题交换意见，恢复苏共和中共、苏联和中国之间的信任，加强相互之间的团结。

周恩来表示将报告中央。针对苏方的建议，周恩来指出："这次我们没有能够更广泛地讨论问题，但是，我们两党协商的门是开着的。"最后，周恩来又诚恳地提出建议："说为了使我们两党协商的门开着，为了能够创造良好的气氛，寻求新的途径，建立共同团结对敌的愿望，我希望不要在创造新的气氛中又来一个障碍。"

在苏联期间，周恩来及时地与罗马尼亚、波兰和越南等代表团领导进行会谈，并充分交换意见。

11月7日、8日、12日，周恩来与罗马尼亚党政代表团进行了多次会谈。8日，在听取了罗方谈对苏联这次领导人变动的看法后，周恩来说："赫鲁晓夫下台是好事。对政策的影响会引起国内和国际关系的变化。""我们想做一点推动工作，推动他们向好的方面变化。"而在12日的会谈中，周恩来表示："对苏方就赫鲁晓夫下台的原因所作的解释不满意。"

8日，周恩来同正在苏联访问的阿联副总统阿密尔元帅会谈时说："关于苏联内部，这是他们自己的事，但是我们总希望他们更强大，而不是更削弱，希望工农业发展，而不是像去年那样。但这些可能性不是一下就能实现的。""我们也不是期待甚急。"

7日、9日，周恩来与波兰党政代表团进行了会谈。在7日的会谈中说："赫鲁晓夫被撤职，我们认为是一件好事，这会使苏联党和政府的政策有一些变化。""变化和影响究竟多大，我们还要观察。"在9日的会谈中，哥穆尔卡提出希望中苏两党停止公开争论的建议，周恩来说："公开争论是赫鲁晓夫挑起的，并指名侮辱了我们党的领袖。我们现在看不出目前有停止争论的可能。"还说，"我们这次来是要了解背景，交换意见。"

9日、12日，周恩来与以格瓦拉为首的古巴党政代表团会谈，表示愿意增加对古巴的粮食援助。在12日的会谈中，周恩来向格瓦拉介绍了中苏会谈的情况和中方立场。

10日，周恩来与德意志民主共和国党政代表团会谈，说苏联新领导是要"在没有赫鲁晓夫的领导下，继续执行赫鲁晓夫的政策"。

10日、12日，周恩来与越南党政代表团举行两次会谈。在会谈中介绍了中苏会谈的情况，并指出：通过这几天的接触，我们发现情况比原来预计的更坏。现在的苏共领导软弱，内部矛盾、混乱、动荡，各方面的压力大，这是原来没想到的。

13日，周恩来在中国驻苏联大使馆接见使馆的全体人员、中国在莫斯科的留学生和杜布纳联合原子核研究所的中国工作人员。随后，赶赴机场，准备结束此次访问。

苏联部长会议主席柯西金到机场送行，与周恩来同乘一辆轿车。在赴机场途中，柯西金搭讪着打破沉默说："我们和赫鲁晓夫还是有些不同，不然为什么要解除他的职务呢？"但是，当周恩来追问他们的区别是什么的时候，柯西金又闪烁其辞，似有难言之隐，周恩来便不再追问。

柯西金又提议举行中苏两党和两国的最高级会谈，周恩来表示将转告中共中央。

14日下午，周恩来率中国党政代表团飞回北京，毛泽东、刘少奇、朱德、董必武、邓小平等亲自到机场进行了热烈欢迎。毛泽东与周恩来亲切握手，两人绕场一周，向欢迎群众致意。

1965 年

2月4日、8日会见古巴社会主义革命统一党书记埃内斯托·切·格瓦拉——"不能关起门来搞建设"

1960 年，埃内斯托·切·格瓦拉率团出访社会主义国家，第一次来到中国。在欢迎宴会上，格瓦拉用法语向周恩来提出了一个要求：希望能会见毛泽东主席。周恩来爽快地答复："会安排你见到毛主席的，他也很想见到你们。"

两天后，格瓦拉在中南海见到了毛泽东。毛泽东用湖南话问候他："切，你好年轻啊。我现在大概可以断定，你是全世界最年轻的银行行长了。"当时格瓦拉兼任着古巴国家银行行长。

1965 年 2 月，格瓦拉再次访问了中国，当时，他的身份是古巴社会主义革命统一党全国领导委员会委员、书记处书记。周恩来和中共中央副主席刘少奇、总书记邓小平等人热情地接待了他。

2 月 2 日下午，格瓦拉率领古巴社会主义革命统一党代表团乘飞机到达广州。3 日中午，格瓦拉一行抵达北京，邓小平到机场进行了热烈的欢迎。

4 日晚上，刘少奇、周恩来和邓小平会见并宴请了格瓦拉一行。

2 月 8 日，周恩来和格瓦拉进行了会谈。谈到中国的社会主义建设情况，周恩来说："1956 年毛泽东同志就提出适合中国情况的社会主义建设的思想，而政府的计划在 1958 年才开始转过来。在财政管理方面我们没有学苏联，而是从过去根据地、解放区学来的。基本上是，第一依靠农业生产，供人民需要，发展生产，保证供应；第二在发展生产的基础上逐步改善人民生活。"

谈到经营管理的问题，周恩来说："用政府名义管工厂，行政命令太多，层次太多，不利于经营管理。我们想采取资本主义托拉斯的组织形式，但是是社会主义方式的公司，按行业从上而下领导，这样完全按照经济的方法来管理，实行经济核算，不要行政命令。"

周恩来还强调了学习他国经验的重要性，他说："不能关起门来搞建设，各种经验都要学，这样可以少走弯路。"

2月9日，格瓦拉结束在中国的访问，邓小平亲往机场，为他送行。

2月会见苏联部长会议主席柯西金——"我们需要了解对方的想法"

1965年2月5日，苏联部长会议主席柯西金率领苏联代表团访问越南，途中"路过"北京稍作停留，周恩来亲自到机场迎接，并将他们安排在钓鱼台国宾馆热情招待。在柯西金留在北京的两天，周恩来与他进行了4次会谈。

周恩来首先从容易有共同语言的反帝斗争谈起，指出美国发动侵越战争有两种可能：一种是撤走，另一种是扩大战争。

柯西金问哪种可能性较大。周恩来分析："前一种可能性小，我们随时准备应战，他们是知道的，我们不主动挑起战争。如果美帝挑起战争，我们准备好了，美国懂得朝鲜战争的后果如何。在朝鲜战争中，我们没有把苏联拉进去，如果美帝在印度支那要扩大战争侵犯中国，我们要回答，但不会把它扩大到全世界。"

周恩来的分析既表明了对美国发动侵华战争的严正立场，又向柯西金暗示，中国也不会害怕苏联。柯西金明白了周恩来的意思，表态说："我了解中国情况，相信中国对军事行动是谨慎的。"

柯西金还肯定地表示中苏两国的关系应该发展。周恩来于是从中苏两国当时的实际状况出发，耐心细致地提出了发展两国关系的六点建议：

（一）面临着《中苏友好同盟互助条约》签订十五周年，最好双方把彼此的贺电、讲话都在报纸上发表，表示我们双方采取一致的态度。

（二）发展两国贸易，并且可以在某些项目上长期合作。

（三）过去有些建设项目没有完成，如果可能的话，我们应该把它完成。

换句话说，就是把过去的那些建设项目作个结束。

（四）文化合作协定的年度计划，过去几年执行得不好，我们希望今年能够执行得好一点。

（五）我们要派一些留学生去，希望得到你们的回答。当然，如果你们也提出要派留学生来，我们应该相应地满足你们的要求。

（六）双方的旅行协定，我们也希望能够执行。

对上述六点，柯西金采取比较合作的态度，都表示赞成。周恩来对柯西金的反应也比较满意，约定柯西金从越南返回的时候再次进行会谈。

2月10日，柯西金从河内回国的时候再次路过北京，周恩来与他进行了第五次谈话。

11日凌晨，周恩来给毛泽东写信，建议毛泽东接见柯西金，毛泽东同意了。11日，周恩来陪同柯西金会见毛泽东。

这次会见出现了几次激烈的场面，毛泽东多次劝苏联不要召开共产党和工人党协商会议，说那将标志中苏完全分裂，周恩来与柯西金也发生激烈争执，但柯西金也毫不妥协。当时，苏方的翻译一是中文水平不高，二是被这种场面吓呆了，自动退出，后来竟临时由中方的阎明复为柯西金做翻译。

谈话结束后，柯西金在苏联驻华大使馆举行盛大宴会，答谢周恩来对他的热情招待。

下午，柯西金离开北京回国，周恩来亲自到机场送行，两人再次同乘一辆小轿车。途中，周恩来说："双方对外交问题、国际问题是需要经常交换意见的。我们之间的观点和政策可以有不同意见，可以通过不公开的、非正式的交换意见，终究能够了解。不求一次了解一切，多次交换以后，总会了解对方的想法是什么。"

遗憾的是，苏联新领导仍然坚持大国沙文主义的错误立场，仍然在1965年3月召开赫鲁晓夫没有来得及召开的国际共运中的分裂会议，终于使中苏两党关系彻底破裂。

3 月 22 日至 27 日会见罗马尼亚新任的工人党第一书记齐奥塞斯库和部长会议主席毛雷尔等——"只有通过协商，任何意见才能更正确，才可以找到更好的解决办法"

1965 年 3 月 22 日，周恩来总理率领中国党政代表团乘专机前往罗马尼亚，参加罗工人党中央委员会第一书记、国务委员会主席乔治乌－德治的葬礼。

当晚，周恩来在昆明震庄与同赴葬礼的越南党政代表团团长黄文欢进行了交谈。23 日下午 5 时，飞机抵达罗马尼亚首都布加勒斯特。罗马尼亚新任的工人党中央委员会第一书记齐奥塞斯库和部长会议主席毛雷尔等党政领导人到机场迎接。

3 月份是罗马尼亚的冬季，那里的冬天要比北京寒冷得多。中国代表团下榻在首都郊区的一座宾馆里，周围是一大片树林，虽然处于冬季，仍然郁郁葱葱。当晚 8 时 30 分，周恩来率中国党政代表团全体成员前往共和国宫，在乔治乌－德治灵前敬献花圈、默哀，并在遗体两旁守灵。当晚，周恩来向治丧委员会递交了中国党政代表团哀悼乔治乌－德治同志的悼词。

24 日上午 8 时，罗马尼亚在国家宫举行追悼会和国葬仪式。墓地在郊外很远的自由公园，要步行几个小时才能到达。周恩来率中国党政代表团和其它国家党政领导人，冒着严寒随同灵车徒步数里路，前往自由公园墓地下葬。

晚上，周恩来分别会见了朝鲜党政代表团团长朴金喆、越南党政代表团团长黄文欢、阿尔巴尼亚党政代表团团长里塔·马尔科。

25 日，周恩来和毛泽东、刘少奇、朱德联名电贺齐奥塞斯库当选为罗马尼亚工人党中央第一书记、基伏·斯托伊卡当选为国务委员会主席、毛雷尔当选为部长会议主席。

3 月 25 日上午，周恩来参观了位于普洛耶什蒂州的布拉齐炼油厂和石油化工厂。随后又参观多弗塔博物馆，这个博物馆曾经是囚禁乔治乌－德治等共产党人的监狱。周恩来在此留言："反动阶级所设置的监狱，只能折磨坚强革命战士的肉体，绝不能动摇而且会更加坚定他们的革命意志和斗争决心。所以我们共产党人说监狱是锻炼革命战士的学校，是进行合法斗争和非法斗争并把它们结合起来的场所，因而也就是在一定意义上的革命指挥部。""它的作用不仅在于纪念过去，而更重要在于教育后代。"

周恩来还接见中国驻罗马尼亚大使馆全体工作人员和中国留学生。周恩来对留学生们谆谆教导说："要在实践中学好外语，一定要多讲，要敢说。必须在学好语言的同时，注意扩大知识面，学些地理、历史等方面的常识，掌握一些科学技术方面的知识，还要注意增长社会知识。""要正确认识和处理红与专的关系，'红而不专'和'专而不红'都是不对的，希望你们做到'又红又专'。""学习自然科学和技术科学的同学，要做到学以致用，不是为了要什么毕业文凭，而是要把知识学到手，使自己学成以后为祖国的社会主义建设作出贡献。"

26 日中午 12 时，周恩来率中国党政代表团前往罗马尼亚工人党中央委员会，拜会了齐奥塞斯库等罗马尼亚党政领导人。在交谈中，周恩来说："只有通过协商，任何意见才能更正确，才可以找到更好的解决办法。世界上的事物是互相影响的，不可能说亚洲影响欧洲，欧洲不影响亚洲。"

27 日上午，周恩来一行乘专机飞离布加勒斯特，前往阿尔巴尼亚进行访问。罗工人党中央第一书记齐奥塞斯库到机场送行。

3 月 27 日至 4 月 4 日访问阿尔巴尼亚、阿尔及利亚、阿联、巴基斯坦、缅甸五国——中国人民坚决反对美帝国主义的战争

1965 年 2 月上旬起，美国加紧对越南北方进行大规模轰炸。怎样制止美国扩大战争的危险，和平解决越南问题，维护亚洲和世界和平成为一个极端紧迫的问题。在赴罗马尼亚参加完乔治乌 - 德治的葬礼后，周恩来又率领中国代表团先后到阿尔巴尼亚、阿尔及利亚、阿联、巴基斯坦、缅甸等国访问。在这之前，他还曾冒着美机轰炸的危险，去越南会见了胡志明等人，表示对越南人民抗美斗争的支持。

3 月 27 日，周恩来率中国党政代表团离开布加勒斯特前往阿尔巴尼亚访问。上午 9 时 55 分，抵达地拉那。阿尔巴尼亚党政领导人恩维尔·霍查、穆罕默德·谢胡、哈奇·列希以及地拉那劳动人民在机场上举行了隆重的欢迎

仪式。仪式后，周恩来和代表团其他成员分乘敞篷汽车前往地拉那市区，沿途受到首都郊区农民的夹道欢迎。

这次访问期间，周恩来与阿尔巴尼亚党政领导人共举行四次会谈，就所关心的一系列问题交换了意见。

27日晚，周恩来在中国驻阿尔巴尼亚大使馆接见了使馆全体工作人员、在阿尔巴尼亚工作的中国专家、中国留学生、中阿轮船公司的中国工作人员，以及停泊在都拉斯港口的中国轮船的船员等。

28日晚，阿尔巴尼亚劳动党中央委员会和部长会议在地拉那游击队宫举行盛大宴会，招待中国党政代表团。谢胡和周恩来先后在宴会上讲了话。

谢胡谈到越南人民反对美帝国主义侵略的斗争，他说："国际形势正在沸腾。""我国人民、我们党和政府完全支持越南南方人民和越南民主共和国人民正义和英勇的斗争。我们要求美国军队立即撤出越南南方和停止美国的侵略。今天，越南南方的解放斗争正在不断高涨，美国占领者正在遭到一次又一次的失败。我们深信，英雄的越南人民必将取得最后胜利，美国侵略者必将以不可避免的可耻失败而告终。"

周恩来在讲话中说："一年多以来，'东风压倒西风'的国际形势有了进一步的发展。但是，美帝国主义妄图摆脱它空前困难的处境，正在继续进行挣扎。在亚洲，美帝国主义正在派遣海军陆战队加强侵略南越的战争，并且对越南民主共和国进行连续的空中袭击。最近，美帝国主义在屠杀越南人民的罪恶战争中，竟悍然使用了毒气。"

周恩来接着强调说："中国人民郑重警告美帝国主义：中国人民对美帝国主义扩大印度支那战争的罪恶行动绝不会置之不理，中国人民已经准备好随时给予英勇斗争的越南人民以一切支援。中国人民坚决支持德国人民反对美帝国主义扶植西德军国主义和复仇主义、争取缔结对德和约和维护国家主权的斗争。"

29日，地拉那十万群众在斯坎德培广场举行了盛大群众集会，欢迎中国党政代表团，周恩来应邀出席并发表了讲话，强烈谴责美国扩大南越战争，连续轰炸越南北方；庄严重申中国决心给越南人民一切必要的物质支持，包括武器和一切作战物资。周恩来并指出：正当美帝国主义加紧侵略越南，国际共产主义运动需要团结对敌的时候，赫鲁晓夫主义继承者在莫斯科召开了三月会议，这是一个公开分裂国际共产主义运动的极为严重的步骤，在战略上帮了美帝的大忙。"

30 日，周恩来一行结束了对阿尔巴尼亚的访问，离开地拉那前往阿尔及利亚访问，并于当天抵达阿尔及尔。阿尔巴尼亚党和国家领导人霍查、谢胡、列希到机场送行。

当天下午 3 时 30 分，周恩来在约丽别墅与阿尔及利亚总统本·贝拉举行第一次会谈。在会谈中，周恩来说：越南问题完全是美国搞出来的乱子。本来，根据 1954 年日内瓦会议协议，法国从越南撤军，两年后南北越实现和平统一。但是美国入侵阻止了南北越和平统一的实现。

晚上，本·贝拉总统在人民宫举行宴会，欢迎中国代表团。

31 日上午，周恩来在约丽别墅与本·贝拉总统举行第二次会谈。他说："我们在联合国以外，有权利批评联合国，发表我们的意见。我们的批评是集中针对美国，而不对其它国家。"

本·贝拉总统表示支持恢复中国在联合国合法席位，周恩来表示中国"总是感谢的"。但又指出：这同我们批评联合国、反对"两个中国"，是两回事。并表示：中国既反对美苏两大国操纵联合国，也反对法国提出的由五大国垄断的主张。

4 月 1 日当地时间上午 7 时，周恩来结束了对阿尔及利亚的两天访问，离开阿尔及尔前往阿联访问。当地时间中午 12 时 30 分，专机抵达开罗。阿联总理阿里·萨布里到机场欢迎。周恩来一行开始对阿拉伯联合共和国进行访问。

当天，周恩来分别同萨布里总理和纳赛尔总统进行了会谈。在同纳赛尔总统会谈时，周恩来说：我这次利用欧洲之行的机会，顺道来非洲，以便同你和本·贝拉总统交换一下对国际形势的看法。现在的世界形势发展有两类形式：一种情况是人民要独立，把反动统治冲垮，影响到帝国主义的殖民统治；另一种是美国到处闯乱子，引起人民的反感而把它赶走。从万隆会议到现在十年来，发展的形式都是这两种，本质则是一个。就是要冲垮帝国主义的控制，结束殖民统治，不管是老殖民主义还是新殖民主义。

周恩来还接见了几天前从中国回到开罗的巴勒斯坦解放组织主席舒凯里，并接受舒凯里赠送的两件象征巴勒斯坦人民争取自由的意志和决心的艺术品。

当晚，周恩来在总统官邸同纳赛尔总统单独会谈。

4月2日上午，周恩来接受了中东通讯社新闻编辑主任的采访。在回答提问时，周恩来说："反对帝国主义的侵略和压迫是中国和阿联两国人民面临的共同历史任务。巩固民族独立，发展民族经济是我们的共同愿望。在阿拉伯各国反对帝国主义、维护民族独立和国家主权的伟大和正义斗争中，中国人民永远是阿拉伯各国人民的可靠朋友。"

回答关于第二次万隆会议的问题时，周恩来说："第二次亚非会议将更高举起反帝反殖旗帜，亚非团结和真正不结盟政策的矛头都是指向美帝。"

对于越南最近的事态，周恩来指出："美国侵略者一面扩大战争，一面装出'和谈'姿态，企图用战争讹诈压服越南人民，这种如意算盘是根本办不到的。"

采访结束后，周恩来结束了对阿联的一天访问，乘专机离开非洲前往巴基斯坦最大城市卡拉奇。阿联总理萨布里到机场欢送。

4月2日下午，中国代表团抵达卡拉奇机场，受到阿尤布·汗总统和布托外长的欢迎。

在这次访问一个月前，巴基斯坦总统阿尤布·汗曾访问中国，周恩来接待了他，并进行了多次会谈。

会谈中，周恩来曾表示："在我们两国的第三个五年计划期间，除已经提供的6000万美元外，我们将继续向你们提供援助。这些援助仍是无息的，偿还期限可以无限期延长。有些可以肯定是无偿援助，也就是赠送，没有任何条件。"周恩来强调："这是我们的国际义务，我们要建立新的国际原则。不能剥削别人，不能去抢劫。"周恩来还陪同阿尤布·汗乘专机到杭、沪两地访问。

这一次，周恩来是在参加乔治乌－德治的葬礼和访问了阿尔巴尼亚、阿尔及利亚和阿联之后，在回国途中到巴基斯坦进行短时间的友好访问的。

周恩来与阿尤布·汗举行了会谈，重点谈了越南问题。周恩来指出：（一）在美国加强其侵略和压力的情况下，不存在越南屈服的可能性。（二）

至于是否会扩大为世界大战，战争的规律是不以人的意志为转移的，战争扩大时，是无法划一条界线的，就像火势会蔓延一样。美国要玩火，要冒险，中国要扑灭这场火。（三）中国并不根本反对谈判。任何问题最后总是要通过谈判才能解决的，但是，就南越问题进行谈判的条件和时机都不成熟。

阿尤布·汗当时准备访问美国，周恩来请他转告美国以下三点：一、中国不主动挑起争。二、中国说话是算数的，所承担的国际义务是要履行的。三、中国是做好了准备的。周恩来强调：中国的这些政策既是谨慎的，又是有准备的，因此是有把握的。同时，还可以加上第四点，即如果美国狂人滥施轰炸，中国决不会坐等待毙，他们从天上来，我们就要从地上行动，轰炸就是战争，战争就不可能有界限。

3日，周恩来飞离卡拉奇前往缅甸访问，当天下午，飞机抵达仰光。3日、4日，周恩来同奈温共举行了三次会谈，就国际形势尤其是东南亚局势以及第二次亚非会议等问题交换意见。

4月4日中午，周恩来率领中国党政代表团离开仰光回国。

6月1日至9日访问巴基斯坦、坦桑尼亚——展望第二次亚非会议

1964年4月10日至15日，在印尼总理苏加诺的积极倡导和亚非一些国家的支持下，第二次亚非会议的筹备会在印尼的雅加达召开，并通过了最后通告，决定第二次亚非会议在1965年6月在非洲一个国家举行。后来，非洲统一组织确定由阿尔及利亚担任东道国。

周恩来是这次会议的积极倡导者，也为把这次会议开成一个类似万隆会议的团结反帝的大会而付出了巨大精力。但是，美苏的幕后干预使一些亚非国家对召开会议的积极性大减，第二次亚非会议前途堪忧。除了国际政治上风云险恶、矛盾重重之外，在国际经济方面，亚非国家中意见分歧也很多。

为了转变这种局面，周恩来在这一年开展了多方面的外交活动，包括4月份前往雅加达，参加庆祝第一次亚非会议十周年庆祝活动。进入6月，眼看会议即将开始，周恩来决定再次出访，为第二次亚非会议进行劝说和准备。

1965 年 6 月 1 日，周恩来乘专机离京前往巴基斯坦、坦桑尼亚进行友好访问。6 月 2 日，专机飞越帕米尔高原，抵达拉瓦尔品第。在机场受到巴基斯坦总统阿尤布·汗的热烈欢迎，这已是两位老朋友一年中的第三次会面了。

周恩来在机场发表书面谈话，他说："近年来，我们两国人民的友谊有了显著的发展，我们两国的合作是富有成果的。加强我们两国人民的友谊和合作，是符合我们两国人民的愿望的，是当前国际局势中的一个积极因素。我深信，由于我们的共同努力，中国和巴基斯坦的友谊定将得到进一步的加强和发展。"

上午 9 时 30 分，周恩来在总统府与阿尤布·汗总统举行会谈。

3 日，在巴基斯坦外长布托陪同下，周恩来一行参观了正在兴建中的巴基斯坦新首都伊斯兰堡。同日，由布托陪同离开拉瓦尔品第飞往卡拉奇。阿尤布·汗总统到机场送行。

在卡拉奇机场短暂停留后，周恩来一行乘专机前往坦桑尼亚访问。飞机途经巴格达时，周恩来会晤伊拉克总统阿里夫和总理叶海亚。在途经开罗、喀土穆时，也受到阿联总理萨布里和苏丹总理哈利法的迎送。

6 月 4 日，周恩来的专机飞抵坦桑尼亚首都达累斯萨拉姆。坦桑尼亚总统朱利叶斯·尼雷尔和副总统卡鲁姆、卡瓦瓦等到机场迎接。周恩来在机场发表书面讲话，说："我们希望通过这次访问，增进对你们的了解，并且虚心向你们学习。"

半年之前，周恩来来到非洲，提出了"整个非洲大陆是一片大好的革命形势"的论断。这一次，周恩来再次踏上非洲大陆，访问上一次错过的坦桑尼亚，在那里他忍不住旧话重提："现在不仅非洲，而且亚洲和拉丁美洲的革命形势一片大好。"

6 月 4 日至 7 日，周恩来与尼雷尔总统举行了五次会谈。

在 4 日举行的第一次会谈中，周恩来表示，希望中国和坦桑尼亚海运公司能很快搞起来。他说："大海航行必须先试航，我们都是独立国家，有权在公海上航行，我们的国旗必须受到承认和尊重。"并说：我们亚非国家面临很重要的一个问题就是经济问题。在不久即将召开的亚非会议上，经济问题是一个主要的问题，要发展亚非国家的经济。靠向帝国主义乞求的办法和改良的办法是行不通的。

在5日上午9时举行的第二次会谈中，周恩来说，希望坦桑尼亚大多数还没有去过中国的部长能去访问，"百闻不如一见"。

在6日下午5时举行的第三次谈话中，谈到中国援建坦赞铁路的问题，周恩来说："我们将在八九月间先派综合考察组来，除考察铁路干线外，还要勘测沿线的煤矿、铁矿、水文等。"

在7日上午9时举行的第四次会谈中，周恩来提出新兴国家在建设中要注意两个关键性的问题：一是要重视农业，以农业为基础，根据自己的情况办事；二是要提倡过朴素生活，不能同发达国家去比较。周恩来并指出：还有两件工作要抓，一是要把城市布局计划得分散一些，不要太集中；一是工业不要集中在少数城市，要分散，城乡差别不要太大。

6月5日下午，达累斯萨拉姆群众在国际体育场举行盛大集会热烈欢迎周恩来。周恩来大会上讲话说："几个世纪以来受尽奴役、压迫、掠夺和屈辱的非洲人民站起来了，他们坚决要做自己命运的主人。非洲一定要成为非洲人民的非洲，非洲一定要成为独立自由的非洲。"

当天，周恩来还在达累斯萨拉姆总统府接见了刚果（利）最高革命委员会执行局主席苏米亚洛，双方进行了会谈。

6日上午，周恩来在第二副总统卡瓦瓦陪同下乘专机飞往桑给巴尔进行为期一天的访问。当日回到达累斯萨拉姆。

7日，在尼雷尔总统陪同下，周恩来访问了坦噶尼喀非洲民族联盟总部，这个联盟举行了传统的欢迎仪式，热烈欢迎贵宾。

随后，周恩来参观了达累斯萨拉姆大学学院，这个学院是尼雷尔总统担任校长的东非大学的一部分，创建于1961年，当时只有约20名学生，现在已经增加到200多名。今年7月以后，将再增加到500多名学生。查古拉院长致词欢迎中国贵宾。周总理在致答词时表示希望坦桑尼亚的教育事业日益发展，这所大学学院培养出更多建设国家的人才，并向学院赠送了礼物。

周恩来还参观了国家博物馆，兴致勃勃地观看了在坦桑尼亚北部奥尔杜韦河谷出土的古"东非人"头盖骨。

当晚，周恩来举行盛大告别宴会。在晚宴上讲话时，重申了中国处理同阿拉伯国家和非洲国家关系的五项原则。

8日上午，周恩来和尼雷尔总统在国家大厦签署两国联合公报。公报宣布：双方决心同世界各国人民一道，彻底粉碎帝国主义的一切侵略和战争阴谋；坚决支持英雄的越南人民的斗争，一致声讨对多米尼加的外来干涉，一致主张帝国主义军队和外国雇佣军必须从刚果（利）撤退，坚决支持非洲各国人民争取民族独立的斗争；双方怀着胜利信心展望第二次亚非会议的召开，决心为会议的圆满成功而努力

另外，由于巴基斯坦总统阿尤布·汗访美之行推迟，周恩来原来委托他向美国转达的关于中国不主动挑起反美战争、但对战争有所准备等四句话未能转达。8日，周恩来又委托尼雷尔向美国转达这四句话。

随后，周恩来结束了对坦桑尼亚的成功的友好访问，满载着坦桑尼亚人民对中国人民的深厚友谊乘专机离开了这里。途经埃塞俄比亚首都亚的斯亚贝巴机场。晚10时，在开罗机场作短暂停留。在机场候机室与阿联副总理里法特进行了友好的谈话。9日凌晨，在大马士革作3小时停留，其间到叙利亚总统府与总统会议主席哈菲兹举行会谈。10日中午飞抵北京，朱德、邓小平等领导人到机场迎接。

6月19日至30日会见阿联总统纳赛尔——"亚非各国人民比任何时候都更加需要加强团结"

经过曲折的过程，第二次亚非会议原定于1965年6月召开。这一年6月16日，刘少奇根据第三届全国人民代表大会常务委员会第十一次会议的决定，任命周恩来为中华人民共和国出席第二次亚非会议政府代表团团长，陈毅为副团长。中国出席亚非会议代表团组成。

6月18日，应阿拉伯联合共和国政府的邀请，周恩来和陈毅离京赴阿联访问；并计划访问阿联后，直接赴阿尔及利亚首都阿尔及尔出席第二次亚非会议。

在出发的前一天，中国驻坦桑尼亚大使何英把四十辆中国制造的解放牌卡车交给坦桑尼亚第二副总统卡瓦瓦。这些卡车是刘少奇和周恩来赠送给坦

桑尼亚总统尼雷尔的礼物。代表团的专机在途径巴基斯坦的卡拉奇和伊朗的德黑兰时稍作停留，受到当地的接待和欢迎。19日下午5点30分（当地时间），专机到达开罗，阿联总理阿里·萨布里等高级领导人到机场欢迎。

周恩来在机场发表书面讲话，他说："一年半以来，我曾经不止一次地访问你们的国家，我还多次利用路过开罗的机会，同阿联政府的领导人会晤。这样频繁的接触，反映了我们两国友好合作关系的日益密切。我们两国的友好关系，有广阔的发展前途。我相信，我们这一次访问阿联，将进一步加强已经存在于我们两国之间的友好关系。""我们这次访问，正好是在第二次亚非会议召开的前夕。这次会议，对于促进亚非人民团结反帝的事业，对于发展亚非各国的友好合作，具有十分重大的意义。"

然而，就在这一天，一个坏消息传来了。周恩来在开罗得知，阿尔及利亚发生政变，胡阿里·布迈丁推翻了阿尔及利亚的本·贝拉政权后宣布执政，史称"六·一九事件"。事件发生在第二次亚非会议的东道主国家，必将影响会议的如期召开。周恩来当晚与阿联总理萨布里会谈时忧虑地表示："可能要在你们这里多住几天了，给你们增添麻烦。"

晚上，周恩来在开罗的共和国宫会见了也门总理艾哈迈德·穆罕默德·努曼，并进行了友好的谈话。

20日，周恩来同纳赛尔总统举行第一次会谈。鉴于"六·一九事件"的影响，双方同意在与对方和其它国家协商之前，对能否如期召开第二次亚非会议问题先不表态。

会谈后，周恩来和陈毅联名致电外交部即报中央，并转中国驻阿尔及利亚大使曾涛："根据上午同纳赛尔会谈的情况，我们认为目前以派章汉夫（时任外交部副部长）率领代表团一批先遣人员去阿尔及尔为好。以此行动间接表示我们对新领导的支持。"次日，中共中央致电周恩来："我在对外活动中，仍主张如期召开亚非会议。"

晚上，纳赛尔在共和国宫的花园里举行盛大国宴，欢迎周恩来和陈毅。

纳赛尔在宴会上讲话说："我们同这个伟大的人民有着历史最悠久的联系，在为实现人类的愿望而进行的努力和斗争方面有着最根深蒂固的联系"。"在准备预定举行的亚非会议的前夕，我们在开罗的这次会晤的确具有头等重要的意义，由于会前和会议周围的一切情况、由于面对企图阻挠和影响会议的一切阴谋活动和压力，这次会晤就显得更加重要。"

谈到之前突如其来发生的事件，纳赛尔指出："阿联人民对一百万烈士为之牺牲的阿尔及利亚革命具有无限的信心。""第二次亚非会议必须成功；它必须完成它所负担的使命；它必须实现许多国家的人民所寄予它的希望，这些国家的人民渴望有一个真正和平的世界，以便能在这样的世界的保障之下、在没有强权政策和帝国主义垄断组织的统治的威胁的情况下从事他们的政治、社会和文化的发展。"

周恩来也发表了讲话，他说："我们亚非各国人民，比任何时候都更加需要加强团结，互相支援，以维护我们的独立，保卫世界和平。""美国彻底破坏日内瓦协议，不断扩大对越南南方和越南民主共和国的侵略，这是越南问题的实质，也是东南亚紧张局势的根源。"

周总理重申："中国政府一贯支持第二次亚非会议的召开。我们的态度是积极的。过去是这样，现在还是这样。我们很欣赏并且赞同刚才纳赛尔总统在讲话中对阿尔及利亚革命所作出的估价和对第二次亚非会议的成功所表示的信心。"

21日，周恩来与纳赛尔总统举行第二、三次会谈。双方同意努力促使亚非会议如期召开。

当日下午，周恩来在副总理里法特陪同下参观了开罗郊区的赫勒万钢铁厂，到高炉、压延等车间一一观看，并同阿联的工程师们进行细致的交谈。一个负责电炉的阿联工程师对周总理说：这个电炉炼钢用的电极是从中国进口的，他称赞中国电极的质量好。参观结束时，周恩来在留言簿上题了字："祝勤劳、智慧的阿联人民在纳赛尔总统的领导下，在冶金工业的建设和生产中，取得新的更大的成就，并且不断努力，赶上世界先进技术水平。"

22日，周恩来同纳赛尔总统举行第四次会谈。周恩来说：第二次亚非会议反帝国主义、反殖民主义的调子不应低于第二次不结盟会议，否则就是软弱无力的会议。重要的是指出侵略的性质。这是第一点。第二点是要明确敌友，要界线分明。至于究竟要否点名，这是第二位的问题。关于如何提议，则将同友好国家商量。并强调，不管会议能否按时召开，万隆会议十项原则还在。我们还要为此奋斗。

这一天，周恩来和陈毅联名致电与中国建交的亚非国家首脑和外长，表示：第二次亚非会议筹备会议的常设委员会，6月20日在阿尔及尔举行会议，一致决定如期召开第二次亚非会议。中国政府完全支持这个决定。

根据中共中央对阿尔及利亚局势的分析，周恩来与陈毅商定，由陈毅率领一批人员于本日先行前往阿尔及尔。

周恩来又致电亚非会议各国首脑："中国政府一贯遵守不干涉任何国家内政的原则。对于这次阿尔及利亚政变，我们也采取同样态度。我同纳赛尔总统和阿联其他领导人密切商谈后一致认为，在目前形势下，我们有必要支持阿尔及利亚的新领导，亚非国家应该竭力防止出现第二次亚非会议开不起来、帝国主义必将拍手称快的局势。"

23日凌晨3时15分，周恩来在开罗库巴宫会见了专程赶来的阿尔及利亚外长布特弗利卡，听他介绍了阿尔及利亚"六·一九事件"的起因和经过。阿尔及利亚外长述说了召开第二次亚非会议面临着种种困难。

结合阿联方面的意见后，周恩来致电中共中央并告陈毅：提出我们不能勉强召开第二次亚非会议，并提出推迟召开所要立即处理的问题及方案。次日，中共中央回电周恩来：以推迟举行会议比较主动；周恩来可在阿联休息几天，看看情况。

当天上午，在纳赛尔总统的陪同下，周恩来乘专列访问亚历山大港。到达火车站后，周恩来和纳赛尔然后乘坐敞篷汽车前往蒂恩角宫，沿路他们的汽车队受到成千上万人民的欢迎。

24日，周恩来在副总理兼接待委员会主席里法特陪同下，参观亚历山大市的一个橡胶轮胎厂和一个造纸厂。

下午6时，周恩来在蒂恩角宫同萨布里总理进行了会谈。周恩来就两国经济合作和中国供应阿联粮食问题说：国与国之间通过搞双边协定冲破国际垄断很有必要，这样开始时数目虽不会太大，但方向很对头。这就是平等互利合作、发展民族经济的方向。

25日，在阿联副总理里法特的陪同下，周恩来访问了设在亚历山大港的阿联海军司令部、军舰和训练中心。阿联海军总司令苏莱曼·埃扎特海军上将向中国客人介绍了他的司令部的组织机构及其职能，并且向中国贵宾赠送了一面阿联海军军旗。周恩来参观了几艘军舰，检阅了仪仗队，还观看了一次海滩战斗演习。

当天，又一个糟糕的消息传来，原定第二次亚非会议会址发生爆炸案，爆炸原因至今是个谜，阿政府至今也没有发表过调查报告。这一事件无异于是对命运坎坷的第二次亚非会议的致命打击。

26 日，周恩来和纳赛尔总统回到开罗。晚 11 时，周恩来在中国驻阿联大使馆会见了索马里总理侯赛因。周恩来说："我们是主张如期开会的，我来这里就是为了去开会。但如果达不成协议，经过各国协商一致大家同意推迟，我们也求同存异，做很好的准备来开好会议，决不草率从事。"还说："十年来许多国家取得了独立，虽然相互之间有一些问题有待解决，但共同愿望是主要的，这就是团结、合作、反帝、反殖。"

周恩来还接见了中国驻阿联大使馆全体人员和中国驻亚非人民团结组织书记处代表和人员，以及在阿联学习阿拉伯文的中国留学生。

晚上，周恩来和纳赛尔总统一起赶往开罗机场，欢迎来阿联进行正式访问的印度尼西亚总统苏加诺。三国领导人一起检阅了仪仗队。稍作休息以后，苏加诺总统、周恩来总理和纳赛尔总统乘同一辆车前往市区。

当天，筹备第二次亚非会议的常设委员会在阿尔及尔举行特别会议，决定第二次亚非会议延期到 1965 年 11 月 5 日在阿尔及尔举行，亚非会议前的外长会议于 1965 年 10 月 28 日举行。

27 日上午 11 时 30 分，周恩来和纳赛尔总统、苏加诺总统在开罗库巴宫举行了第一次会谈。鉴于第二次亚非会议推迟召开，周恩来在会谈中建议三国发表一个公报，谈谈前途，谈谈亚非团结等。

28 日，周恩来和苏加诺总统乘船沿着尼罗河，到开罗郊外尼罗河三角洲上的风景区游览，并且共进午餐。

下午，巴基斯坦总统阿尤布·汗乘专机到达开罗，纳赛尔总统、苏加诺总统和周恩来总理一同前往欢迎。离开机场，四个人乘坐同一辆汽车驶往会议厅。

周恩来和印度尼西亚总统苏加诺、巴基斯坦总统阿尤布·汗、阿联总统纳赛尔举行了会谈。周恩来分析了第二次亚非会议推迟召开的原因，认为主要是已到阿尔及利亚的代表代表性不够，首先是黑非洲国家的比例太小，而25日发生的爆炸事件是一个导因。这次会谈的结果是，第二次亚非会议推迟召开已经是不可逆转的事情了。

29日，周恩来分别会见了巴勒斯坦解放组织主席舒凯里、印度尼西亚第一副总理兼外长苏班德里约和巴基斯坦外长布托。

30日，周恩来同苏加诺、纳赛尔和巴基斯坦外交部长布托（代表阿尤布·汗总统）举行会谈。周恩来指出：我们支持新兴力量会议，但这不等于要建立第二个联合国。联合国还是存在，我们支持许多亚非朋友在联合国内进行奋斗，要求联合国改正错误、彻底改组，特别是要适应亚非国家新的发展趋势。两个问题要分清楚，不要让许多国家发生误会。

下午，周恩来在阿联进行了十二天的访问以后，和陈毅乘专机离开开罗回国。周恩来在机场发表告别词，说中国将继续为第二次亚非会议的成功作出最大努力。纳赛尔和萨布里、苏加诺、苏班德里约、布托到机场欢送中国领导人。

返国途中，专机途经大马士革，周恩来在机场与叙利亚副总理阿塔西会谈。7月1日清晨，又在卡拉奇机场作短暂停留。7月3日，周恩来飞抵乌鲁木齐，终于结束了这次曲折的出访之行。

可惜的是，由于种种原因，第二次亚非会议被一再拖延之后，一直搁浅下来。

1966 年

4 月 28 日至 5 月 11 日会见谢胡为首的阿尔巴尼亚党政代表团——"不断壮大和发展全世界的马克思列宁主义者的队伍"

1966 年 4 月 28 日中午，由阿尔巴尼亚劳动党中央委员会政治局委员、阿尔巴尼亚人民共和国部长会议主席谢胡同志率领的阿尔巴尼亚党政代表团，乘专机抵达北京，对中国进行友好访问。刘少奇、周恩来、朱德等中国领导人和上百万北京市民，以空前规模欢迎阿尔巴尼亚的客人。刚刚回归祖国的国民政府前代总统李宗仁先生也到机场欢迎。

当天下午，周恩来和刘少奇、宋庆龄、朱德等人会见了谢胡一行，双方举行了会谈。晚上，刘少奇和周恩来在人民大会堂宴会厅举行宴会，欢迎阿尔巴尼亚贵宾。阿尔巴尼亚驻中国大使馆的外交官员，来访的阿尔巴尼亚同志，在北京的阿尔巴尼亚专家、实习生和留学生一起欢聚一堂。

29 日，周恩来和陈毅陪同谢胡、卡博等乘直升飞机，到河北省遵化县，访问了坚持开山造田、被人们称为"当代活愚公"的岳各庄公社沙石峪大队和坚持"穷棒子"办社精神走集体化道路的建明公社西铺大队。

在参观了当地的梯田后，谢胡说："阿尔巴尼亚百分之八十五的面积是山区，阿尔巴尼亚曾经是欧洲最穷的国家，经过二十年来的社会主义建设，现在已经不是最穷的国家了，只要把石山都造成良田，阿尔巴尼亚就会成为欧洲富强的国家。"谢胡还代表阿尔巴尼亚合作化的农民，把一面锦旗赠给沙石峪大队。

30 日下午，首都各界十万人举行盛大集会，欢迎谢胡率领的阿尔巴尼亚党政代表团，周恩来陪同出席了大会，并发表了讲话。

晚上，周恩来和刘少奇等陪同谢胡和阿尔巴尼亚党政代表团的全体同志，举行了联欢。在联欢会上，中国文艺工作者演出了《游击队之鹰》、《北京—

地拉那》、《大海航行靠舵手》、《毛主席的战士最听党的话》、《公社女民兵》等中阿两国的歌舞节目。

当晚，文化部和中国阿尔巴尼亚友好协会举行文艺晚会，周恩来陪阿尔巴尼亚党政代表团观看了中央歌剧舞剧院芭蕾舞剧团演出的现代芭蕾舞剧《红色娘子军》。随后，周恩来向阿方人员询问舞剧《纺织女工》的创作情况，并说："现在表现工人的舞蹈，好的较少。"

5月1日，周恩来陪同阿尔巴尼亚党政代表团，在劳动人民文化宫观看首都工人表演的文艺节目，同北京群众一起欢度国际劳动节。

3日上午，周恩来和李富春陪同阿尔巴尼亚党政代表团乘专机离开北京到哈尔滨访问。

4日，周恩来和谢胡一行在哈尔滨继续参观工厂，并参加了工厂职工为他们举行的盛大欢迎会。

5日，周恩来陪同谢胡一行乘专机离开哈尔滨，中午抵达上海进行访问。谢胡和周恩来乘敞篷汽车前往宾馆，接受上海市民的夹道欢迎。6日，周恩来和邓小平总书记陪同阿尔巴尼亚党政代表团参观了上海工业展览会、永鑫无缝钢管厂，以及上海市少年宫。

7日，谢胡一行到浙江进行游览、访问，8日回到了北京。

9日上午，谢胡一行参观了全国农业展览馆的农业机械化馆。下午，访问了中共中央高级党校，谢胡应邀向党校全体师生作了长篇讲话，阐述了当前国际形势，反对帝国主义，反对现代修正主义，以及阿尔巴尼亚社会主义革命和建设的问题。

晚上，周恩来和刘少奇、邓小平陪同阿尔巴尼亚客人们观看了革命现代芭蕾舞剧《白毛女》。

10日，周恩来陪同毛泽东接见了谢胡率领的阿尔巴尼亚党政代表团。

晚上，谢胡举行告别宴会，周恩来和刘少奇、朱德等应邀出席了宴会。谢胡和周恩来在宴会上发表了讲话。谢胡严厉谴责了美苏两国勾结实行核垄断的行径，并指出："中国核试验的成功是对各国人民的巨大鼓舞，中国在任何情况下都不首先使用核武器。"

周恩来热烈地赞扬了阿尔巴尼亚人民的英雄气概和不断革命的精神，赞扬了两国人民之间的无产阶级的伟大革命友谊。并说，在代表团访问期间，我们双方经过诚挚的、亲切的会谈，对中阿两国社会主义革命和社会主义建设、当前国际局势和国际共产主义运动中的重大问题，取得了完全一致的看法。

周恩来说，经过会谈，双方一致认为："必须巩固和发展无产阶级专政，在政治、军事、经济、思想、文化各个战线上把社会主义革命进行到底，挖掉修正主义的根子，保证社会主义事业的完全胜利，并且为将来过渡到共产主义准备条件。""必须把反对以美国为首的帝国主义和各国反动派的斗争进行到底，坚决支持亚洲、非洲、拉丁美洲的民族解放运动和全世界各国人民的革命斗争。必须把反对以苏共领导集团为中心的现代修正主义的斗争进行到底，不断壮大和发展全世界的马克思列宁主义者的队伍。"

他说，"即将发表的中阿联合声明，是一个具有历史意义的文件。它是我们两党、两国的伟大友谊和兄弟合作关系中的一个新的里程碑"。

当晚，周恩来还陪同谢胡等人观看了现代京剧《红灯记》。演出结束后，周恩来陪同阿尔巴尼亚贵宾走上舞台和演员合影。

5月11日晨6时与中午，周恩来两次与谢胡、卡博讨论"联合声明"稿，并达成协议。

11日晚，中国阿尔巴尼亚联合声明签字仪式，在北京举行。周恩来和谢胡分别代表两国签字。15日，《中阿联合公报》发表。公报宣布：双方十分满意地指出，以毛泽东同志为首的中国共产党和以霍查同志为首的阿尔巴尼亚劳动党所缔造的中阿革命友谊，有了全面的、巨大的发展。全世界人民必须建立一个最广泛的而不是狭隘的、最真实的而不是虚伪的、反对美帝国主义及其走狗的国际统一战线。以苏共领导集团为中心的现代修正主义，早已同美帝国主义勾结在一起，早已同全世界人民为敌，早已置身于国际反美统一战线之外。反对以美国为首的帝国主义及其走狗和反对以苏共领导集团为中心的现代修正主义，这是不可分割的两项任务。

当晚，谢胡一行结束了对中国的访问，启程回国，周恩来和刘少奇、朱德等党和国家领导人，还有首都一万多群众，在灯火辉煌的首都机场，欢送阿尔巴尼亚党政代表团。谢胡等人在登上飞机前，同周恩来和刘少奇、朱德等同志热烈拥抱，并长时间地站立在机舱门口的扶梯上，向全场欢送的群众挥手告别。

1967 年

3 月至 4 月会见越南总理范文同——"越南战争要取得最后胜利"

自从美越战争开始后，越南党政领导人频繁到访中国。"抗美援越"是当时中国履行"国际义务"、进行"反帝"斗争的重要的一环，因此，中国对越南的援助可谓不遗余力。

越南抗美战争以 1964 年 8 月的"北部湾事件"为分水岭，前期为"特种战争"时期，后期为美国直接参战时期，而国力薄弱的北越政府基本是靠国际援助进行抵抗。苏联在抗美战争后期改"脱身"政策为"插手"政策，为北越政府提供中国当时无法生产的一些先进武器。在所有向越南提供援助的国家中，中国的援助是最坚决、最全面、最巨大且最有效的。

1965 年 4 月，美国开始对北越实施大规模空袭，越南领导人黎笋等人率领党政代表团到北京求援，中越两国签订相关协议，中国开始了大规模援越活动。自 1965 年 6 月至 1973 年 3 月，中国先后向越南派出防空、工程、铁道、后勤保障等志愿部队累计达 32 万人。中国在北越的兵力，最高年份达到 17 余万人。据统计，中国当时给予越南的军援足以装备一支两百万人的陆海空军，经援主要有 500 万吨粮食、3 亿米布匹、3 万辆汽车，中国援助越南修建 4000 多公里公路、近 500 公里铁路、300 公里输油管道，输送汽油、柴油 100 万吨，修建包括重机枪厂、枪炮厂在内的百余家企业。

1967 年 3 月 29 日上午 11 时 30 分，周恩来在钓鱼台宾馆同越南总理范文同举行第一次会谈。在会谈时，周恩来说："苏联说我们要去打它，我们才不去打它呢。""中国这么大,我们国内好多事都管不过来。"下午3时30分至6时30分,在钓鱼台宾馆18号楼和范文同总理举行第二次会谈。

4月7日上午11时至下午1时,在钓鱼台宾馆18号楼同越南总理范文同举行第三次会谈时,武元甲国防部长着重介绍了越南的军事形势和美国的战略目标。

下午3时30分至6时30分,在钓鱼台宾馆18号楼同范文同总理举行第四次会谈。武元甲国防部长继续谈越南南北方军事形势和越方战略方针。

4月10日上午11时,在钓鱼台宾馆18号楼和范文同总理举行第五次会谈时同越方就越南战场形势和对美国扩大战争的估计交换意见。

下午4时30分,在钓鱼台宾馆18号楼和范文同总理举行第六次会谈时说:战争总是要结束的,只是迟早的问题,不可能永远不死不活地这样消耗下去。关于政治斗争问题,政治斗争无论在什么时候都要进行,这是没有问题的。战争是政治斗争发展的最高形式,不可能在战争中没有政治斗争。加强国际宣传,争取同情,削弱和分化敌人,利用敌人之间的矛盾,都是政治斗争。过去这样作了,今后更要这样作。

在11日上午11时,同范文同总理举行的第七次会谈中,周恩来坚决表示,越南战争要取得最后胜利,不要半途而废。

范文同问,斯大林是否建议过解放军不要过长江。周恩来回答说:对于1949年我们能不能渡过长江,斯大林是有怀疑的。他们还以为,蒋介石顶不住时,美国会出兵。但美国知道蒋介石是扶不起来了,而长江又挡不住解放军。如果美国出兵,就要负战争的责任。美国不会这样做。我们解放南京时,美国大使还留在南京。并向我们一位民主人士说,如果中共政府愿意和美国建立联系,他不仅不走,而且美国愿意承认中共政府,还可以援助中国五十亿美元。我们根本不理这一套,结果美国大使就跑掉了。

同年10月5日,周恩来在人民大会堂陪同毛泽东接见了越南劳动党中央政治局委员、越南民主共和国副总理黎清毅,政治局委员、国会常务副主席黄文欢及由他们率领的越南党政代表团。

《人民日报》1966年10月6日第一版报道了这次会见。毛泽东在这次会见中说："你们对付的是世界第一号的帝国主义。你们现在是一个统一的政府，一个统一的党，一个统一的军队，实际上是一家。"

9月26日至10月14日会见阿尔巴尼亚人民共和国部长会议主席谢胡——将中阿人民的伟大革命友谊推向了一个新的高峰

中国自1949年与阿尔巴尼亚建交后，两国关系一直较好。20世纪50年代，阿尔巴尼亚是唯一未受中苏关系恶化影响的国家，一直与中国保持紧密联系。20世纪60年代中阿间曾有过亲密友好的合作关系。阿尔巴尼亚曾是"社会主义在欧洲的一盏明灯"，因而是中国重点援助的国家之一。在苏联与阿尔巴尼亚关系恶化时，中国也向阿尔巴尼亚提供了巨大援助。中国帮助阿尔巴尼亚修建了钢铁、化肥、制酸、制碱、玻璃、造纸、塑料、军工等新型工业部门，增建了电力、煤炭、石油、机械、轻工、纺织、建材、通讯、广播等部门的项目，还无偿向阿尔巴尼亚提供了大量的武器装备，并派出了近6000名专家支援建设。

中阿两国在20世纪60年代的亲密关系其实是基于"革命"意识形态的强烈共识与战友情谊，中国对阿尔巴尼亚的援助也是中国进行"国际主义"援助的重要组成部分。这一时期，毛泽东、周恩来等中国领导人频繁会见阿尔巴尼亚的党政领导人。

1967年9月26日至10月14日，应中国共产党中央和中华人民共和国政府的邀请，由阿尔巴尼亚劳动党中央政治局委员、阿尔巴尼亚人民共和国部长会议主席谢胡同志率领的阿尔巴尼亚党政代表团，到中国访问并参加中国国庆活动。

9月27日晚，周恩来在人民大会堂举行盛大宴会欢迎阿尔巴尼亚党政代表团，并和谢胡主席先后在宴会上发表了长篇讲话。

9月28日中午12时10分，在钓鱼台宾馆18号楼同以谢胡主席为首的阿尔巴尼亚党政代表团会谈。

29日晚，周恩来陪同谢胡等前来我国进行友好访问和参加国庆活动的国际友人，出席了盛大的文艺晚会，观看三军文艺战士演出。

30 日上午 10 时 10 分，同以谢胡主席为首的阿尔巴尼亚党政代表团进行第三次会谈。下午 4 时，周恩来陪同毛泽东主席接见了以谢胡为首的阿尔巴尼亚党政代表团。

10 月 1 日，中华人民共和国国庆节，阿尔巴尼亚代表团成员谢胡和阿利雅等来自世界五大洲许多国家的革命战友和友人都登上天安门城楼，共祝盛事。周恩来和他们热情握手和亲切交谈，对他们带来的各国人民的革命友谊表示感谢。

当时，反映阿尔巴尼亚国家歌舞团访问中国的纪录影片《万岁！伟大的中阿友谊》中央新闻纪录电影制片厂摄制完成，10 月 1 日起分别在北京、上海和全国各地陆续上映。

从 10 月 4 日起，阿尔巴尼亚代表团分两路，分别由谢胡和阿利雅率领到我国各地进行参观、访问。在参观了济南、青岛等城市后，与 8 日晚到达了武汉。

10 月 8 日，周恩来专程由北京到武汉欢迎由谢胡主席率领的阿尔巴尼亚党政代表团。晚上，出席为阿尔巴尼亚党政代表团举行的欢迎宴会。

9 日，武汉举行盛大集会，隆重地欢迎谢胡率领的阿尔巴尼亚党政代表团，周恩来陪同出席了欢迎大会。之后，周恩来又陪同谢胡一行分别参观了武汉锅炉厂、武钢、武汉重型机床厂和武汉测绘学院、华中工学院、武汉水运工程学院、湖北大学，并观看了精彩的文艺晚会。

10 日下午，周恩来飞返北京，谢胡一行继续到上海参观访问。11 日晚，由谢胡同志率领的阿尔巴尼亚党政代表团由上海飞回北京，周恩来亲自到机场欢迎他们。

12 日上午 11 时 15 分，与谢胡主席进行第二次会谈。下午 6 时 30 分，周恩来陪同毛泽东主席再次接见了谢胡及他率领的阿尔巴尼亚党政代表团。当天晚上，周恩来陪同阿尔巴尼亚党政代表团观看文艺演出。观看以后，周恩来等同志陪同谢胡等阿尔巴尼亚贵宾，走上舞台同演员合影。

在阿尔巴尼亚代表团访华期间，周恩来与谢胡共举行了三次会谈。

13 日下午，中国摄影代表团访问阿尔巴尼亚摄影展览在首都隆重开幕。周恩来陪同谢胡等阿尔巴尼亚外宾参观了展览。

当天晚上，谢胡在人民大会堂举行盛大的告别宴会，答谢伟大领袖毛主席以及党中央、中国政府和中国人民对阿尔巴尼亚党政代表团的隆重欢迎和热情接待。周恩来应邀出席，并发表讲话，高度评价了阿尔巴尼亚党政代表团的这次访问，"加深了我们两国人民之间的相互了解，为我国人民提供了向兄弟的阿尔巴尼亚人民学习的机会，把中阿两党、两国和两国人民的伟大革命友谊推向了一个新的高峰"。

10 月 14 日，谢胡一行结束了对中国的访问，乘专机离开北京，周恩来亲赴机场为贵宾们送行。

1968 年

多次会见胡志明等越南外宾——"越南一定能够取得抗美救国战争的最后胜利"

越南战争的局势瞬息万变，越南方面与中国的联系越来越紧密，越南高级领导人也越来越频繁地访问中国。

1月2日，越南劳动党中央委员会主席胡志明来华。1月29日，周恩来看望胡志明。2月7日，周恩来陪毛泽东会见了胡志明。胡志明在华期间，周恩来与他多次会谈。

会谈期间，周恩来就作战问题，向胡志明建议说：越南战争发展到目前阶段，可否考虑组织一二个到三个野战兵团。每个兵团三四万人，每仗力求全歼敌人成建制的四五千人。这些兵团要能远离家乡作战，可以在这个战区打，也可以到另一个战区打。打孤立之敌，可采取挖坑道接近敌人，进行夜战和近战的办法，使敌人的飞机、大炮的火力失其作用。同时在三四个方面挖些坑道，不同于地道，要能供部队运动和输送弹药。还要组织一定力量打敌之增援。

2月17日下午1时40分，周恩来接见越南驻华大使吴明鸾、外贸部副部长李班。此前，越方要求协助解决援越物资的铁路运输问题，并说："这个问题只有上呈总理才能解决。"

4月13日、14日、17日、19日、29日，周恩来会见了范文同总理率领的越南党政代表团，双方进行了会谈。20日和29日，周恩来还陪毛泽东两次会见了越南客人。

5月7日晚9时45分，周恩来在人民大会堂福建厅接见越南外交部部长春水，并说：朝鲜谈判那个时候的情况与你们的情况不同。那时是半个朝鲜的问题，现在你们是统一越南的问题。半个越南，那是 14 年前的事了。"

在介绍了朝鲜谈判时的一些历史情况后，周恩来又说：朝鲜谈判只搞了个停战协定，任何其它政治协议也未达成……基本的问题还是，战场上得不到的东西，不管怎样，也不能从谈判中得到……美国、仆从国和伪军三方面现在有 100 万军队，不打断他们的脊梁骨，或十个指头打断五六个，他们是不会认输，不会走的。

7 月 23 日晚 9 时 30 分，周恩来出席中越两国政府关于中国给予越南经济、技术援助的协定和议定书签字仪式，并接见了由黎清毅副总理率领的越南政府经济代表团。

9 月 2 日，周恩来出席越南驻华大使吴明鸾为庆祝越南独立 23 周年举行的招待会，并在执行会上发表讲话时指出，越南人民只要坚持持久战争，反对投降妥协，就一定能够取得抗美救国战争的最后胜利。

6 月 18 日至 22 日会见坦桑尼亚联合共和国总统尼雷尔——"一切援助应使得独立国家得到好处"

坦桑尼亚共和国由坦噶尼喀共和国、桑给巴尔共和国合并而成。中国在 1961 年、1963 年就与这两个国家分别建立了外交关系。1964 年坦桑尼亚共和国成立，尼雷尔出任首任总统。坦桑尼亚坚持"一个中国"立场，拒绝与台湾建交，并积极推动非洲其他国家与新中国建交。中国一直把坦桑尼亚视为非洲的重点友好国家之一，大力支持坦桑尼亚维护国家主权，反对帝国主义与新旧殖民主义的入侵。

1964 年，坦桑尼亚共和国拉希迪·姆·卡瓦瓦第二副总统访问中国，同中国签订了经济技术合作协定；1965 年 2 月，尼雷尔总统访华，同中国签订了两国友好条约；同年 6 月，周恩来总理访问了坦桑尼亚。中坦两国领导人的相互访问，对于增进两国人民的友谊，作出了重大的贡献。中国和坦桑尼亚两国的友好合作关系，为亚非国家之间的团结合作树立了良好的范例。

1968 年 6 月 18 日，坦桑尼亚联合共和国总统尼雷尔，应我国政府邀请，乘专机到达北京，进行国事访问。同尼雷尔总统一起访问中国的有他的夫人及其他随行人员。

这是尼雷尔总统第二次访问中国。尼雷尔出身于坦桑尼亚北部一个部落酋长家庭，曾在英国爱丁堡大学深造，获得历史系与经济学硕士学位。但是，他在回国后投身政坛，成为了著名的反英勇士。1961 年，坦噶尼喀获得独立时，尼雷尔当选为第一任总理。1964 年坦桑尼亚共和国成立时，尼雷尔当选为第一任总统。

1965 年，尼雷尔访华，确定了由中国援建坦赞铁路的问题。1967 年 9 月 5 日，周恩来接见坦桑尼亚财政部长贾马勒、赞比亚国务部长索科及由他们率领的坦赞联合经济代表团，并出席了中国、坦桑尼亚、赞比亚三国政府关于修建坦赞铁路协定的签字仪式。

6 月 18 日下午，尼雷尔一行乘专机到达北京，周恩来等人亲自前往机场迎接尼雷尔总统。尼雷尔总统和夫人由周恩来总理陪同，乘敞篷汽车从欢迎群众行列前经过。在由机场至宾馆的路上，周恩来称赞坦桑尼亚、赞比亚在联合国大会上投票反对苏美"防止核扩散条约"表现得很勇敢。

6 月 19 日，周恩来在人民大会堂福建厅同尼雷尔总统举行第一次会谈。在谈到中国的水利建设问题时，周恩来说："如果说最大的错误，那就是我们没有将几千年群众的治水经验批判地继承、接受，同具体实践相结合。这个责任应该由我这个总理来负，钱正英只是执行，不是她的问题，而是上面的问题。"

双方还谈及防止资本主义复辟、保证国家永不变色问题，周恩来诚恳地说："最重要的一条是，一定要是真正的马列主义，而不是假的；不是口头上的，而要有实践证明；不仅领导人，而且是马列主义要深入到群众中去，真正被广大群众所掌握。"

6 月 20 日上午，周恩来陪尼雷尔参观访问了人民解放军北京部队，在空军部队观看了飞行表演，并且同参加表演的飞行员亲切见面。随后，坦桑尼亚贵宾参观了"战士家史泥塑展览"。尼雷尔总统仔细地观看了一组组反映人民战士家庭在旧社会受剥削、受压迫的苦难生活的泥塑群像。这个部队的战士和驻地的小学、幼儿园的小朋友，为坦桑尼亚贵宾表演了歌舞节目。尼雷尔总统和夫人及其他坦桑尼亚朋友在北京部队陆军某部参观访问时，听取了战士们活学活用毛泽东思想的心得体会的汇报，并且观看了战士们的实弹射击表演。中午，坦桑尼亚贵宾同战士们一起吃了午饭。

晚上，周恩来陪同尼雷尔等人出席了北京市革命委员会举行的文艺晚会，观看了革命现代芭蕾舞剧《红色娘子军》。

6月21日上午11时45分，周恩来在人民大会堂福建厅同尼雷尔举行第二次会谈。谈到对坦援助问题，周恩来说："我们的援助应该真正用于这个国家的人民，一切援助应使得独立国家得到好处。同时我们援助项目的设计必须适合当地的条件，一定要照顾到你们的制度。"

下午6时15分，周恩来在人民大会堂陪同毛泽东会见尼雷尔。周恩来说，已从外电获知，坦桑尼亚新闻报刊已报道他在欢迎尼雷尔总统的宴会上谴责新殖民主义时，苏联等一些国家的使节退席的消息。

尼雷尔说："总理，你了解消息比我们还快。"

毛泽东说："他是一个消息灵通人士。"

当天晚上，尼雷尔和夫人在人民大会堂举行盛大告别宴会，周恩来应邀出席，并作了讲话。

晚11时30分，在人民大会堂福建厅同尼雷尔总统举行第三次会谈。

6月22日，尼雷尔一行结束了对中国的友好访问，乘飞机离开北京，前往朝鲜民主主义人民共和国进行访问。

周恩来亲自将尼雷尔送到机场，在由宾馆到机场途中，周恩来对尼雷尔说："虽然我们建设社会主义已快有十九年了，但仍有许多民主革命、民族革命留下来未了的任务。我们是一个社会主义国家，我们不会进行扩张，侵略别国。但如果敌人进犯我们，我们将把它消灭在国内。"又说，"还有台湾、香港、澳门的问题，这些问题当然最好是谈判解决。随着我国人民力量和国家力量的日益强大，这个可能性会增大。从这些方面看，我们的反帝任务没有最后完成，更不用说思想意识方面的问题了。"谈到当时的清理阶级队伍，周恩来说："不能扩大化。犯了错误的人，只要改正了错误，还要让他们继续工作，不能都打倒。"

6月25日晚，尼雷尔一行在访问了朝鲜民主主义人民共和国以后，于回国途中经过北京。周恩来在首都机场同尼雷尔进行了谈话，他说："美国为了寻找经济上的出路，搞了一个泛美国家经济一元化，目的是为了更加加强一揽子的经济，以服从美国经济和向外投资的需要。这样，那些生产咖啡的国家就只能生产咖啡，产糖的只能产糖。一切机器，零件设备都要从美国运去。哪里的利润最大，美国就在哪里投资。所以，新殖民主义比老殖民主义的控制更严。"

1974年3月24日到31日，坦桑尼亚总统尼雷尔又一次应邀来华访问，周恩来陪同毛泽东主席会见了尼雷尔。在此期间，周恩来与尼雷尔就国际问题及中国援助坦桑等事举行多次会谈。29日，中坦两国政府签订了经济技术合作协定。

8月5日会见巴基斯坦外交部长阿沙德·侯赛因——进一步加强两国友好合作关系

1951年5月21日，中国和巴基斯坦建交。但是，20世纪50年代在美国的压力下，巴基斯坦在台湾、西藏以及恢复中国联合国合法席位等问题上反对中国。虽然在1956年两国总理实现互访，但中巴关系仍然比较冷淡。

从1962年开始，中印边境局势日益紧张，英美等国希望此时印巴和解，以便印度集中力量对付中国。但是，中巴两国却在此时宣布两国将进行边界谈判。1964年，中巴边界议定书签订后，中巴关系迅速发展。在美国和苏联的参与下，印巴军事力量的平衡被打破，两国关系日趋紧张。在自身安全受到严重威胁的时候，巴基斯坦希望得到中国的援助以保持自己在南亚的地位。中国从全局战略着眼也积极作出改善外交关系的回应，使两国关系进入新阶段。

1966年刘少奇访问巴基斯坦时，两国发表联合公告，表示两国在反对侵略斗争中互相同情、互相支持，结成了深厚友谊，并决定进一步加强两国友好合作关系。此后，两国领导人开始频繁互访。

1967年12月21日，周恩来接见了巴基斯坦国家计划委员会主席阿赫默德和他率领的政府经济代表团。在谈到建设主要依靠自力更生时，周恩来说：

"首先要把农业搞好，就是解决粮食，吃、穿、住解决了。人民的积极性就起来了，然后建设轻工业和重工业，我们也没有经验，是在摸索中，中国专家不了解你们的情况，他们提出的意见，不一定对你们适用。"

1968年8月5日，巴基斯坦外交部长阿沙德·侯赛因及其夫人访华，周恩来于下午2时30分，在人民大会堂接见了他们，双方进行了亲切友好的谈话。下午5时，在人民大会堂周恩来陪同毛泽东主席接见阿沙德·侯赛因一行。

12月11日下午6时30分，周恩来在人民大会堂接见并宴请了即将离任的巴基斯坦驻华大使苏尔坦·穆罕默德·汗。周恩来向巴方询问了该国计划生育方面的经验，巴方称这方面药品较多。周恩来表示，希望巴方能给中国提供些品种。

双方又谈到中国的农业情况，周恩来说：我国农业生产几年来连续丰收。现在我们对农业生产已摸到一些规律。今年，南方涝，北方旱，但还是增产。主要是靠人的力量，兴修小型水利，积肥、选种、深耕、改良土壤等。

9月28日至10月7日会见阿尔巴尼亚人民共和国部长会议副主席兼国防部长贝基尔·巴卢库——高度赞扬阿尔巴尼亚宣布退出华沙条约，是一个非常勇敢的革命行动。

1968年9月28日，阿尔巴尼亚劳动党中央政治局委员、阿尔巴尼亚人民共和国部长会议副主席兼国防部长贝基尔·巴卢库同志率领阿尔巴尼亚党政代表团，应邀来我国进行访问。在一年半之前的1967年2月，巴卢库就曾到中国访问，并受到周恩来和毛泽东的接见。

28日，巴卢库一行乘飞机到达上海。29日，巴卢库一行抵达北京，周恩来亲赴机场欢迎。

29日晚，周恩来在人民大会堂举行晚宴欢迎巴卢库同志率领的阿尔巴尼亚党政代表团。

在宴会讲话中，周恩来高度赞扬光荣的阿尔巴尼亚劳动党和英雄的阿尔巴尼亚人民高举反帝反修的革命大旗，不畏强暴、敢于斗争、敢于胜利。他说，"阿尔巴尼亚蔑视苏修这个'庞然大物'，断然宣布退出华沙条约，这是一个非常勇敢的革命行动。它大长了世界革命人民的志气，大灭了美帝和苏修的威风，对推动东欧人民和世界各国人民反对美帝和苏修的斗争，作出了新的巨大的贡献。"

周恩来强烈谴责苏修叛徒集团在侵占捷克斯洛伐克之后，又利用华沙条约的名义陈兵保加利亚，严重威胁社会主义的阿尔巴尼亚和巴尔干各国人民的安全。周恩来严正警告苏修叛徒集团："如果你们胆敢冒天下之大不韪，侵略社会主义的阿尔巴尼亚，阿尔巴尼亚人民是不会饶过你们的，中国人民是不会饶过你们的，全世界革命人民是不会饶过你们的。等待着你们的，只能是彻底的、可耻的、无可挽回的失败。"

10月1日上午，周恩来在天安门城楼同首都50万军民一起庆祝中华人民共和国成立19周年。

10月2日，周恩来同以巴卢库为首的阿尔巴尼亚党政代表团举行会谈。4日，首都10万群众举行欢迎阿尔巴尼亚党政代表团大会，周恩来陪同巴卢库一行出席了大会。5日，周恩来陪同毛泽东在人民大会堂正式接见巴卢库率领的阿尔巴尼亚党政代表团。

6日晚，阿尔巴尼亚驻中国大使纳塔奈利，为以巴卢库同志为首的阿尔巴尼亚党政代表团在人民大会堂举行盛大告别宴会。周恩来应邀出席。

7日，巴卢库率领的阿尔巴尼亚党政代表团乘专机离开北京，前往中国其他地方进行友好访问。

1969 年

7 月 13 日至 16 日会见努尔·汗空军中将率领的巴基斯坦政府友好代表团——"巴中两国之间的友谊是建立在互相尊重和信任的基础上的"

7 月 13 日至 16 日，巴基斯坦总统行政委员会委员努尔·汗率领巴基斯坦政府友好代表团，应我国政府邀请进行友好访问。

在此之前的 1967 年 11 月 29 日，身为巴基斯坦空军司令的努尔·汗曾率领巴基斯坦空军代表团访问中国，周恩来接见了他们，并与之进行了会谈。

7 月 13 日，周恩来亲自到机场迎接努尔·汗一行。当晚，周恩来在人民大会堂宴会厅举行晚宴，热烈欢迎巴基斯坦政府友好代表团全体成员。

周恩来在宴会讲话中重申："中国政府和中国人民坚决支持巴基斯坦政府和人民维护国家主权和民族尊严、反对外来侵略和干涉的正义斗争，坚决支持克什米尔人民争取自决权利的正义斗争"。他强烈谴责美帝国主义和社会帝国主义推行侵略政策和战争政策，妄图称霸和重新瓜分世界，强烈谴责社会帝国主义打着"集体安全"的旗号，对亚洲国家进行侵略和扩张。

努尔·汗空军中将在讲话中说，"巴基斯坦人民一向十分尊敬和钦佩我们的中国兄弟"。他热烈赞扬近年来巴中两国友好关系日益发展，指出"巴中两国之间的友谊是建立在互相尊重和信任的基础上的"。

努尔·汗空军中将转交了巴基斯坦总统叶海亚·汗致周恩来的复信。周恩来在讲话中表示："我们两国都严格遵守互相尊重主权和领土完整、互不侵犯、互不干涉内政、平等互利、和平共处的五项原则。"

14 日下午 4 时 30 分，周恩来和黄永胜（时任中国人民解放军总参谋长）

在人民大会堂同努尔·汗空军中将继续举行会谈。

16日，努尔·汗在人民大会堂宴会厅举行告别宴会，周恩来等中国领导人应邀出席了宴会。

17日上午，努尔·汗乘专机离开北京，前往我国南方参观访问，在访问了杭州、上海以后，满载中国人民的友谊，于当晚乘飞机离开上海回国。

这次访问，大大促进了两国间的关系，也为邻国间互利合作提供了一个良好的榜样。巴基斯坦和中国已经把他们之间的边界变成了一条和平的边界，并努力使他们之间的关系建立在和平共处五项原则的基础上。

9月29日，巴基斯坦陆军参谋长阿卜杜勒·哈米德·汗中将和由他率领的巴基斯坦政府友好代表团，前来参加中华人民共和国成立20周年庆祝活动，并于当天下午乘飞机由上海到达北京，周恩来亲自到机场迎接他们。

10月2日晚11时50分，周恩来与哈米德·汗中将就中国和巴基斯坦关系及国际形势等问题举行会谈。

双方谈到了二次世界大战后的局部地区冲突，周恩来说，二次大战以后，世界政治生活也很有趣味。有打仗又有谈判。我们有过这样的经验，在朝鲜，我们和以美国为代表的所谓联合国16个国家打了不到一年，美国提出来要谈判，于是一面打，一面谈，谈了三年才达成一个停火协议，所以到现在也还是停火。在三八线的板门店，对方有美国、南朝鲜的代表，代表所谓联合国16国，这一边朝鲜和中国的代表，一个或二个星期开一次会，每次吵一顿架。53年到现在，16年多了，时松时紧。这是一个紧张地区。第二是柏林。这是你们很熟悉的。二次大战后一个德国分成两半，一个城市也分成两半。第三个地区是越南。本来以十七度为临时分界线，现在变成南北两个地区，现在南面打，北面不打，这是一个特殊的情况。第四个是中国。中国也没有完全统一，美国侵略军还没有从台湾撤走，实际上也是一分为二，不过这个一分为二比起来很小。你们那个国家实际上也是一分为二，克什米尔问题不解决，东、西巴就不可能在一起。这是蒙巴顿一手制造的。蒙巴顿是尼赫鲁的朋友，他有意识不解决克什米尔问题，这样巴基斯坦就不是一个地区而是二个地区。中东也有问题，二次大战后，正式成立了以色列国家，把巴勒斯坦一分为二，一直成为紧张地区。

在 1969 年，周恩来还多次会见了巴基斯坦驻华大使凯瑟。

1969 年 3 月 28 日下午 4 时 45 分，周恩来在人民大会堂福建厅接见凯瑟，他说："1959 年赫鲁晓夫主动取消了同中国的原子能合作协定，但我们要感谢他，他一逼就把我们逼出来了。1964 年他下台时，正巧我们爆炸了第一颗原子弹。"

6 月 10 日下午 3 时，周恩来在人民大会堂江苏厅接见凯瑟，凯瑟转交了叶海亚总统邀请周总理访巴的信。周恩来说，好几个国家都提出我什么时候能出国访问，但由于我们国内事情很忙，目前不能出访。许多友好国家都谅解我们。关于访巴时间，国庆节前不可能，今冬有没有可能现在也难说。今年恐怕定不下来。如果要出国访问将首先到你们那里去。

12 月 12 日晚 8 时 15 分，周恩来在人民大会堂福建厅再次接见凯瑟。在会谈中，周恩来说："当前国际事务错综复杂。从全世界范围来说，美苏两国既相互争夺，又相互勾结，争霸世界。""现在是（超级大国）扩军备战，但同时也进行谈判。首先，美苏在赫尔辛基进行核会谈。另外，中苏举行边界会谈，引起了世界各国的注视。"

谈到对美关系，周恩来说："中美之间的关系也在变化，美国大使在华沙向我进行试探。他在南斯拉夫大使馆的时装展览会上同我译员进行了谈话。""中国的立场一是和平共处五项原则，一是美国一切武装力量从台湾和台湾海峡地区撤出去。感谢叶海亚总统把中国的立场说得很清楚。"

9 月在机场会见苏联部长会议主席柯西金——缓和边界紧张局势的愿望终未达成

20 世纪 60 年代，中苏关系全面破裂。1965 年 2 月 5 日，苏联部长会议主席柯西金率团访问越南途经北京，中方主动与他接触，希望打破双方的坚冰，未能如愿。之后，周恩来的多次努力都收效甚微。

1969 年年初，中苏双方边防部队在珍宝岛发生大规模武装冲突。珍宝岛事件成了中苏两国关系全面恶化的重要标志。6 月 10 日，双方在中国新疆裕民县巴尔鲁克山西部地区发生交涉；7 月 8 日，中国黑龙江八岔岛地区双方冲突；8月上旬和中旬，中国新疆铁列克提地区发生新的流血事件，给中国方面造成伤亡。情况表明，两国边境气氛已全面恶化。当时，国内报刊宣传报道造成的印象是：大规模侵华战争在即。

以上便是1969年9月，周恩来与柯西金会见之前，中苏之间令人不安的状况。

1969年9月3日，越南胡志明主席逝世。9月4日，以周恩来为团长、叶剑英为副团长的中共代表团到河内吊唁。当晚回国，以避免与参加胡志明丧礼的苏联领导人会面。9月8日，李先念率党政代表团到河内，没有理睬苏方党政代表团团长柯西金。

9月9日，河内巴亭广场举行国家集会追悼胡志明。越南劳动党总书记黎笋向大会宣读了胡志明的遗嘱，其中有这样一段："关于国际共产主义运动：作为一生为革命服务的人，我对国际共产主义和工人运动的强大越感到自豪，那么对目前各兄弟党之间的不和就越感到痛心"，"我坚信各兄弟党、各兄弟国家一定要团结起来"。中国共产党人深深理解胡志明的愿望和感情，然而中苏关系已达到目前这种地步，要扭转过来，谈何容易！

在河内，柯西金曾通过越南方面传话，希望回国时，途经北京与周恩来会晤。越方因故延误，柯西金没有得到回信便如期搭机回国。此时，苏联驻华代办奉命向中国外交部紧急提出，约周恩来与柯西金会晤。中国方面同意在北京会见。这时，柯西金早已飞过北京，抵达塔吉克斯坦首都杜尚别。得知消息后，又从杜尚别飞回北京。

1969年9月11日上午10时30分，柯西金乘坐的伊尔六十二专机降落在北京机场。周恩来等前往迎接。握手寒暄后，客人被引进候机楼西侧的贵宾室，在那里开始了一次努力扭转中苏关系的长达3小时40分钟坦率而诚恳的会谈。后来人们把这次会谈称为"机场会见"。

会见时，周恩来特别提起了1965年2月柯西金访越途经北京，毛泽东主席会见他时讲的话："中苏可能争论一万年，看在柯西金的面子上可以减少一千年。"

周恩来随即对此进行了精辟的解释，借以阐述了中国政府的立场："对这些争论，你们可以有你们的见解，我们可以有我们的见解。这些争论不应该影响我们两国的国家关系。因为不同意见的争论，不要说现在，就是到了共产主义社会，一万年以后，也会有矛盾，有斗争。中苏两国的问题，只要我们能心平气和地来处理，总是可以找到解决办法的。"

会谈中，双方领导人仍互称"同志"，并致问候。这同珍宝岛冲突以来两国间一直剑拔弩张的敌对状态形成微妙的反差。

鉴于苏联方面重兵压境、甚至以实行核打击进行威胁的现实，周恩来开门见山地表明中国决不会在任何压力面前屈服的坚定立场。他说："你们说，你们要用先发制人的手段来摧毁我们的核基地。如果你们这样做，我们就宣布，这是战争，这是侵略，我们就要坚决抵抗，抵抗到底。"同时，他又重申中国希望通过外交谈判解决边界争端的意愿，恳切地说："我们现在自己国内的事还搞不过来，为什么要打仗呢?"他主张：中苏两党之间的争论，不应当影响两国的国家关系，不应当妨碍两国国家关系的正常化。

在会谈中，周恩来向苏方提出：一、中苏之间的理论和原则问题争论不应影响两国的国家关系，不应妨碍两国国家关系的正常化。二、中苏边界问题是目前中苏两国关系的中心问题，双方可以通过谈判最终找到解决问题的办法。在解决之前。双方应共同采取如下几项临时措施：（一）维持边界现状，（二）避免武装冲突，（三）在有争议地区双方武装力量脱离接触。

在周恩来提出三项临时措施后，柯西金提议，在边界问题解决以前，双方共同采取的临时措施中还要加上一条，双方边防部门有事可预先联系。

此外双方还同意：边境居民原来在哪里生产，还在哪里生产；为避免误会，只要互相通知一下，便可一次达成协议，当然，这并不影响这些地区的主权归属，归属问题须待边界谈判解决。

最后，周恩来将双方讨论的结果，归纳为四点，即：维持边界现状，避免武装冲突，双方武装力量在有争议地区脱离接触，双方遇有争议时由双方边防部门协商解决。

柯西金当即表示："你讲的四条我完全赞同。"

周恩来说："临时措施解决了，边境的紧张状态也就会变成缓和状态了。"

苏方最后表示："周恩来同志，缓和边界紧张局势是我们由衷的真诚的愿望，我们能够也一定能够做到。"

双方商定于近期各派代表团举行中苏边界问题谈判。由此，中苏就谈判解决边界问题达成一致。会谈中，双方还讨论了有关保持和发展两国贸易、恢复互派大使等问题。

这是一次化干戈为玉帛的会议，在全世界引起震动。美国情报部门限期搜集柯西金在中国5小时的详细情况，以对正在拟订中的美国对华政策重新加以评估。

会谈结束时，柯西金轻松地说，我们很高兴到这里来，可我们走了一段弯路。这是指他绕道杜尚别，又返抵北京。然而，此话显然另有所指。

这次会谈中还有一个小插曲。会谈中要安排午饭，人民大会堂的厨师长王锡田等估计，准备好的北京烤鸭送到机场就会失去原有风味，便临时做了改良，变成了一道"酱爆烤鸭片"。上宴席之后，受到周恩来和柯西金的一致好评。现在，北京中苑宾馆"天天食府"中，增添了一道菜叫"柯西金鸭"，就是指上面的改革作法。这大概是柯西金先生所没有想到的，也是机场会见的另一"成果"。

中苏两国总理会谈和达成的谅解，是20世纪60年代以来中苏关系破裂、尤其是1969年因边界武装冲突而使两国关系跌至"谷底"后的一次转变契机。它的直接结果，是同年10月在北京开始举行中苏边界问题谈判。

1969年10月20日，中苏双方开始恢复边界谈判。尽管谈判历时多年，成效不大，但毕竟使原来兵戎相见的双方坐到了谈判桌旁。始终关注并指导谈判进程的周恩来一再交代中方代表团：缓和边境紧张局势，解决边界问题，恢复睦邻关系，这就是我们的方针。

1970年10月至11月间，苏中两国新任大使分别到任，此后两国贸易额有所回升。从此，至中苏双边关系正常化，边界上未再发生大的冲突。

1970年11月18日，苏联新任驻华大使托尔斯季科夫到任，周恩来亲自接见了他，并就中苏边界问题谈判阐明观点。周恩来重申了毛泽东主席在当年5月1日同参加谈判的苏方代表团副团长甘科夫斯基谈话时提出的谈判方针：应当好好谈判，谈出个友好睦邻关系；要有耐心；要文斗、不要武斗。

1971年3月21日晚，周恩来再次接见苏联驻华大使托尔斯季科夫、苏联政府代表团团长伊利切夫，谈话5小时。

在 1969 年年初，周恩来建议陈毅、徐向前、聂荣臻、叶剑英研究国防问题，四位老帅对刚露端倪的中、苏、美"大三角"战略关系作了探索。9 月 17 日，周恩来收到四位老帅讨论成果，四位老帅认为，苏联近期的种种表现证明其确有发动侵华战争的企图，然而，它却下不了决心，因为它深怕会导致中美联合对付它。柯西金北京之行是基于实用主义的需要，以同中国的缓和，争得一点儿对美外交的资本。陈毅还特别强调，应尽快打开中美关系的大门，诸葛亮"东联孙吴，北拒曹魏"的战略，大可参考。这个报告坚定了周恩来继续推动对苏缓和的立场，同时加快了对美外交的步伐，牵制苏联不得不采取缓和立场。

9 月 4 日会见越南党政领导人范文同等——吊唁胡志明

7 月 18 日，周恩来在人民大会堂江苏厅应越南外贸部副部长李班和越南驻中国大使吴明鸾的要求，临时接见他们。李班表示：胡志明主席很希望能有机会到中国来。周恩来表示：我们是随时准备接待和欢迎胡主席来中国休养的，但鉴于胡主席的心脏病情况，我们不能随便邀请，有为难的地方。只能由大夫作出判断，由越劳动党中央作出决定。

然而，时过不久，1969 年 9 月 2 日 9 时 47 分，胡志明主席在河内不幸病逝，终年 79 岁。

胡志明在 60 多年的革命生涯中曾多次到过中国，与毛泽东、周恩来等我国老一辈革命家结下了深厚的友谊。胡志明晚年身体状况欠佳，我国领导人对他的健康极为关注，于 1968 年派出国内最高水平的医疗专家赶赴越南。他们一直守护在胡志明身旁，照顾胡志明的身体。

9 月 2 日是越南的国庆日。鉴于当时越南的抗美救国斗争正处于关键时刻，越南政府为防国内局势动荡，决定将胡志明逝世的时间改为 9 月 3 日，并定于 9 月 9 日为胡志明举行国葬。

中国派出了以中共中央政治局委员、国务院副总理李先念为首的党政代表团参加越南的国葬。此外，周总理还打破常规，亲自率领中共代表团，提前于 9 月 4 日专程飞往河内吊唁。代表团成员有中共中央政治局委员、中央军委副主席叶剑英和中共中央委员、广西壮族自治区革委会主任韦国清。

9月4下午，周恩来就吊唁事与越南党政领导人黎笋、长征、范文同、武元甲等会谈。此前，中国领导人对任何外国领导人的逝世都未做过这样的表示，因此越南领导人见到周总理时激动得失声痛哭，周总理也沉痛万分，不止一次地说："我来晚了，我来晚了……"

在会谈中，周恩来说：胡志明主席不幸逝世的消息传到中国，中国党、政府、军队和中国人民感到十分悲痛。胡主席一生奋斗，不仅为越南人民建立了不朽的功勋，建立了越南民主共和国，领导越南人民进行抗美救国战争，而且对国际无产阶级也作出了很大的贡献。胡主席同中国革命、中国党的关系尤其密切，不比一般。他几次到中国，参加中国革命，同中国人民共患难，并肩战斗，同中国人民、中国党建立了深厚的感情，把中越两党两国人民密切地联系在一起。从我个人来说，我同胡主席是最老的战友。希望能够安排我们在胡主席遗像前举行告别仪式。在开正式追悼会时，我党将再派代表团前来参加。

会谈后，周恩来率代表团前往河内主席府正厅临时设置的灵堂，在胡志明遗像前献花圈、默哀，并在吊唁簿上留言。当晚，同叶剑英到医院瞻仰胡志明遗容。然后率代表团离河内回国。

9月5日，周恩来飞抵北京。次日，周恩来率中央党、政、军、人大、政协等有关方面负责人前往越南驻华大使馆吊唁胡志明。周恩来在大使馆的留言簿上签名，并代表中国共产党中央委员会题词："越南人民的伟大领袖、中国人民的亲密战友胡志明主席永垂不朽！"

在这一年中，周恩来又多次会见范文同、阮友寿、黎清毅等越南党政领导人。

10月1日，周恩来先后同越南总理范文同，越南南方共和临时革命政府顾问委员会主席阮友寿会谈。

3日凌晨2时，周恩来在新六所宾馆再次与范文同总理举行会谈，涉及国际形势、中越关系等问题。在谈到党内革命派内部反倾向斗争时提出：极左有两种，一种是思想上的"左"派幼稚病，另一种是形"左"实右，在我们国内就有极左分子。

7 日、8 日，周恩来同阮友寿主席举行会谈。会谈中，周恩来例举 1967 年夏季国内出现的极左思潮和极左行动，说："采取极左政策，会被坏人利用。"

10 月 21 日，范文同再次率越南党政代表团来华访问。22 日、23 日，周恩来两次与范文同举行会谈。25 日，中越发表会谈公报。

11 月 23 日晚 8 时 15 分，周恩来在人民大会堂福建厅会见越南劳动党中央政治局委员黎清毅、黄文欢，谈中苏边界谈判情况。会谈中，周恩来说："自三月珍宝岛事件以后，从莫斯科传出消息，说苏联要用核武器轰炸中国的战略基地、原子基地。苏联政府从来没有否认过这件事。我当面问过柯西金（指当年 9 月 11 日在北京机场同柯西金会谈），他也没有回答，也没有澄清。中苏双方边界谈判中，我方几次提出这个问题，他们都没有回答。他们心里有鬼，想从实力地位出发。用原子弹吓人，这是吓不倒我们的。"

10 月 1 日接见朝鲜最高人民会议常任委员会委员长崔庸健——巩固和发展用鲜血凝成的战斗友谊

"文化大革命"开始后，中国的外交遭遇严重挫折，中国在国外的所有大使都奉命回国。在短短的时间内，中国同已建交或半建交的 40 余国家中的近 30 个国家先后发生了外交纠纷，有些甚至到了断绝外交关系的边缘。其中不乏过去一直睦邻友好的周边国家，例如朝鲜。中国发生"文革"，两国领导人的交往暂时中断。

1969 年，中国调整了外交策略，重新向各驻外使馆派遣大使。这一年 10 月 1 日，适逢中国国庆 20 周年，中国提前向一些外国领导人发出邀请，请他们参加中国的国庆活动。朝鲜在最后一刻决定，派朝鲜最高人民会议常任委员会委员长崔庸健代表金日成来北京，祝贺中国国庆。

30 日晚上，崔庸健一行乘专机到达北京，周恩来、叶剑英等人亲往机场欢迎。

国庆节当天，毛泽东和周恩来、林彪等人在天安门城楼参加国庆 20 周年观礼。周恩来陪同毛泽东会见了崔庸健等。

当天晚上，周恩来设便宴欢迎由崔庸健委员长率领的朝鲜党政代表团。周恩来和崔庸健在宴会上举杯，共祝中朝两国人民在反对共同敌人的长期斗争中用鲜血凝成的战斗友谊，日益巩固和发展。

10月2日晚7时，周恩来在京西宾馆与崔庸健就发展中朝两党、两国关系等问题举行会谈。

当时，崔庸健邀请周恩来近期再次访朝，周恩来答应下来。但由于事务繁忙，直到半年以后，周恩来飞赴朝鲜。

1970 年

4 月 5 日赴朝鲜会见金日成首相——"我们两国之间没有解决不了的问题"

当时由于"文革"的关系，中朝关系受到了一些影响，周恩来出访朝鲜在一定程度上也是为了修复两国关系。1970 年 4 月 5 日上午 11 时，周恩来乘专机离开北京飞往朝鲜，又一次来到鲜花盛开的平壤，在机场受到金日成首相、崔庸健委员长和平壤数十万群众的热烈欢迎。

金日成亲自到机场迎接，看到周恩来，他说的第一句话是："总理累瘦了。"

这次访问，周恩来在朝鲜停留的时间总共为 2 天零 8 小时，整个日程安排非常紧凑。

5 日下午 4 时，周恩来在平壤内阁大楼拜会金日成首相。周恩来对访问来迟表示了歉意，他说："本来应该早点来，但分不出身，晚了半年。10 月 2 日，就同崔委员长说了要来，当时崔委员长说首相同志欢迎我访问朝鲜。11月、12 月、1 月、2 月、3 月，可不是半年了嘛！"

看到周恩来掰手指头算时间、诚恳致歉的样子，金日成也风趣地说："不要紧，虽然晚了一点，可是时候很好。来早了天气冷，欢迎群众还要受冻。"

中朝两党、两国之间，由于受国际共产主义运动发展、意识形态差异以及苏联因素等的影响，不可避免地在 20 世纪 60 年代中、后期出现一段不自然的关系。但毕竟两国人民之间的传统友谊根深蒂固，因此不自然的关系很快就消除了。所以周恩来这次来访，金日成非常高兴，他说："我们两国之间一段时间的不自然关系，从那时起（指崔庸健委员长上年 10 月访华时）就消除了。我们的人民也感到高兴。事情本来就应该是这样。我们两国人民是用鲜血凝成的战友嘛！我们是唇齿相依的。听说周恩来同志要来，我们就等，等待总理来访。我们清楚总理同志很忙，这次来，我们感到很高兴。我们感谢总理同志接受了我们的邀请。"

周恩来紧接着说："双方领导人直接接触，问题都谈清楚，就好解决了，因为大家都是看大局、看大方向。"

金日成同意这一说法，他说："对，我们也认为，我们两国之间没有解决不了的问题。"

当晚，金日成在万寿台议事堂为周恩来举行盛大国宴。在宴会上周恩来发表讲话，赞扬以金日成为首的朝鲜劳动党领导人民发扬独立自主、艰苦奋斗的精神，为保卫自己的国家和主权所作的努力。他再次强调："中朝两国是山水相连的邻邦，中朝两国人民有着传统的战斗友谊"，这种友谊"是用鲜血凝成的"，它"体现了我们两国人民唇齿相依、休戚与共的关系。共同的利害和安危，把我们两国人民联系在一起，团结在一起。"

周恩来在朝鲜访问期间，与金日成进行了四次正式的会谈，会谈时间总共 13 个多小时。双方就当前国际形势和亚洲地区局势，中朝两党、两国关系等问题交换意见。在朝期间，周恩来还出席了朝方举办的群众性活动，并发表讲话。

4 月 7 日上午，为欢迎周恩来访朝，平壤举行大型歌舞音乐演出，金日成陪同周恩来观看了演出。下午，周恩来专门在中国驻朝鲜大使馆设宴答谢金日成首相。随后，完满结束对朝鲜的友好访问，乘专机回国。

9 日，中朝发表联合公报。

9 月 30 日下午 3 时 5 分，周恩来在人民大会堂江苏厅会见朝鲜政府经济代表团和贸易代表团。在同朝鲜客人谈话时，周恩来说，如果你们发现我们的干部有大国沙文主义，就请告诉我们，把他调回国内学习。这对我们两国关系的发展有好处，对我们的干部也是个教育。

这一年的 10 月 8 日，也就是周恩来访问平壤约 6 个月后，金日成来华作内部访问。

金日成一生访问中国近 40 次，有的是公开正式访问，有的是不公开的秘密访问，访华次数之多，在外国领导人中是少见的。

这一次来华，是金日成时隔几年之后对中国的又一次访问。周恩来在百忙中亲自到西郊机场迎接，并陪同金日成至钓鱼台宾馆 18 号楼。当天晚上 8 时 30 分至 10 时 50 分，周恩来陪同毛泽东主席会见朝鲜劳动党总书记、内阁首相金日成，并设晚宴招待。双方就中朝两党、两国关系问题交换了意见。

10 月 9 日、10 日，周总理接连两天，与金日成举行会谈，就国际共运、双边关系和各国共产党关系中的一些问题深入交换意见。访问期间，10 月 10 日，恰逢朝鲜劳动党成立 25 周年，周恩来十分细心周到，于当晚在人民大会堂举行宴会，招待金日成一行。金日成十分感动，讲话时一再表示感谢。

这次访问之后，金日成又恢复了每年对中国的访问，有时一年来两次，每次来时，毛泽东都会见他，周恩来则与他长谈，就广泛的问题交换意见。

4 月 19 日会见日本松村谦三访华团——"我们是不拿原则作交易的"

1970 年 4 月 19 日下午 4 时，周恩来在人民大会堂福建厅接见日本松村谦三访华团一行。

谈到中日关系问题，周恩来说："佐藤内阁无视中国人民，支持被中国人民所抛弃的蒋介石一小撮，中国谴责佐藤政府，而不是谴责日本人民；中国人民尊重伟大的日本人民，愿和日本人民世世代代友好下去。"

对于中日贸易问题，周恩来说："中国重视同日方发展贸易。""但如果是下列四类公司，我们就不同它做买卖，即使订了合同，也要废除：（一）帮助南朝鲜侵犯北朝鲜、帮助台湾进攻大陆的；（二）在南朝鲜、台湾有大量投资的；（三）助长美国侵略越南、老挝、柬埔寨的；（四）在日本的美国的子公司。"

为了推动中日两国关系和贸易往来，周恩来还亲自接见了很多次日本贸易界友人，极大地推动了两国的经济交流。

1968 年 3 月 6 日，周恩来先后接见了日本工业展览会理事长杉本重藏等日中友好贸易团代表，日本日中备忘录贸易办事处代表古井喜实、冈崎嘉平太等人。周恩来强调说："不能因为发展贸易而抛弃原则，不能只做贸易不顾政治，否则，那就是商人行动，而不是政治家了。我们是不拿原则作交易的。"

1970年4月15日下午4时30分，周恩来在人民大会堂东大厅接见日本国际贸易促进协会等七团体代表获原定司、木村一三等人。谈到中日贸易前景，周恩来说：搞贸易，原则界限一定要分清。如果日方厂商声明支持佐藤插手台湾的政策，和美国一样走侵略台湾的道路，那就不能做生意；如果他们愿意同中国友好，不敌视中国，不侵占台湾，不支持美国复活日本军国主义，贸易还可以发展。

1971年2月24日晚上，周恩来会见日本国际贸易促进协会关西本部专务理事木村一三、常务理事田中修二郎等日本贸易界人士。

3月1日下午5时45分，周恩来在人民大会堂新疆厅会见以冈崎嘉平太、古井喜实为首的日本日中备忘录贸易谈判代表团。12月20日下午5时30分，周恩来在人民大会堂再次会见日本日中备忘录贸易谈判代表团和西园寺公一及东京西园寺公一事务所负责人南村志郎。

1971年11月18日晚10时，周恩来在人民大会堂会见以东海林武雄为团长的日本东京经济界人士访华团。谈话中，周恩来对和平共处五项原则中的第四条"平等互利"作出具体解释，说："就是我们买你们的设备，你们买我们的原料。很清楚，中国再有一二十年，经济发展了，与日本的贸易会增加。日本所需要的原料我们有可能供应一部分，当然不是全部，因为人民的生活不断改善，购买力也会提高。中国的特点是国大人多，还有资源丰富，但还没有挖出来。挖掘出来有一部分可以和别的国家平等交换，互通有无。"

周恩来一向重视农业发展，重视向别国学习先进的农业管理方法和农业技术以及农产品的贸易。这一年，周恩来还会见了日本国内在农业方面的友好人士。

1970年7月31日午夜12时50分至凌晨4时50分，周恩来在人民大会堂接见了以常山为团长的日本农村青年友好访华团，向对方详细询问了日本的农业种植、产量、农机、价格、家畜、水利、化肥、收入、交通，以及农民日常生活等情况。

在接见后，周恩来对外事部门有关人员说："这些年日本很少有农业代表团来华，现在人家来了，你们不作调查研究，把人家放在那里，送上门来的工作也不做。今天我听说他们要走了，就把别的工作全放下了，文件统统不批，没有什么可怕的，放一下天塌不下来。可我不能放着客人不管，一定要抽出时间和他们谈谈，要多学习。刚才见外宾就是很好的学习机会。送上门来的教师不主动请教，知识怎么得来？对外宣传工作要有针对性。带着外宾走马看花，没有针对性，就起不到应有的作用，实际上是强加于人。例如，韶山以前农业搞得不好，是靠国家投资维持的，产量也还不是太高。'抓革命、促生产'上不去，给人家农业代表团看就不大好。"

1970 年 12 月 8 日下午 4 时 10 分，周恩来在人民大会堂新疆厅会见了日本朋友菅沼正久等人，并详细询问了日本农业经济的情况。会见前，周恩来曾批告国务院主管计划和农业的负责人，听听有关日本农业情况的介绍。

在和菅沼正久谈话时，周恩来坦率地说："毛主席在十五年前就提出，中国农业机械化要二十五年。现在已经过了十五年，还有十年。中国的二千三百个县中，有的县连修理农机的工厂也没有，还有八十一个县没有农机厂，你们看落后不落后？中国农业机械化进度这么慢，我们做政府工作的要负一半责任，甚至是大半责任，至少是官僚主义，不负责任。从总体上说，中国农业还需要很长时间才能实现机械化。所以，我们要向你们学习。学习你们的先进技术。"

10 月会见日本社会党前委员长佐佐木更三率领的友好访华团——"中日两国人民要团结起来"

1970 年 8 月 20 日，周恩来先后会见了由黑田寿男率领的日本社会党活动家代表团和由日本社会党前委员长佐佐木更三率领的友好访华团。

1970 年 10 月 12 日，周恩来出席首都纪念日本社会党前委员长浅沼稻次郎先生遇害十周年集会。会前，周恩来再次会见来京参加这次纪念活动的以黑田寿男为团长的日本社会党访华团。

1970 年 10 月 26 日、11 月 1 日，周恩来分别会见了以日本社会党中央执行委员会委员长成田知己为团长的日本社会党访华团。

在此之前，日本社会党曾提出，最好由大国共同保障日本的和平中立（即美、苏、中、朝、日共同达成协议，互不侵犯，和平共处，甚至建立亚洲太平洋沿岸包括美洲在内的无核区）。

在这次会谈中，周恩来说："作为一个政治口号来提，我们不会反对。但是要问中国政府和中国人民的意见，我们觉得不切实际。现在世界上有一种趋势，小国反对大国的强权政治。这个问题是摆在日本朋友面前的新问题。五个国家签订条约是不可能的事。同意由美苏两国维持和平的办法，就等于承认了两个超级大国左右世界人民的命运。在我们看来，中日两国人民要团结起来。反对美帝国主义的侵略，全世界人民要团结起来，反对美帝国主义和反对美日反动派复活日本军国主义。这是最重要的。"

在谈到民族感问题时说，周恩来说："民族感有两种：反对侵略，反对非正义战争，主张民族独立的民族感是正义的、进步的；那种要侵略别人的大民族主义思想、'武士道精神'，是反动的民族感。要善于引导民族情绪，要把广大日本人民引导到进步的、正确的方向。这可以和国际主义结合起来。"

12月6日下午5时45分，周恩来在人民大会堂和郭沫若副委员长会见日本社会党前委员长浅沼稻次郎夫人浅沼享子一行，并说："中国战后25年来，一直坚持中日友好，促进恢复邦交，希望在和平共处五项原则的基础上达成和平共处的协议。如能达成，不仅对中日两国人民有利，对亚洲人民和世界人民也都有利。"

10月8日至15日会见法国前总理德姆维尔——传达对戴高乐访华的邀请

1970年7月10日下午3时50分，周恩来在人民大会堂福建厅接见由法国总理府计划和领土整治部长安德烈·贝当古率领的政府代表团，并就国际形势等问题交换意见。7月13日，周恩来陪同毛泽东主席接见了安德烈·贝当古，双方就国际形势进行了交谈，随后话题几乎全部集中在戴高乐身上。法国驻华大使马纳克参加了此次接见，后来他向戴高乐报告说："你本人、你的榜样和你的行动，在所有的谈话中占压倒地位，而且，毛泽东和周恩来对你表示了极大的崇敬。"

几个月之后，10 月 8 日，法国前总理德姆维尔来华访问，周恩来在人民大会堂福建厅会见了法国贵宾，双方就广泛的国际问题交换意见。

9 日，德姆维尔和夫人由法国驻华大使马纳克陪同，从北京乘专机到辽宁进行参观访问，在辽宁期间，法国客人参观了沈阳第一机床厂、沈阳市水平仪厂、沈阳电缆厂、沈阳小型拖拉机厂和鞍山钢铁公司，受到工人群众的欢迎，还观看了革命现代京剧《红灯记》。

11 日下午，德姆维尔一行回到北京。14 日下午 4 时 40 分，周恩来陪同毛泽东主席会见了德姆维尔和马纳克，双方进行了友好的交谈。

15 日，德姆维尔准备离开北京，去中国各地进行游览参观。但是，由于中国西部上空进行核试验，北京的全部飞机暂停航行，所以周恩来临时决定多留德姆维尔一天。

当日下午，周恩来向德姆维尔解释了再挽留他一天的原因，并说："我们进行必要的和有限制的试验，一次试验证明有效了，就不必进行多次了。我们制造原子弹的目的，是为了打破核垄断。所以我们两国都没有在三国条约（指苏、美、英三国 1963 年 8 月在莫斯科签订的《禁止在大气层、外层空间和水下进行核武器试验条约》）上签字。"

16 日，德姆维尔离开北京，前往延安、上海、广州等地参观访问，25 日离开中国。

周恩来请德姆维尔转达了对戴高乐访华的邀请。不幸的是，戴高乐因动脉破裂于 1970 年 11 月 9 日猝然离世。周恩来极为震惊，分别给戴高乐夫人和蓬皮杜总统发去唁电，称赞戴高乐为"反对法西斯侵略和维护法兰西民族独立的不屈战士"。

11 月 10 日至 14 日会见巴基斯坦总统叶海亚·汗——启动中美沟通的"巴基斯坦渠道"

1970 年 11 月 10 日至 11 月 14 日，巴基斯坦总统叶海亚·汗应我国政府邀请，对中国进行国事访问。他这一次前来，带来了美国总统尼克松的"口信"，从此，中美之间沟通的"巴基斯坦渠道"正式启用。

10 日下午，叶海亚·汗总统乘专机到达北京，周恩来等领导人前往机场热烈欢迎。

10 日晚，周恩来前往东交民巷 15 号宾馆看望叶海亚·汗总统，并共进晚餐。在同叶海亚单独会谈时，叶海亚转达了尼克松准备派其高级助手在任何时候和任何地点与中国的相应代表对话的口信。周恩来感谢叶海亚去年以来几次转达尼克松口信，并表示将把他的传话内容报告毛泽东。

11 日上午 11 时，周恩来同叶海亚总统举行会谈。在谈到中国情况时，周恩来说："我们还是一个中等国家，虽然我们人口很多，但从经济发展的意义上说还比较落后；特别需要说明一点，就是中国在任何时候都不做超级大国，即使将来我们的经济发展了，国家强大了，我们也不会加入超级大国的行列。"

会谈中，周恩来对中巴两国近十年来的友好合作关系给予高度评价，并感谢叶海亚·汗总统在联合国大会上主持正义，要求恢复中国在联合国合法席位的举动。

11 日晚 10 时 10 分，周恩来又与叶海亚·汗作第二次单独会谈。

12 日下午 6 时 30 分，周恩来同叶海亚·汗进行第三次单独会谈。晚上，周恩来陪同叶海亚·汗总统出席北京市为叶海亚·汗总统举行的文艺晚会，在晚会上欣赏了由中央乐团演出的钢琴协奏曲《黄河》和交响音乐《沙家浜》。

13 日上午 11 时 25 分，周恩来在东交民巷 15 号宾馆同叶海亚·汗就广泛的国际问题进行第四次单独会谈。

在谈到毛泽东"五二〇"声明中所作"当前世界的主要倾向是革命"这一论断时，周恩来对"革命"一词作出解释，他说道："在这里，革命是广义的，包括争取和维护民族独立，反对外来侵略和干涉，这是更主要的。"又说："二次大战后，许多国家从殖民地、半殖民地变成了民族独立国家。开始的时候，新殖民主义还起作用。现在经济上的新殖民主义仍然存在。但是民族独立运动正在一天天高涨，新殖民主义的作用正在一天天减弱。现在一些发达国家以武装力量作为后盾，要用新殖民主义的办法实行经济扩张。这种做法不合时代的潮流，就连他们本国人民的觉悟也在提高，不断起来反对他们。所以，看起来世界形势是紧张的，但是民族独立运动的形势是在高涨的。"

在举例说明许多发展中国家依靠自己的力量，反对"超级大国"的指挥、干涉和控制后，周恩来强调："这样的国家虽然一时会遇到困难，但最终会胜利。""所以关键是依靠自己。如果全世界各国不分大小，都是依靠自己力量为主，抵抗超级大国的压迫、干涉和侵略，世界形势就会更好。"

下午 3 时 30 分，周恩来在人民大会堂陪同毛泽东会见叶海亚·汗。晚上，叶海亚·汗举行晚宴，周恩来应邀出席。

14 日中午 12 时 15 分，周恩来同叶海亚·汗进行第五次单独会谈。这次会谈，周恩来回答了叶海亚转达的尼克松的口信。

周恩来说："因为尼克松通过阁下转告的是口信，我们也应该通过阁下口头回答尼克松总统。""阁下清楚，台湾是中国不可分割的领土，解决台湾问题是中国的内政，不容外人干涉。美国武装力量占领台湾和台湾海峡，是中美关系紧张的关键问题，中国政府一直愿意以谈判来解决这个问题，但是谈了 15 年还没有结果。现在，尼克松总统表示要走向同中国和好。如果尼真有解决上述关键问题（指台湾问题）的愿望和办法，中国政府欢迎美国总统派特使来北京商谈，时机可通过巴基斯坦总统商定。"

当天，中华人民共和国政府和巴基坦伊斯兰共和国政府经济技术合作协定签字仪式在北京举行，叶海亚·汗和周恩来出席了签字仪式。

14 日下午，叶海亚·汗结束了对我国的访问，乘专机离开北京回国。周恩来赴机场欢送叶海亚·汗回国。

在前往机场途中，周恩来同叶海亚·汗谈论民族的精神与经验。他说："一个民族需要积累自己的经验。他们（美国）的缺点就是不成熟，表现在政策上和国际行动中就是容易冲动、多变、有时候容易冒险。他有利的方面就是开创精神，比如美国初期的开创精神，敢于不顾一切进行开创，因为他们没有历史包袱。古老的、历史悠久的国家的长处就是有丰富的经验。但是必须善于分析和总结这些经验，好的传统留下来，坏的丢掉。否则就会变成历史包袱，变得保守，停止不前。"

3月会见西哈努克亲王——"啊，中国，我亲爱的第二祖国"

中国与柬埔寨于1958年7月19日正式建交。建交后，两国关系一直较好，中国在各方面给予柬埔寨援助，两国领导人在20世纪60年代往来密切。

"文革"爆发后，中柬关系受到冲击。1967年10月26日，周恩来接见柬埔寨驻华大使张岗，就柬方对中国一些政策和工作的误会进行了解释。周恩来说：我们不做任何一点使敌人高兴的事。即使我们之间有一些误会和意想不到的批评。我们想到共同的敌人，是把误会放在次要的地位的。并请张岗转告西哈努克亲王，把意见保留起来，不作公开争论，不让敌人利用。

1970年3月，西哈努克亲王到苏联访问。3月19日至3月27日，在美国的阴谋策动下，柬埔寨朗诺·施里玛达右派集团发动了政变，趁西哈努克亲王出国访问之机，宣布"废黜"柬埔寨国家元首西哈努克亲王，选举郑兴为"国家元首"，实际建立了一个军事独裁政权。

获悉中国驻柬大使馆关于柬国内发生政变的报告后，周恩来决定亲自迎接被废黜的西哈努克亲王来中国。3月19日，亲王抵达中国。

19日上午，周恩来、叶剑英、李先念等几位领导人到机场亲自迎接西哈努克亲王，还邀请了46位外国驻华大使参加，飞机降落后，西哈努克快步走下飞机与周恩来等人亲切握手，热情拥抱。

当天上午11时，周恩来在钓鱼台宾馆5号楼与西哈努克亲王举行会谈。周恩来告诉他："我已发表了亲王作为柬埔寨国家元首抵达北京的消息，并报道了到机场迎接亲王的各国使节的名单。"

西哈努克说："我不愿流亡国外，决心进行抗美救国斗争！朗诺集团投靠美国，背叛祖国，是柬埔寨的叛徒。他宣称废黜我的国家元首职务，这是非法行为。"

周恩来表示："中国绝不承认朗诺叛变集团和政府，但鉴于当时的形势，希望你及你的家人留住北京。"

西哈努克表示在目前形势下，自己已不能回去，要在中国逗留一段时间。"

周恩来主持中共中央政治局会议，商讨柬埔寨问题和西哈努克亲王提出接见中外记者、散发书面声明等要求。会议决定协助西哈努克将在京进行的活动。

3月22日晚11时40分，周恩来同西哈努克亲王进行会谈，说："亲王向柬埔寨人民的讲话稿，有强大的号召力，相信柬人民听到亲王的声音一定会有反应。会受到很大鼓舞。"

周恩来重申：中国决心支持亲王直到亲王胜利回国。

西哈努克表示：有中国的支持，我一定坚持斗争，决不后退。

23日，西哈努克在北京向中外新闻界宣布，成立以他为首的柬埔寨民族统一阵线，并发表告高棉同胞书和声明。25日，周恩来就柬埔寨问题和印度支那局势致信毛泽东、林彪，告知西哈努克提出柬、越、老印支三国四方发表反美联合宣言，中国方面拟待各方准备好后，借广州或南宁供他们召开"三国四方"会议，不使西哈努克感到为难。毛泽东批："照办。"

4月3日，周恩来会见西哈努克，告知将于5日访问朝鲜，并说："到朝鲜发表的讲话中，将支持亲王3月23日声明。"

为了推动印支三国尽快合作，周恩来马上邀请越南总理范文同秘密访华，并已于3月21日同范文同就柬埔寨问题及印度支那局势举行会谈。

4月13日晚8时，周恩来在钓鱼台宾馆3号楼同越南民主共和国祖国阵线中央委员会主席团委员黄国越、老挝爱国战线党中央委员会总书记富米·冯维希会谈，讨论召开"三国四方"会议，即"印度支那人民最高级会议"的有关问题。17日，周恩来同越南劳动党中央第一书记黎笋会谈，就东南亚及印度支那地区局势，"三国四方"会议、中苏关系等问题交换意见。18日，周恩来同西哈努克会谈，就"三国四方"会议筹备事交换意见。

22日，周恩来就柬埔寨、老挝、越南"三国四方"会议筹备情况及其代表赴广州开会的日程等报告毛泽东、林彪和中央政治局部分成员。

在周恩来和中国方面的力促下，1970年4月24日至25日，越南、老挝、柬埔寨的最高领导在老挝、越南和中国边境地区某地举行了印支三国四方首脑会议（即印度支那人民最高级会议）。参加会议的有越南总理范文同、南越民族解放阵线主席阮友寿、老挝爱国战线主席苏发努冯、柬埔寨民族统一阵线主席西哈努克、柬民族团结政府首相宾努。

会议期间，周恩来总理乘专机来到广州，同三国四方领导人进行了重要会谈。他提出五项建议：揭露美国扩大侵略越南的阴谋；印支三国人民要团结一致，争取独立和平；谴责朗诺进行政变，支持西哈努克为首的政权；印支三国要相互尊重，加强团结，和睦相处；呼吁东南亚和世界各国给予大力支持和帮助。

三国领导人纷纷发言，支持周恩来的主张。会议一致通过关于印度支那当前局势及印支三国人民反对共同敌人美国帝国主义及其走狗斗争的《联合声明》，宣布："在反对美国帝国主义及其走狗的斗争中，中国、朝鲜、柬埔寨、老挝、越南人民要团结在一起，战斗在一起，胜利在一起，我们的阵线是任何人也破坏不了的。"

会议结束后，西哈努克到广州城外旅游和休息，然后回到北京。

4月30日，美国与南越军队悍然入侵柬埔寨领土，这使得柬埔寨局势更加严峻，北京的西哈努克官邸中，充满了愤怒与焦虑。就在这时，毛泽东邀请西哈努克亲王在五一国际劳动节的晚上，到天安门城楼共度佳节。

5月1日，周恩来在天安门城楼上陪同毛泽东接见40个国家的驻华使节和参加中苏边界谈判的苏联政府代表团团长。并陪同毛泽东主席会见了西哈努克和夫人。毛泽东毫不犹豫地表示要支持西哈努克亲王的运动。

5月1日、2日，周恩来同西哈努克会谈。西哈努克表示，要发表一谴责美国军队入侵柬埔寨的声明，并于近日宣布成立柬埔寨民族统一阵线领导下的王国民族团结政府，以争取世界各国支持。

5月4日，西哈努克在北京钓鱼台宾馆举行了第一次全体会议。经过多次讨论，通过了民族统一阵线的政治纲领，推举西哈努克担任阵线主席。随后，民族统一阵线举行会议，决定成立民族团结政府，推举西哈努克继任国家主席，宾努为内阁首相，乔森潘为副首相兼国防部长，通过了12位内阁成员名单。为了避免外国媒体指责他们是流亡政府，会议决定将团结政府分为两部分，一部分设在中国北京，负责外交事务，争取外国支援，配合国内的政治和军事战略；另一部分设在柬国内解放区，负责国内的战略和军事斗争。

同日，中国政府发表声明，强烈谴责美国军队入侵柬埔寨和扩大印度支那战争的行动，对西哈努克和越南民主共和国政府、越南南方共和临时革命政府和老挝爱国战线党中央的声明，表示坚决支持。

5 月 5 日，西哈努克在北京宣布成立由柬埔寨民族统一阵线领导下的王国民族团结政府。

周恩来前往西哈努克住地。代表中国党、政府和解放军向柬埔寨国家元首、民族统一阵线主席西哈努克亲王，民族统一阵线领导下的王国民族团结政府首相宾努及其政府在北京的成员热烈祝贺柬民族统一阵线领导下的王国民族团结政府正式成立，并面交了中国政府正式承认新的柬王国民族团结政府的贺信。贺信正式承认柬王国民族团结政府是代表柬埔寨人民的唯一合法政府，正式断绝同朗诺·施里玛达集团的一切外交关系，并从金边撤出中国的外交机构及其人员和专家。

柬埔寨在北京成立统一阵线和团结政府后，办公地点选择了位于海淀区的友谊宾馆。当年 7 月，民柬团结政府搬进友谊宾馆。西哈努克激动地说："我衷心感谢周恩来为我们政府安排了办公楼，这是民柬政府的大厦，面积很大，庄重豪华，比我们金边政府的办公楼还大，我们政府在此工作必然顺利。"周恩来表示：中国大力支持柬埔寨在北京成立团结政府，并决定每年向他们提供 500 万元人民币的捐款，提供警卫人员和汽车队。

5 月 19 日晚 9 时 30 分，周恩来在钓鱼台宾馆 5 号楼同西哈努克亲王继续会谈。告知受毛泽东委托，将准备明日发表的毛泽东声明《全世界人民团结起来，打败美国侵略者及其一切走狗!》的法文译本拿给亲王看，征求意见。并说声明发表后，将在北京和全国举行群众集会。

5 月 21 日，北京数十万群众在天安门广场举行集会，支持各国人民反对美帝国主义的斗争。与此同时，毛泽东与西哈努克亲王在人民大会堂内亲切交谈。毛泽东鼓励西哈努克亲王继续斗争下去，用深入浅出的语言阐明了革命人民必胜的道理。

西哈努克亲王自 1970 年后就常住北京。在华期间，他与毛泽东、周恩来多次会晤、交谈，两位领导人都有一种弱国战胜强国的坚定信念。

6 月 5 日下午 6 时 10 分，周恩来在人民大会堂江苏厅接见柬埔寨王国民族团结政府外交大臣沙林察和驻华大使凯密，谈当前柬埔寨和印支形势。

7 月 5 日下午 5 时 30 分，周恩来在钓鱼台宾馆 5 号楼同西哈努克亲王进行会谈。向西哈努克亲王提出；今晚的国宴，以亲王为首，同时有"五国六方"（指印度支那的"三国四方"外，再加中国和朝鲜两个国家）的代表，体现我们五个国家的一致。在宴会上，亲王是不是可以不必在毛主席像前行礼，否则我们会感到不安。西哈努克亲王感谢周恩来这番真诚的话，表示同意。

10月7日下午6时30分，周恩来在钓鱼台宾馆5号楼会见了西哈努克亲王，转述毛泽东对当前世界划分问题的看法：亚洲、非洲和拉丁美洲属于第一中间地带，而法国、意大利、西德、英国，包括加拿大和日本，则属于第二中间地带。

10月10日晚11时30分，周恩来在钓鱼台宾馆5号楼会见西哈努克亲王时说，我们对柬埔寨内政事务，一般不提意见，即便相互观点有出入，也没有关系，我们尊重柬人民的风俗、传统和习惯。

西哈努克亲王及其家属流亡中国以来一直住在钓鱼台宾馆5号楼。但是，当时中国正进行"文化大革命"，"四人帮"也在钓鱼台常住，警察密布，戒备森严，使外宾有所不便。为此，周恩来要求外交部给他们选择一个新住址。几年前西哈努克亲王访华时，曾住在东交民巷15号宾馆，那是清朝法国驻北京的公使馆。

1970年12月，东交民巷15号修缮一新，西哈努克亲王和夫人等从钓鱼台搬迁到此处，并从上海请来了一位手艺精湛的西餐厨师。外交部还在东面一座小楼上成立了接待处，协助西哈努克亲王工作。西哈努克亲王喜欢游泳、打羽毛球和歌舞，中方便专门修建了游泳池、俱乐部和羽毛球场，并陪同他一起娱乐、休闲，周恩来还曾亲临看望。

1975年4月17日，金边解放，朗诺伪政权被推翻，柬埔寨首都金边获得了彻底解放——在共同的战斗中，在血与火的考验中，两国人民结下了牢不可破的战友情谊。

1975年8月，波尔布特派乔森潘到北京迎接西哈努克亲王回归祖国。西哈努克亲王请我们外交部接待人员尽快将这一消息告诉毛主席和周恩来，并要求向两位领导人告别辞行。当时，毛主席和周恩来年事已高，且身体状况不好，但仍满足了西哈努克亲王的要求。

毛主席和周恩来嘱咐当时的党政主要负责人邓小平、叶剑英为西哈努克亲王及其家人送行。

西哈努克亲王十分感激地说："中国给我们大量的、慷慨的、兄弟般的、无条件的、多形式的支援，使我们取得了历史性的胜利。我相信，今后中国仍然是我们柬埔寨的头等支持者！"

在回国前夕，他特意写了一首歌曲《啊，中国，我亲爱的第二祖国》，歌词中写道："啊！光荣伟大的中国，我向你致敬，我衷心热爱你，把你当作我的第二祖国！"

西哈努克亲王是目前为止登上天安门城楼次数最多的外国元首，他分别于 1964 年、1965 年、1970 年、1984 年、1989 年、2009 年随同当时的中国领导人毛泽东、周恩来、刘少奇、朱德、邓小平、胡耀邦、胡锦涛等出现在天安门城楼上。在一代中国人的眼里，西哈努克亲王是国际友人的象征。在中国相对孤立的年代，西哈努克亲王永远的微笑代表国际社会对中国的和善面孔，让被封锁的中国人在孤独中感到一丝温暖。

1971 年

1971 年多次会见日本友好协会人士以及其他对华友好人士——民间外交推动中日关系的进步

20 世纪 60 年代，日本的佐藤内阁推行反华政策，刚刚有所好转的中日关系遭受挫折。中国政府一方面进行了针锋相对的斗争，另一方面也为了维护池田内阁时期中日关系的发展局面而采取了一定忍让的态度，作了一些友好的争取工作。

周恩来在长期从事与领导中日民间外交，并提出了"民间先行、以民促官"、"官民并举、以官带民"、"不忘老朋友、广交新朋友"等方针，使中日民间外交在经贸往来、人员互访、文化交流等多方面得以展开，最终促使中日官方外交关系的建立。在中日正式建交之前的几年时间里，周恩来为推动中日交往付出了极大心血，其中包括大量接待日本外宾。

中日友好协会成立于 1950 年 10 月 1 日，该协会是历史最久的对华友好组织。自成立以来，为发展中日友好事业做了大量有益的工作，为恢复中日邦交正常化、缔结中日和平友好条约作出了积极的贡献。周恩来曾多次接见日中友好协会的成员。

1968 年 4 月 8 日下午 6 时，周恩来在人民大会堂江苏厅接见日本中国友好协会（正统）总部理事长宫崎世民、组织委员长岛田政雄。

1970 年 10 月 7 日晚 11 时 40 分，周恩来在人民大会堂福建厅会见中岛健藏为团长的日本日中文化交流协会代表团。在交流中告知对方：中日乒乓球友谊赛，可以采取中国方面邀请日本乒乓球队来华的办法。

1971 年 1 月 11 日晚 9 时 30 分，周恩来在人民大会堂新疆厅接见以太田茂男为团长的日中友协（正统）工人学习访华团。谈话中，向日本朋友征求对中国新闻报道的意见，周恩来说：我们的广播怎么样，请直说，不好就不好，有毛病就有毛病，请说说。

当年 10 月 15 日下午 4 时 30 分，周恩来在人民大会堂会见由黑田寿男、宫崎世民率领的日中友好协会（正统）访华代表团和由中岛健藏、宫川寅雄率领的日中文化交流协会代表团。谈话中表示支持这两个团的联合声明，指出，发展中日友好、开展中日文化交流和恢复中日邦交正常化的进程虽然艰巨，但已有希望，我们有信心。

除了日中友好协会人员之外，周恩来还接见过很多对华友好的日本友人，对推动中日关系的正常化、两国的和平交流起到了不可低估的重要作用。

1971 年元旦下午 6 时 30 分，周恩来在人民大会堂新疆厅和郭沫若副委员长接见并宴请由松冈洋子率领的日本反对军事基地斗争妇女代表团。当时，日本学生中出现的各种思潮，学生运动此起彼伏。周恩来说：这是学生运动发展过程中必然会出现的自然现象，青年思想的波动、变化，反映了社会的变化；青年总是不满现状，如果满足于现状，就什么也不干了。

周恩来对客人说："人固有一死，或重于泰山，或轻于鸿毛"，不为侵略而死，要为和平而生。

事后，松冈洋子撰文称：此次会见"在心灵中点亮了永不熄灭的明灯"。

1971 年 1 月 29 日晚 9 时 25 分，周恩来在人民大会堂福建厅和郭沫若副委员长会见专程来华邀请中国派团参加在日本名古屋举行的第三十一届世界乒乓球锦标赛的日本乒乓球协会会长后藤钾二等日本朋友。在此次谈话中，周恩来回忆了自己青年时在日本求学的岁月。

1971 年 2 月 23 日下午 3 时，周恩来和郭沫若副委员长在人民大会堂新疆厅一同会见日本朋友藤山爱一郎及随员田川诚一等。

1971 年 3 月 3 日下午 5 时，周恩来在人民大会堂第二次接见日本藤山爱一郎及所率访华团。在谈到"左、中、右"问题时说：哪个党都有"左、中、右"，即使到了将来我们希望的共产主义社会，没有阶级了，还一样有"左、中、右"，总有进步的、落后的、介乎中间的，这是合乎社会发展规律的。没有对立的阶级了，也还有人民内部矛盾。矛盾是推动人类社会进步的动力。

还有一个变化问题。今天是左派，明天思想落后了，变成了右派；原来是右的，随着时代潮流的前进，也可能变成左的，所以人的思想也是要转化的，这并不奇怪。

1971年9月30日凌晨1时15分，周恩来在人民大会堂会见由藤山爱一郎率领访华的日本促进恢复日中邦交议员联盟访华代表团。10月2日，中国中日友好协会代表团和日本促进恢复日中邦交议员联盟访华代表团，共同签订了联合声明。

1971年11月10日晚10时，周恩来在人民大会堂会见日本东京都知事美浓部亮吉和以飞鸟田一雄为团长的日本恢复日中邦交国民议会访华代表团。

在谈到中日关系时，周恩来说："中日之间存在一个台湾问题。""我们认为，单说台湾是中国的一个省，或者说是中国领土不可分割的一部分还不够，还要说台湾已经归还它的祖国——中华人民共和国。""现在世界上有一股逆流，说'台湾地位未定'，就是说，那个地方还有可能独立或者民族自决，这等于说要把台湾从中国分裂出去。这种分裂思想在帝国主义者的头脑中是存在的。""台独分子就是要搞台湾独立。现在联合国就有人说，蒋介石用中国的名义不能进联合国，如果用台湾的名义可以到联合国去。这个谬论在亚洲、非洲、拉丁美洲和欧洲，在世界各地都还有市场。"

1972年1月21日下午，周恩来会见由市川诚、阿部万龟四郎率领的日本工会总评议会、日本中立工会联络会议访华代表团，由井野正挥率领的日本社会党国会议员"七〇年会"友好访华团和由仲吉良新率领的日本冲绳县第一次友好访华团。谈话中，展望了中日关系发展的前景。

1972年6月14日下午4时30分，周恩来在人民大会堂和李德生、廖承志、王国权会见并宴请日本日中友好旧军人会代表团前陆军中将远藤三郎等一行，以及在北京的其他日本朋友。在谈到日本自卫武装问题时，说：日本现正走在十字路口上，有两种可能，一种是，经济继续膨胀，军事力量也随着扩张，走军国主义道路；另一种是，日本真正摆脱大国的控制，走独立、民主、和平、中立的道路，在这个基础上搞自卫武装，不侵略别人，也反对别人的侵略。

周恩来还亲自会见过很多日本文化界友人。

1970 年 6 月 22 日晚 10 时 30 分，周恩来在人民大会堂和郭沫若副委员长接见《苏联是社会主义国家吗?》一书日本作者新谷明生等四人。周恩来对新谷等人诚恳地说：中国还很落后。你们只看了光明的一面，没看落后的一面。中国有七亿多人口，土地面积也比日本大得多，但交通不发达，发展很不平衡。需要逐步地、彻底地改变这种落后现象。

1971 年 3 月 13 日下午 5 时 5 分至午夜 12 时，周恩来在人民大会堂东大厅接见以明贝昭二为团长的日本关西学生友好访华参观团。双方谈到日本历史和侵略问题，周恩来简单回忆了中日两国的近代史，他说：日本民族是伟大的民族，有一亿多人口，历史上也是个独立的民族。19 世纪中期的明治维新，也有进步的一面，把日本各藩统一了，吸取了西方的先进文明，发展了资本主义，增强了军队，1894 年明治与西太后打仗，中国打败了，辽东半岛被割去，台湾也被占领了，结果西方几个国家出来干涉日本归还辽东半岛。尔后，俄国占领了大连、旅顺，德国占领了青岛，英国占领了威海卫。在日俄战争中，日本又打败了俄国，日本在亚洲成了强国，军国主义的野心更加膨胀起来，直至发动侵华战争。从 1894 年起到 1945 年共 51 年，对中国人民是很大的教育。如果仅仅是甲午战争、日俄战争，还不能教育中国人民。

1971 年 5 月 31 日晚 8 时，周恩来在人民大会堂福建厅和郭沫若副委员长会见日本哲学家松村一人，历史学家井上清、藤田敬一，经济学家小林义雄等。双方就世界思潮以及国际共产主义运动问题交换了看法，周恩来提出：现在世界在动荡，已经不是一潭死水，各种思潮起伏，青年不是沉默的时代了，而是动荡的时代了。要引导青年朝正确的道路走，需要时间，需要实践，还需要理论指导。要学习马克思、列宁的革命精神。

1971 年 6 月 29 日晚 9 时 45 分，周恩来在人民大会堂福建厅接见以白石凡为首的日本文化界访华代表团。交谈中，周恩来澄清说：我们听有的朋友说，凡是参加日中文化交流协会的都要相信毛泽东思想，换句话说要相信马列主义。我们听了很吃惊。这样就把日中文化交流协会这个组织变得狭窄了。文化交流协会是多方面的，带有统一战线性质。如果反对军国主义侵略性文化，这有共同性；主张两国在平等的基础上友好，尊重彼此的独立主权，都反对军国主义的侵略，这就了不起了。这个战线就很广了。我们中国朋友绝没有这样的主张，即认为只有相信毛泽东思想，才能进行文化交流。

1971 年 10 月 28 日晚 11 时 10 分，周恩来在人民大会堂新疆厅会见日本《朝日新闻》东京总社编辑局长后藤嘉夫一行。关于联合国问题，周恩来强调：二十二年来，被推翻的蒋介石集团窃据中国在联合国的席位，完全是不合理的。就是因为美国在操纵指挥棒，有人给它配合。这次投票，七十六比三十五，这是铁的证据，代表了世界上多数国家大多数人民的愿望。美国在联合国再利用表决机器就不灵了。这次表决结果是违反美国的意愿的，也是违反佐藤政府的意愿的。所以，我们不能不重视这一次表决的精神，因为它代表了世界大多数国家，七十六个国家，还加上弃权的十七个国家人民的愿望。

3 月 14 日接见法国驻华大使马纳克——商谈印度支那问题

1971 年 3 月 14 日下午 6 时，周恩来在人民大会堂江苏厅接见法国驻华大使马纳克。在谈到印度支那问题时，周恩来回溯了 1954 年日内瓦会议情况，他说："当时，中法两国都是站在解决印支问题的立场上的，从而达成了日内瓦协议。""第二年，按照日内瓦协议，南北越要在国际监督委员会的监督之下达成一个共同的协议。然后在此基础上进行选举，实现统一。""结果被美国破坏了。"

7 月 18 日晚 8 时，周恩来在人民大会堂接见由国民议会文化、家庭和社会事务委员会主席阿兰·佩雷菲特率领的法国议会代表团。

8 月 30 日晚 11 时 30 分，周恩来在人民大会堂福建厅会见法中友协主席贝特兰教授和夫人。在谈到中国国内情况时说："中国主要靠自己，但不是闭关自守。我们还需要几十年甚至更多的时间，才能在工业方面赶上现代发达国家的工业水平，农业方面按人口比例来算达到先进水平。谈话中还对西方国家及苏联、东欧的经济问题阐述了看法。"

这一年的 12 月 23 日，法国前总理孟戴斯-弗朗斯和夫人应邀前来我国进行访问。

25 日，周恩来会见了弗朗斯夫妇，并进行了会谈。双方谈到联合国恢复中国在国际上的应得地位，周恩来再次批驳所谓"台湾地位未定"的论调，指出："在这一点上，我们尊敬戴高乐将军的立场。他很痛快，跟我们建交时就承认台湾是中国的。"

4月14日接见美国国家乒乓球队——打开两国人民友好往来的大门

中美关系是世界外交史上最重要的篇章。新中国成立后，中美关系处于紧张的敌对状态。20世纪60年代末，尼克松入主白宫，想通过改善中美关系，开展"均势外交"，增强美国对付苏联的力量，并调整其亚洲政策，多次作出寻求"与中共改善关系"的姿态。与此同时，随着中苏关系的恶化，中国从调整中、美、苏大三角关系的外交战略需要出发，通过一系列外交活动，发出愿与美方接触、争取打开中美关系僵持局面的信息，为中美关系的正常化、中美建交作出了巨大贡献。周恩来，无疑在这一过程中扮演十分重要的角色。

1967年，周恩来曾指示外交部干部邓理山利用私人关系与尼克松的私人助理马修·汤姆森建立了联系。周恩来并同宋庆龄会见了马修，此举对中美关系的顺利发展起了积极作用。

珍宝岛冲突发生之后，周恩来建议由陈毅、叶剑英、徐向前、聂荣臻组成国际形势座谈会研究世界局势。四位老帅全面分析了中、美、苏"三大力量之间的斗争"，指出反华大战不致轻易发生，判定中苏矛盾大于中美矛盾，美苏矛盾大于中苏矛盾，明确提出"苏修扩张是挤美帝的地盘"，"它们的斗争是非常尖锐的"，从而勾画出刚刚形成并延续十余年的国际战略格局。

1969年3月14日，周恩来接见美国进步劳工党代表团。对方问，中苏边境冲突是否可能扩大。周恩来指出：现在还不能说，他们（苏联）是拿这个东西去动员本国人民和看一看世界舆论。

1969年5月初，法国驻华大使艾蒂安·马纳克到任，周恩来接见了他。马纳克奉戴高乐指示，将尼克松总统的口信转给中国最高级领导人。原来，当年3月底，戴高乐到华盛顿参加艾森豪威尔的葬礼时，尼克松正式请法国总统把美国有意改善同中国关系的口信捎给中国领导人。

1969 年 7 月和 8 月，尼克松开始亚洲之行，计划通过友好国家向中国发出积极信号。8 月 1 日，尼克松与巴基斯坦总统叶海亚·汗讨论了中国问题，双方未取得显著效果，但决定保持该联系渠道。9 月，尼克松指示美国驻波兰大使与中国外交人员接触，发生了美国大使追中国代办的戏剧性场面。

1970 年 1 月 8 日，美国政府宣布将重开中美大使级会谈。几小时后，受白宫指示，该发言人又更正说，"会谈将在中华人民共和国大使馆内进行"。这是 1949 年以来，美国政府发言人第一次使用新中国的正式名称，而发言中"中华人民共和国"反复讲了三次，为的是让信息明白无误地穿过太平洋。

1970 年 3 月 21 日，中国驻巴基斯坦大使馆报来巴总统叶海亚·汗转达的尼克松口信："准备开辟一条白宫通向北京的直接渠道，如果北京同意的话。这样一条渠道的存在，将不会被白宫以外的人知道，而且我们可以保证完全的自由决断。"周恩来阅后批："尼克松想采取对巴黎谈判办法，由基辛格秘密接触。"

1971 年 3 月 15 日，尼克松的私人助理马修·汤姆森给邓理山来信，希望组织一些意义明确的象征性时间，促进中美两国的关系正常化。当时，美国国家乒乓球队即将去日本名古屋参加世界锦标赛，马修建议中方邀请这些年轻的美国运动员到中国访问，并受到中方领导人的接见。

周恩来认为这主意非常好，命令相关部门立即组织，拟邀请美国、英国、加拿大、一个非洲国家及一个拉美国家的乒乓球队共同来京。

3 月 28 日至 4 月 7 日，第三十一届世界乒乓球锦标赛在日本名古屋举行。比赛期间，中美运动员进行了友好接触，美国乒乓球队向中方提出访华的请求。中方经中央决定同意邀请美方来华。

中国人邀请美国乒乓球队访华的消息一发布，整个世界关注。尼克松喜出望外，马上批准美国乒乓球队接受邀请，并就此连夜召开国家安全委员会特别会议进行研究。中国的"乒乓外交"在美国公众中也引起了良好的反响。《华盛顿邮报》评论说："一夜之间，中国改变了它在美国公众心目中的形象，从暴风骤雨到阳光明媚。突然之间，用共产主义中国这个词都好像有点不合时宜了。"

4 月 10 日，美国乒乓球队到达北京。这是 20 多年来头一个美国民间代表团访问北京。他们实际获得的是打开中美友好之门的外交特使的待遇。

14日下午2时30分，周恩来在人民大会堂东大厅亲自接见了美国乒乓球队全体成员及随团记者。陪同接见的还有加拿大、英国、哥伦比亚、尼日利亚四国乒乓球队代表团成员。周恩来对美国客人发表了讲话，说，你们作为前来中华人民共和国访问的第一个美国代表团，打开了两国人民友好往来的大门。尽管中国和美国目前还没有外交关系，我相信中美两国人民的友好往来，将会得到两国大多数人民的赞成与支持。

交谈中，美国运动员科恩问周恩来对嬉皮士的看法。周恩来说："现在世界青年对现状有点不满，想寻求真理，青年思想波动时会表现为各种形式。但表现形式不一定都是成熟的或固定的。""按照人类发展来看，一个普遍真理最后总要被人们认识的，和自然界的规律一样。我们赞成任何青年都有这种探讨的要求，这是好事。要通过自己的实践去认识。但是有一点，总要找到大多数人的共同性，这就可以使人类的大多数得到发展，得到进步，得到幸福。"最后，周恩来请美国客人转达中国人民对美国人民的问候。

第二天，几乎所有的世界大报与通讯社都报道了周恩来的谈话。4月16日，科恩的母亲从美国托人通过香港，将一束深红色的玫瑰花送给周恩来，感谢周恩来对她的儿子讲了一番语重心长的话。"乒乓外交"也得到了美国政府的积极回应。14日，尼克松总统进一步放松了对贸易和旅行的限制。

事后，基辛格评论说：这整个事情是周恩来的代表作。

1971年两次秘密会见基辛格——揭开中美关系新的一章

1970年10月，美国总统尼克松分别向正在访美的巴基斯坦总统叶海亚·汗和罗马尼亚总统齐奥塞斯库表示，中美和解十分重要，美国绝不会与苏联共谋反对中国，并提出愿派一高级使节秘密访华。中方进行了积极回应。

1971年5月，尼克松提议由基辛格博士同周恩来总理或另一位适当的中国高级官员举行一次秘密的预备会谈。5月29日，周恩来通过叶海亚·汗向尼克松发出口信，欢迎基辛格来北京举行一次秘密的预备性会谈，为尼克松访华做准备工作。尼克松得到该口信后称："这是第二次世界大战以来美国总统所收到的最重要的信件。"并回复周恩来，建议基辛格于7月9日经巴基斯坦首都伊斯兰堡飞抵北京。周恩来回信表示同意。

基辛格此次出行被取名为"波罗"行动。借用几百年前意大利人马可·波罗到中国探险的故事，意喻基辛格这次中国之行充满着神秘、惊险和重大意义。

7月8日，基辛格到达巴基斯坦，在叶海亚·汗总统的热情帮助下，以腹痛需要休息为借口摆脱了客人和记者，并于次日凌晨在章文晋、唐闻生、王海容等人护送下飞往北京，中午12时15分在北京郊外的军用机场降落，叶剑英、黄华、韩叙、冀朝铸等人前往迎接。

周恩来在7月9日下午4时25分，来到钓鱼台会见美国客人。基辛格后来写道："他脸容瘦削，颇带憔悴，但神采奕奕，双目炯炯，他的目光既坚毅又安详、既谨慎又满怀信心。他身穿一套剪裁精致的灰色毛呢服装，显得简单朴素，却甚为优美。他举止娴雅庄重，他使举座注目的不是魁伟的身躯（像毛泽东或戴高乐那样），而是他那外弛内张的神情、钢铁般的自制力，就像是一根绞紧了的弹簧一样。他似乎令人觉得轻松自如，但如小心观察就知并不尽然。他听英语时，不必等到翻译，脸上神情就显得已明白语意，或立即露出微笑，这很清楚地表示他是听得懂英语的。他警觉性极高，令人一见就感觉得到。显然，半个世纪来烈火般激烈斗争的锻炼，已将那极度重要的沉着品格烙印在他身上。"基辛格在宾馆门口迎接他，特意把手伸出去，周恩来立即微笑，和基辛格握手。这是捐弃前嫌的第一步。

双方一致同意，这第一次会谈的最重要的议题，是互相了解对方的根本目的。如果他们的判断是正确的，那么促使他们会晤的那些必要因素，将决定他们未来关系的方向。就这样，周恩来与基辛格之间的会谈，那种谈笑风生的气氛，简直像两位教授之间一场政治哲学对话一样。这次访问，基辛格共与周恩来会谈了十七个小时，两个人在思想意识上是敌人，但他们各自陈述对世界事务的观点时态度之坦率，即使在盟友之间也是很少能做到的；而内容之深刻，只有在一位伟人的面前才会经历得到。

在会谈中，周恩来对基辛格坦率地说：中美双方对一系列国际问题有不同的看法。但这并不妨碍两国寻求平等友好相处的途径。他强调中美关系首先要平等。换句话说是对等，一切问题从对等出发。他还表示相信中美两国人民是愿意友好的，过去是友好的，将来也是友好的。

双方着重讨论了台湾问题和尼克松总统访华时间等问题。在台湾问题上，周恩来坚持：台湾历来就是中国的领土，台湾问题是中国的内政，不容外人干预，美国必须承认台湾是中国的一个省，必须限期撤走驻台美军，必须废除美蒋《共同防御条约》。基辛格表示：一、承认台湾属于中国，不再说"台湾地位未定"，不支持"台湾独立运动"，也不支持台湾当局"反攻"大陆，希望台湾问题和平解决。二、美国不再与中国为敌，不再孤立中国，在联合国内将支持恢复中国的席位，但不支持驱逐蒋介石集团的代表；美国承认中华人民共和国政府为中国唯一合法政府的问题，留到尼克松总统第二届任期去解决。三、美国准备在印度支那战争结束后一个规定的短时期内撤走其驻台美军的三分之二，还准备随着中美关系的改善进一步减少其余的驻台美军；至于美蒋"共同防御条约"，美国认为历史可以解决这个问题。

在谈及世界形势时，基辛格向周恩来保证，美国将随时向中国通报美苏会谈中涉及中国利益的内容；周恩来则强调中美共同对抗苏联扩张的重要性。

谈到印度支那问题时，基辛格说美国准备从越南撤走军队，但希望能够体面地结束越南战争，并透露他已同黎德寿、春水、阮氏萍进行商谈。周恩来则指出，美国朋友总是喜欢强调美国的体面和尊严。你们只有把你们的所有军事力量统统撤走，一个不剩，这就是最大的体面与光荣。

周恩来与基辛格还讨论了建立今后联系地点的问题。结果选定了巴黎，决定由沃尔斯特将军与中国驻巴黎的大使黄镇接头。双方并初步决定尼克松在1972年春天来华。

美方表示的立场与态度尽管有严重的缺陷和保留，但反映了尼克松真有改善中美关系的诚意。因此，双方迅速就尼克松总统访华一事达成了协议，并决定发表一份公告。7月11日，基辛格循原路秘密返回美国。他对这次密访非常满意，说他是"带着希望而来，带着友谊而去"，访问成果"超过了他原来的期望，圆满地完成了他们的秘密使命"。通过这次秘密访华，基辛格认为周恩来对哲学的泛论、历史的分析、策略的运用均有过人之处。他说，周恩来总理对事实的掌握，特别是对美国情况的了解，十分惊人。

1971年7月16日，中美同时发表了《公告》。尼克松就此对全国电视广播网发表重要演说，公布了基辛格访华的行动，并表示不久将访问中国。这一消息震惊了世界，在苏联、台湾、日本和越南更是产生了巨大反响，它对当时的国际结构产生的巨大影响是立竿见影的，加快了全球体系从两极体系改变成三角关系的进程，为中国和美国都带来了机动性。

面对这一事实，莫斯科大惑不解，由于没有预见到中美之间的这种务实行动，也没有制订一个合适的对策，苏联只能做出极度冷漠的沉默。台湾则感到被抛弃了，台湾的沈剑虹"大使"当场对美国发表的公告作出了反应，谴责美国总统的决定，斥之为"不光彩的交易"。日本人则更受打击，日本报纸报道说，这是晴天霹雳，使佐藤政府遭受了强烈冲击和巨大压力，他们担心日本对于美国的价值会降低，并削弱美国对日本安全的保证。

同年 10 月 20 日至 26 日，基辛格第二次来华访问，为尼克松访华作具体安排，并就尼克松访华的《中美联合公报》问题进行谈判。

周恩来设宴欢迎美国代表团。在祝酒词中，他非常热情地指出，"中美两国在关系中断 22 年之后，现在在两国的关系史上就要揭开新的一章"。宴会结束时，周恩来在宴会厅内绕行一周，同每一个人握手碰杯，包括那些下级人员，秘书和飞机的机组人员。这就奠定了此行以后几天的热情的基调。

周恩来和叶剑英等与基辛格一行举行多次会谈。双方除讨论尼克松访华日期、会谈方式、通讯联络等问题外，着重就台湾、印度支那、朝鲜、日本、次大陆等重要问题交换意见。周恩来指出：美国的对外政策有一个历史传统，不可能一下子隔断，但是要打破一些框框。我相信尼克松总统和毛泽东主席谈话时，虽然双方立场不同，但能互相了解，能谈到点子上去，能找到共同点。又说：既要进入一个新的时代，就要改变一些关系，否则就无改革可言。掌舵者应善于迎潮水而上，不然有可能被潮水淹没。其有掌握时代精神，才能改进世界情况。

24 日起，双方开始讨论尼克松访华的联合公报，中方首先否定了美方提出的公报草案。周恩来提出，可各说各的，明确写出双方的分歧，同时也写出双方的共同点，以便共同遵循。毛泽东也同意"各说各的"原则。经过反复会谈，基辛格接受了中方关于联合公报的基本原则，并提出美方修正方案和补充意见。26 日，双方就公报草案达成初步协议。

在基辛格登机返美之前，周恩来就得知第二十六届联合国大会恢复了中华人民共和国在联合国的合法权利，美国保持台湾席位的那场战斗打输了，但他没有告诉基辛格。周恩来后来对基辛格说，他不愿意第一个告诉他，使他难为情。

6月1日至9日会见罗马尼亚共产党总书记、国务委员会主席齐奥塞斯库——签订中国罗马尼亚联合公报

1949年10月5日，中国与罗马尼亚建交。20世纪50年代，罗马尼亚积极支援中国进行抗美援朝，帮助中国进行社会主义建设。在中国遇到经济困难时，罗马尼亚及时向中国提供了石油勘探技术与钻探设备，派专家来华帮助中国发展石油工业。

20世纪60年代，中苏交恶，罗马尼亚一直坚持平等处理各国共产党之间关系的原则，抵制苏联围攻中国。1963年，罗马尼亚领导人向中国表示希望改善两国关系，中国方面作出积极回应。在国际事务中，两国开始了密切合作。20世纪70年代后初，罗马尼亚为中美关系的改善发挥了桥梁作用。在中国与一些西欧国家、第三世界国家建交的过程中，罗马尼亚也做了大量有益工作。

1970年，罗马尼亚遭遇特大水灾，中方给予了大量无偿援助。第二年，齐奥赛斯库次访华，带有答谢之意。在这次访问期间，中罗两国发布了联合公报，两国在国际共运等若干重大问题上取得共识，两国领导人此后实现频繁互访。

1971年6月1日至9日，应中国共产党中央委员会和中华人民共和国政府的邀请，罗马尼亚共产党总书记、国务委员会主席齐奥塞斯库率党政代表团，前来我国进行正式的友好访问。

1日下午，齐奥塞斯库一行乘专机到达北京，周恩来亲往机场欢迎。

晚上，周恩来在人民大会堂宴会厅举行盛大的宴会，热烈欢迎齐奥塞斯库同志率领的罗马尼亚党政代表团。

周恩来同志和齐奥塞斯库同志先后在宴会上讲话，共同赞颂中罗两党、两国和两国人民之间的友谊。

周恩来在讲话中说，这次齐奥塞斯库同志率领党政代表团来我国访问，给我们带来了罗马尼亚人民的深情厚谊，这是对中国人民的支持和鼓舞。……我们相信，罗马尼亚党政代表团对我国的友好访问，必将为进一步加强我们两党、两国和两国人民之间的战斗友谊和革命团结作出宝贵的贡献。

齐奥塞斯库说，我们之间的关系之所以是有力量和牢固的，是因为它们是建立在马克思列宁主义、社会主义国际主义、尊重民族独立和国家主权、不干涉内政、平等和同志式的互助这样一些原则的不可动摇的基础上的。我们对你们国家进行的访问，将促进我们两党、两国和两国人民之间的友好、合作和兄弟团结关系的发展。罗马尼亚社会主义共和国和中华人民共和国在反对帝国主义，争取和平与社会主义事业在全世界胜利的斗争中，今后也将相互支持，共同行动。

讲话以后，乐队分别奏罗马尼亚和中国国歌。席间，乐队奏了中罗两国的革命歌曲。

2 日至 8 日，周恩来同罗领导人就中罗两党、两国关系及国际有关问题举行多次会谈。

2 日，齐奥塞斯库率罗党政代表团访问了清华大学，参观了校办汽车制造厂、机床厂、电子综合试验厂和聚碳酸酯车间。

3 日上午 9 时 30 分，周恩来陪同毛泽东主席会见齐奥塞斯库等罗马尼亚领导人。

4 日上午，齐奥塞斯库等人参观了北京石油化工总厂，受到了广大工人的热烈欢迎。5 日上午，在周恩来等中国领导人的陪同下，齐奥塞斯库一行乘专机离开北京，前往我国南京、上海等地访问。

6 日，周恩来陪同罗马尼亚贵宾参观了南京长江大桥。当天，大桥上红旗和彩旗迎风招展，桥头堡两旁悬挂着用中罗两国文字写的大幅标语："热烈欢迎罗马尼亚党政代表团！""向兄弟的罗马尼亚人民致敬！"下午 4 时许，当周恩来陪同罗马尼亚贵宾乘车来到大桥时，桥头锣鼓喧天，桥上桥下的欢迎群众载歌载舞，不断高呼口号，向齐奥塞斯库同志等罗马尼亚同志致意。

罗马尼亚贵宾们首先乘船观看了南京长江大桥的全景，然后参观了铁路桥和公路桥。南京长江大桥的有关负责人向罗马尼亚同志介绍了中国工人阶级独立自主、自力更生，克服重重困难建造南京长江大桥的经过。齐奥塞斯库同志对建桥工人和工程技术人员所取得的成就表示祝贺。

6日下午，周恩来陪同齐奥塞斯库到上海继续访问。当晚，一起观看了上海舞蹈学校演出的革命现代舞剧《白毛女》。演出结束后，齐奥塞斯库同志和夫人，以及其他罗马尼亚贵宾，由周恩来、张春桥等同志陪同走上舞台，同演员们握手，并一起照了相。齐奥塞斯库同志向演员们赠送了花篮。这时，舞台天幕上映出了"中罗两国人民友谊万岁"的字样，场内掌声雷动，经久不息。

7日，周恩来陪同罗马尼亚贵宾参观了上海江南造船厂，并出席了这个工厂欢迎罗马尼亚党政代表团的群众集会。

当天晚上，罗马尼亚一行结束了对南京和上海的访问，乘专机由上海到达北京。罗马尼亚驻中国大使杜马的夫人和大使馆人员同机到达北京。

8日下午，首都各界群众一万人在人民大会堂举行盛大集会，热烈欢迎罗马尼亚友人。

8日晚，齐奥塞斯库和夫人举行盛大宴会，答谢中国共产党中央委员会和中华人民共和国国务院，周恩来应邀出席并做了讲话。

齐奥塞斯库在讲话中说："我们在你们美丽祖国的土地上度过了美好的日子。我们深为满意地看到你们的国家在各个方面取得了巨大的进步。这些成就使我们以及人民中国所有的朋友真诚地感到高兴。明天，我们将带着对中国人民的劳动、勤劳和才干，对中国人民的殷勤好客和各地给予我们的十分友好的接待这种最美好的印象，离开你们的国家。"

周恩来讲话说："在你们即将离开我国的时候，请罗马尼亚党政代表团的同志们把中国人民的深情厚谊带给兄弟的罗马尼亚人民。"

讲话不断激起全场热烈的掌声。讲话以后，乐队分别奏中国和罗马尼亚两国国歌。

9日，中国罗马尼亚联合公报在北京签字，周恩来和齐奥塞斯库分别代表两党两国政府签字。

当天，齐奥塞斯库和夫人以及由他率领的罗马尼亚社会主义共和国党政代表团，圆满结束了对我国的正式友好访问，乘专机离开北京，前往朝鲜民主主义人民共和国进行友好访问。

6月28日会见竹入义胜率领的日本公明党访华团——公明党提出中日关系问题上的五点主张

1971年6月28日晚10时，周恩来在人民大会堂会见日本公明党委员长竹入义胜，副委员长浅井美幸及由他们所率公明党访华代表团。

谈话中，日本公明党提到了其在中日关系问题上的五点主张，即：一、承认中华人民共和国政府是代表中国人民的唯一合法政府；二、反对"两个中国"或"一中一台"论调；三、"日台条约"是非法的，必须废除；四、美国武装力量必须搬出台湾和台湾海峡；五、恢复中华人民共和国在联合国的一切合法席位。

周恩来诚恳地说："如果照公明党主张的五点，日本和中华人民共和国的邦交就可以恢复，战争状态就可以结束，中日友好可以得到发展，中日两国就有可能在和平共处五项原则的基础上缔结和平条约，并可以进一步考虑缔结互不侵犯条约。"

谈话中，日本友人询问周恩来的"养身之道"，周恩来动情地说："在漫长的中国革命战争岁月中，有许多同志都牺牲了。为了把牺牲同志的工作都承担起来，我们活着的人更要加倍工作。我每天都以此激励自己，这也可以算是我的'养身之道'吧。"

两天后，周恩来再次会见了竹入义胜一行。7月12日，周恩来接见日本工人访华团时，再次肯定日本公明党就恢复日中邦交提出的五点主张。

7月2日会见让－吕克·佩潘为团长的加拿大政府经济代表团——"我们两国可以在和平共处五项原则基础上友好往来"

1949年南京解放时，时任加拿大驻华大使的戴维并未跟随南京政府南迁，在当年8月约见了中共外事处长黄华。戴维曾向黄华表示过愿意同新中国建立外交关系。1950年5月时，加拿大曾经表示，愿意断绝与台湾的外交关系，与新中国建交。但随着朝鲜战争的爆发，加拿大亦跟随美国出兵朝鲜，并追随美国的外交政策，与台湾保持外交关系。

1968 年，加拿大自由党在大选中获胜，特鲁多组成新内阁，其对华政策逐渐摆脱美国干扰。新内阁在这一时期采取两面外交的手段，一方面为了获取贸易上的实惠愿意承认中华人民共和国，另一方面又继续保持与台湾的外交关系。

1969 年 5 月，中加双方在瑞典举行建交谈判，加拿大提出中加建交三项具体建议，但是回避了最关键的台湾问题。经过艰苦谈判，两国终于 1970 年 9 月达成共识，10 月 10 日签署联合公报，10 月 13 日正式建立外交关系。

1971 年 7 月 2 日，以让－吕克·佩潘为团长的加拿大政府经济代表团访问中国，周恩来接见了他们，加拿大驻中国大使柯林和夫人参加了会见。

周恩来对远道来访的加拿大客人说："你们是中加两国建交后第一个来访的加拿大代表团，我们很高兴地接待你们。我们两国可以在和平共处五项原则基础上互通有无，友好往来。"

让－吕克·佩潘部长说："我们这个代表团不仅是经济贸易代表团，而且是加强两国各方面关系的代表团。"

10 月 6 日至 13 日会见埃塞俄比亚皇帝海尔·塞拉西一世——"亚非各国人民应当在万隆会议的旗帜下互相友好，互相团结，互相支持"

1964 年年初，周恩来总理访问埃塞俄比亚。塞拉西一世表示，将在最近的将来使两国政府的关系正常化。但是，迫于美国的压力，担心美国断绝经济援助，埃塞俄比亚一直未敢与中国政府实现关系正常化。20 世纪 70 年代初，中美关系出现松动，塞拉西皇帝观察到国际关系的新动向，马上表示愿与中国建立外交关系。两国终于 1970 年 11 月 24 日建立外交关系。

1971 年 10 月，埃塞俄比亚皇帝塞拉西一世访华，这是埃塞俄比亚国家元首首次访华，也是对周恩来总理 1964 年访问的回访。中国政府给予塞拉西一世高规格接待，塞拉西一世说："我长期以来有个愿望，就是想访问这个产生了人类最悠久文明的伟大国家。"这次访问得以实现，令他非常高兴。

10 月 5 日，海尔·塞拉西一世到达广州，6 日，乘专机到达北京，周恩来亲自到机场欢迎，并陪同海尔·塞拉西一世皇帝乘坐敞篷汽车到宾馆，接受十万群众的夹道欢迎。

10月7日下午3时30分，周恩来在钓鱼台宾馆18号号楼同塞拉西一世陛下举行会谈。晚上，周恩来陪同海尔·塞拉西一世出席文艺晚会观看现代京剧《红灯记》。

8日，周恩来在人民大会堂陪同毛泽东主席会见海尔·塞拉西一世。

晚上，非洲国家驻华外交使团为塞拉西皇帝访华举行招待会，周恩来应邀出席并做了讲话，他说："我们亚非各国人民应当在万隆会议的旗帜下，实现不同社会制度的国家和平共处的五项原则，互相友好，互相团结，互相支持。"

9日，周恩来和塞拉西一世共同出席了两国政府经济技术合作协定和贸易协定签字仪式。

当天，周恩来还陪同塞拉西参观了北京东方红石油化工总厂。参观中，周恩来发现危害工人健康的黄烟污染，马上指示陪同的北京市和该厂负责人采取有效措施，消除污染。鉴于厂方接待人员介绍该厂污水处理工程言过其实，周恩来要求在赠送埃方的纪录片中剪掉不符实际的内容。之后，又嘱中国驻埃塞俄比亚大使返任后向塞拉西当面说明和道歉。

10日，海尔·塞拉西一世由周恩来陪同，乘专机离开北京前往上海参观访问。12日，周恩来陪同塞拉西一世前往广州地参观访问。13日，海尔·塞拉西一世结束了对中国的访问，在广州乘飞机离开中国。

11月11日会见意大利前副总理、前外交部长、终身参议员彼得罗·南尼——"中意两国人民之间的友好往来一定会发展起来"

1971年5月22日，意大利外贸易部长、众议员扎加里率领意大利政府经济代表团访华，周恩来热情接见了他们，并同外贸部、外交部和新闻单位的负责人一起和意大利客人进行了会谈。

在会谈中，周恩来对中世纪意著名旅行家马可·波罗给予了肯定和称赞，他说："马可·波罗开辟了欧洲通向东方之路，他在中国差不多周游了各地，呆了17年，以后又到亚洲次大陆，到波斯湾、土耳其，最后回到意大利。"
"他是一位了不起的旅行家，你们有一位勇敢的拓荒者。"

谈到中意两国关系，周恩来说，"中意两国都主张国家不分大小，一律平等，反对一两个所谓'超级大国'争夺霸权，主宰世界。我们主张各国人民在平等的基础上，进行友好往来；主张各国人民自己解决自己的问题，不容外人进行干涉"。

周恩来表示，相信"通过意大利朋友这次对我国的访问，中意两国人民之间的友好往来一定会发展起来，两国之间的经济、贸易、文化和科学技术的交流也一定会增多"。

周恩来并请意大利朋友回国以后，向意大利政府和人民转达中国政府和人民的致意。

这一年11月2日，意大利前副总理、前外交部长、终身参议员彼得罗·南尼及其随行人员，应我国政府邀请前来进行友好访问。11月11日，周恩来设宴招待了他，双方进行了友好的谈话，并就国际形势问题交换意见。

11月21日，周恩来又会见了意大利前外贸部长、意中经济文化交流协会主席科隆博，双方就台湾、西欧及核武器等问题阐述看法。

11月会见越南领导人范文同——"中国政府和人民将一如既往，坚决支持越南人民抗美救国的正义斗争"

1971年3月5日至8日，周恩来率中国党政代表团访问了越南。其间，周恩来同越南党政领导人就越南人民抗美救国战争及印度支那局势等问题举行多次会谈，并高度赞扬越南人民取得的胜利。周恩来重申："中国政府和人民将一如既往，坚决支持越南人民抗美救国的正义斗争。"

在谈到同苏联搞所谓"联合行动"的问题时，周恩来说："我们不赞成把别的国家的问题服从于自己国家的外交政策。一个国家的外交政策是历史形成的，同某个国家早一点接近或晚一点接近都是历史形成的，不能以别国的利益来服从自己的外交政策。因此，要支持人民革命，这是一个共同的原则。"

3月8日上午，周恩来代表中共中央和中国政府签署中越两党两国联合公报。当晚，周恩来一行乘专机回国。

1971年11月20至27日，范文同总理率越南党政代表团访华。从21日起，周恩来与范文同举行多次会谈。范文同通报了越美会谈情况，要求中国继续支持其抗美战争，并着重帮助解决运输问题。周恩来向越方通报了基辛格关于美国对越谈判的基本方针。

22日下午6时40分，周恩来在人民大会堂陪同毛泽东会见范文同一行。

25日，双方在中越联合公报上签字。当日上午，周恩来陪同范文同一行前往上海、广州等地参观访问。

行前，范文同曾建议："周总理忙，不必作陪。"

周恩来回答说："我陪你出去有三个好处，一是显示我们两国的革命友谊，二是可以跟地方同志接触，三是能比在北京多睡一二个小时觉。"

27日，范文同一行结束了对中国的访问，下午乘专机离开广州回国。

1972 年

1 月 31 日至 2 月 2 日会见巴基斯坦伊斯兰共和国总统佐勒菲卡尔·阿里·布托——"我们要为反对外来侵略，为我们领土的完整，祖国的统一而斗争！"

1972 年 1 月 31 日至 2 月 2 日，巴基斯坦伊斯兰共和国总统佐勒菲卡尔·阿里·布托，应中华人民共和国政府邀请，到达北京对中国进行国事访问。

布托总统是中国人民的老朋友，一贯对华友好，曾多次来华访问。特别是 1963 年、1972 年、1974 年、1976 年四次受到毛泽东主席接见，与毛泽东、周恩来等中国领导人建立起深厚的友谊。布托为了培养子女在政治上的观察分析能力，曾特地安排子女到中国实地观察。1972 年暑假，布托的四个子女到中国度假，周恩来、邓颖超对这些孩子们的生活非常关心。特别是周恩来对贝娜齐尔的赏识与关心，更让这位纵横巴基斯坦政坛多年的"铁蝴蝶"终身难忘。

1971 年 12 月 3 日，印度在苏联支持下，打着"建立共同秩序，使不断逃亡印度的难民能回归家园"的旗号，出兵东巴基斯坦，爆发了第三次印巴战争。当时，叶海亚·汗政府的东巴基斯坦政策引得民怨沸腾，且对突如其来的战争缺乏准备，在短短 17 天时间里，500 平方英里的巴基斯坦土地被印度占有，巴基斯坦经历了一次令人痛心的分裂过程。12 月 20 日，东巴基斯坦首度达卡陷落，宣布成立孟加拉国，叶海亚·汗政府狼狈下台。作为巴基斯坦议会多数的巴基斯坦人民党成为执政党，党首布托出任总统兼军法管制首席执行官，这是巴基斯坦历史上第一次由文官总统来领导一个军法政权。

布托受命于危难之际，接下了一个千疮百孔的巴基斯坦，在最困难的时候，他想起了中国这个最真诚的朋友。而中国，也在关键时刻对巴基斯坦进行了无私而有力的援助。

1月31日，周恩来、叶剑英等人亲自到机场欢迎布托等巴基斯坦贵宾。晚7时20分，在人民大会堂西大厅和军委副主席叶剑英、国务副总理李先念等会见巴基斯坦总统布托和夫人以及全体随行人员。晚8时30分至午夜12时30分，在人民大会堂新疆厅周恩来与布托就南亚次大陆形势和中巴关系等问题举行第一次会谈。

2月1日上午11时15分，周恩来在钓鱼台宾馆18号楼同布托进行了单独会谈。

在谈及改革经济体制问题时，周恩来说："如果在地方上有些小煤矿、小铁矿，可以在一定的时期内允许私人经营，这有好处。例如可以搞些小的钢厂，可以在地方上生产些小农具，这样就不要都由国家来负担了。如果一切都由国家来管，非常容易产生官僚主义，苏联就是一个证明。我们是依靠中央和地方两个积极性来解决这个问题。""社会主义历史不能算太短了，有五十多年了。但除斯大林写了一本《社会主义经济问题》的书以外，没有总结经济方面的经验。在这一点上对不起世界人民。有经验不总结、不介绍，不对头。这还赶不上法国和美国的资产阶级大革命，他们还把他们的资本主义经营方法介绍给了世界。""而且介绍经验也不要只介绍成功的，还要介绍失败的。不要自以为一切都好，天下第一。"

下午6时35分，周恩来在中南海陪同毛泽东主席会见布托。毛泽东就南亚次大陆形势作了分析，表示坚决支持巴基斯坦维护国家独立与主权的正义行动。但是，毛泽东更强调独立自主精神。他对布托说："不搞自力更生，靠别人是没有出路的。"

晚上，周恩来在人民大会堂举行盛大宴会，欢迎布托和夫人以及全体巴基斯坦贵宾。当时在北京的柬埔寨国家元首诺罗敦·西哈努克亲王和夫人，柬埔寨王国民族团结政府首相宾努亲王和夫人，柬埔寨国内特使英·萨利，柬埔寨王国民族团结政府外交大臣沙林察和夫人，应邀出席了宴会。

宴会上，周恩来举杯祝酒时说：柬埔寨、巴基斯坦、中国有着共同的遭遇。为着共同目标的斗争把我们连结在一起了。我们的敌人就是帝国主义和扩张主义。它们侵略我们的国家，占领我们的领土，分裂我们的祖国。直到现在，我国的神圣领土台湾省还没有解放，我们要努力解放台湾。我们三个国家都受到外来的侵略，被分割，被干涉。我们要为反对外来侵略，为我们领土的完整，祖国的统一而斗争！

2月2日，中巴两国发表《联合公报》，对印度武装入侵巴基斯坦、占领巴基斯坦领土的野蛮行径进行强烈谴责。中国政府决定把向巴基斯坦提供的四笔贷款全部改为无偿援助，将1970年提供的一笔贷款偿还期推迟20年，以利于巴基斯坦恢复经济。

下午，布托一行结束了对我国的国事访问，乘专机离开北京回国。周恩来陪同布托从人民大会堂前乘敞篷汽车，经过市区前往东郊首都机场。首都各界群众十多万人聚集在市区大道两旁，载歌载舞，高呼口号，欢送布托总统等巴基斯坦贵宾。

在离开中国的时候，布托打电报给周恩来总理，表达感谢之情。

中国的无私援助让布托刻骨铭心，他在后来一次演讲中充满激情地说："在1971年悲剧性事件发生以后，许多人担心巴基斯坦被肢解后，能否拒不接受附有专断条件的和平。也有些人低估了我国人民捍卫与维护民族独立的意志、毅力与决心。在我们历史那黑暗的一刻，是中国人民增强了我们的决心，这就是拒绝接受武断的条件而不惜付出痛苦的牺牲，坚持必须有一个光荣的和平解决。"

2月会见美国总统尼克松——改变世界的几天

1972年1月3日，为了安排尼克松访华的行政事务与后勤工作等问题，以美国总统国家安全事务副助理黑格为首的先遣队来华，谈判解决总统来访的有关礼宾、安全、接待、住房、电视转播、记者访问等具体安排。

当晚，周恩来与黑格交谈到凌晨3时。周恩来的谈话触及中美两国感兴趣的每一个话题，特别详细地谈了越南问题。6日，周恩来再次接见黑格，答复4日黑格转达的美方口信。

有一次交谈，黑格曾流露出一种帝国主义观念，引起了周恩来的警觉。

黑格讲：美国方面关心中国的生存能力（Viability），所以我们双方有共同点，可以共同对付苏联。

周恩来觉得这种观点在美国很典型，中美谈判应该建立在平等的基础之上，而不是让美国来保护中国。他严肃指出，我们反对霸权，反对任何国家在任何地区称霸的努力，这是中国政府的一贯立场。可是，中华人民共和国的生存，不需要任何国家或集团来保护。他并出示了几份材料，指出，Viability 来源于胎儿或婴儿的生活或生存能力。为什么我们这样一个独立的主权国家的生存能力，要你们美国政府来关心呢？美国人在世界上就是习惯到处充当保护人。我要坦率地说，这是一种帝国主义观念的反映，也是一种大国沙文主义观念的反映，我们不能接受。

黑格对此表示道歉，并表示收回那句话。1月7日，黑格一行离开北京，按预定的尼克松总统的访问路线先走一遍，落实打前站的各项工作，结束后回国。

至此，中美会谈已进入最后准备阶段。尼克松对他的中国之行非常重视，邀请了一些了解中国的著名人士给他介绍情况，阅读大量有关中国的书籍，记熟了不少毛泽东诗词，还学会了用筷子吃饭。

2月18日，尼克松离开白宫前发表讲话说："这将是一次和平之旅。当然我们并不想中华人民共和国同美利坚合众国之间二十年的敌对情绪将会由于我们将到那里进行的一周会谈而完全消除……当我们瞻望未来的时候，我们必须认识到中华人民共和国政府同美国政府之间存在巨大的分歧，将来我们之间仍存在分歧。但是我们必须做的事情是寻求某种办法使我们能够有分歧，而不致成为战争中的敌人。"

中国方面，周恩来将接待工作总方针确定为："不冷不热，不亢不卑，待之以礼，不强加于人。"在参观、游览等活动安排上，根据客人不同情况作了多种准备，供他们选择。在其他方面，中方也做了安排。例如，对在宴会上要演奏的中美两国乐曲都进行了精心挑选，力求创造适当气氛，取得最佳效果。

2月21日9时，尼克松一行飞抵上海。稍事休息后，由前往迎接的乔冠华、章文晋等陪同，于11时30分到达北京。周恩来、叶剑英等党政军领导人前往迎接。

尼克松到达北京时，特意要在这举世瞩目的时刻纠正 1954 年日内瓦会议期间，杜勒斯不同周恩来握手的傲慢失礼行为，以突出他本人的非凡举动。因此，决定在他同周恩来握手之前，不让其他人跟随下机。就连罗杰斯和基辛格这样的人物，也要留在飞机上。当尼克松及其夫人走下舷梯一半时，周恩来等开始鼓掌欢迎，尼克松也鼓掌相报。在他走到舷梯尽头时，就急忙伸出手向周恩来走去，主动同周恩来握手。两人紧紧地握着手，轻轻摇晃着，足足有一分多钟。他对自己此举很满意，后来他在回忆录中写道："当我们的手相握时，一个时代结束了，另一个时代开始了。"

欢迎仪式是简朴的，它标志的是这两个国家从敌对走向缓和的过程中的一个中途站。在他们离开机场时，周恩来对尼克松说："你的手伸过世界最辽阔的海洋来和我握手——二十五年没有交往了啊。"

下午 2 时 40 分至 3 时 50 分，在中南海参加毛泽东主席和尼克松总统的会见。这是一次历史性的会晤，两个文化背景、价值观念、意识形态和思想信仰各不相同的、最革命的左派和最反动的右派坐到了一起，但会晤却是在幽默、戏谑与玩笑的气氛中进行的。

对于这次会谈，中国政府在几小时之内就向外国新闻界提供了面带微笑的毛泽东和咧着嘴笑的尼克松会见的新闻照片和电影，中方把这次会见说成是"认真、坦率"的。这显然是要表明，毛泽东本人赞许尼克松的访问。

中美会谈分四个层次进行：一是毛泽东和尼克松会见；二是周恩来与尼克松会谈实质问题；三是姬鹏飞与罗杰斯会谈双边关系；四是全体会议。公报则由乔冠华与基辛格在尼克松参观、游览时商谈。

21 日晚，周恩来在人民大会堂举行盛大国宴欢迎美国客人。在祝酒词中，他对美国客人表示了热情的欢迎，说："总统应邀来华，使两国领导人有机会直接会晤，谋求两国关系正常化，并就共同关心的问题交换意见，这是符合中美两国人民愿望的积极行动，这在中美两国关系史上是一个创举。"又说，"中美两国的社会制度根本不同，在中美两国政府之间存在着巨大的分歧。但是，这种分歧不应当妨碍中美两国在互相尊重主权和领土完整、互不侵犯、互不干涉内政、平等互利和和平共处五项原则的基础上建立正常的国家关系。"

尼克松则在答词中说:"过去的一些时候我们曾是敌人。今天我们有巨大的分歧。使我们走到一起的,是我们有超过这些分歧的共同利益。""如果我们两国人民是敌人的话,那么我们共同居住的这个世界的前途就的确是黑暗的了。但是,如果我们能够找到进行合作的共同点,那么实现世界和平的机会就会无可估量地大大增加。"他表示:"现在就是只争朝夕的时候了,是我们两国人民攀登那种可以缔造一个新的、更美好的世界的伟大境界的高峰的时候了。"

在双方祝酒后,尼克松听到军乐队演奏周恩来特意为他挑选的《美丽的阿美利加》时非常高兴,对周恩来说:"这是我在1969年为我的就职典礼挑选的一支歌。"周恩来即举杯说:"为你的下次就职干杯!"为此尼克松敬酒时还特意到乐队前表示感谢。周恩来在宴会中间曾离席5分钟,审定第二天见报的照片和版面。次日的《人民日报》刊载了八条措辞友善的有关尼克松访华的报道,还在头版登出了三张尼克松的照片(两张同毛在一起,一张同周在一起)。基辛格认为这一期的《人民日报》是值得收藏的珍品。

2月22日至25日,周恩来同尼克松举行四次限制性会谈,就国际形势和双边关系问题坦率、深入地交换看法。虽然双方在一些问题上特别是台湾问题上还存在分歧,但双方都努力不让这些分歧阻止中美之间刚刚开始的新型关系。尼克松坦诚地说,他多年来对中华人民共和国的立场是中国领导人不同意的,但今天世界变了,中美关系也应随之而改变。他指出,中美不应是敌人,虽有分歧,但可以找到共同点来建立一个世界结构,一个双方都可以在其中安全地各自发展自己,各走各的路的结构。他希望实现一种突破,这不仅将有益于美国,而且在以后岁月里有益于世界,他说他就是为此而来的。

谈及美日关系,尼克松也自嘲自己像个老牌冷战分子。他指出,中国依据自己意识形态和哲学所申明的立场他能理解,但他希望中方能够理解美国的对日政策符合中国安全的利益。因为如果美国撤出日本,苏联必然会进入。

在苏联问题上,周恩来清楚尼克松在去莫斯科之前先来北京的象征意义和影响,苏联报纸谴责尼克松这次访问,周恩来感到高兴,并对尼克松表达了他的看法。

对于台湾问题，尼克松申明了他的五项原则：中国只有一个，台湾是中国的一部分，今后不再提"台湾地位未定"；不支持台湾独立运动；将在力所能及的范围内劝阻日本进入台湾，也不鼓励日本支持台湾独立运动；支持任何关于台湾问题的和平解决办法，不支持台湾当局用任何军事方式回大陆的企图；寻求美中关系正常化，决定在四年内逐步从台湾撤走军事人员和设施。他还表示，由于国内政治上的困难，他不能马上放弃台湾，但希望能在第二届任期内完成美中正常化。周恩来当即指出，还是那句话，不愿丢掉"老朋友"，其实"老朋友"已经丢掉一大堆了，"老朋友"有好的，有不好的，应当有选择嘛。他还强调指出："我坦率地说，就是希望在你的（下届）任期内解决，因为蒋介石已为时不多了。"

在签署公报方面，中方在坚持原则的基础上表现了高度的灵活性。周恩来就此曾对乔冠华说："公报的意义不仅仅在它的文字，而在于它背后无可估量的含义。你想一想，公报把两个曾经极端敌对的国家带到一起来了。两国之间有些问题推迟一个时期解决也无妨。公报将使我们国家，使世界产生极大的变化，是你和我在今天无法估量的。"2月26日公报完成，27日在上海发表。

在最后一次宴会上，尼克松心情舒畅，他宣称："这是改变世界的一周。我们今天所发表的联合公报概括了我们会谈的结果。这个公报明天将成为全世界的重大新闻。但是，我们在那个公报中所说的话，远不及我们在今后为建立跨越一万六千英里和过去分隔我们二十二年的敌对状态的桥梁而做的事情更重要。"周恩来对此默然不语。后来毛泽东曾针对尼克松说"改变世界的一周"评论说：是他改变了世界吗？我看首先是世界改变了他。

26日上午，周恩来陪同尼克松一行乘专机离开北京，前往杭州访问，和尼克松一起游览了西湖。27日，周恩来陪同尼克松等人乘专机从杭州到达上海进行访问，参观了上海工业展览会。

28日，美方一行人飞离上海。尼克松夫人帕特对尼克松说："周恩来真是个了不起的人物。"尼克松说："是的，他是一个伟人，本世纪罕见的伟人。"抵达华盛顿时，尼克松一行受到凯旋英雄式的欢迎。

毛泽东也对周恩来执行打开中美关系的决策所取得的满意成果极为重视，

他特意指示为周恩来从上海归来安排一个五千人欢迎的盛大场面。

为应付中美接近所产生的国际变动，周恩来送走美国客人后，相继访问朝鲜和越南，向他们通报中美会谈情况，让他们放心。美方此间也迅即向台湾表示，将继续维持其对台承诺。

《上海公报》是一个历史性的文件，它奠定了新的美中关系的基础，向世界表明中美两国都希望结束长达二十二年之久的敌视，都希望关系正常化。作为标志中美关系正常化过程的开始，公报对中美两国都具有重要意义。公报标志着中美共同对付苏联的准战略格局的形成。中国进入联合国以及尼克松访华，也加快了日中关系的改善，九个月后，中日关系实现正常化。

6月19日至23日会见美国总统国家安全事务助理亨利·基辛格——促进中美关系正常化

尼克松访华后，中美之间的交流渠道越来越宽，人员交流更加频繁，美国政要和社会名流纷纷访华，周恩来在这一过程中付出了很多精力，为中美关系的发展作出了卓越贡献。

1972年4月20日，美国参议院民主党领袖曼斯菲尔德夫妇、共和党领袖斯科特夫妇访华，周恩来会见了他们。谈话中，周恩来向对方询问了美国对华政策的连续性问题。曼斯菲尔德和斯科特表示，无论哪个党执政，美现行政策都会继续下去。

6月16日，美国著名的汉学家、哈佛大学教授费正清及其夫人，美国科学家协会代表团团员杰里米·斯通博士和夫人、杰罗姆·科恩博士，美国《纽约时报》联合主编哈里森·索尔兹伯里和夫人，《圣路易邮报》记者理查德·达德曼和夫人，一同访华，周恩来亲自接见了他们。

1972年6月28日晚10时45分至12时45分，次日凌晨0时50分至3时15分，周恩来在人民大会堂宴请举会见来访的美国众议院民主党领袖黑尔·博格斯和夫人、共和党领袖杰拉尔德·福特和夫人及其随行人员。博格斯和福特表示过去美国对中国的看法有错误，现在尼克松打破了过去的成见，根据新的情况决定问题。周恩来说：这正是我们两国能够达成《中美联合公报》

的原因。但是，并不是说，写在公报上的现在都实现了。我们并不要马上把台湾归还我们。因为你们承认了台湾海峡两边的中国人都认为只有一个中国，台湾是中国领土的一部分。

最后，周恩来强调说：尼克松总统创立中美两国来往，促进两国关系正常化，这是你们两党都赞成的。不管你们哪一个党当权，我们都是一样的态度，我们不会改变的。

10月3日晚7时15分至9时20分，周恩来在人民大会堂同朱德、邓颖超、康克清会见并宴请美国钢琴家哈登夫妇。哈登对前不久中日关系正常化表示祝贺。周恩来说，这其中也有尼克松总统的一份功劳，因为尼克松先来了，田中才跟着来。又说：时代总是走向进步的，人民都是要进步的，前途总是光明的，道路总是曲折的。谈话中，还向美国客人介绍了中国国内音乐发展情况。

1972年6月19日，为中美关系正常化作出了巨大贡献的美国总统国家安全事务助理亨利·基辛格博士乘专机到达北京，对中国进行访问。

访问期间，周恩来与基辛格就促进中美两国关系正常化和共同关心的问题举行了五次限制性会谈。

中美双方原建议会议议程为：关系正常化；当前世界形势；越南战争结束后对南亚和东南亚的未来政策。周恩来认为，这样的议程还不够广泛，他提议："双方感到有兴趣的其他问题也可以讨论嘛。"周恩来所说的其他问题就是在双方首都互设外交代表机构问题，这是此行会谈的一个重要结果。

在台湾问题上，基辛格指出，"随着战争的结束，为支持美国在那里的行动而部署的军事力量也将撤走"。周恩来则说，"中国目前无意用武力解放台湾"。

周恩来和基辛格会谈的一个重要成果就是互设联络处问题，使中国和美国建立起的外交关系在事实上向前走一大步。联络处"虽无大使馆之名，却有大使馆之实"，联络处官员享有外交特权，他们可以使用密码通讯。双方联络处主任享有大使待遇，可以办理两国政府间的一切交涉。设立联络处是周恩来在对美关系上的一种灵活处理，因为当时美国并没有断绝与台湾的正式关系。

基辛格此次访华还见到了毛泽东主席,毛泽东主席对基辛格的谈话要点包括:希望中美关系在他有生之年确定下来;中美关系要有远眼光,不要耍小手腕;双方必须在追求共同目标的同时坚持自己的原则,等等。

23日上午,基辛格一行乘专机离开北京,途经上海回国。24日,双方发表公报,一致认为:1972年2月《中美联合公报》所拟议的这种磋商是有益的,继续这种磋商是可取的。

4月2日至8日会见马耳他总理多姆·明托夫——大国与小国和平共处的典范

中华人民共和国建国以来,一向主张在对外交往中坚持大小国家一律平等原则,反对大国沙文主义,主张已经获得解放的民族,应该支援那些尚待解放或正在进行解放斗争的民族。周恩来总理在对外关系中忠实地遵循这些原则和政策,博得了世界各国,特别是发展中国家的广泛赞誉。1972年,周总理亲自接待马耳他政府总理明多姆·托夫就是一个典范的例证。

1972年1月中国与马耳他建交后不久,当年4月2日至8日,马耳他总理明托夫率政府代表团应邀访华,周恩来亲临机场迎接。

4月2日晚,周恩来在人民大会堂举行盛大国宴欢迎明托夫总理率领的马耳他政府代表团。明托夫在致词中一再对中国的邀请和盛情款待表示感谢,对周恩来亲临机场迎接和设国宴招待表示感谢,并热情祝贺中国恢复联合国常任理事国席位,支持一个中国、反对台独。

在明托夫访华期间,周恩来与明托夫共举行了三次会谈。在京期间,明托夫参观了故宫、长城等名胜古迹,对中国古老文化和礼仪之邦,赞不绝口。

4月6日上午,周恩来陪同明托夫一行乘专机赴南京访问,在南京参观中山陵、紫金山和雨花台等古迹名胜。晚上,江苏省革委会主任兼南京军区司令员许世友等党政军领导宴请明托夫一行,宴会结束后举行文艺晚会。演出结束时,周恩来和许世友陪同明托夫上台献花篮,并同演员一起照相留念。

4月7日上午,周恩来陪同马耳他总理明托夫乘专机前往广州访问。明托夫一行参观了黄花岗烈士陵园和毛主席创办的农民运动讲习所。通过参观,明托夫一行对中国革命历尽艰辛，艰苦奋斗，表示赞叹。

4月7日晚上，周恩来出席广东省革命委员会为明托夫总理举行的欢迎宴会。

8日上午，周恩来在广州同明托夫签署中马政府关于中国向马耳他提供长期无息贷款协定。

上午，在广州火车站欢送明托夫总理率领的马耳他政府代表团。

6月25日至7月5日会见斯里兰卡总理班达拉奈克夫人——"我们祝愿中斯两国人民之间的友谊世世代代发展下去，万古长青!"

锡兰成为共和国后，时任锡兰总理班达拉奈克执行了以不结盟为基础的外交政策，成功地同中华人民共和国建立了外交关系和友谊，两国之间的关系友好而融洽。锡兰于1950年1月承认中国，1952年锡兰政府冲破美国对中国的封锁禁运，同中国签订了贸易协定。1957年1月，周恩来总理、贺龙副总理访问锡兰。1957年2月两国正式建交。

1959年，班达拉奈克遇刺身亡，班达拉奈克夫人继任自由党主席。1960年7月20日锡兰大选，自由党击败执政的统一国民党，班达拉奈克夫人出任总理，开创了由女人掌管一个国家军政大权的先例，成为人类历史上的第一位女总理。

1962年12月，锡兰总理班达拉奈克夫人访华，除周总理出面接待和主持会谈外，刘少奇主席会见她并主持欢迎宴会，毛主席和宋庆龄副主席分别在杭州和上海会见了她。1964年2月宋庆龄副主席和周恩来总理访问锡兰。从1957年开始，中国对锡兰提供经援，国际会议大厦是中国援助斯里兰卡的主要项目之一，后该项目定名为"纪念班达拉奈克国际会议大厦"。

1972年5月22日，锡兰改称斯里兰卡民主社会主义共和国，意思是光明、富饶的土地。

1972年6月24日下午，应中华人民共和国政府的邀请，斯里兰卡共和国总理班达拉奈克夫人乘飞机到达上海，对中国进行国事访问。25日下午，班达拉奈克夫人乘专机由上海到达北京。下午 3 时，班达拉奈克总理等斯里兰卡贵宾走下飞机。周恩来等人迎上前去，同他们亲切握手。一名少年把一束鲜花献给了西丽玛沃·班达拉奈克总理。

班达拉奈克夫人和周恩来同乘一辆敞篷汽车通过市区，成千上万的群众敲锣打鼓，挥动花束、花篮和彩带，高呼口号，向斯里兰卡贵宾致敬。贵宾们来到天安门广场时，广场上一片欢腾，上万名男女青年和文艺工作者，在乐曲声中跳起了《女民兵舞》、《民族团结舞》、《全世界人民一定胜利》等舞蹈，祝愿中斯两国人民的友谊不断发展。

当天晚上，周恩来在人民大会堂宴会厅举行盛大宴会，欢迎斯里兰卡贵宾。在一片热烈掌声中，西丽玛沃·班达拉奈克总理将一束鲜艳的兰花赠送给周恩来总理。西丽玛沃·班达拉奈克总理说："这束兰花是斯里兰卡的一位女青年培植的，她委托我转送给周恩来总理和中国青年"。

26 日起，周恩来与班达拉奈克夫人就双边关系和南亚次大陆问题举行多次会谈。

26 日上午，班达拉奈克夫人参观了北京制药厂。晚上，班达拉奈克夫人参加了北京市革命委员会、中国人民对外友好协会举办的文艺晚会，观看了中国舞剧团演出的现代舞剧《红色娘子军》。

27 日上午，班达拉奈克夫人游览了长城和定陵。晚上，班达拉奈克夫人代表斯里兰卡儿童向中国儿童赠送了一头小象。赠象仪式在首都体育馆隆重举行。周恩来出席了赠象仪式，并做了讲话。

班达拉奈克夫人在仪式上致词说："斯里兰卡的儿童要我代表他们把这只小象赠送给你们中华人民共和国的儿童。我们给这只小象取名叫'米杜拉'，这在僧伽罗文里就是'朋友'的意思。按照斯里兰卡和中国的传统，一般都把象看作是吉利的征兆。因此，选择'米杜拉'作为善意和友谊的使者是很理想的。我国的俗话说，象是记性很好的动物，因此，把象选作斯里兰卡儿童的礼物是有特殊意义的，因为它象征着儿童们的赞赏和谢意。""'米杜拉'将成为我们两国儿童之间的友谊的一个活的象征。'米杜拉'在它的第二个家乡——中国，无疑会生活得很好，会随着你们中华人民共和国的儿童们的成长，随着斯里兰卡共和国和中华人民共和国的友谊的增长而长得高大和强壮。"

周恩来在讲话中说："总理阁下代表斯里兰卡儿童把珍贵的礼物——'米杜拉'幼象——赠送给中国儿童，转达了斯里兰卡儿童对中国儿童的友好情谊，我们感到非常亲切。我相信，'米杜拉'一定会受到中国儿童的喜爱，作为中斯两国人民友谊的象征，健康成长。为了感谢斯里兰卡儿童的友情，中国儿童将赠送一对白唇鹿给斯里兰卡儿童。我们祝愿中斯两国人民之间的友谊世世代代发展下去，万古长青！"

28 日上午，班达拉奈克夫人等斯里兰卡贵宾参观了四季青人民公社。晚8 时至 9 时 30 分周恩来在中南海陪同毛泽东主席会见了客人。

29 日，中华人民共和国政府和斯里兰卡共和国政府就经济技术合作协定、关于建设棉纺织印染厂的协定，在北京签字。班达拉奈克夫人和周恩来共同出席了签字仪式。

当晚，班达拉奈克夫人在人民大会堂举行盛大宴会，周恩来和邓颖超应邀出席。在谈话中，班达拉奈克夫人感谢中国对斯里兰卡的援助。

周恩来说："援助算不了什么，昨天毛主席也说了我们的援助有限得很，而且援助都是相互的。"

班达拉奈克夫人邀请周恩来明年到斯参加国际大厦落成典礼，并说，"总理去了以后只参加落成典礼剪彩活动就行了，我们一定不把总理搞得太累，我们要让总理在斯里兰卡度过一个美好的假期。"

周恩来说："要我去访问的问题，我拒绝也不太好，我记在心里。"

30 日上午，班达拉奈克夫人乘专机离开北京，前往沈阳参观访问。周恩来到机场为其隆重送行。

7 月 2 日，班达拉奈克夫人到旅大市参观，当地举行晚宴欢迎斯里兰卡贵宾，周恩来专程由北京赶到旅大陪同斯里兰卡贵宾访问。3 日上午，达拉奈克夫人一行参观了大连玻璃制品厂和大连贝雕厂，受到了工人们热情友好的接待。当晚，周恩来还陪同班达拉奈克夫人观看了文艺晚会。

4 日下午，周恩来陪同班达拉奈克夫人乘专机从旅大市到达上海参观访问。

5 日，中华人民共和国国务院总理周恩来和斯里兰卡共和国总理西丽玛沃·班达拉奈克夫人在上海签署了一项联合公报。

当天，班达拉奈克夫人圆满结束了对中国的国事访问，于晚上乘飞机离开上海回国。周恩来到机场参加送别仪式。在离开中国的时候，班达拉奈克夫人打电报给周恩来总理，感谢访问期间的盛情款待和表达的深情厚谊，并说："我将始终热情地怀念着在贵国进行的访问和贵国政府和人民的友好接待，这些回忆将有助于加强我们两国之间已经存在的最融洽的关系。"

7月19日会见联邦德国外交委员会主席格哈德·施罗德——德意志联邦共和国和中华人民共和国之间关系正常化的时机已成熟

二战结束后，德国分裂为民主德国和联邦德国（简称东德和西德）。中国和东德1950年即已建立外交关系。由于分属两大阵营，中国与西德之间直至20世纪60年代初仅有一些民间贸易往来，没有官方接触。由于西德政府未同台湾建立官方关系，因而台湾问题并非中、西德两国建交的主要障碍。

20世纪50年代，中国领导人就曾关心中、西德两国关系正常化。1955年毛泽东主席发布关于结束中、西德之间战争状态的命令，指出中、西德两国间的和平关系应当建立起来。1956年周恩来总理声明中国欢迎同联邦德国的关系正常化。

20世纪60年代初，西德已实现"经济奇迹"，迫切需要开辟国外市场和改善国际地位，加之中苏分歧公开化，西德上下出现了积极发展对华关系的呼声。1964年5月，双方驻瑞士的外交机构就发展两国关系问题首次进行官方接触，但并未取得实质性进展。

20世纪70年代初，随着中美关系大门的打开和中国在联合国合法席位的恢复，中国与西欧国家建交出现高潮，以基社盟主席施特劳斯为首的西德对苏强硬派一再试探与中国发展关系。1972年尼克松访华之后，在野的基民盟要求联邦政府同中国建交，基民盟领导人之一、时任联邦议会外交委员会主席格哈德·施罗德提出了访华愿望。

1972年7月15日，施罗德和夫人一行到达了北京。外交部副部长兼外交学会会长乔冠华等与施罗德进行了会谈。施罗德首先表示，他不能代表政府，但愿意为推动两国建交作出努力。

周恩来每天听取乔冠华有关会谈的汇报。周恩来认为，从施罗德的谈话看来，西德政府是愿意同中国建交的，因此在第三次会谈中应进入实质性商谈。

果然，施罗德在这次会谈中说，他的想法是两国建交的时机很好，应尽快举行谈判。他拿出由西德外交部起草的内部谅解方案，请中方考虑。双方经过商谈，作了少许修改后，便于 7 月 20 日上午一起签了字。内部谅解表示两国政府都有早日建交的愿望。

1972 年 7 月 19 日下午和晚上，周恩来在人民大会堂两次会见了施罗德，进行了长达 5 个小时的谈话。

周恩来在会客厅门口同他握手，并用德语说"欢迎你"，施罗德感谢周恩来的接见。周恩来笑着意味深长地说："也感谢你带来了及时好雨。"那些天北京久旱不雨，在接见施罗德之前刚刚下了一场倾盆大雨。这显然是一句双关语。

施罗德认为，德意志联邦共和国和中华人民共和国之间关系正常化的时机已成熟，联邦政府和在野党都主张两国就建交问题进行谈判。

周恩来说：我们两国不是关系正常化的问题，而是建交问题。中美和中日之间可以用"关系正常化"这个词，德意志联邦共和国有它的特点，它从来没有同蒋介石发生关系，你们没有这方面的问题。这一点恐怕应归功于阿登纳总理（1949 年至 1963 年在任），他是有远见的。

双方的谈话非常融洽。其间，周恩来还回顾了自己 1930 年到柯尼斯堡时的情景，并回答了随同施罗德前来的十几位记者提出的问题。

西德记者提出了各种各样的问题，最后谈到用西德的设备和方法酿造的青岛啤酒时，周恩来要服务员送每个记者两瓶青岛啤酒，并且告诉他们说不要自己先喝掉，要带回去同家人一起喝。

谈话始终很活跃，晚饭后继续再谈，一直谈到凌晨 1 时。

施罗德一行在 7 月 21 日离开北京去大连、鞍山、上海和南京访问，他在各地的活动几乎成了西德媒体每天的重大消息。

8 月 10 日，西德外长谢尔接见了新华社驻波恩分社记者王殊，双方表示希望尽快就建交问题确定谈判的时间和地点。几天后，王殊被外交部任命为谈判代表。德方任命政治司司长史塔登为谈判代表。9 月 29 日王殊同史塔登草签了两国建交联合公报，并且在同一天发表了共同的消息，宣布建交谈判已顺利结束，西德外长谢尔将应中国姬鹏飞外长的邀请在 10 月 11 日到 15 日访华。

10 月 10 日下午，谢尔外长率领庞大代表团到达北京。10 月 11 日，谢尔外长同姬鹏飞外长在人民大会堂正式签署了建交联合公报。

10 月 12 日，周恩来和姬鹏飞一起会见了联邦德国外长谢尔及其随行人员、记者。

周恩来兴奋地说："第二次世界大战期间，我们处于对立状态，但并未交战。1955 年，毛泽东主席宣布结束对德（西德）战争状态。你们同台湾没有外交关系，我们同你们早就有贸易往来，交换了记者。这次谢尔外长来，正式建交，揭开了两国关系中新的一页！"

当晚，李先念副总理在人民大会堂举行盛大欢迎酒会，让西德客人和参加宴会的各国驻华使节与记者感到意外的是，宴会上乐队演奏了贝多芬和其他德国音乐家的乐曲。因为从"文革"开始以来，乐队早已不再演奏西方乐曲，这次忽然恢复演奏西方乐曲，使客人们感到非常惊讶。这一变化，中外记者作了大量报道，成了第二天各国报刊的头条消息。

原来，这是周恩来亲自安排的。在预先检查接待谢尔外长来访的准备工作时，周恩来提出，在欢迎晚会上可否演奏贝多芬的第九交响曲《欢乐颂》，并且要礼宾司的同志打电话问中央乐团的李德伦是否能演奏。李德伦说，乐团自"文革"以来已不再练习西方乐曲，由于很多人去了干校，在很短几天内不可能演奏交响乐。但他建议，可以在宴会上演奏贝多芬和其他德国音乐家的音乐小品。周恩来同意了这个建议。在晚会上，谢尔听到了来自德国音乐家的乐曲，感到无比振奋。宴会快结束时，他特意向李先念建议，一起走到乐池向乐队表示感谢。

8 月 13 日会见联合国秘书长瓦尔德海姆和夫人——欢迎第一位访问中国的联合国秘书长

1971 年 10 月 25 日，联合国大会第 1976 次会议以 76 票赞成、35 票反对、17 票弃权的压倒多数，通过了阿尔巴尼亚、阿尔及利亚等 23 个国家提出的要求"恢复中华人民共和国在联合国的一切合法权利，立即把蒋介石集团的代表从联合国一切机构中驱逐出去"的提案。26 日，中国代理外交部长姬鹏飞收到联合国秘书长吴丹发来的正式通知，中华人民共和国在联合国和安理会中被非法剥夺了 20 多年的席位得到恢复。

1972 年 8 月，联合国秘书长瓦尔德海姆来到炎热的北京。他成为第一位访问中国的联合国秘书长。13 日，周恩来会见了瓦尔德海姆和夫人。

瓦尔德海姆称，中国的周恩来总理是他在任十年间所遇到的世界政治人物中印象最深的一个。在他眼中，周恩来是一个具有高度文化修养的知识分子，即使在"文化大革命"的狂热气氛中仍然保持着清醒的头脑，坚守着真理毫不动摇。

7 月接见佐佐木更三、竹入义胜等日本政要——为中日建交作铺垫

1971 年 7 月 15 日，中美双方同时发布尼克松即将访华的消息，这对日本形成了强烈冲击，这意味着佐藤内阁所坚持的保守外交政策宣告失败。1972 年 6 月 17 日，佐藤辞职。在此之前的 5 月 15 日，周恩来在会见日本公明党第一次访华团时说，如果田中做了首相，要到中国来谈中日两国关系问题，我们欢迎。

1972 年 7 月 5 日，田中角荣当选自民党总裁，7 日，组成田中内阁。在首届内阁会议上，田中说："在外交方面，要加紧实现和中华人民共和国的邦交正常化。"大平正芳就任外相时发表谈话表示："为实现日中邦交正常化，新内阁首相或外相需要前往访问中国。"

田中内阁的声明，在日本得到各党派、团体和广大群众的欢迎与支持，同时在中国也得到了反应。

1972 年 7 月 16 日，周恩来同廖承志等会见了日本社会党副委员长、众议员佐佐木更三。在谈到田中内阁时，周恩来说：如果现任首相、外相或其他大臣来华谈恢复日中邦交问题，北京机场准备向他们开放。

佐佐木提出田中等打算来华"谢罪"。周恩来说：现在我们应该向前看，

而不应该向后看，要解决今后的问题。田中政府采取这样向前看的政策，反映了广大人民的愿望。恢复中日邦交，是两国人民长期的愿望，是历史发展的必然趋势。

佐佐木又谈到，今后的亚洲形势要以中国为中心。周恩来马上纠正说：以中国为中心，我不同意。如果说中日两国加强友好来推动远东的和平，那还可以。但拿中国作"中心"，那恐怕不恰当，是错误的。亚洲、太平洋地区所有国家应该不分大小，一律平等。一句话，就是我们反对任何霸权，也不谋求霸权。请转告在野党和日本其他友好人士；如果我们中日两国复交了，过去二十多年的友好来往会更加密切，更多起来，而不会冷淡下去。许多日本朋友对促进中日邦交的恢复，促进中日友好来往是尽了力的，当然我们更应该尊重他们。中国人民结了新朋友，是不会丢掉老朋友的。

7月25日，日本公明党委员长竹入义胜以信使身份担起了日本基辛格的角色，他根据与田中首相和大平外相的晤谈情况，整理了一份所谓田中政府对恢复日中邦交态度的记录。其中，日方提出交涉的问题有三：第一，结束战争状态问题。日本政府认为，根据日本与台湾和平条约，与中国之间的战争状态已经结束。因此在联合声明中没有必要再提结束战争状态问题。假如中方坚持要提结束战争状态问题，可采取由中国单方面宣布结束战争状态的方式。第二，复交三原则分开的问题。（一）中方主张"中华人民共和国是中国的唯一合法政府"这一点，日本政府可以承认；（二）"台湾是中华人民共和国领土不可分割的一部分"，日本理解并尊重中国的这一立场；（三）"日华条约是非法的，也是无效的，必须予以废除"这一条日本表示比较难办。第三是，日方提出在联合声明前增加一段前言的问题。

7月28日、29日，周恩来同郭沫若、廖承志等与竹入义胜继续举行会谈。日方认为很棘手的问题在会谈中出乎意外地为中国全部接受。中方同意日本的建议，由日本政府以适当方式宣布废除日华条约，也同意联合声明增加一段前言。

但对于"日台条约已经解决了结束战争问题"的说法，周恩来指出：缔结日台条约时，中华人民共和国已经成立了。这个条约根本无视中国的存在，同一个逃到台湾的蒋政权缔结结束战争状态，是非法的、无效的，是应当废除的。

在谈到《中日联合声明要点（草案）》时，周恩来表示：中方将坚持把结束战争状态和复交三原则两个问题写入联合声明的立场。会谈中，竹入如实记录下中方所提建交方案和周恩来的意见，表示将带回向田中首相、大平外相报告。

在中日邦交正常化气氛高涨的形势下，周恩来指示工作人员积极会见日本各方面的友人，推动形势向前发展。

8月7日晚8时20分，周恩来在人民大会堂和中日友协会长和廖承志会见日本社会党众议员黑田寿男以及社会党朋友穗积七郎等。

8月23日晚10时50分至次日凌晨1时30分，周恩来在人民大会堂会见以田实涉为团长的日本三菱企业集团代表团。

8月30日晚7时至9时30分，周恩来在人民大会堂会见以稻山嘉宽为团长的日本经济界访华团。周恩来表示，中日关系正常化以后，政府、民间贸易并行不悖。

9月12日下午5时15分，周恩来在人民大会堂新疆厅同廖承志会见并宴请日本日中备忘录贸易办事处负责人古井喜实、田川诚一和松元俊一等。会谈中，引"饮水不忘掘井人"语，对长期尽力于日中间半官方贸易和政治疏通工作的日本朋友表示感谢。并当场要求打电话给在日本的老朋友冈崎嘉平太，请冈崎来北京迎接中日邦交恢复日。

9月25日至30日接见日本首相田中角荣——中日正式建交

8月12日，周恩来就日本外相大平正芳正式转告日本首相田中角荣决定为谈判实现日中邦交正常化访问中国一事，授权姬鹏飞外长宣布：周恩来总理欢迎并邀请田中首相访华，就中日邦交正常化问题进行谈判。

7月22日，孙平化、肖向前在日本与大平会谈，转达了周恩来对日本政府首脑访华的邀请："周总理认为，如果田中首相或大平外相能到北京就邦交正常化问题同周总理举行直接会谈，就会找到解决问题的办法。如果田中首相和大平外相一起来，更加欢迎。"

8月31日，桥本课长一行作为先遣到达中国，对日程及礼宾安排等细节与中方协商妥当。

9月18日下午2时20分至3时5分，周恩来在人民大会堂会见以众议员、日本自由民主党日中邦交正常化协议会会长小坂善太郎为团长的日本自民党访华团时说：你们是第一次来中国访问的自由民主党代表团，是正式代表团，是在你们田中角荣阁下担任了新的总裁后委派的代表团，实际上是为田中首相访华做准备工作的，所以特别值得欢迎。又说：中日之间来往几乎一直没有中断过，这是两国关系的一个特点。日本政府的做法有时开明，有时不开明。真正迈出第一步的还是田中首相，所以说揭开了日中关系新的篇章。田中首相下决心到中国来访问，谈判解决中日邦交正常化问题，一定会建立起中日睦邻友好关系，我们相信，成果会是丰硕的。

9月21日，北京、东京同时向全世界发表公告：日本总理大臣田中角荣愉快接受中国国务院总理周恩来的邀请，将于9月25日至30日访问中国。这是继尼克松访华后又一震动世界的新闻。

1972年9月25日，北京的秋天，正是一年中最好的时节。日本内阁总理大臣田中角荣率领230人组成的庞大代表团，上午抵达北京。陪同前来的有大平正芳外务大臣、二阶堂进内阁官房长官及其它政府官员。

这是田中角荣当了首相后第一次出国。来华之前，田中曾对女儿说："爸爸确实跟你约好的，要带你看看全世界，以往确实这样做了，但这一回访问中国的情况不一样。中国就好像一块厚窗帘的那一边，那里正在做什么，将要做什么，我也没有准确的信息……你是我唯一的孩子，不论出了什么样的事，你都不要慌乱，要毅然按正确的判断行事。"田中还信心十足地展望："总会有这么一天，日中两国的人们，能够面带笑容自由往来。正是为了这一天的到来，爸爸豁上一命动身去北京了！"由此可见田中访华前的心情。

25日上午11时30分，田中首相一行飞抵中国北京，在机场受到周恩来、叶剑英等中国领导人的欢迎。

当时，田中角荣满面红光，精力饱满，但是有些紧张，他对周恩来讲的第一句话是："我叫田中角荣，今年54岁，当了日本首相，请多关照！"

随后，田中首相被安排在了当时钓鱼台国宾馆里条件最好的一栋楼，周恩来总理还亲自送田中首相到住处。这时还发生了一段小插曲，原来，当时周总理的手不太方便，脱风衣也比较费力，田中便抢在随行人员之前，奔上去就要帮助周总理脱。总理忙说不行不行，怎么能让你来替我脱风衣呢。

田中于是很诚恳地说："你把我安排在国宾馆18号楼了，这几天我是这里的主人了。那你是我最尊贵的客人了，我应该替客人做服务。请允许让我帮把你衣服脱了！"

当天下午3时至4时45分，周恩来在人民大会堂安徽厅和田中首相举行第一次限制性会谈。双方先阐述了各自的基本立场和想法，一致表示，要通过谈判，一气呵成，一举恢复邦交。

当时，日本对于中国对日美安保条约的态度认识不清，所以，田中首相阐明日方的保留态度。

周恩来很大度地回答说："这不成问题。""日本和美国的关系的好坏，是日美之间的事情，我们不干涉。日美安保条约对日本非常重要，你们坚持这个条约是可以理解的。"

会谈结束时，周恩来说："总之，要求大同，存小异。"

田中欣然同意，说："那当然，这次谈判无论如何要谈出结果来。"

晚上，在人民大会堂为日本内阁总理大臣田中角荣举行的欢迎宴会祝酒时说："田中首相来我国访问，揭开了中日关系史上新的一页。在我们两国的历史上，有着两千年的友好来往和文化交流，两国人民结成了深厚友谊，值得我们珍视。但是，自从1894年以来的半个世纪中，由于日本军国主义者侵略中国，使得中国人民遭受重大灾难，日本人民也深受其害。前事不忘，后事之师，这样的经验教训，我们应该牢牢记住。"周总理还说："田中首相就任以后，毅然提出新的对华政策，声明要加紧实现同中华人民共和国的邦交正常化，表示能够充分理解中国方面提出的复交三原则，并且为此采取了实际步骤。中国政府本着一贯的立场，作出了积极的响应。实现两国邦交正常化已经有了良好的基础。促进中日友好，恢复中日邦交，是中日两国人民的共同愿望。现在是我们完成这一历史性任务的时候了。"

宴会上，田中也致了词。他说，感谢周总理，感谢中国这么多朋友来欢迎他。又说，他首先代表日本政府，对过去日本政府对中国人民添的麻烦，表示歉意。

"添麻烦"的词意在日语和汉语中程度不完全相同，但是，对如此严重的历史问题就这样一笔带过，中方当时是相当不满意的。

第二天，周恩来会见田中，对答词中"添麻烦"的提法表示了反对。他说，日本军国主义的侵略战争给中国人民带来了深重的灾难，用"添麻烦"来表示，就像弄湿了过路女人的裙子，向人家道歉似的，太轻描淡写了，引起了中国人民的反感。

田中解释说，在日文里那样的表达是诚心诚意地表示谢罪之意，而且包含着以后不重犯，请求原谅的意思。他表示，这个表达如果从汉语看不合适，可按中国的习惯改。

9月26日下午2时至4时40分，周恩来在钓鱼台宾馆18号楼同田中角荣总理大臣举行第二次限制性会谈。日本方面提出：结束战争状态和战争赔偿问题，已在日台条约中解决，联合声明中不应再用这类词句。"日台条约是非法的，无效的，必须废除"，这一点日本也不能同意，因为这个条约是经过正式手续缔结的，日本政府不能说缔约本身是无效的。

在台湾问题上，对"台湾是中华人民共和国领土不可分割的一部分"的中方表述，日本也不能完全赞同，可以表示"理解和尊重"。并说，联合声明的正文写上"日本政府理解并尊重日中复交三原则"是不合适的。这是日本条约局长高岛益郎依据条约理论阐释的日方立场，很显然较之竹入义胜来华时的态度大有倒退。

对此，周恩来在与田中会谈时以严厉的态度谴责了日本的倒退作法。他说："高岛条约局长是为破坏日中邦交正常化而来的吧！日中邦交正常化是个政治问题，不是法律问题。"实质性地指出了中日双方邦交正常化的性质，对日本政府的态度进行了有力的批评。

就战争赔偿问题，周恩来再次阐明了中国政府的立场：高岛所说日台条约已放弃战争赔偿要求，这是不正确的。你们签订那个条约的时候，蒋介石已经逃到台湾，他已经不能代表中国，是慷他人之慨。众所周知，遭受战争损失的主要是大陆，我们拥有战争赔偿的要求权。我们放弃战争赔偿，是从两国人民的友好关系出发，不想使日本人民因为赔偿负担而受苦。你们的条约局长对我们不领情，反而说蒋介石已经说过不要赔偿，这种话是对我们的侮辱，我们绝对不能接受。

9月27日，田中角荣来到了长城，一下车，就以矫健的步伐开始了攀登。一口气攀登上了第四个烽火台。日本与西方记者们纷纷从长城当场发出报道说："田中远远超过了尼克松。"

9月27日下午4时15分，周恩来在人民大会堂福建厅同田中角荣总理大臣举行第三次限制性会谈。周恩来提出用"结束中日间不正常状态"的措辞，修改了日方提出的"结束中日间不自然状态"，这样日本也就不用再一次宣布"结束战争状态了"。中日双方终于在经过了三轮首脑会谈后，意见逐步达成一致。

晚8时30分，周恩来在中南海陪同毛泽东主席会见了田中角荣一行。谈话的气氛轻松而活跃，毛泽东第一句话就是说："吵架吵完了吗？"然后指着时任外交部长姬鹏飞说，他是不是欺负你了？

田中就回答说，吵是吵了，但是不吵不相交啊。然后话题就转到其他地方去了。

临行前，毛泽东还向田中首相、大平外相等人赠送了自己的藏书——《楚辞集注》和怀素草书字帖，令日本客人惊喜不已。这些礼物至今还被完好地保存在日本。

28日凌晨，终于完成联合声明的全文。

9月28日下午3时40分，在钓鱼台国宾馆18号楼同田中角荣总理大臣举行第四次限制性会谈。周恩来与田中角荣一致同意于9月29日建立两国间的外交关系。为表示中国方面的诚意和决心，周恩来书写"言必信，行必果"六个字赠给田中，他说："我们重建邦交，首先要讲信义，这是最重要的。我们跟外国交往，一向是守信义的。"田中也书写了日本古训"信为万事之本"回赠周恩来。

1972年9月29日上午，《中日联合声明》签字仪式在人民大会堂举行。声明宣布：日本国政府承认中华人民共和国政府是中国的唯一合法政府。两国政府决定从即日起建立外交关系。中日两国在中日政府建交联合声明上签字。

仪式结束后，根据约定，由大平正芳举行记者招待会。大平庄严宣布，由于两国联合声明的发表，"悬而未决的日中邦交正常化问题终于获得解决"作为对联合声明中日方立场的重要补充并实现对中国的承诺，大平以极其明确的语言宣告废除日台条约。他说："在联合声明中虽然没有触及，日本政府的见解是，作为日中邦交正常化的结果，日华和平条约已失去了存在的意义，并宣告结束。"

这一讲话内容于当天也传达给东京的法眼外务次官以及台湾驻日大使彭孟缉等，在这种情况下，台湾当局即日发表对日断交宣言。自 1952 年以来一直持续的日台间的外交关系在二十年后结束，日台之间仅剩下经济、贸易和文化等关系。

在签署联合声明的那天早晨，大平正芳和田中相互慰劳说："好极了，没有白辛苦一趟。"然后便各写了一首诗，田中的诗后来遗失了，大平的诗留了下来，诗句是这样的："长城延延六千里，汲尽苍生苦汗泉；始皇坚信城内泰，不知抵抗在民心；山容城壁默不语，荣枯盛衰凡如梦。"

29 日下午，周恩来陪同田中角荣乘专机离开北京，前往上海访问，并参观了市郊马桥人民公社。

9 月 30 日清晨，田中一行回国，周恩来将客人送到上海机场。周恩来与田中握别，并特意拜托说："回去后，请转达对天皇陛下的问候。"

这使田中既吃惊又感动，在不少中国人坚持要求追究裕仁天皇战争责任的背景下，周恩来从大局出发，请田中转达对天皇的问候，这是何等的气度与胸怀！田中站在舷梯上向周恩来深深鞠躬，表达他的崇敬之情。

中日邦交正常化，揭开两国关系史上新的一页，从田中角荣组阁到中日建交只用了 85 天，时间看上去很短，但这是长久以来两国人民和政治家共同努力的结果。

感于周恩来为中日邦交正常化做出的贡献，田中角荣称周恩来是日中邦交之父，后来的中曾根也说周恩来是日中邦交最大的恩人。1973 年 3 月，日本首任驻华大使赴任时，田中首相亲书信件邀请周恩来访日。但由于国内原因，周恩来终未成行。

11月15日至19日会见尼泊尔王国首相比斯塔——"历史以及互相谅解和合作的精神使我们成为好邻居"

中国和尼泊尔于1955年建交，次年9月，尼泊尔首相即访华。同年，中尼之间开始经济合作。但是，双方的边界问题一直到1960年10月才告解决。中尼双边关系自边界问题解决后迅速发展，两国一直保持良好关系。

1972年11月15日至19日，尼泊尔王国首相基尔提·尼迪·比斯塔和夫人，应我国政府邀请前来访问。14日下午，比斯塔乘专机到达昆明，15日到达北京。

比斯塔首相是中国人民熟悉的朋友，这是他第三次来中国访问。1967年5月27日，周恩来就曾会见过时任尼泊尔王国副首相兼外交大臣的比斯塔。那次访问期间，中国和尼泊尔签订贸易协定和议定书，中国将帮助尼泊尔建设逊科西水电站和架设一条输电线。

当时会谈时，周恩来说："我们国家在尼泊尔有很多人，包括我们的大使馆人员。他们免不了有错误思想，有大国沙文主义态度。希望你们发现后经常通过外交途径告诉我们，我们可以根据情况纠正他们的态度，改正错误。"

至于两国之间的制度差异，周恩来说："一个国家选择什么样的社会制度，是这个国家人民自己的事情，别人不应该干涉。"谈到经济发展问题时，周恩来指出："经济发展的一般途径是先从农业着手，再发展轻工业，然后发展重工业。这就需要时间。但你们不能等待，在搞农业的同时，也搞一些轻工业和重工业。"

1972年再次访华，比斯塔已经成为尼泊尔王国首相。15日，周恩来亲自赶到北京机场，欢迎比斯塔一行访华。当晚，周恩来在人民大会堂宴会厅举行宴会，热烈欢迎尼泊尔贵宾。

周恩来在宴会上的讲话中说："尼泊尔王国政府和人民在比兰德拉国王陛下的领导下，坚持奉行前国王马亨德拉陛下制订的独立自主和平中立的不结盟政策，顶住了外来压力，捍卫了民族独立和国家尊严。中国政府和中国人民对于尼泊尔这种不畏强暴，敢于斗争的精神表示十分钦佩和赞赏。""坚决支持尼泊尔和各国人民反对外来干涉，捍卫民族独立和国家主权的正义斗争。"

比斯塔在讲话中说："尼泊尔是一个王国，中国是一个社会主义共和国。历史以及互相谅解和合作的精神使我们成为好邻居，我们在和平与和睦中相处。""自从建立外交关系和签订和平友好条约以来，我们两国之间的关系一直遵循着和平共处五项原则。前国王马亨德拉对中国的历史性访问在促进我们相互关系的发展方面是另一个重要的事件。我们两国所签订的边界条约为两个具有不同经济、政治和社会制度的国家睦邻相处树立了历史性的榜样。我们坚信，和平共处应成为确定国家间关系的指导因素。"

16 日下午 3 时 10 分至 6 时 10 分，周恩来在人民大会堂同比斯塔在亲切友好的气氛中，就双边问题举行了会谈。晚上，尼泊尔驻中国大使苏巴和夫人在大使馆举行宴会，欢迎比斯塔一行，周恩来应邀出席了晚宴。

11 月 17 日下午 6 时 25 分至 7 时 35 分，周恩来在中南海陪同毛泽东主席会见尼泊尔王国首相比斯塔。毛泽东对来自友好邻邦的尼泊尔首相，表示热烈欢迎，并且请比斯塔首相阁下向比兰德拉国王陛下转达他的问候。

17 日晚上，比斯塔应邀出席文艺晚会，观看了由中国京剧团演出的现代京剧《红灯记》。这两天来，比斯塔一行到中央民族学院做客参观，并游览了故宫、"文化大革命"期间出土的历史文物和工艺美术展览、北京工艺美术工厂等地。

18 日下午 3 时至 5 时，周恩来在钓鱼台宾馆 18 号楼与比斯塔继续会谈。当天，中华人民共和国政府和尼泊尔国王陛下政府经济技术合作协定今天在北京签字，周恩来和比斯塔分别代表本国政府在协定上签字。

晚上，比斯塔和夫人在人民大会堂宴会厅举行答谢宴会，周恩来应邀出席。

比斯塔讲话说："尼泊尔和中国是亲密的朋友和友好的邻邦。近年来，我们的友谊不断在加强。在基于平等和互相尊重的永恒的友谊联系中，雄伟的喜马拉雅山把我们连接在一起，它构成了我们两国之间和平和友谊的边界。"他提议为尼中两国之间的永恒友谊干杯。

周恩来说："首相阁下在北京期间会见了毛泽东主席，进行了亲切友好的谈话。我们双方就进一步加强两国的友好合作关系和共同关心的国际问题进行了诚挚友好的会谈，取得了满意的结果。首相阁下的访问，为进一步增进我们两国人民之间的友谊和两国的友好合作关系作出了新的贡献。"并祝尼泊尔王国政府和人民，在维护民族独立、国家主权和建设自己国家的事业中，不断取得新的胜利。

19 日下午，比斯塔一行结束了对北京的访问，在时任国务院副总理李先念和林佳楣同志的陪同下，乘专机前往我国南方进行参观访问。周恩来到机场欢送。

1973 年

1 月 31 日会见越南劳动党中央政治局委员黎德寿、阮维桢——庆祝《关于在越南结束战争、恢复和平的协定》正式签订

1973 年 1 月 27 日，越南和美国政府代表在巴黎签订《关于在越南结束战争、恢复和平的协定》。协议的签订，迫使美国从越南撤军，表示美国的侵越战争遭到了最终失败。1973 年 3 月，美军将其部队撤离越南，并承认越南的独立和主权。

1 月 29 日，周恩来和毛泽东、董必武、朱德联名致电越南南北方领导人，对关于越南问题的巴黎协定正式签订表示祝贺。1 月 31 日下午，出席了巴黎会议的越南劳动党中央政治局委员黎德寿，在回国途中乘专机到达北京。周恩来会见了黎德寿，双方就巴黎会议、柬埔寨和老挝局势等问题举行了三个小时的会谈。

2 月 1 日下午，越南民主共和国政府副总理兼外交部长阮维桢一行从巴黎回国，途中路过北京，周恩来前往宾馆会见了他。

当天晚上，周恩来举行宴会，欢迎黎德寿和阮维桢。周恩来在宴会上讲话说：

"《关于在越南结束战争、恢复和平的协定》的正式签订，是越南人民的大喜事，也是值得全世界人民高兴的一件大事。借此机会，请允许我代表中国人民的伟大领袖毛主席、中国共产党、中国政府和中国人民，向兄弟的英雄的越南人民再一次表示热烈的祝贺和崇高的敬意。""越南停战和平协定得以签订的事实，又一次有力地表明：国家要独立、民族要解放、人民要革命

这一伟大的历史潮流是任何力量也阻挡不住的。在今天世界上，任何国家，无论它是怎样了不起的大国，要想用武力把自己的意志强加于别国人民，那肯定是要碰壁的。得道多助，失道寡助，正义事业一定胜利，侵略战争必定失败，这是一条颠扑不破的真理。胜利的越南人民为全世界进行反帝反殖民族解放斗争的人民，树立了最光荣的榜样，作出了最伟大的贡献。"

周恩来表示，相信："越南北方人民在越南劳动党和越南民主共和国政府的领导下，一定能够医治好战争创伤，在社会主义建设中取得新的成就。""全体越南人民团结奋斗，一定能够实现胡志明主席的伟大遗训：'我们祖国一定得到统一。南北同胞一定会欢聚一堂。'"

周恩来还指出："在欢庆越南停战协定签订的时候，我们不能不指出，美国对柬埔寨和老挝的侵略战争仍未停止。柬埔寨人民和老挝人民为捍卫祖国的独立、主权，正在进行着英勇的抗战。"

周恩来最后重申："中越两国人民是同甘共苦的亲密战友和兄弟。支持越南人民争取独立、自由的正义斗争，是中国人民始终不渝的立场。无论是过去抗美救国战争的艰苦年代，还是在结束战争、恢复和平的新时期中，我们都将同兄弟的越南人民站在一起，坚定不移地履行自己的无产阶级国际主义义务，全力支援越南人民和印度支那各国人民的正义事业，直到取得彻底的胜利。"

阮维桢也讲话表示："越南民主共和国和中国是两个唇齿相依的、亲密的社会主义兄弟邻邦。我们最近取得的胜利是同中国共产党、中国政府和兄弟的中国人民本着无产阶级国际主义精神给予我们的十分巨大、宝贵、多方面的支持和援助分不开的。"

晚 11 时 35 分，周恩来在中南海陪同毛泽东主席会见越南劳动党中央政治局委员黎德寿和阮维桢。

2 月 2 日，为庆祝《关于在越南结束战争、恢复和平的协定》签订，首都各界群众举行了万人集会，周恩来陪同黎德寿、阮维桢等越南客人出席了集会。

下午 4 时 50 分，周恩来在人民大会堂湖南厅会见当时居住在中国的柬埔寨王国民族团结政府首相宾努时说：毛主席说，越美协议让美军走是个好办法，是个成功的协议。美国人为什么这样？为了脱身。他们在印度支那派了这么多军队，花了这么多钱，没解决问题，还不断出新问题。最后达成妥协，美军撤走而不正式、不公开要求北越军队撤走。越南不承认自己是外国军队。在这点上美国让了步，战场上没有取得胜利，谈判桌上就得不到。

3日上午，黎德寿、阮维桢一行乘专机离开北京回国。

这一年的6月4日，越南劳动党中央委员会第一书记黎笋和越南民主共和国政府总理范文同率领越南劳动党和越南民主共和国政府代表团，应邀来华访问。这是停战后越南党政主要领导人首次访华，周恩来到机场欢迎。

5日下午3时40分至5时40分，周恩来在人民大会堂安徽厅和黎笋、范文同举行会谈，内容包括柬埔寨问题、东南亚和欧洲形势等。双方还讨论了关于帮助越南北方恢复和发展经济的问题。下午6时至7时25分，周恩来陪同毛泽东主席在中南海书房会见了黎笋、范文同。

8日，为帮助越南医治战争创伤，恢复和发展国民经济，增强国防力量，进一步加强中、越两国人民之间的战斗友谊和团结，中华人民共和国政府和越南民主共和国政府签订了《关于一九七四年中国给予越南无偿经济和军事援助的协定》。周恩来和黎笋、范文同等一起参加了签字仪式。

同一天，黎笋、范文同结束了在北京的友好访问，周恩来陪同他们乘专机前往西安参观访问。

9日，周恩来陪同黎笋、范文同参观了延安宝塔山、枣园、杨家岭和凤凰山等革命旧址。在王家坪纪念馆、枣园等处向客人介绍了红军长征、遵义会议、重庆谈判等党的历史，并向纪念馆领导人多次提到朱德、董必武、任弼时、陈毅、彭德怀、贺龙、徐向前、王若飞、刘志丹等老一辈革命家的业绩，建议多陈列他们的照片，以纪念他们。在谈到刘志丹时，周恩来强调："刘志丹是位很好的同志，陕北必须宣传刘志丹。"周恩来还特别提出不要多宣传他本人，要求关闭他在枣园的旧居。

10日，周恩来陪越南领导人到西安市区参观。根据周恩来的提议，陕西省和西安市在为越南客人举行的文艺演出节目中，加入由贺绿汀作曲的《游击队之歌》。演出之后，周恩来委托工作人员向表演该节目的演员转达他的意见："唱歌不是唱得音越强越好，节奏越快越好；《游击队之歌》唱得太快了，没有意境，过去不是这样唱的。没有革命的抒情，就没有革命的激情。"

11 日，周恩来亲自送越南党政代表团登上了回国的飞机。随后，周恩来飞抵北京。

12 日，《中越联合公报》发表。公报宣布：双方相信，由黎笋同志和范文同同志率领的越南劳动党和越南民主共和国政府代表团对中华人民共和国友好访问的圆满成功，必将为进一步加强和巩固两党、两国和两国人民建立在马克思列宁主义和无产阶级国际主义基础上的伟大友谊和战斗团结作出积极的贡献。

4 月 19 日至 24 日会见墨西哥总统路易斯·埃切维里亚·阿尔瓦雷斯——"第三世界国家应该互相发展贸易，并与其他国家建立联系和接触"

中国与墨西哥有着传统的友谊。两国人民之间的友好往来，可以追溯到久远的年代。中华人民共和国成立以后，两国之间的相互交往和两国人民的友谊日益增进。1959 年和 1960 年，墨西哥前总统卡德纳斯和前临时总统希尔先后访问了中国。1972 年，中、墨两国正式建交，使两国关系进入了一个新的阶段。1973 年，埃切维里亚总统和夫人来中国访问，使中、墨两国的友好关系获得进一步的发展。

1973 年 4 月 19 日至 24 日，墨西哥合众国总统路易斯·埃切维里亚·阿尔瓦雷斯和夫人，应中华人民共和国代主席董必武和国务院总理周恩来的邀请，前来中国进行国事访问。随同来访的有，外交部长埃米略·奥·拉瓦萨和夫人等正式成员，以及总统特邀随行人员，随行工作人员，随行民间歌舞小组，随行记者和电视技术人员等二百多人。

19 日下午 1 时，埃切维里亚总统和夫人等贵宾，在热烈的掌声中走下飞机。周恩来等人迎上前去，同贵宾们亲切握手。周恩来向埃切维里亚总统和夫人说："欢迎你们!"埃切维里亚总统说:"我很高兴见到您!"

随后，周恩来陪同埃切维里亚总统和夫人乘车前往迎宾馆，车队经过市区时，首都群众聚集在街道两旁欢迎大洋彼岸的客人。车队到达天安门广场以后，贵宾们走下汽车，同欢迎群众亲切握手。

下午4时10分，周恩来在人民大会堂和埃切维里亚总统举行了会谈。在谈到世界划分问题时，周恩来说:"阁下将世界分成穷国和富国，我看还是拿这个界限来划分好。社会主义国家不完全都是社会主义，资本主义国家也很复杂。""总统把我们划为第三世界，我们很高兴。你们把我们看成知己。"

关于第三世界国家发展经济的问题，周恩来重申:"自力更生为主，争取平等外援为辅；外国的先进技术凡能够学到的一定去学，学会以后再加上本国人民的劳动智慧，超过别人。"

两国领导人还就国际形势、拉美禁核条约等问题交换了意见。

晚上，周恩来在人民大会堂宴会厅举行盛大宴会，欢迎路易斯·埃切维里亚·阿尔瓦雷斯总统等墨西哥贵宾。

周恩来总理和埃切维里亚总统在宴会上先后发表了讲话。周恩来在讲话中预祝贵宾们这次对中国的访问获得圆满成功。埃切维里亚总统祝愿中墨两国之间的兄弟般的友谊万古长青。

讲话以后，乐队分别奏了墨西哥国歌和中国国歌。席间，乐队演奏了《我们的祖国多美好》、《友谊传四海》、《墨西哥万岁!》、《比基娜》、《瓜达拉哈拉》等中、墨两国乐曲。宾主频频为中、墨两国人民的友谊和两国友好合作关系的不断巩固和发展，为中国人民和拉丁美洲人民的友谊和亚非拉人民的团结反帝事业的新胜利干杯。

20日下午5时55分，周恩来陪同毛泽东在中南海书房里会见了埃切维里亚。毛泽东对埃切维里亚总统前来我国进行国事访问表示欢迎，并且感谢他给中国人民带来了墨西哥人民的问候。埃切维里亚总统说，他为有机会认识毛泽东主席感到高兴和荣幸。

当天上午，埃切维里亚总统和夫人参观了北京郊区红星中朝友好人民公社。晚上应邀出席文艺晚会，观看中国舞剧团演出的现代舞剧《红色娘子军》。

21 日下午，介绍墨西哥历代文化艺术的展览在民族文化宫开幕。这是中墨两国建交后墨西哥在中国举办的第一次展览。周恩来陪同埃切维里亚总统和夫人以及其他墨西哥贵宾，出席了开幕式，并为展览剪彩，观看了展品。晚上，周恩来陪同埃切维里亚总统和夫人以及其他墨西哥贵宾出席体育晚会，观看了体育表演。

22 日，中国政府和墨西哥政府贸易协定在北京签字，周恩来和埃切维里亚出席了协定签字仪式。双方还就 1973 年至 1974 年的文化科技交流进行了换文。

下午，埃切维里亚总统在墨西哥驻中国大使馆举行记者招待会，在北京的中外记者和随同访问的墨西哥和其他国家的记者，出席了招待会。

在记者招待会前，埃切维里亚总统在大使馆为故总统、墨西哥民族英雄胡亚雷斯的半身铜像揭了幕

埃切维里亚总统在招待会上说，他同中国领导人在十分诚挚的气氛中进行了多次会谈。"中国对墨西哥感兴趣的几个问题，如各国经济权利和义务宪章以及拉美无核区，表示同情和支持。"总统说，他这次访问中国留下了十分完美的印象，有十分积极的意义。

在回答记者提出的问题时，埃切维里亚总统说，"拉美国家，第三世界各国，应该摆脱依附状态，不能以一种依赖代替另一种依赖"。他说，"为了取得发展，第三世界国家应该互相发展贸易，并与其他国家建立联系和接触"。

当天晚上，周恩来和邓颖超陪同墨西哥客人乘专车前往山西省昔阳县大寨访问。

墨西哥贵宾来访，使大寨整个山村洋溢着节日般的欢乐气氛。23 日清早，村里的老人、青年、妇女、孩子就手持中墨两国国旗和花束，聚集在门口，迎候贵宾。村里村外到处悬挂着欢迎标语。当埃切维里亚总统到达大寨时，锣鼓声、乐曲声、欢呼声响彻山村。

埃切维里亚总统和夫人等墨西哥贵宾兴致勃勃地登上虎头山，观看了大寨的层层梯田和引水上山工程，俯瞰了大寨新村的全貌。大寨大队革命委员

会主任陈永贵边走边向贵宾们介绍大寨大队治山治沟改造自然的情况。他谈到了最近两年大寨人民劈山镇沟，修造大块平地和兴修水利工程取得的新成绩。

埃切维里亚总统说，"我们清清楚楚地看到你们修建了伟大的工程。"

陈永贵副主任说，"我们做得还不够，我们还要继续努力。"

墨西哥贵宾还访问了社员家庭，同社员坐在炕沿上交谈。社员们用自己做的玉米花、炒南瓜子等热情招待贵宾。当埃切维里亚总统走进陈永贵副主任的家时，陈永贵四岁的小儿子拿起炒玉米花请总统品尝。埃切维里亚总统十分高兴地把他抱在怀里。中午，陈永贵设宴以中国北方农村的传统食品招待埃切维里亚总统和夫人等墨西哥贵宾。

埃切维里亚总统的夫人也在宴会上祝酒，向大寨妇女转达墨西哥妇女热情友好的问候。她说，我们尊重大寨妇女的劳动，我们需要理解，男人能做的事，妇女同样能够做到。

墨西哥全国财政公司副主任普恩特在宴会上宣读了一封信，这封信是墨西哥一批青年农民请埃切维里亚总统带给大寨人民的。信中表达了墨西哥农民要求同中国农民加强友谊的诚挚愿望。墨西哥查帕斯州州长贝拉斯科向大寨人民赠送了礼品——一个印第安农民的木雕像。

23日晚上，埃切维里亚一行乘专机经石家庄到上海访问，周恩来送别埃切维里亚后返回北京。24日深夜，埃切维里亚总统和夫人等墨西哥贵宾乘专机离开上海回国。在结束国事访问离开中国的时候，埃切维里亚总统致电周恩来总理，对中国人民和政府给予他们的无微不至的照顾和殷勤的款待，表示深切的感谢。

9月11日至17日会见法兰西共和国总统乔治·蓬皮杜——"访问圆满地对加强两国之间的联系和两国人民的友谊作出了贡献"

1972年7月10日，周恩来会见法国外交部长莫里斯·舒曼，就东南亚局势、欧洲及裁军问题、双边关系等交换意见。谈到中法关系，周恩来说："你们在西方大国中是首先承认我们的（指中法两国建立大使级外交关系），法国人民是一个有古老的文化和革命传统的民族。我们经常唱的《马赛曲》和《国际歌》都出在你们那里，我们感到很亲切。这是法国人民值得自豪的。"

当天，周恩来陪同毛泽东接见了舒曼。舒曼提出了乔治·蓬皮杜访华的要求，毛泽东欣然接受。

1973年9月11日至17日，法兰西共和国总统乔治·蓬皮杜对中国进行正式访问。这是中法1964年建交以来，首位访华的法国总统。

蓬皮杜是1969年6月当选为法国总统的，此前蓬皮杜曾经6年连任戴高乐政府总理。因此，在对外政策上蓬皮杜继承了戴高乐时代的基本方针——坚持反对霸权主义，努力保持法国在国际事务中的独立性，维护法国在欧洲的大国地位，致力于西欧联合，扩大与发展中国家的合作。

虽然尼克松的访问在蓬皮杜之前，但中国尚未与美国建交，蓬皮杜则是同中国建交的西方国家中第一位应邀正式访问中国的国家元首。访华前，蓬皮杜总统已被发现患有癌症，医生反对他长途旅行到中国来。但性格坚毅的蓬皮杜总统不想像戴高乐将军那样留有遗憾，所以力排众议，坚持此行。

蓬皮杜一行于9月11日乘专机到达北京，周恩来亲自到机场迎接并陪同到宾馆。当时，周恩来的身体已经不太好，但是他坚持亲自过问蓬皮杜访华的每一项安排，并且全程陪同访华。

当晚，周恩来在人民大会堂举行盛大宴会，热烈欢迎法国贵宾。

周恩来在宴会的讲话中说，"中法两国社会制度不同，但是我们都愿意在互相尊重主权和领土完整、互不侵犯、互不干涉内政、平等互利、和平共处五项原则的基础上发展相互关系，因此我们可以交朋友。"又说，"我们之间还有另一个重要的共同点，这就是我们都爱护自己的独立和主权，都不允许世界上有哪个超级大国来控制、干涉或侵犯我们，都反对超级大国垄断国际事务"。周恩来重申，"中国愿意同世界上一切反对侵略、颠覆、干涉、控制和欺负的国家团结在一起，为争取国际局势的改进而共同努力"。周恩来预祝总统先生访问成功。

蓬皮杜也发表了讲话，他说："当我看到我们两国日益关心对方所说、所做的一切的时候，我就相信法中关系有着美好的前景。政治对话在我们两国政府之间逐步开展起来了。我相信，它必将不断深入下去，同时内容更加明确。这是因为它有一些原则做基础。尽管我们的制度不同，但这些原则是共同的。其中主要的原则是所有国家，无论大小，一律平等。还有独立的原则。这条原则使我们拒绝外国的任何干涉，反对会危及我们自己要来继续掌握自己命运的任何企图。"

12 日，蓬皮杜在邓小平陪同下兴致勃勃地参观故宫，对中国古代文化表示由衷的钦佩。下午 4 时，周恩来在人民大会堂与蓬皮杜进行会谈。下午 5 时，周恩来陪同毛泽东会见蓬皮杜，双方在无拘束的气氛中，就共同关心的问题广泛地交换了意见。

当晚，周恩来陪同蓬皮杜出席专场文艺晚会，观看现代舞剧《红色娘子军》。晚会结束时，外交部礼宾司经请示周恩来，将原拟奏乐曲《大海航行靠舵手》临时改奏由李劫大谱曲的《我们走在大路上》。对此，在场的江青大为不满，责令参加文艺晚会演出的中国舞剧团作出检讨。14 日，江青写一长信给张春桥、姚文元和吴德，提出："在这样场合下犯这样的错误，实在令人气愤"，"这是为林彪一伙翻案的行为"。由此可见，周恩来当时行事之艰难。

13 日、14 日，周恩来与蓬皮杜就广泛的国际问题举行会谈，着重对战后及当前世界局势和和平共处五项原则作了解说。

关于整个国际形势的看法，周恩来说："世界各国人民，特别是欧洲人民，经过两次世界大战后希望和平，这是人民的愿望。可是，客观事实不以人们的主观愿望为转移，它常常是按客观规律发展的。现在世界还是一个紧张局势，还没有得到真正和缓。"

谈到对革命问题的理解，周恩来说："各国的革命，只有确实到本国人民需要的时候，才会发生，而且只有本国人民自己起来，通过其革命实践、奋斗，找出的道路才是可靠的。""现在世界上所谓的'革命'也复杂得很，社会主义有各种各样的，革命也有各种各样的。所以，要很冷静地分析每个国家的具体情况，不要随便发表主张。"

蓬皮杜反应极其敏捷，向周恩来提出了"革命"与"和平共处五项原则"的关系的问题。

周恩来回答说："我们主张的革命和我们提出的和平共处五项原则并不矛盾。这五项原则同总统先生提倡的民族独立、主权有点接近。我们说的是互相尊重主权和领土完整、互不侵犯、互不干涉内政、平等互利、和平共处。就是说，有前四条，才能实现和平共处。"

谈到国内问题，蓬皮杜称赞中国毕竟是个大国，在世界上占有重要地位。

周恩来冷静地说："有人讲中国是个大国，我们说既是，又不完全是。从面积大、人口多这一点上看，这算是个大国；但从经济发展、经济实力上讲，却差得很远。如果按国民生产总值的人均水平看，我们要小得多，不能和你们比，你们现在十倍于我们。因此，尼克松总统、基辛格博士说我们是'潜在力量'，这是有道理的，就是说，是有发展前途的。我们还需要几十年的努力，至少到21世纪时，才能达到你们那个水平。"

蓬皮杜对周恩来的谦虚感触颇深，他说："相信中国一定会很快强大起来"。

周恩来对此也是充满信心的，但是，他强调说："如果中国强大了，要特别警惕大国沙文主义，强加于人目空一切。不仅现在要警惕，将来要也要警惕，要以此教育后代。"

9月14日，蓬皮杜举行的中外记者招待会，他说，他同中国领导人的会谈是"很坦率、很友好、很亲切、很诚挚的"。"我们对世界形势的分析，有很多观点是相同的"。"我们双方都确信，世界从未像现在这样处于多变的时期中。因此，各方要确保自己的稳固和稳定，同时也要适应形势的发展，而不要试图阻止其发展"。

蓬皮杜对这次访问感到满意。他说，"这不仅因为我们看到了伟大中国的古迹和中国的伟大文明，而且因为我们还了解了今天中国领导人的思想"。"我们同中国领导人的交换意见表明，法中两国领导人的直接接触是非常有益的。我们决定，这种个人接触要继续下去"。

一个外国记者提出"法国对反对霸权持什么态度"的问题，蓬皮杜回答说，"在历史上，许多国家一个跟着一个地争夺霸权，一般地说，这是没有好结果的。法国的立场是人们了解的，它不赞成任何霸权。我们反对其他国家追求霸权，我们自己也不追求霸权。"

谈到法中关系，蓬皮杜说，"我们两国在政治方面的关系自然是要发展的，因为归根结底，这是起主导作用的。"他指出，在经济、科学、技术和人员的交往方面也将发展。在人员交往方面，特别是两国交换留学生，两国青年之间的接触，将促进两国关系的发展。

晚上，蓬皮杜在法国驻中国大使馆举行答谢宴会，周恩来等人应邀出席宴会。宴会结束后，周恩来陪同蓬皮杜乘坐专列前往山西大同参观访问。一路上，周恩来畅谈他当年到法国勤工俭学的难忘岁月，纵论中法关系和世界形势，两人结下深厚的友情。

15日，周恩来陪同蓬皮杜前往大同市西北武州山南麓的古代文化遗产云冈石窟参观。这里有北魏时期的53个洞穴，造像51万余尊，最大的高达17米，生动形象，栩栩如生，是中华文化的瑰宝，蓬皮杜赞不绝口。

在参观过程中，周恩来看到，石窟内有一些佛像破损、风化严重，亟需修补。当即便询问有关部门的修补规划。随后，周恩来向随行的中外记者说："云冈石窟艺术，我们一定要想办法完好保存下来。刚才得知对此有一个十年修补规划，时间太长了。我们要在三年内把石窟修好，三年以后请你们再来这里参观。"

参观结束后，周恩来又陪蓬皮杜飞往杭州。9月16日，周恩来陪同蓬皮乘游艇观赏西湖的美丽景色。看到西湖水面出现的油污，周恩来指示当地负责人说："为了给我们的子孙后代留下一十风景如画的西湖，也为了让更多外宾在这胜似天堂的湖光山色中一饱眼福，今后西湖内应少用机动游艇，以避免湖水污染。"

当晚，周恩来陪蓬皮杜飞抵上海，二位领袖一起登上上海大厦俯瞰上海的美丽风光。

9月17日，上海下起了大雨，周恩来冒雨为蓬皮杜送行。在外宾离去后，周恩来还特意嘱咐有关负责人，给机场欢送群众喝些姜汤，以防感冒。同日，中法联合公报发表。公报称：双方满意地看到法兰西共和国总统对中华人民共和国的正式访问圆满地对加强两国之间的联系和两国人民的友谊作出了贡献。

遗憾的是，由于十年动乱的干扰和身体等方面的原因，周恩来没有实现应邀访问的法国的愿望。在邓小平副总理 1975 年 5 月访问法国时，即使在病中，周恩来念念不忘此事，还请邓小平带去对伟大的法国人民的亲切问候和良好祝愿。

10 月 10 日至 14 日会见加拿大总理皮埃尔·埃利奥特·特鲁多——"为中加两国关系的发展开辟更加广阔的前景"

1970 年 10 月，中加建交。加拿大成为北美第一个与中国建交的国家，并带动了一批西方国家开始与中国进行接触。在中加两国建交三周年的时候，皮埃尔·埃利奥特·特鲁多总理成为首位访华的加拿大总理。

1973 年 10 月 10 日下午，特鲁多和夫人乘专机到达北京，应邀来华正式访问。周恩来亲自到机场迎接，并陪同特鲁多检阅了中国人民解放军陆、海、空三军仪仗队。

10 月 11 日晚上，周恩来在人民大会堂宴会厅举行盛大宴会，欢迎特鲁多和夫人。

周恩来讲话说，"中加两国人民一向是友好的。在中国，谈到加拿大朋友，人们就会想起白求恩大夫。他为帮助中国人民革命，献出了自己宝贵的生命"。周恩来总理指出，"特鲁多总理的访问，是中加两国关系中的一件大事，必将进一步增进两国人民的了解和友谊，并为两国关系的发展开辟更加广阔的前景"。

特鲁多总理讲话中说，"加中两国人民可以彼此学习和共同分享的东西很多。他们都要求和平与安全、社会正义以及尊严和幸福的生活。有一位胜过旁人的加拿大人曾献身于帮助中国人民追求这些目标。他的贡献已为毛泽东主席的著作赋予不朽的声名。我敢相信，他所建立的我们两国之间的友谊仍然是坚不可摧的，这种友谊将从善意和辛勤的工作中得到抚育和增进，成长为可以经受住任何风暴的友好谅解的关系"。

讲话以后，乐队分别奏加拿大国歌和中国国歌。席间，乐队演奏了中加两国的乐曲。宴会结束时，特鲁多总理和夫人同乐队见面，感谢他们成功地演奏了《魁北克幻想曲》、《红河谷》等加拿大乐曲。

在北京期间，周恩来同特鲁多举行多次会谈，谈及世界和加拿大经济、中国革命、中加关系等等一系列问题，会谈的结果也是非常丰硕的。

自从1970年两国建立外交关系以来，双方贸易有了顺利的发展。作为进一步发展贸易关系的重要步骤，双方决定签订了一项贸易协定，使之成为今后三年内加中两国贸易发展的基础，协定中两国政府同意为发展两国有关贸易团体和企业间互利的长期贸易安排提供方便。

在医学和卫生方面，双方商定，加拿大将派医务人员来中国学习针刺麻醉；中国将派医务人员去加拿大学习神经生理、器官移植和人工肾。

在科学和技术方面，中国将派一些科学家代表团去加拿大研究激光、露天煤矿、地震、渔业和林业方面的工作；加拿大将派水力采煤、计量、渔业、林业和病虫害防治考察组访华。

关于文化、教育、体育和新闻方面的交往，双方达成两年之内互派留学生的安排。另外，双方决定，中国原则上同意接待一个加拿大交响乐团和加拿大国家画廊的加拿大画展；加拿大将接待目前正在伦敦展出的中国出土文物展览。双方还同意互换教师和互派教育代表团。双方同意在1974年互派三个体育队。中国将邀请一个加拿大新闻代表团访华。

在会谈中，讨论范围最广的一个问题是关于两国正式建立领事关系的谅解，这包括各自在对方的国家设立总领事馆。

关于双方差异比较大的国际事务，特鲁多总理认为，"虽然有些因素使双方不能用同样的眼光看待同样的事务，我们各自的观点至少相互是可以理解的，而且常常是很相似的"。

周恩来则诚恳地保证，加拿大同中国的友谊"过去和将来都是我们对外政策的重要因素"。

特鲁多对中国革命两个阶段的问题很感兴趣，周恩来说："每个阶段都有新的问题，要由新的一代来解决。我们不能为下一代制定出什么方案，让他们按照我们的方案做。我们只能设想一些原理和原则，真正具体化还需要无数代的努力。"

13 日下午 5 时至 6 时 35 分，周恩来陪同毛泽东在中南海会见了特鲁多。毛泽东对特鲁多在中加建交 3 周年的时候前来我国进行正式访问，表示热烈欢迎，双方进行了广泛的交谈。

同日，中华人民共和国政府和加拿大政府贸易协定今天在北京签字。签字以后，特鲁多总理向中国人民赠礼，礼物中有白求恩大夫发明、设计或使用过的外科手术工具——"铁制助理医生"和肋骨截断器。周恩来总理代表中国人民愉快地接受了这些珍贵的礼物。他说，"这些礼物体现了中加两国人民的永恒友谊"。特鲁多总理说，"我们希望白求恩大夫建立起来的友谊发展下去"。

这一天晚上，特鲁多总理举行盛大答谢宴会，并邀请周恩来等中国领导人出席。

特鲁多和周恩来先后在宴会上讲话。特鲁多总理说，"在北京的这些日子是令人十分愉快的。我们所达成的协议使我感到鼓舞，我们坦率的和内容充实的会谈使我感到高兴"。"今晚我们庆祝我们两国政府建立外交关系的决定，这肯定预示加中人民的友谊会有光明的前途和希望"。

周恩来在讲话中说，"在中加两国建交三周年的时候，特鲁多总理前来我国进行友好访问，这表明我们两国关系正在走向一个新的阶段。"周恩来请加拿大朋友们回国之后，向广大的加拿大人民转达中国人民的真诚友谊和良好祝愿。

宴会结束后，周恩来陪同特鲁多乘专车前往洛阳参观访问。

第二天下午，周恩来陪同特鲁多总理和夫人参观了位于洛阳市城南十二公里的龙门石窟。龙门石窟建于公元 5 世纪末的北魏时代，是我国规模宏大的古代石窟群之一。加拿大贵宾很有兴趣地参观了宾阳三洞、潜溪寺、万佛洞、千佛洞、古阳洞、奉先祠等主要洞窟。

晚上，周恩来陪同特鲁多一行乘专车离开洛阳到达郑州。之后，特鲁多和夫人又到中国的桂林、漓江等地游览和访问，并于 17 日下午乘专机离开桂林经广州回国。

10 月 31 日至 11 月 4 日会见澳大利亚总理惠特拉姆——"为两国关系的进一步发展开辟良好前景"

1949 年南京解放时，原澳大利亚驻华大使欧辅时曾向中共外事处长黄华表示，澳大利亚愿与新中国政府确立外交关系。但是，朝鲜战争的爆发与冷战的加剧使澳大利亚终于追随了美国的外交政策，与台湾保持了外交关系。

1968 年 11 月 28 日，澳大利亚共产党（马列）主席希尔曾访问中国，并受到了周恩来和毛泽东的接见。

随着中美关系的解冻与中加建交，澳大利亚工党在国内积极呼吁与中华人民共和国改善关系。1971 年 9 月，作为工党领袖，惠特拉姆曾经访华。1972 年时，惠特拉姆在澳大利亚大选中获胜，执政后不久，中澳两国建立了外交关系。1973 年 10 月 31 日至 11 月 4 日，澳大利亚总理惠特拉姆偕夫人应邀访华，成为首位访华的澳大利亚总理。

1973 年 10 月 31 日下午，惠特拉姆和夫人在结束了对日本的访问后，乘专机到达北京，周恩来等人亲自到机场欢迎，首都人民聚集在机场和主要街道上，热烈欢迎第一个前来我国访问的大洋洲国家的总理。

当惠特拉姆等贵宾走下飞机以后，周恩来总理等迎上前去同惠特拉姆总理和夫人握手。

周总理向惠特拉姆总理说："欢迎你。"

惠特拉姆总理说："我非常高兴再一次来到你们国家。"

当天晚上，周恩来在人民大会堂宴会厅举行盛大宴会，热烈欢迎澳大利亚总理爱德华·高夫·惠特拉姆和夫人。

周恩来在宴会上讲话说："惠特拉姆总理这次来我国正式访问，必将为两国关系的进一步发展开辟良好前景。并说，当前，国际形势很好。帝国主义的侵略和扩张正在激起各国人民日益强烈的反抗。整个世界在动乱中不断改变着面貌，第三世界的广大中小国家在国际事务中起着越来越大的作用。"

惠特拉姆总理在讲话中说，中国是我们的近邻。我们两国人民之间的密切合作和联系是既自然又有益的。本星期我们在北京的会谈——中澳两国总理间头一次这样的会谈——将会加强这种合作和联系。我们看到并欢迎中国在同其他国家的关系中强调各国一律平等和尊重中小国家的权利和意见的原则。中国支持尊重一切国家主权、独立和领土完整的原则，可以对巩固和平作出重要贡献。我们是支持这些基本原则的，而在我们为实现这些原则而共同努力的过程中，我们两国之间的合作也将日益密切。

讲话以后，乐队分别奏澳大利亚国歌和中国国歌。席间，乐队演奏了《我们的祖国多美好》、《友谊花盛开》等中国歌曲和《我的祖国》、《莫蒂尔德》等澳大利亚歌曲。

10月31日至11月3日，周恩来同惠特拉姆举行多次会谈，就中澳关系，东南亚和中东问题等交换看法。周恩来在会谈中讲到：蒋介石在台湾省有一个高雄港是自由港，没有税，吸引外资带着原料去建厂，利用台湾的廉价劳动力、劳务费，然后把商品回销外国，这样，吸引很多外资到台湾去投资。

11月1日上午，惠特拉姆总理和夫人在邓小平等人陪同，游览了颐和园，他们很有兴趣地参观了仁寿殿、乐寿堂、长廊和排云殿，观看了这里陈列的文物和工艺美术品。贵宾们还乘船游览了昆明湖。中午，宾主在听鹂馆共进午餐。晚上，惠特拉姆和夫人等澳大利亚贵宾应邀出席文艺晚会，观看了中国舞剧团演出的革命现代舞剧《白毛女》。

11月2日下午4时40分至6时10分，周恩来陪同毛泽东在中南海会见了澳大利亚总理惠特拉姆。

中午，首都新闻界举行宴会，欢迎随同惠特拉姆总理访问中国的澳大利亚新闻界朋友。下午，惠特拉姆和夫人游览了天坛公园，很高兴地参观了祈年殿、回音壁和皇穹宇等古迹。

3日上午，惠特拉姆等澳大利亚外宾参观了故宫博物院绘画馆，观看了这里陈列的二百多件卷轴和册页画。陪同参观的国家文物事业管理局局长王冶秋向贵宾介绍说，这些绘画是中国自西汉到清代一些较有代表性的作品，它们反映了中国的自然风光和历代社会生活的一些侧面。

晚上，惠特拉姆和夫人在人民大会堂举行盛大宴会，周恩来、邓小平等人应邀出席。

惠特拉姆和周恩来先后在宴会上讲话。惠特拉姆说，三天前他曾表示相信，这次访问会加深和增强中澳两国人民之间的友谊。"我认为我们的期望已经得到实现，而且是超过了。在我们的会谈中，以及在我们同毛泽东主席的会晤中，我们最广泛地谈到了我们两国和全世界所面对的各种问题和机会。我的同事们也进行了广泛的会谈。这些会谈都有实质的内容，都对澳大利亚具有实际的价值，而且我相信对中国也不是没有价值的。现在很清楚，在许多问题上，我们两国之间的利益和目的在很大程度上是一致的。即使在目前我们看法不同的那些事情上，我们对彼此的观点也有深切的谅解。"

谈到同周恩来总理的会谈时，惠特拉姆说，"我感谢你帮助我明白和更好地了解了中国的观点和立场。而且我感谢你赞同我对澳大利亚在我们这个地区能够和应该起的作用的看法。我这次回国，对于我的国家的作用和责任比以前更为明确了。"

惠特拉姆说："我相信在北京的这四天里，我们已经完全消除了过去一代的误会。我对澳大利亚同中国建立友谊这样迟缓深感惋惜，但是我可以代表我的人民和国家这样说：我们一旦交了一个朋友，我们对他的友谊就会是坚定不渝的。""在你们的首都，在完整而不可分割的中国的首都，我宣布我们两国人民之间将存在永恒的友谊。"

周恩来在讲话中说："贵国政府的两位部长和其他官员，还和我国政府有关部门的负责人，就两国扩大贸易、加强文化、科学技术交流等问题交换了意见，并达成了一些谅解。贵宾们在北京参观访问中，同我国人民进行了友好接触。这都表明，阁下这次访问时间，虽然短短只有几天，但对增进我们之间的了解，加强两国人民的友谊和发展两国关系，作出了重要的贡献。"

周恩来说："惠特拉姆总理很关心在澳大利亚的华裔和他们在中国的亲属团聚的问题。中国政府对此表示同情。我们很高兴地看到，许多中国人到澳大利亚以后，自愿地选择了澳大利亚的国籍，同当地其他人民友好相处，为澳大利亚的建设事业作出了一定的贡献。如果他们希望同在中国的亲属来往和团聚，我们愿意给予协助。我们相信这样做将会促进中澳两国人民友谊的发展。"

周恩来在讲话结束时请澳大利亚贵宾向澳大利亚政府和人民转达中国政府和人民的真诚友谊和良好的祝愿。惠特拉姆总理和周恩来总理讲话以后，乐队分别奏中国国歌和澳大利亚国歌。宴会自始至终洋溢着中澳两国人民友好的气氛。

宴会结束时，惠特拉姆总理由周恩来总理陪同来到乐队前，他赞扬乐队成功地演奏了澳大利亚乐曲。随后，乐队再次演奏了惠特拉姆总理所喜欢的澳大利亚乐曲《莫蒂尔德》。

4日，惠特拉姆和夫人等澳大利亚贵宾结束了在我国的正式访问，下午乘专机离开北京回国。周恩来等领导人以及首都群众数千人，前往机场热烈欢送。

这次访问后，中澳签署联合公报，正式确立了外交关系。惠特拉姆在不久之后的一次谈话中表示，他的中国之行"是一次成功的访问"，"我认为，我的访问象征着澳大利亚同世界上这个人口最多的国家之间一代人失去联系这样一个情况顺利地结束了"。

11月10日至14日会见美国国务卿基辛格——中美两国有必要在"具有权威的级别上"加以磋商

1973年3月15日，尼克松宣布，从5月1日起美国将在北京设立联络处。其联络处第一任主任为资深外交家布鲁斯，成员中有来自美国国务院和国家安全委员会各一人。尼克松在谈到关于任命布鲁斯的原因时指出，除了布鲁斯地位高和经验丰富之外，更重要的原因是要表示他保证对华政策连续性意图。中国则任命前驻法大使黄镇为驻华盛顿联络处主任。

联络处建立后，中国方面期待着尼克松履行他在1972年作出的承诺，即在他的第二任内完成关系正常化。中国已经准备好，就具体条件与美国人进行认真的谈判。

5月18日，周恩来接见美国驻华联络处主任布鲁斯，强调：中美上海公报是费了功夫才形成的，对其中的共同点，应该加快实行。

6 月 25 日，周恩来再次会见美国驻华联络处主任布鲁斯，提出：我们对美苏签订的核协定持怀疑态度，中国政府仍坚持中美上海公报的立场。历史表明，签订这类条约是靠不住的，现苏联领导人访美给人以两个大国主宰世界的印象。强调：我们不怕孤立，首先我们不丧失立场，同时我们又是现实主义者。说许多空话，不如做一件实事。

11 月 10 日到 14 日，基辛格以国务卿的身份再次访华，周恩来和叶剑英等与基辛格就中美关系、台湾问题及其它有关问题举行多次会谈。

基辛格说："最初我们由于相互需要走到一起来了，我们在此基础上怀着坦率、真诚、有远见的态度又进一步发展了这种关系。世界上没有任何别的国家领导人能像总理这样谈问题，原因之一是世界上其他国家的领导人都不能像总理这样全面思考问题。"

周恩来表示："你过誉了。这些话可以用在毛主席身上，我作为战友向他学习，但学得不够。你认为我们的关系是有原则性的、坦率、真诚、有远见的。我们同意这一说法。本着这种态度，我们什么问题都可以讨论。"

12 日，周恩来陪同毛泽东会见基辛格。

14 日，中美关于基辛格访华公报发表。公报表明中美关系前进了一大步，公报把共同反对霸权的范围从 1972 年上海公报所说的"亚洲—太平洋地区"扩大到全球。为此目的，确认两国有必要在"具有权威的级别上"加以磋商，双方将加强交流，增加贸易，扩大联络处的工作范围。

这次会谈是极富建设性的一次会谈，周恩来评价为"有远见"的会谈。但随着尼克松因水门事件辞职，周恩来因权力受限以及重病被迫退出外交活动，连同其他一些因素，中美关系从 1974 年起进入了一个停滞期。

这一年中，中美之间的交往途径也渐渐多了起来，周恩来就曾亲自接待过几位重要的美国名流。

1973 年 6 月 29 日，美国大通曼哈顿银行董事长戴维·洛克菲勒和夫人访华。当他深夜，周总理会见洛克菲勒长达两个多小时。此次谈话内容始终没有系统发表。2002 年出版的洛克菲勒回忆录，对这次会谈内容有比较详细的披露。

会谈中，周最感兴趣的是国际经济和货币形势。他就过去两年间美元贬值20%，美国面临高通胀，国际间汇率大幅波动连续提问。他回顾了二战后中国的金圆券急剧贬值和20世纪20年代初期去德国和法国勤工俭学期间目睹的德国物价失控，谈到通过与基辛格和尼克松会谈，发现他们对经济不太关心或知之甚少。周对美国所面临的经济问题可能对中国产生的影响十分关切，并请洛克菲勒讲解国际货币体系。

谈到中美关系时，周恩来指出：我们是刚开始跟你们接触，我们跟你们贸易往来中势必要使用美元来结算；中国银行可同大通银行直接办理互相汇款和支付旅行支票的业务，这是一个良好的开端。为此，两国银行必须有基本的信用。我们希望在平等互利和互通有无的基础上进行贸易。毫无疑问，你们的设备可以供应我们的需要，我们有些商品可以供应你们市场的需要。互相了解才能提出意见和要求，不然盲目性很大。周恩来最后强调：中美两国是大国，双方不可能不发展一点贸易。"所以，必须找到合适的方法。我们两国社会制度不同，在不同政治制度的基础上怎么找到有利于双方发展贸易的办法，这需要研究对方，了解对方。""互相多接触就能够推动发展平等互利、互通有无的贸易。"

10月26日，周恩来会见美国《纽约时报》外事专栏作家苏兹贝格。在谈到中美建交问题时，周恩来再次强调美方必须承认中华人民共和国为代表中国的唯一合法政府，美方已经准备这样做了，从《上海公报》中可以看出这个前途。作为中方来说，将自己解决台湾问题，统一祖国，《上海公报》中也可以看到这一前途。剩下的就是时间问题了。谈话中，苏兹贝格称周恩来是亚洲闻名的"工作最辛苦的人"。

12月8会见尼泊尔国王比兰德拉和王后艾什瓦尔雅——"中国政府和中国人民将一如既往地支持尼泊尔政府和人民的正义斗争"

中尼两国人民之间的友好关系源远流长。早在一千五百多年前，我们的先人就不畏艰难，越过喜马拉雅的险峻山峰，开辟了寻求友谊的道路。从那以后，中尼两国一直和睦相处。1955 年，两国建立外交关系，中尼两国之间的友好往来就更为密切。自 1972 年尼泊尔首相比斯塔访华后，中尼关系迅速发展。

1973 年，比兰德拉国王和艾什瓦尔雅王后来我国进行友好访问，中国政府热情接待。在这次访问后，两国正式确立外交关系，并签署多项经济技术合作协定。

12 月 7 日，尼泊尔国王比兰德拉·比尔·比克拉姆·沙阿·德瓦陛下和王后艾什瓦尔雅·拉吉雅·拉克西米·黛维·沙阿陛下，乘专机离开加德满都前往中国进行国事访问。在离开尼泊尔之前，比兰德拉国王向尼泊尔国民发表文告说："中国是我们最紧密的邻邦之一，自古以来我们同这个国家就有着令人十分满意的关系。""我们希望，通过这次访问中国，两国之间的关系将进一步加强，合作的领域将进一步扩大。"

7 日，比兰德拉国王和艾什瓦尔雅王后到达昆明，并游览了昆明的名胜西山。

8 日下午，比兰德拉国王和艾什瓦尔雅王后从昆明乘专机到达北京。周恩来、李先念、邓小平等人到机场热烈欢迎。当晚，周恩来会见了尼泊尔国王比兰德拉陛下和王后艾什瓦尔雅陛下，宾主进行了友好的谈话，并在一起照了相。会见后，周恩来在人民大会堂举行盛大宴会，热烈欢迎比兰德拉国王陛下和艾什瓦尔雅王后陛下，以及随同来访的其他尼泊尔贵宾。

周恩来在讲话中热烈欢迎比兰德拉国王陛下和王后陛下，赞扬在比兰德拉国王陛下的领导下，尼泊尔王国政府坚决执行已故国王马亨德拉陛下制订的维护民族独立和发展民族经济的内外政策。并说，"我们一贯主张国家不分大小、贫富和强弱，应该平等相待。我们坚决反对以大欺小、以富压贫、以强凌弱的霸权主义和强权政治。""中国政府和中国人民将一如既往，坚决支持尼泊尔政府和人民反对外来干涉、维护民族独立和国家主权的正义斗争。"

比兰德拉国王在讲话中赞扬尼中两国建交以来的密切合作，产生了一种完全信任的气氛。"尼泊尔坚持不渝地奉行独立的不结盟政策，是从尼泊尔人民保持自己独立个性的最深刻的愿望出发的。"他认为一个国家对他国施加压力或受他国压迫，是不能接受的。他主张世界各国，不分大小，都有权在不受外来干涉的情况下选择和发展最适合于本民族特性的制度。

12 月 9 日下午 3 时 40 分，周恩来在人民大会堂与尼泊尔国王比兰德拉进行会谈。下午 6 时，周恩来陪同毛泽东会见了比兰德拉和王后艾什瓦尔雅。这是毛主席同比兰德拉国王的第二次会见。1966 年，比兰德拉作为王太子访问我国时，毛主席曾会见过他。

当天上午，比兰德拉国王和艾什瓦尔雅王后等尼泊尔贵宾游览了长城。晚上，比兰德拉国王一行应邀出席文艺晚会，观看了由中国舞剧团演出的现代舞剧《红色娘子军》。

10 日下午 5 时，周恩来在钓鱼台宾馆 18 号楼与比兰德拉国王继续会谈。当晚，奉尼泊尔国王比兰德拉和王后艾什瓦尔雅之命，尼泊尔驻中国大使苏巴和夫人在人民大会堂宴会厅举行盛大宴会，周恩来应邀出席宴会，并做了讲话。

11 日上午，比兰德拉一行乘专机离开北京前往南京进行访问。周恩来等人亲自到机场送行，并在首都机场举行了隆重的欢送仪式。

15 日，尼泊尔比兰德拉国王结束了中国的访问，在广州离开了中国。

10 月 20 日会见日本自民党众议员藤山爱一郎——"中日建交以后开辟了一个新的阶段，这样一个前途是扭不回去了"

中日建交后，周恩来继续致力于推动中日关系的改善，中日关系在民间和官方两个层次上同时进行，相互促进。

1972 年 10 月 20 日，周恩来会见日本自民党众议员、促进恢复日中邦交议员联盟会长藤山爱一郎及其随行人员。在谈到日美安全条约问题时，周恩来说："中日联合声明中没有接触这个问题，并不表明中国对这个条约没有意见。但是我们认为，中日建交把台湾问题解决了，我们可以不接触这个问题，说明中日建交不针对第三国。"又说："田中首相最近讲到日美友好关系仍是日本外交的基轴，我们不反对他们这样说。现在不需要提马上修改日美安全条约。"23 日，周恩来出席中日友好协会为欢迎在京的日本友好团体访华团、参观团和其他日本友好人士举行的招待会。共庆中日邦交正常化。

1973年1月18日至20日，周恩来连续会见日本自由民主党众议院议员、前建设大臣木村武雄，日本通产大臣中曾根康弘。

3月7日下午5时30分，周恩来在人民大会堂和廖承志会见日本朋友西园寺公一和夫人西园寺雪江、长子西园寺一晃以及东京西园寺事务所负责人南村志朗，就中日双方大使赴任、中日友协代表团访日等问题进行交谈。

6月30日，周恩来前往北京展览馆参观日本自动化电子仪器设备和医疗器械展览会，并会见展览团负责人和日本驻华大使小川平四郎。

在谈到中国最近试验氢弹的问题时，周恩来请小川大使转告田中首相："我感谢田中首相在众议院答辩时说，中国的核武器不威胁日本。在田中首相和太平外相访问我国时，我同他们谈到了我们的核武器是自卫的，决不首先使用。他一直相信我这个话。日本是唯一的原子弹受害国家，日本人民反对核武器试验的立场我们是可以理解的，对此我们是站在同情的立场上的。林佐一公使对我们这次氢弹试验向我们的司长提出抗议，根据贵国政府的立场不得不这样做，我们很理解，正如田中理解我们的立场一样。我们应该相互理解。大使阁下知道，我们搞试验的尘埃要通过我国四亿人口的头上，如果说有害的话，我们自己首先受害。我们不会拿这个做儿戏的。"

9月9日，周恩来接见日本驻华大使小川平四郎，谈到："中日建交快一年了，从表面上看好像在两国国家关系上做出的事情还不算多，但这不要紧。实际上我们做了不少事情，出现了许多新的现象。有的是见诸于文字的，有的是没有见诸于文字的。""的确有台湾这个障碍，要承认这个事实。但是，这一点我们总是要解决的。中日两国不要因为这么一件事情就使大的方针受到妨碍。大的方针就是中日两国如何把和平友好条约签起来，这对改进远东形势有好处。"

周恩来特别强调了台湾问题的重要性，并重申了中国在台湾问题上的立场："我们希望中日两国不要因小失大。中日和平友好是大局，台湾是小局。不要因为台湾这个小局妨碍大局的前进。小局要服从大局，不能大局服从小局。要名正言顺。""只有一个中国，不能有两个中国。一部分日本人一定要和台湾来往，这是题中必然出现的文章，我们并不重视这件事。但是有一条，如果是代表日本政府或国会去的，问题就大了，那就不行，那就等于承认两个中国。如果是把台湾作为中国的一个部分看待，那就是另外一个问题。"

10月10日凌晨1时40分，周恩来在人民大会堂会见以日中友协（正统）理事长官崎世民为团长的日中友协（正统）代表团和以日中文化交流协会常任理事宫川寅雄为团长的日中文化交流协会代表团。在谈话中提出："中日两国友好团体之间的友好往来和办外交不同，主人需要什么，怎样做条件合适，都要照顾到。"又说："友好重在精神，不在物质，尤其不在排场。对国家的开支一点不注意节约，不提倡节俭，这不是一个爱国主义者，是一个浪费主义者，也是违反社会主义原则的。"

凌晨2时30分，周恩来在人民大会堂专门会见了古井喜实、田川诚一等日本朋友时说：一个人做事果断的话，总会引起一些人的不满意。我钦佩你们首相、外相在恢复中日邦交问题上的果断。道路总是不平坦的，总是曲折的。最近还有七十几个议员跑到台湾去，当然这也没有什么了不起。两国的政治关系常常是有曲折的。我们基本上从去年建交以后结束了半个世纪的不正常状态，开辟了一个新的阶段。这样一个前途是扭不回去了。

11月28日晚9时5分，周恩来在人民大会堂新疆厅和廖志承会见以冈崎嘉平太为团长的日本日中备忘录贸易访华代表团和日本日中备忘录贸易办事处驻北京联络处的代表和工作人员。

1974 年

2月21日至3月2日会见赞比亚共和国总统肯尼思·戴维·卡翁达——签订《中赞经济技术协定》

赞比亚是与中国较早建交的非洲国家之一，也是中国当时的主要援助对象。1967年6月21日至25日，赞比亚总统肯尼思·戴维·卡翁达第一次访华。周恩来接待了卡翁达，并与他进行了多次会谈。

在22日的会谈中，周恩来说：帝国主义就是拿原子弹、导弹、氢弹吓人的，并且想垄断它们。我们要揭穿它。帝国主义的"禁止核扩散"是一句假话，这意味着他们搞核垄断。在23日会谈中周恩来说：要巩固民族独立，就要取得经济独立。

24日，周恩来陪毛泽东会见卡翁达。当时"文化大革命"刚刚开始，卡翁达是"文革"爆发后首位来华访问的非洲元首，毛泽东破例在人民大会堂门口亲自迎接卡翁达总统。在这次会谈中，中国与赞比亚商定了修建坦赞铁路的相关事宜。

25日，周恩来陪卡翁达及其夫人到上海参观。同日，在会谈中，周恩来提出中国派援外专家的三条原则：（一）不干涉驻在国内政，全心全意为人民服务；（二）教会驻在国的人后尽快回国；（三）工资待遇和驻在国同等技术人员完全相同，不能有任何特权，不得有大国沙文主义。

6月25日，周恩来在上海送卡翁达总统回国。

1974年2月21日至3月2日，赞比亚共和国总统肯尼思·戴维·卡翁达博士和夫人贝蒂·卡翁达以及其他赞比亚贵宾，应我国政府的邀请前来进行正式访问。

21 日下午，卡翁达一行乘专机到达北京。首都群众数千人聚集在机场上，隆重、热烈地欢迎来自非洲大陆的友好使者，周恩来等人也亲自到机场迎接。

晚上，周恩来会见了赞比亚共和国总统肯尼思·戴维·卡翁达博士和夫人等赞比亚贵宾。会见后，周恩来总理在人民大会堂举行盛大宴会，热烈欢迎卡翁达总统和夫人以及其他赞比亚贵宾。周恩来总理和卡翁达总统先后在宴会上讲话。

22 日下午 2 时 5 分至 3 时 30 分，周恩来陪同毛泽东在中南海游泳池的住所会见了卡翁达和夫人等赞比亚代表团成员。

谈话中，毛泽东提出关于划分三个世界的观点，即：第一世界是美苏两个具有最强军事和经济实力、在世界范围推行霸权主义的超级大国，第三世界指亚洲、非洲、拉丁美洲和其它发展中国家，第二世界指处于这两者之间的发达国家。毛泽东指出：中国属于第三世界，只能跟一些比较穷的国家在一起。

周恩来在同日与卡翁达的会谈中，回顾了二次大战后中间地带的历史演变过程，进一步阐发了毛泽东关于三个世界划分的战略思想，说：祸根还是从第一世界来的，两霸争夺世界；第二世界是中间派，是从第二中间地带演变过来的；第三世界主要就是亚非拉。强调包括中国在内的第三世界国家应联合起来，共同对付两个超级大国。

当晚，周恩来陪同卡翁达出席文艺晚会，观看了北京京剧团演出的革命现代京剧《沙家浜》。

23，周恩来同卡翁达继续举行了会谈。上午，卡翁达参观了北京市郊区中越友好人民公社。

24 日，《中华人民共和国政府和赞比亚共和国政府经济技术合作协定》在北京签字。周恩来和卡翁达共同出席了签字仪式。

当天晚上，卡翁达和夫人在人民大会堂举行盛大宴会，周恩来应邀出席，并做了讲话。

25 日起，卡翁达一行乘专车离开北京，到中国河南、广东等地参观访问。3 月 2 日早晨，卡翁达一行圆满结束了对中国的正式访问，乘专机离开广州前往巴基斯坦。

4 月 22 日会见日本自由民主党前众议员川崎秀二——中日之间要平等互惠地发展经济关系

1974 年 4 月 22 日，周恩来接见了日本自由民主党前众议员、日本世界青少年交流协会会长川崎秀二及其随员。川崎秀二一生多次访问中国，对促进和发展日中两国和两国人民的友好事业作出了很多贡献。

在谈到中日通航、两国外贸问题时，周恩来说：我们在国际航线方面的知识不如日本，因此需要学习你们的经验；现中国对外贸易不是主要部分，国内贸易是主要部分。在谈到粮食问题时说，我们自己粮食负担都很重，还要帮助别的国家。

关于日本自卫问题，周恩来说："日本面临着自卫问题。到底是自卫还是扩张，这在日本思想界里还是一个问题。有一点自卫力量是应该的，但有的人借搞自卫武装恢复军国主义那一套。武士道、天皇制、靖国神社法案也搬出来了。这种人虽然不多，能量却很大。"

在川崎提到去年 8 月间，西方一些报道认为中国开展批孔，也牵涉到周总理，一些日本朋友对此感到担心时，周恩来说："我们这一代都是反对孔子的，从五四运动起，就提出'打倒孔家店'的口号。孔子思想在中国社会已影响了两千多年，批判并肃清这种影响对中国人民来说是一件大事情，并且是长期的、艰巨的任务。在批孔的同时，还要对历史上改革派的思想进行宣传，当然我们不是继承法家，今天马列主义哲学思想已远远超过了法家。"

当川崎表示希望周恩来访问日本时，周恩来不无感慨地答道：我现在很难回答你这个问题，因为我欠的"账"太多了，所以我跟人家说"我出不去了"。

当时，周恩来的身体已经越来越差，但他仍然坚持工作和会见外宾。1975 年 1 月 16 日，周恩来会见日中经济协会会长稻山嘉宽等日本朋友。谈话中说："中日两国之间的经济合作也要发展，在五项原则的基础上，平等互惠地发展经济关系。"又说："你们希望我们的石油开采快些。我们抓这个工作不算晚，从五十年代下半期开始，至今已近二十年。但毕竟时间短了些，再有二十年，可能像样一些。"

1975 年 6 月 12 日，周恩来在重病之中会见日中友好议员联盟会长、日本国际贸易促进会会长藤山爱一郎等日本朋友。

周恩来对中日民间外交的贡献是多方面的，认真地吸取其中的有益经验对于我们今天从事对日民间外交的实践有着重要的理论与现实意义。

5 月 11 日、12 日会见巴基斯坦总理佐勒菲卡尔·阿里·布托
——开启两国关系充满活力的新阶段

1974 年 5 月 11 日至 14 日，巴基斯坦总理佐勒菲卡尔·阿里·布托应周恩来总理邀请对中国进行正式访问。

这是布托总统第三次访华。1974 年，巴基斯坦与孟加拉国、印度经过艰苦谈判，终于达成三方协议，解决了被印度扣押的巴基斯坦战俘与平民问题，使联合国大会和安理会关于印巴冲突的相关协议得到实施。与此同时，巴基斯坦国内形势也越来越好。布托总理对南亚次大陆的和平局势作出了重大贡献。

11 日下午，布托和夫人及其随行人员乘专机到达北京，受到我国领导人和首都群众隆重、热烈的欢迎。

当时，周恩来身体状况已经很差，外交部原拟推迟布托总理来华日期，周恩来经与外交部商议并报毛泽东同意，布托访华日程仍照原计划不变，只在外交礼仪上有所改变。周恩来和邓颖超在宾馆迎接了布托夫妇等巴基斯坦贵宾。

当晚 8 时 35 分至 10 时 10 分，周恩来在中南海陪同毛泽东主席会见了巴基斯坦总理布托。

12 日下午 3 时 45 分，周恩来在邓小平陪同下在人民大会堂新疆厅一起同布托举行会谈。正式会谈前，邓小平首先建议：遵照医生的劝告，周总理参加会谈的时间最好不超过一小时。随即，双方领导人就南亚次大陆形势及中巴关系等问题交换了看法。13 日、14 日，邓小平与布托进行了多次会谈。14 日，中巴两国政府发表联合公报。当天下午，布托一行结束了对中国的正式访问，乘专机离开北京回国。

布托总理这次访华的时间虽然短暂，但布托认为，这次访问是"在我们两国关系上开启了一个充满活力的新阶段"，"进一步巩固了我们之间已经存在的合作关系，加强了我们一致要求为和平和第三世界的事业继续努力的决心。"

5 月 24 日至 27 日会见英国前首相、英保守党领袖爱德华·希思——中英关系的坚冰渐渐融化

新中国建立后，受美国对华政策的影响，中英关系一直冷淡。英国虽然曾在 20 世纪 50 年代宣布承认新中国，并终止了与台湾当局的外交关系，但因为冷战格局的影响，英国并未撤销其在台湾的领事馆，并一直声称台湾法律地位未定，长期坚持"一中一台"立场。受此影响，中英建交谈判进展缓慢。虽然在 1950 年 2 月就已经展开，但仅在 1954 年互设代办处，确立"半外交关系"。

"文革"开始后，极左思潮也进入香港华人社会，引发香港社会动荡，中英关系出现重大反复。港英当局下令查封《大公报》、《文汇报》，并逮捕了新华社记者，酿成香港 1967 年严重流血事件。1967 年北京"火烧英国代办处"事件发生时，中英关系一度剑拔弩张。

周恩来的努力促使中英关系发生回转，1970 年，中英关系恢复到了"文革"前的水平。

1970 年 12 月 22 日，周恩来会见并宴请以主席雷格·伯奇为团长的英国共产党（马列）访华代表团。31 日，周恩来同英共（马列）代表团举行了会谈。

1971 年 3 月 2 日，周恩来接见英国新任驻华代办谭森，在谈到 1967 年火烧英国代办处事件的时候，极其坦率地说："英代办处房子是被坏人烧的，中国政府是反对这种做法的。那天晚上，以我为首的几个人联名广播，劝包围英代办处的人不要冲、烧，但是那些坏人不听。你们的代办后来由解放军保护起来了。我们祝贺你们搬回新居，修复费用应由中国方面负担。"

周恩来的坦诚态度使谭森极为满意，他认为中英关系由代办升格大使级

外交关系的时机已经成熟。周恩来坦率地指出："障碍主要是英国在台湾仍设有领事馆，以及英在联合国关于恢复我合法席位问题上'脚踏两只船'的态度。为什么英国没有自己独立的外交政策而一定要跟美国一致？结果法国走在前面了。"又说："过去，我提出过在香港设官方代表问题，英方没有答复，而现在英却坚持在我台湾省有一官方机构，这是矛盾的。"

由于英国在台湾问题上模棱两可，中英谈判再度陷于僵局。

1971年7月15日，阿尔巴尼亚等十八国（后增加到二十三国）提出恢复中华人民共和国在联合国的合法席位的备忘录和提案。

10月18日，会见英国友好人士马·麦克唐纳，双方谈到了中英关系和新中国在联合国合法的席位问题。周恩来说："西方国家中承认中国的第一个是英国，但到现在还没有交换大使，简直是非常可笑。它承认中华人民共和国，又不完全承认，有三个保留〔即：在台湾保留领事，在联合国投双方（中国、台湾）的票，不完全否认'台湾地位未定'〕。最近，保守党政府表示，说它决心和中国交换大使，并且公开声明投阿尔巴尼亚等二十几国提案的票。再一个是，它公开承认只要交换大使以后，它就把在淡水的这个总领事撤走，已经达成协议了，英国政府承认中华人民共和国政府关于台湾是中华人民共和国的一个省的立场。我们两国的协议里有这样的说法。"

1971年11月20日，周恩来会见《印度对华战争》一书作者、英国作家兼记者马克斯韦尔。

双方谈了第二次世界大战后的形势，周恩来说："战后二十六年来，并没有爆发新的世界大战，但是在亚非拉这个第一中间地带，小的战争一直不断，其中首先发生的一个比较大的战争就是中国的内战。"

在谈到前不久尼克松、希思等人对战后世界局势的评价时，周恩来坦率地说："我们承认，我们可以在几十年后发展成为一个强盛的国家。但我们声明，无论如何我们不做超级大国。现在不做，将来也不做。从整个世界来看，国家要独立，民族要解放，人民要革命，已成为不可抗拒的历史发展的趋势。"

1971年基辛格访华并发表中美联合公报后，英国在联合国和台湾问题上的立场发生变化，中英新一轮谈判1972年2月至3月初再次举行。3月13

日，双方签署了关系正常化协议公报。中英外交实现了由外交关系上升为大使级，建立了完全的外交关系，这推动了两国关系在多方面的全面发展。

中英外交关系由代办级升格为大使级，为两国领导人互相进行国事访问铺平了道路。因为在代办一级外交关系情况下，不能接受政府领导人的高级国事访问。此后两国高层官员互访频繁。1972年10月，英国外交大臣道格拉斯·霍姆访问中国，成为新中国历史上第一位访华现任外相。第二年，中国时任外交部长姬鹏飞对英国作了回访，受到英国政府和各界的热烈欢迎。两国外长实现历史性的互访，成为中英政治关系升温的第一波。

当时，英国首相、保守党领袖爱德华·希思曾计划在1974年1月访问中国，成为历史上第一个访问中国的英国首相。但是，由于1973年年底至1974年年初英国国内经济形势恶化、政治局面动荡，希思于1974年2月7日宣布提前16个月举行大选，以寻找出路，访问不得不推迟。大选后，保守党成为了在野党，希思也成为了前首相，但中方并未因此而改变对希思的邀请。

在下野两个多月后，1974年5月24日，英国前首相、英保守党领袖爱德华·希思应邀访华。邓小平在机场迎接他，两人也由此结下了深厚的友谊。

当时，周恩来的病情已恶化，癌症转移，身体明显消瘦。

25日，周恩来和往常一样，沉着、潇洒地把希思引进毛泽东的书房，把陪见的人一个一个地介绍给毛泽东相识握手。而他自己则和以往一样，默默地站立在摄影镜之外。

会谈一开始，双方互相问好，希思兴奋地谈起他刚下飞机时的欢迎场面，他说："机场的欢迎十分动人，色彩鲜艳，情绪活跃。"

毛泽东马上问周恩来："为什么没有仪仗队？"

周恩来回来："因为照顾他不是现任首相，怕引起误会，使现任首相不高兴。"

毛泽东说："我看还是要有。"

周恩来说："走的时候加。"

在一旁参加会见担任记录员的王海容提醒说："不怕得罪威尔逊啊？"

毛泽东回答："不怕！"然后面向希思，诙谐地说："我是投你的票的！"

希思高兴地笑起来，并不住地点头，会谈气氛很好。两个人海阔天空地聊了起来，时间不知不觉地过了一个多小时，周恩来怕毛泽东过于疲劳，看了3次表。

27日，周恩来和邓小平同希思就战后世界力量的划分、国际和欧洲形势等问题交换了看法。周恩来对希思在1971年10月保守党年会上发表的演说表示欣赏。

周恩来说：关于"新的力量"问题，中国距此还远得很，还得到三四十年以后，才能看到一点力量。中国有一句俗话叫"人贵有自知之明"，一个国家也是如此，应有"自知之明"。我们在国外有影响，但主要还是在国内，我们国内的工作负担很重。

在这次会谈的几天之后，6月1日，周恩来住进了305医院，直到生命最后的一刻！

尽管希思当时刚刚输掉了大选，但希思的这次访问对于中国而言，还是有着打破多年坚冰，恢复和西方世界交往的重要意义。

希思与中国有着特殊的感情，在他的任内（1970年~1974年），英国和中国建立了大使级外交关系。在1974年首次访华后的27年间，希思26次访问中国，也是英国在任首相、在野前首相中唯一一个与毛泽东、周恩来和邓小平三位中国领导人都会见过的人。

上世纪80年代，希思在英中两国解决香港问题的谈判中也发挥了重要作用。在希思86岁高龄之际，这位"中国人民的老朋友"获得了中国人民对外友好协会向海外友人颁发的中国民间外交领域的最高荣誉——"人民友谊使者"称号。希思是获得此项荣誉的第二位英国人，第一位是划时代巨著《中国科学技术史》的作者李约瑟博士。

5月28日、29日会见马来西亚总理拉扎克——最后一次与外国首脑举行正式会谈

1974年5月28日至6月2日，马来西亚总理敦·阿卜杜勒·拉扎克·宾·达图·侯赛因应周恩来总理邀请访华。

28日晚，周恩来在人民大会堂宴会厅举行宴会，欢迎马来西亚贵宾的来

访。周恩来和拉扎克先后在宴会上讲了话。

周恩来说:"实现中马两国关系正常化,是符合中马两国人民利益的。拉扎克总理这次来我国访问,两国政府将正式宣布建交,从而揭开了中马关系史上新的一页。中国政府和人民对此表示热烈的欢迎。"周恩来指出:"实现中马两国关系正常化,是符合中马两国人民利益的。拉扎克总理这次来我国访问,两国政府将正式宣布建交,从而揭开了中马关系史上新的一页。中国政府和人民对此表示热烈的欢迎。"

拉扎克总理在讲话中说:"我这次到北京访问,其目的是要恢复和加强我们两国悠久的关系。这次访问,将实现两国的外交关系正常化。""我们马来西亚热诚地欢迎我们之间关系的发展。我深信,我们两国对促进相互的谅解会作出重要的贡献。我也是本着这种精神展望更加幸福和更加光明的未来。"

他们讲话以后,乐队分别奏马来西亚国歌和中国国歌,宾主频频举杯祝中马两国人民的友谊不断发展。

29日下午4时10分,周恩来在中南海陪同毛泽东会见了拉扎克一行。

在拉扎克访问期间,周恩来与他共进行了多次会谈。当时,周恩来已是重病缠身,身体极度虚弱。但他在医护人员随时准备抢救的情况下,仍然坚持按原计划同拉扎克就中马两国建交问题举行会谈,具体的参观、接待工作,则由华国锋、李先念陪同。

5月29日下午6时30分,在人民大会堂和李先念副总理同马来西亚总理拉扎克会谈时说:"我一贯主张中国血统的人凡已取得或将取得当地国籍者,即成为当地公民。我不赞成双重国籍。对尚未参加马国籍的20万华人,如有愿参加马国籍的,我表示鼓励;如要求保留中国籍,原则上可同意发护照,但要在建馆后,经过调查研究再解决。"

这一次与拉扎克的会谈,是周恩来光辉的外交生涯中,最后一次与外国首脑举行正式会谈。第二天,周恩来就住进了医院,直到生命结束。

5月31日,周恩来和拉扎克分别代表本国政府签署中马联合公报。联合公报宣布,中华人民共和国政府和马来西亚政府,为了增进两国人民的传统友谊,决定自公报公布之日起互相承认并建立外交关系。

9月20日会见菲律宾马科斯总统夫人伊梅尔达·马科斯——启动了菲律宾与中国关系正常化的机器

1974年9月20日，周恩来会见菲律宾总统马科斯的特别代表、马科斯总统夫人伊梅尔达·马科斯。

当时，菲律宾还没有和中国建交。自1946年菲律宾宣布独立以来，受美国政策影响，菲律宾长期推行反华政策，与台湾保持外交关系。

早在1972年2月10日，周恩来接见菲律宾总统代表罗慕尔德斯时，周恩来就强调：台湾是中国的一个省，是中国不可分割的领土，不存在"台湾地位未定"的问题。不论是中华人民共和国也好，蒋介石也好，都承认只有一个中国。这个中国包括台湾省在内。

1973年5月，菲律宾商会主席卡拉维西亚率领的贸易代表团访华，周恩来总理接见了他们。

周总理指出：目前你们与台湾有外交关系，所以同我们建交还有困难。但我们可以等待，我们不着急。在没建交以前，可以先从贸易、文化入手，贸易可以发展，文化交流也可进行一些，比如乒乓球、羽毛球比赛等。

谈到两国贸易问题，周恩来说：中菲两国贸易的发展，现在还是初步阶段，还是采取互相往来的办法好，这次你们来，下次我们去，双方定期会晤，研究两国贸易问题。

卡拉维西亚回国后向马科斯汇报，马科斯打算逐步发展中菲关系。

1974年9月20日，菲律宾共和国总统马科斯派他的夫人和儿子来中国访问。当时，周恩来因刚刚动过手术，身体还很虚弱，但仍然坚持在医院里会见了马科斯夫人。

双方谈到了中菲建交问题，周恩来指出："马科斯总统了解我们的政策。我们建交的原则是，建交国必须与台湾断交。因为台湾是我们的一个省，解决建交必须要解决这个问题。我们与日本、马来西亚建交就是在这个基础上解决的。至于台湾在菲投资问题，可看作地区性的问题加以解决。中菲建交是两个国家之间的事，菲和台湾的关系是和中国一个地区的关系。"

9月25日，马科斯夫人到长沙拜会了毛泽东。

马科斯夫人的中国之行开启了中菲建交的大门，马科斯总统听了伊梅尔达的汇报后说：伊梅尔达此次中国之行"启动了菲律宾与中国关系正常化的机器"。第二年的 6 月 9 日 我国与菲律宾正式建交。

10 月 19 日会见丹麦首相保罗·哈特林和夫人——促进中国与欧盟的正式建交

1950 年 5 月 11 日，中国和丹麦在北京和哥本哈根同时发布建交消息，丹麦成为最早与中华人民共和国建交的国家之一。丹麦虽是个北欧小国，但它的文化对人类却是不可思议的贡献，比如安徒生。

20 世纪 70 年代，美苏对北欧丹麦、挪威等国家的争夺加剧，丹、挪两国抗衡苏联和对美国离心的趋势都有发展。1971 年年初，丹、挪两国与美国发生萨门渔战，双方关系一度白热化。丹麦遏制波罗的海出海口，而挪威在苏联控制北部海域的企图中处在最容易暴露的位置，苏联千方百计希望控制这两个国家。丹麦视苏联为最大威胁，自然希望尽快与中国改善关系，以牵制苏联，确保自身安全。

1974 年 10 月 18 日至 27 日，丹麦首相保罗·哈特林夫妇及其随行人员访华，哈特林也成为第一个访问新中国的西方国家的政府首脑。

10 月 19 日，周恩来在医院会见了保罗·哈特林和夫人埃尔塞贝特·哈特林，邓小平、乔冠华等参加了本次会见。20 日，毛泽东在长沙会见了哈特林和夫人等丹麦贵宾。

此次访华，哈特林建议中国与欧共体（欧洲联盟的前身）互派代表团，为促成 1975 年中国与欧盟的正式建交作出了贡献。

在华期间，首相夫妇曾到中国的长城、延安、西安、桂林、漓江、广州等地游览、访问。

11 月 10 日会见也门民主人民共和国总统委员会主席萨勒姆·鲁巴伊·阿里——"我们的援助一定要有利于你们的经济独立"

也门位于阿拉伯半岛西南端，是阿拉伯世界古代文明摇篮之一。1918 年，奥斯曼帝国崩溃，也门建立了独立的穆塔瓦基利亚王国，成为阿拉伯第一个摆脱殖民统治宣告独立的国家。1934 年，也门王国在同沙特阿拉伯王室的战争中失败，英国乘机迫使其签署不平等条约，承认英国对南部也门的占领，也门被正式分割为南北两方。1962 年 9 月，北也门成立阿拉伯也门共和国。1963 年南部人民在"民主阵线"领导下，举行大规模的反英武装斗争，1967 年独立，成立也门民主人民共和国。

中国与也门有着悠久的历史关系，自汉代就有贸易往来。1956 年 9 月 24 日，中国和也门建立了公使级外交关系。也门是继埃及和叙利亚后第三个承认中华人民共和国的阿拉伯国家，支持中国恢复在联合国的合法席位。

1968 年 1 月 31 日中国与也门民主人民共和国建立大使级外交关系。同一年 9 月 24 日，周恩来接见了南也门外交部部长塞弗·艾哈迈德·扎莱。当时，周恩来语重心长地说："革命不要超越阶段，这话是对的。你们现在要把民族独立搞彻底，巩固起来，搞社会主义是下一阶段的问题。"又说："我们的援助一定要有利于你们的经济独立，而不是助长你们的依靠。助长依靠是害你们，得不到好处，不是真正的朋友。只要你们为独立而奋斗，需要东西，我们尽可能帮助。"

1972 年 7 月 9 日，也门民主人民共和国临时最高人民委员会主席伊斯梅尔率领政府代表团访问中国，周恩来主持了热情的欢迎、接待工作。周恩来同伊斯梅尔等人举行多次会谈，最终，两国政府签订了经济技术合作协定。

1974 年 11 月 10 日，应中华人民共和国政府的邀请，也门民主人民共和国总统委员会主席萨勒姆·鲁巴伊·阿里和由他率领的也门民主人民共和国代表团抵达北京，对中国进行正式访问。

在此次访问之前，1970 年 8 月，鲁巴伊就曾访问中国，周恩来与他进行了多次会谈，并陪同毛泽东在杭州会见了这位来自阿拉伯半岛南端的客人。当时，中也双方签订两国政府经济技术合作协定。

10 日下午，鲁巴伊一行乘专机到达北京，受到首都群众数千人隆重、热烈的欢迎。

当时，周恩来身患重病，不得不住院治疗，但他并没有停止工作。当天下午，周恩来在医院会见了鲁巴伊等也门贵宾，双方进行了友好的交谈。

11 日晚，邓小平副总理以周恩来的名义在人民大会堂举行宴会，欢迎也门外宾。

12 日下午，毛泽东会见了鲁巴伊一行，对也门朋友的访问表示欢迎。

13 日，中华人民共和国政府和也门民主人民共和国政府经济技术合作协定今天晚上北京签字，也门民主人民共和国总统委员会主席萨勒姆·鲁巴伊·阿里和我国国务院副总理邓小平出席了签字仪式。

之后，鲁巴伊离开北京，到中国河南省、广东省等地参观访问。并于 18 日离开中国飞赴朝鲜。

1975 年

1 月 7 日会见比利时政府首相廷德曼斯——"历史是很有趣的！"

在 1972 年马耳他总理明托夫来中国访问后，中马两国的友好合作关系和两国人民的友谊得到了不断的发展。1975 年 1 月 7 日，明托夫总理再次来访，随同来访的有内阁秘书米勒里、马耳他海运和航空公司董事长艾伯特·米齐。当天下午，周恩来总理在医院会见了明托夫一行。

1975 年 1 月 16 日深夜，周恩来在医院会见了德意志联邦共和国基督教社会联盟主席施特劳斯和夫人。会见中，周恩来向客人阐述了超级大国划分势力范围必然引起激烈争夺的观点。

周恩来回忆了 20 世纪 20 年代初旅欧勤工俭学时的情况，说："我 1922 年在柏林，那时我读了点马克思的书，以后加入了中国共产党。所以我们相信共产主义，是自西欧学来的。今天，同你这个有名的反共专家见面，历史是很有趣的！""三年前，毛主席见尼克松时说过，就因为你是反共总统，才接待你。他在美国是反共头子，敢于来中国。所以今天欢迎你来。"

1975 年 4 月 20 日下午，周恩来又在医院会见了比利时王国政府首相莱奥·廷德曼斯一行。

20 世纪 50 年代末，比利时实行亲近欧洲、联合美国、防范苏联的对外政策，虽然比利时国内曾有人呼吁改善对华关系，发展对华贸易以改善国内经济状况，但是比利时当时无力与中国取得外交联系。中美关系改善后，比利时开始积极谋求改善双边关系。经过艰苦谈判，两国终于在 1971 年 10 月 25 日建交。当时，法国、德国等西欧大国已经主动开启与中国更高级别的政治对话，比利时亦紧随其后谋求比中关系进一步发展。

1975 年 4 月 20 日，莱奥·廷德曼斯首相和夫人应邀来中国进行正式访问。在机场上，纪登奎副总理代表周恩来总理向廷德曼斯首相和夫人表示热烈欢迎。当天下午，周恩来在医院会见了廷德曼斯和夫人一行。

会见时，周恩来回顾了 1954 年日内瓦会议的一些情况，他说："你们的前外交大臣在日内瓦会议上虽然同我们是斗争的两方，但他不顾美国代表史密斯摇手反对，接受了我们的一条意见，我们印象深刻。""其实，问题本身并不严重，就是关于朝鲜问题。开会嘛，总要有个结果，定个下次开会的日期，但是杜勒斯就是要破坏。他不准同我握手。而斯巴克（比利时外交大臣）不仅同我握手，还有勇气同意我们的提议，成为当时的一条新闻。""那次会上对朝鲜问题没有提出任何解决办法，直至今天。"

1975 年 5 月 8 日，周恩来会见了欧洲经济共同体委员会副主席克里斯托弗·索姆斯。

欧洲经济共同体也称欧洲共同市场，它与欧洲煤钢共同体、欧洲原子能共同体一起共同组成欧洲共同体。1965 年 4 月 8 日，三个共同体的机构合并，统称欧洲共同体，但三个组织仍各自存在，可以独立的名义活动。在欧共体中以欧洲经济共同体最为重要。

20 世纪 70 年代初期，中国同西欧国家的关系有了很大发展。当时欧共体已有 9 个成员国，除 6 个发起国外，1973 年英国、丹麦、爱尔兰也加入了欧共体。当时除了爱尔兰（1979 年同中国建交）外，这些国家都同中国建立了外交关系。中国支持西欧联合的态度受到共同体各国的欢迎。

1974 年 11 月，共同体委员会表示愿意同中国签订贸易协定，并希望就建交问题进行谈判。1975 年 5 月，中国人民外交学会邀请共同体委员会副主席克里斯托费·索姆斯访华。

1975 年 5 月 4 日，应中国人民外交学会的邀请，欧洲经济共同体委员会副主席克里斯托弗·索姆斯及其随行人员到达北京，对中国进行访问。

当时的中国外交部长乔冠华与索姆斯在北京谈判，于 5 月 8 日达成中国与欧洲经济共同体建交协议。9 月，中国在布鲁塞尔设了使团，正式委派驻比利时大使兼任驻欧洲经济共同体使团团长。中国与欧洲经济共同体建交后，极大地推动了双方关系的发展。

5 月 8 日下午，重病中的周恩来在医院接见了克里斯托弗·索姆斯一行。

1月8日会见泰国、新加坡、菲律宾政要——"中国坚持不称霸的原则，我们非常希望东南亚成为和平区"

泰国是一个贫穷的小国，曾长期依赖美国经济援助，因此在外交方面唯美国马首是瞻，不与新中国交往。但是，中、泰之间的贸易买卖随着人民的需要开展起来了。从1975年开始，中泰建交谈判进入实质性阶段。

1975年1月8日，周恩来会见了泰国外交部副部长差提猜·春哈旺和代表团团员、外交部政治厅厅长哥颂·信德旺安达。差提猜·春哈旺转交了泰国前外长旺亲王的信。

周恩来会见差提猜·春哈旺后大约5个月，这一年的6月30日，泰王国总理克立·巴莫一行访问中国，周恩来在医院接见了他们，并与之进行了诚恳地会谈。

周恩来说："中泰两国有几十个世纪的来往，关系密切。新中国一成立，我们就不主张双重国籍。这样可以搞好我们和其它国家的关系，特别是亚洲的一些国家，它们是我们的近邻。现在泰国的30多万华侨如都能加入泰国国籍，我们将很高兴。他们虽然叫华侨，但是跟泰国人民生活在一起，相处得很好。"

克立·巴莫在曼谷、香港曾经宣布："泰国华侨只能有两个选择，不是加入泰王国国籍，就是中华人民共和国国籍，没有台湾国籍。"周恩来对此表示"很欣赏"。

鉴于新加坡同样面临着华侨问题，周恩来请克立·巴莫有机会转告新加坡总理李光耀："中国政府充分尊重新加坡作为一个独立的国家存在，并希望新加坡的华侨都加入新加坡国籍。"同时，周恩来还建议将中泰两国建交公报也给李光耀总理看看。

谈话中，周恩来还向泰国总理表示，不管中国将来如何发达、强大，我们都将坚持不称霸的原则，"我们非常希望东南亚成为和平区，这不是容易的，需要长期斗争"。

7月1日，周恩来在医院同克立·巴莫总理签署中泰两国建交公报。

中国和泰王国建立外交关系后，7月3日，周恩来就此致书泰国公摩万·那拉底·蓬巴攀亲王，说："一九七三年承致片候，极感。现我两国，业已建交，双方同庆。相别二十年闻殿下健康如昔，极慰。"

1975 年 3 月 16 日，新加坡共和国外交部长拉贾拉南和外交部高级政务部长李炯才访问中国，周恩来与他们进行了会谈。

周恩来在谈话中表示："我们尊重你们的国家主权，你们不是'第三中国'，而是新加坡共和国。你们新加坡共和国是独立的，有自己的主权。"又说："我们希望能早一点同你们建立外交关系，但如果你们觉得有困难，晚一些也不要紧，我们可以理解。请转告你们总理，在新加坡独立后并不承认台湾而承认中国，我们很感谢你们，很欣赏你们这一点。"

周恩来还表示："中国支持东南亚国家联盟关于东南亚中立化的愿望，如东南亚五国能够和平友好相处，就能抵抗超级大国的霸权主义。"

1975 年 6 月 7 日晚 11 时 10 分，周恩来在医院会见了菲律宾总统费迪南·埃·马科斯。菲律宾总统夫人曾经于 1973 年对中国进行过试探性访问，毛泽东和周恩来都特别接见了她。1975 年，菲律宾总统费迪南·埃·马科斯正式率领政府代表团访华，两国终于开始了实质性建交谈判，签署了科技合作协定，并决定尽快建交。

6 月 7 日，周恩来会见了菲律宾总统马科斯和他的夫人、女儿及其它菲律宾客人。

周恩来表示："中菲两国都是发展中国家，同属第三世界。"

马科斯称中国是第三世界国家的"当然领袖"。周恩来说，"第三世界应该是一个民主的大家庭，毛主席说过，我们不当这个头头。"

谈到自己目前的工作，周恩来不无遗憾地说："现在会谈、宴会都由邓小平副总理包办了，给我提供了休息的机会。请你们原谅，我是在病中，这次你们差不多全家都来了，还有外长，我本应该举行一个家宴，请你们全家，请我们的老朋友罗慕洛（菲律宾前外交部长，1955 年万隆会议期间同周恩来相识）先生吃顿饭的。但现在没有可能了。"

9 日在医院和菲律宾总统马科斯签署两国政府联合公报，决定自即日起两国建立外交关系。当晚，国务院副总理邓小平主持以周恩来总理名义举行的盛大宴会，欢迎菲律宾贵宾。

参考资料

1. 安建设编：《周恩来的最后岁月 1966－1976》，中央文献出版社，1995年版。

2. 白云涛编著：《共和国从这里起步》，山西人民出版社，2009年版。

3. 曹应旺主编：《周恩来的智慧》，中共中央党校出版社，1994年版。

4. 曹应旺著：《中国的总管家周恩来》，中共党史出版社，1996年版。

5. 程敏主编：《中国共产党党员大辞典》，中国国际广播出版社，1991年版。

6. 方钜成、姜桂侬著：《周恩来传略》，人民出版社、外文出版社，1986年版。

7. 韩念龙主编：《当代中国外交》，中国社会科学出版社，1988年版。

8.〔美〕享利·基辛格著：《大外交》，海南出版社，1998年版。

9. 金冲及主编，中共中央文献研究室编：《周恩来传》，中央文献出版社，2008年版。

10. 力平等著：《文化大革命中的周恩来》，中共中央党校出版社，1997年版。

11. 中共中央文献研究室、军事科学院编：《周恩来军事文选》，人民出版社，1997年版。

12. 廖心文、熊华源、陈扬勇著：《走出国门的领袖——周恩来》，河北人民出版社，2001年版。

13. 梅剑主编：《国共秘事》，中国文史出版社，2011年版。

14. 米镇波主编：《周恩来与大国关系的变动（1945－1976）》，南开大学出版社，2010年版。

15. 米镇波等著：《深谋远虑：周恩来与中国外交》，重庆出版社，1998年版。

16. 裴默农著：《周恩来与新中国外交》，中共中央党校出版社，2002年版。

17. 钱其琛主编：《世界外交大辞典》，世界知识出版社，2005年版。

18. 师哲著：《在历史巨人身边》，中央文献出版社，1991年版。

19. 时延春著：《当代也门社会与文化》，上海外语教育出版社，2006年版。

20. 石仲泉著：《周恩来的卓越奉献》，中共中央党校出版社，1993年版。

21. 童小鹏著：《风雨四十年》（第一部），中央文献出版社，1994年版。

22. 外交部外交史编辑室编：《新中国外交风云》，世界知识出版社，1990年版。

23. 王功安主编：《周恩来与国共关系》，武汉出版社，2003年版。

24. 吴于廑、齐世荣著：《世界史·现代史编》，高等教育出版社，1994年版。

25. 西藏自治区党史资料征集委员会编：《和平解放西藏》，西藏人民出版社，1995年版。

26. 谢益显主编：《中国当代外交史（1949－1995）》，中国青年出版社，1998年版。

27. 熊华源、廖心文著：《周恩来总理生涯》，人民出版社，1997年版。

28. 杨宗丽、明伟著：《周恩来二十六年总理风云》，辽宁人民出版社，2007年版。

29. 杨明伟、陈扬勇著：《周恩来外交风云》，解放军文艺出版社，1995年版。

30. 杨明伟、陈扬勇著：《周恩来外交风云》，解放军文艺出版社，2009年版。

31. 张民、张秀娟著：《周恩来与抗美援朝战争》，上海人民出版社，2000年版。

32. 中华人民共和国外交部、中共中央文献研究室编著：《毛泽东外交文选》，中央文献出版社，1994 年版。

33. 中华人民共和国外交部、中共中央文献研究室编著：《周恩来外交文选》，中央文献出版社，1990 年版。

34. 中华人民共和国外交部外交史研究室编著：《周恩来外交活动大事记（1949 - 1975）》，世界知识出版社，1993 年版。

35. 中共中央党史研究室、中央档案馆编：《中共党史资料》，中共党史出版社，2006 年版。

36. 中共中央文献研究室编：《周恩来年谱（1898 - 1949）》，中央文献出版社，1998 年版。

37. 中共中央文献研究室编：《周恩来传（1898 ~ 1976）》（上、下册），中共文献出版社，2008 年版。

38. 周恩来著，中共中央文献编辑委员会编辑：《周恩来选集》（上、下卷），人民出版社，1980 年版。

39. 〔英〕迪克·威尔逊著：《周恩来传》，中共中央党校出版社，1989年版。

40. 〔英〕韩素音著：《周恩来和他的世纪 1898 - 1998）》，中央文献出版社，1992 年版。

后 记

周恩来是新中国外交事业的奠基人。新中国建立前，周恩来就是中共中央外事方面的领导人；新中国成立后，周恩来作为中华人民共和国的总理兼任第一任外交部长，直接领导新中国的外交工作长达26年之久，为新中国的外交事业作出了杰出贡献，在国内和国际外交界都享有崇高的声誉，获得了广泛的尊敬。

目前，从外交角度讲述周恩来经历的出版物，已经不胜枚举，其中也不乏权威性著作。本书力求对周恩来会见外宾的情况进行实事求是的记录，语言追求客观、平实，并配有插图，希望能够满足广大读者了解周恩来外交活动的需求，并对致力于研究周恩来外交活动的学者有所帮助。

周恩来以决策者、指挥者、实践者三位一体的身份出现在中国外交舞台上，而且其外交生涯跨越中国现当代史的多个时期，一生接见外宾更是不计其数，所以，限于篇幅，本书所录并不全面，只能选择其中比较重要的会见活动进行记录，特别是与外国政要的会见。

在本书的编写过程中，作者查阅了大量的文献资料，数易其稿，力图更加真实地展现周恩来的外交风采和新中国的外交历程。作者试图将每次会见外宾的细节尽数展现给读者，但是囿于条件及作者水平，在编写之中难免有不当和遗漏之处，还望读者不吝赐教。

本书由集体编撰而成，参与本书资料搜集、编辑、校对和其他工作的还有吴双娜、渠爽、许丰等人，对于他们所付出的辛勤劳动，在此深表谢忱。

本书编写组
2011 年 12 月

426